Allitera Verlag

edition monacensia
Herausgeber: Monacenisa im Hildebrandhaus
Dr. Elisabeth Tworek

Alfons Schweiggert veröffentlichte vielbeachtete Bücher über König Ludwig II., unter anderem: »Ludwig II. und die Frauen« (2016), »Bayerns unglücklichster König. Otto I., der Bruder Ludwigs II.« (2015), »Der Mann, der mit Ludwig II. starb. Dr. Bernhard von Gudden, Gutachter des bayerischen Königs« (2014) mit zwei erfolgreichen Ausstellungen in Benediktbeuern, »Ludwig II. Die letzten Tage des Königs von Bayern« (2014), »Edgar Allan Poe und Ludwig II. Anatomie einer Geistesfreundschaft« (2008). Von 1993 bis 2010 war Schweiggert am Staatsinstitut ISB, München, als Institutsrektor tätig. Er erhielt zahlreiche Auszeichnungen, etwa 1995 den Bayerischen Poetentaler. Schweiggert ist außerdem Präsidiumsmitglied der Autorenvereinigung »Münchner Turmschreiber«.

Alfons Schweiggert

Ludwig II. und sein Paradies am Starnberger See

Schloss Berg · Possenhofen · Roseninsel

monacensia
im hildebrandhaus

Allitera Verlag

Weitere Informationen über den Verlag und sein Programm unter:
www.allitera.de

Juli 2017
Allitera Verlag
Ein Verlag der Buch&media GmbH, München

Umschlaggestaltung und Satz: Johanna Conrad, Augsburg
Printed in Europe · ISBN 978-3-86906-924-1

Inhalt

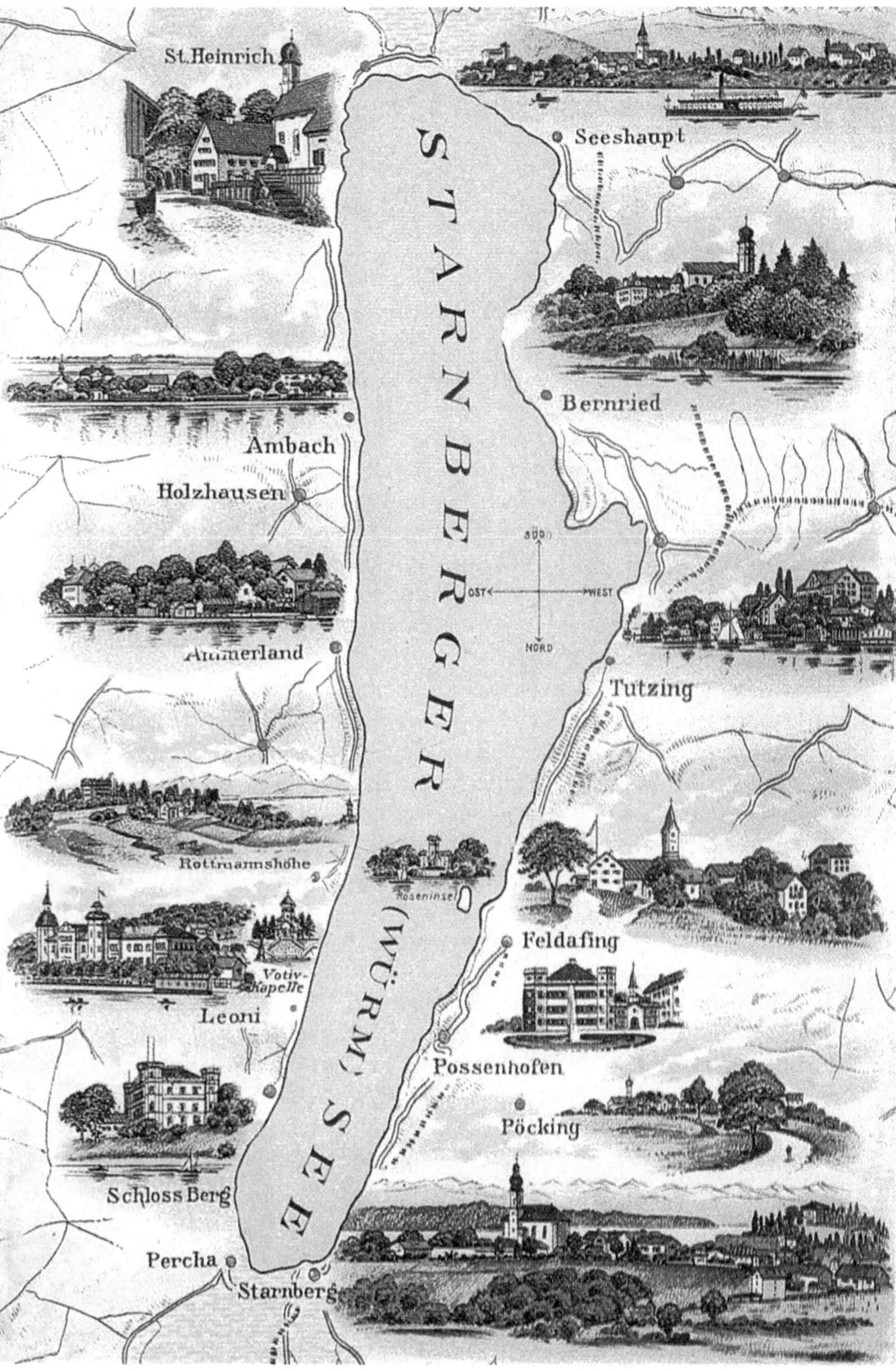
STARNBERGER (WÜRM) SEE
St. Heinrich
Seeshaupt
Bernried
Ambach
Holzhausen
Ammerland
Tutzing
SÜD
OST
WEST
NORD
Rottmannshöhe
Roseninsel
Votiv-Kapelle
Leoni
Feldafing
Possenhofen
Pöcking
Schloss Berg
Percha
Starnberg

Vorwort

König Ludwig II. und sein Paradies am Starnberger See

Einen Millionenstrom von Besuchern aus aller Herren Länder verzeichnen die berühmten »Märchenschlösser« Neuschwanstein, Linderhof und Herrenchiemsee alljährlich. Aber nur wenige wissen, dass für ihren Erbauer, König Ludwig II., von Kindheit an der Starnberger See jenes Paradies darstellte, das ihn sein ganzes Leben faszinierte und ihn Jahr für Jahr vom Sommer bis zum Herbst in seinen Bann gezogen hat. Vor allem Schloss Berg am Ostufer des Sees stellte unter allen Schlössern des Königs etwas ganz Besonderes dar. »In Berg verlebte Ludwig die sonnigste und düsterste Zeit seines Lebens«, äußerte Luise von Kobell, »wie in einem Ring berühren sich hier Anfang und Ende«.[1]

Schon als Kind liebte Ludwig Schloss Berg, das älter und kleiner als die drei Prunkschlösser Linderhof, Neuschwanstein und Herrenchiemsee und im Gegensatz zu diesen einfach und behaglich eingerichtet war. Es glich eher einer Villa als einem Schloss. Außer in Hohenschwangau und in Linderhof hielt sich Ludwig hier Zeit seines Lebens auch am häufigsten auf, jedes Jahr mit Unterbrechungen vom Frühjahr – ab dem 11. Mai – bis zum Herbst, Ende Oktober. In Schloss Berg gab der König außerdem das prächtigste Fest, das er in seinem Leben jemals veranstaltet hat. Und auch viele politisch bedeutsame Ereignisse sind aufs Engste mit dieser Wohnstatt verbunden.

Berg ist sicher auch das geheimnisvollste Schloss, denn in unmittelbarer Nähe endete das Leben des Königs auf tragische, bis heute nicht völlig geklärte Weise im Starnberger See. Nach dem Tod Ludwigs II. stand es Besuchern als Museum einige Jahre offen. Heute hat die Bevölkerung nach baulichen Veränderungen keinen Zutritt mehr. Selbst wenn Schloss Berg noch zugänglich wäre, so würde infolge der außen und im Inneren vorgenommenen Umbauten kaum mehr etwas an den Zustand zur Zeit Ludwigs II. erinnern.

[1] Kobell, Louise von: König Ludwig II. und die Kunst, München 1898, S. 393 (künftig: Kobell, Kunst)

»Trotz der reichen Geschichte von Schloss Berg gibt es bis heute keine Monographie, die die Geschichte, insbesondere die Baugeschichte des Schlosses behandelt«, bedauerte der Denkmalpfleger Claus-Peter Echter. »Wer sich für die Geschichte von Schloss Berg interessiert, muss sich die historischen Fakten aus vielen Quellen zusammensuchen.«[2] Infolgedessen ist das Schloss heute fast in Vergessenheit geraten. Diese Lücke will das vorliegende Buch schließen, das nicht nur die interessante Historie von Schloss Berg aufblättert und die räumlichen Gegebenheiten zu Lebzeiten des Königs im Detail vor Augen führt, sondern auch alle privaten und politisch wichtigen Ereignisse schildert, die sich während der Regierungszeit König Ludwigs II. dort zugetragen haben.

Womit beschäftigte sich der König, wenn er sich in Schloss Berg und am Starnberger See aufhielt, und wie lange pflegte er dort alljährlich zu verweilen? Hauste er dort allein oder in Begleitung ihm nahestehender Personen? Was erlebte damals ein Besucher, der vom König zur Audienz auf Schloss Berg eingeladen wurde, und wer hatte überhaupt das Glück, dort Zutritt zu erhalten? Waren neben Richard Wagner, Herzogin Sophie, der Schauspielerin Lila von Bulyowsky, Kaiserin Elisabeth von Österreich und der russischen Zarin Maria Alexandrowna auch noch andere Persönlichkeiten dort zu Gast und was ereignete sich bei diesen Treffen? Auf diese und viele weitere Fragen gibt das Buch ausführliche Antworten.

Doch es war nicht nur Schloss Berg, das König Ludwig II. magnetisch anzog, sondern der Starnberger See insgesamt. Viele seine Orte waren für Ludwig II. ein paradiesisches Fleckchen Erde, wo er gerne verweilte. So finden sich seine Spuren auch in Starnberg und Kempfenhausen, in Allmannshausen und Ammerland, in Ambach und Seeshaupt, in Tutzing und Garatshausen, in Feldafing und Possenhofen und natürlich auch auf seiner geliebten Roseninsel. Alle diese Orte im oder am Starnberger See, die für Ludwig II. von Bedeutung waren, werden lebendig. Dafür, dass das königliche Paradies mit Schloss Berg auch bildlich vor Augen ersteht, sorgen zahlreiche Abbildungen, die das Refugium des Märchenkönigs am Starnberger See eindrucksvoll erlebbar machen.

München, Juni 2017
Alfons Schweiggert

[2] Echter, Claus-Peter: Zur Baugeschichte von Schloß Berg, in: Oberbayerisches Archiv, herausgegeben vom Historischen Verein von Oberbayern, Band 106, München 1982, S. 229–257, hier: S. 230 (künftig: Echter).

Kurze Geschichte des Starnberger Sees

Bis heute kann sich niemand der Faszination des Starnberger Sees und seiner Uferlandschaft entziehen. Auch König Ludwig II. ging das so. Sicher hatte auch er Kenntnis von der beeindruckenden Geschichte, wie dieser altehrwürdige See in der Urzeit entstand, an dem er sich so gerne aufhielt und an dessen Ufer sich sein Schicksal vollendete.

Wie der Würmsee entstand

Der Starnberger See bildete sich vor etwa 20000 bis 15 000 Jahren während der letzten Eiszeit, als sich der Isar-Loisach-Gletscher mit gewaltiger Kraft von den südlich gelegenen Alpen her Richtung Norden schob. Es muss ein gigantisches Schauspiel gewesen sein. »Die Gebärschreie [des Gletschers] müssen urgewaltig zum Himmel aufgestiegen sein. Wer die singenden, knirschenden, knallenden und wimmernden Akkorde einer auftauenden dicken Eisschicht schon gehört hat, der wird auch an das Brüllen und Gellen eines an der Oberfläche sich verwerfenden und spaltenden Riesengletschers glauben können«, beschreibt der Journalist Peter Wiede den Vorgang, als hätte er dieses Spektakel selbst miterlebt. »Danach schmolzen die gewaltigen Gletscher wieder zusammen und krochen in die Alpen zurück. Die Starnberger Gegend versank im Schmelzwasser eines Riesensees, der bis ins Wolfratshauser Becken, zum Kochelsee und nach Iffeldorf reichte und mit seiner Oberfläche zwanzig Meter höher als heute lag. Als in vielen 1000 Jahren die Endmoränenkette der zusammengeschobenen und vom Gletscher hinterlassenen Geröllmasse dann bei Leutstetten vom Druck des Schmelzwassers durchbrochen wurde und die Würm sich ihr tief einschneidendes Tal hinaus nach Gauting bahnen konnte, blieb vom Nordteil des Starnberger Sees das heutige Moor und am Südende die alte Seeshaupter Schotterterrasse liegen.«[3]

[3] Wiede, Peter: Von Fürsten, Fischern und Festen. Leben am Starnberger See, Tutzing 1999, S. 9f. (künftig: Wiede).

So entstand das 20 Kilometer lange und bis zu 4,7 Kilometer breite, in nord-südlicher Richtung verlaufende Becken des Starnberger Sees, das nur eine halbe Stunde südlich von München entfernt liegt. Aus einer Tiefe bis zu 127 Metern wird er aus kalten Quellen am Seegrund gespeist. Mit seiner Fläche von 57 Quadratkilometern ist er nach dem Chiemsee der zweitgrößte See Bayerns mit einer Wassermenge von nahezu 3,1 Milliarden Kubikmetern. Er gehört zu den saubersten hiesigen Gewässern. Auf einem 49 Kilometer langen Weg lässt sich der See umrunden.

Westlich und östlich des Sees stülpte der Riesengletscher Seiten- und Endmoränen hoch, auf denen sich heute die zahlreichen beliebten Ortschaften aneinanderreihen. Im Norden liegt Starnberg und im Süden das ehemalige Fischerdorf Seeshaupt. An der Westseite des Sees befinden sich Pöcking, Possenhofen, Feldafing, Tutzing und Bernried, an der Ostseite Percha, Kempfenhausen, Berg, Leoni (Assenbuch), Assenhausen, Allmannshausen, Ammerland, Münsing, Seeheim, Ambach und St. Heinrich.

Die Besiedelung der Gegend um den Starnberger See

Schon in der jüngeren Steinzeit, um 4000 bis 3500 v. Chr. kamen Menschen auf der Suche nach jagdbarem Wild und Fischen in die Gegend um den Starnberger See, wie Funde bei Kempfenhausen, Feldafing und auf der Roseninsel belegen. Ab etwa 500 v. Chr. lebten hier Kelten und ab 15 v. Chr. Römer, die in das gesamte heutige Bayern vordrangen, auch in die Gegend des Starnberger Sees, den sie »Verres Lacus« nannten. Das lateinische Wort »verres« bedeutet »Eber«. »Verres Lacus« hieße demnach »Ebersee«. Doch mit einem Eber hatte der See wohl nichts gemein. Der bayerische Historiker Vinzenz Pall von Pallhausen (1759–1817) äußert dazu Folgendes: »Man vermutete bisher, daß er [der Name »Verres Lacus«] von dem darin sich befindlichen Gewürm seinen Namen hatte. Allein ich fand eine ganz andere Herleitung, denn in alten Schriften wird er Werromsee genannt, und Verrom hieß in der alten Bojersprache so viel wie lang.«[4] Danach bedeutet »Verres Lacus« also »langgestreckter See«, was wahrscheinlicher ist.

Später wandelte sich der Name des Sees zu »Würmsee« nach dem einzi-

4 Pallhausen, Vinzenz Pall von: Garibald, erster König Bojariens und seine Tochter Theodolinde, erste Königin in Italien oder Die Urgeschichte der Baiern, München 1811, S. 105f.

gen Fluss, der am Nordende aus ihm herausfließt. »Starnberger See« nannte man ihn erst in der Mitte des 19. Jahrhunderts, als durch den Bau der Bahnlinie München–Starnberg die Zahl der Touristen deutlich zunahm.

Nach dem Rückzug der Römer errichteten zwischen 500 und 1000 n. Chr. die Bajuwaren die meisten Orte am See, »ein gutmütiges und sinnenfrohes Bauernvolk, eigensinnig und hartnäckig wie noch heute«.[5] Die Stadt Starnberg selbst wurde erst um 1200 gegründet, der Name »Starnberch« taucht urkundlich 1226 auf.

Wie Funde belegen, gab es vor 5500 Jahren am Ostufer des Starnberger Sees erste Siedlungen. Man fand Tongefäße, Ringe, Halsketten, Broschen Keramikscherben, ein Kupferflachbeil, Feuersteinpfeilspitzen und die »älteste Schnur Bayerns«, die aus dem Bast eines Laubbaumes gefertigt war und sechs Knoten hatte. An der einzigen Insel, der Roseninsel – sie hieß ehemals Insel Wörth –, die am westlichen Seeufer nahe Feldafing liegt, entdeckte man unter Wasser Pfahlbauten, die etwa 3700 v. Chr. entstanden waren und die seit 2011 zum Weltkulturerbe gehören.

Am Ostufer des Starnberger Sees, schräg gegenüber Starnberg, gab es eine kleine hügelige Anhöhe, an die sich ebenfalls schon früh Fischer und Bauern ansiedelten. Sie nannten die Gegend »Berg«. In einer Freisinger Urkunde aus dem Jahr 822 ist neben dem »pelagus wirmseo«, dem Würmsee, auch die Ortschaft Berg als »perge cum basilica« – also »Berg mit Kirche« – erstmals erwähnt.

»Ein gesunder kräftiger Menschenschlag ist es, welcher die Gegend des Starnberger Sees bewohnt. Biedere, brave Leute, von altem Schrott [sic!] und Korn, treu an ihren Gott glaubend, sind die Bauern dieser Gegend ein fleißiges, keine Arbeit scheuendes Volk«, so beschreibt Heinrich Max die Bewohner dieser Region und fährt fort: »In harter Arbeit gestählt, erreichen die Bauern in dieser Gegend durchschnittlich ein hohes Alter, allerdings mag die herrliche Luft, sowie die einfache, nüchterne Lebensweise viel dazu beitragen. Die Fischerei und der Feldbau sind keine leichten Arbeiten, zumal die letztere, da die Gründe sandig und mager sind und die Merkmale des Gebirgsbodens tragen. […] Einer großen, ausgebreiteten Landwirtschaft ist dieses Erdreich nicht fähig, dafür trifft man große und herrliche Forstbestände. Insbesondere findet man Buchen von unübertrefflicher Schönheit. […] Der Bauer, auf dessen Haus das ›Fischrecht‹ ruht,

[5] Goldner, Johannes: Bayerische Herzöge. Kurfürsten und Könige, Freilassing 1980, S. 1.

führt eine getheilte Lebensweise, heute hinter dem Pfluge schwitzend, läßt ihn morgen sein nasses Gewerbe kaum einen trockenen Faden am Leibe.«[6]

Im 11. Jahrhundert wurde am nördlichen Ende des Starnberger Sees auf einem nach drei Seiten abfallenden Moränenhügel die Burg Starnberg errichtet. Sie war umschlossen von drei tiefen Gräben, die eine mächtige Zugbrücke überspannte. Die Veste war auf diese Weise bestens vor Feinden geschützt. Ihre ersten Herren waren die mächtigen Grafen von Andechs. Urkundlich erwähnt ist die Burg erstmals 1244 als »Starnberch castrum«. Nach dem Tod des letzten Andechser Grafen Otto II., 1248, nahmen die Wittelsbacher, die in der nahe gelegenen Karlsburg residierten und schon lange Interesse am Starnberger Schloss hatten, die Veste in Besitz und nutzten sie zunächst als Verwaltungssitz. Doch bald schlug der Münchner Hof in diesem Schloss seine Sommerresidenz auf und baute es nach und nach zu einem komfortablen Wohnsitz aus. Die Herzöge erledigten während ihres Aufenthalts in Starnberg von hier aus ihre Regierungsgeschäfte. Sie machten sich auch die Fischerei zunutze, indem sie sich von den leibeigenen Fischern mit deren Fängen ausgiebig versorgen ließen.

Herzog Wilhelm IV. (1493–1550) wollte, dass der See und seine Umgebung von adeligem Leben geprägt und Mittelpunkt sommerlicher Vergnügungen werden solle. Einigen der reichen Münchner und Augsburger Patrizier ließ er deshalb schön gelegene Grundstücke am See zukommen, da er ausdrücklich wünschte, dass sie den See beleben sollten, um auf diese Weise andere Landesfürsten und betuchte Bürger aus der Residenzstadt an diesen »Freudenort am See« zu locken. Er förderte zudem die Bildung von adeligen Hofmarken und den Bau von Landhäusern und Schlössern rund um den See. Er veranstaltete Jagdausflüge und Seefeste und ließ stattliche Schiffe bauen. Ab 1500 entstand so zunehmend reges Leben am und auf dem See. Sogar eine richtige Schiffsflotte kreuzte hier, denn das Ausfahren in prächtigen Schiffen gehörte zu den Lustbarkeiten der hohen Herren. Auf diese Weise erhoben die Reichen den Starnberger See rasch zum »Fürstensee«. Auch der Nachfolger Herzog Wilhelms IV., Herzog Albrecht V. (reg. 1550–1579), hielt sich gern am Starnberger See auf, veranstaltete festliche Gelage und frönte der Jagdleidenschaft.

Unterbrochen wurde dieses höfische Leben auf dem Land durch den Dreißigjährigen Krieg von 1618 bis 1648, der auch am Starnberger See mit Mord, Brand und Pestilenz wütete. Schloss Starnberg blieb davon nicht ver-

[6] Max, Heinrich: Der Starnberger See, München 1890, S. 7f. (künftig: Max, Heinrich).

schont. Erst Jahre nach Kriegsende wurden die Schäden im Schloss nach und nach behoben. Mit Ferdinand Maria von Bayern (1636–1679) setzte ab 1651 wieder eine rege Bautätigkeit ein. Außerdem erwarb der Kurfürst die Schlösser Berg und Possenhofen, die von nun eine bedeutende Rolle zu spielen begannen. Durch den Bau des legendären Prunkschiffs »Bucentaur« in den Jahren 1662 bis 1665 wurde die große Zeit der rauschenden Feste der Wittelsbacher am Starnberger See eingeleitet.

1734 zerstörte ein Brand den größten Teil von Schloss Starnberg und die Gebäude begannen nach und nach zu verfallen. Ab 1753 nahm das Interesse des Münchner Hofs an Festen am See immer mehr ab. Unter den Kurfürsten Carl Theodor (1724–1799) und Maximilian IV. Joseph (1756–1825) wurde Schloss Starnberg vom Hof kaum noch genutzt. Ab 1800 beherbergte es das Rent- und Forstamt. Nach 700-jähriger Geschichte bezog ab 1969 das Finanzamt Starnberg die Räume des Schlosses. Es ist bis heute darin untergebracht. In den nüchternen Amtsstuben ist die Erinnerung an die dort einst feiernden Fürsten und deren adelige Gäste allerdings längst erloschen.

Dem Münchner Hof, den Adeligen und Patriziern folgten im 19. Jahrhundert finanzkräftige Fabrikanten und reiche Kaufleute. Sie ließen sich von den besten Baumeistern – so von Leo von Klenze, Arnold von Zenetti, Gabriel und Emanuel von Seidl und anderen – am See prachtvolle Villen erbauen. Ebenso wurden Maler und Schriftsteller von dem freien Leben in der Natur, in Sonne und frischer Luft angelockt. Manche erwarben schlichte Landhäuser. »Man nannte nicht nur die kleine intime Welt des Hauses und eines eigenen Gartens sein eigen, man hatte damit die gesamte grandiose Landschaft des Starnberger Sees zu ungestörtem, ganz privatem Erleben gleichsam kostenlos dazu erworben.«[7]

Mit den Jahren suchten hier auch Touristen und Sommerfrischler, die sich keine Villa am See leisten konnten, Erholung von der einengenden städtischen Zivilisation und sorgten für ein Aufblühen der Fremdenverkehrsindustrie, was den Ortsansässigen Brot und Arbeit gab. Pensionen und Ausflugslokale entstanden und die Fischer vermieteten ihre Boote an die Ausflügler. Sie genossen den Anblick der malerischen Orte rund um den Starnberger See, die von Ferne wie eine Bilderbuchlandschaft wirken, eingebettet in die sanft geschwungenen bewaldeten Moränenhügel des Vor-

[7] Schober, Gerhard: Frühe Villen und Landhäuser am Starnberger See, Waakirchen-Schaftlach 1999, S. 12 (künftig: Schober, Villen).

alpenlandes. Die majestätische Kulisse der bayerischen Alpenkette am Horizont bildete vor allem bei Föhn einen faszinierenden Anblick. Mit seinem blauen Wasser und den fein gekräuselten Wellen wurde der Würmsee für Besucher aus der Residenzstadt München schon bald zu einem Traumsee. Die benachbarten Seen – Ammersee, Wörthsee, Pilsensee, Weßlinger See – ließen ein Paradies vor den Toren Münchens entstehen, das als »Fünfseenland« bis heute seine Anziehungskraft nicht eingebüßt hat.

Kurze Geschichte von Schloss Possenhofen

Zwei Schlösser gibt es am Starnberger See, die bis heute besondere Aufmerksamkeit erregen, das eine, Schloss Berg, liegt am Ostufer, das andere, Schloss Possenhofen, am Westufer. Beide Schlösser können auf eine interessante Geschichte zurückblicken. Vor allem die Wittelsbacher fühlten sich zu dieser Gegend hingezogen, die als Erholungsgebiet nahe bei der Residenzstadt München lag.

Vom einfachen Herrenhaus zum reizenden Sommerschloss

Possenhofen war bereits im hohen Mittelalter Adelssitz. Um 1180 erhob sich unweit des heutigen Schlosses eine Burg, die vermutlich der Sicherung des Weges von Weilheim nach Starnberg und des Westufers diente. Im 12. Jahrhundert gehörte es den Pfalzgrafen von Scheyern-Wittelsbach und im 13. Jahrhundert lässt sich das Geschlecht der Sachsenhauser als Eigentümer nachweisen. Wie lange die Burg existierte, ist jedoch nicht bekannt.

Um 1515 vermachte Herzog Wilhelm IV. seinem Kanzler Jakob Rosenbusch durch einen Tausch den Grundbesitz Possenhofen mit dem Auftrag, hier ein Herrenhaus zu errichten, um auf diese Weise weitere Adelige vom Münchner Hof an den See zu locken. Rosenbusch errichtete zunächst ein einfaches Herrenhaus aus Holz, das er 1536 auf Befehl Herzog Wilhelms IV. durch einen stattlicheren Bau aus Stein ersetzen musste, der ihn die stolze Summe von 20000 Gulden kostete. Damit erstand Schloss Possenhofen in seiner Urgestalt. Kurz darauf wurde Possenhofen zur Hofmark erhoben. 1548 kam das Dorf Feldafing in Rosenbuschs Hände. Außerdem erwarb er einige Güter in Pöcking und 1545 auch noch die Insel Wörth, die heutige Roseninsel.

Nach seinem Tod ging der gesamte Besitz an seinen Sohn Christoph Rosenbusch, der ihn 1582 an Hauptmann Mathias von Schöll verkaufte. Die nächsten Eigentümer wurden die Hörwarths, zunächst Hans Conrad Hörwarth von Hohenburg, dann Anfang 1600 dessen Sohn Hans Caspar von

Hörwarth, der das Gebäude nach der Zerstörung im Dreißigjährigen Krieg wieder neu errichten ließ. Von seinem Sohn Hans Caspar von Hörwarth erwarb Kurfürst Ferdinand Maria 1668 das Schloss. Er machte es zum Schauplatz seiner Feste am See und legte bei Possenhofen einen Hirschpark an, um Wild für seine Seejagden zu haben.

Sein Sohn Kurfürst Max Emanuel, der wenig Interesse an Possenhofen hatte, verkaufte das Schloss 1685 an den ungarischen Grafen Johann Carl von Serényi, der es schon 1689 an den Geheimen Rat Johann Rudolf von Wämpl veräußerte. Fast 100 Jahre, bis 1779, blieb das Schloss nun im Besitz von Wämpls Nachkommen. In dieser Zeit wurde der bislang zweigeschossige Bau um ein Geschoss aufgestockt. Außerdem entstanden die vier Ecktürme und das kleine Türmchen auf der Spitze des Zeltdaches. 1779 kaufte Johann Caspar Graf von La Rosée das Schloss, das er seinen Söhnen vererbte. 1792 kam es in die Hände von Johann Caspar und 1826 dann in die seines Sohnes Desider Graf von La Rosée.

Schloss Possenhofen im Besitz der Herzöge in Bayern

1834 kaufte Herzog Max in Bayern das Schloss, wozu inzwischen auch die Hofmark Garatshausen gehörte. Er wollte Possenhofen als Sommerresidenz nutzen und renovierte vorrangig die Innenausstattung. Dadurch wurde das Schloss geräumiger und heller. Er ließ die Ecktürme mit gotischen Zinnen bestücken und die Ringmauer mit Graben beseitigen, wodurch der Blick auf den See geöffnet wurde. Außerdem baute er das Schloss zu einer dreiflügeligen Anlage aus, die er später noch durch ein zusätzliches Obergeschoss erweitern ließ. 1860 ließ er die Fassaden neu gestalten und 1854 anstelle der alten Schlosskapelle zwischen Schloss und dem Hufeisenbau eine neue errichten. Nahezu die folgenden 100 Jahre blieb Schloss Possenhofen im Besitz der Herzöge in Bayern.

In diesem Schloss wuchsen auch die acht Kinder Herzog Max' und seiner Ehefrau Ludovica auf, darunter seine Tochter Sisi, die später als Kaiserin Elisabeth von Österreich berühmt wurde und die Possenhofen immer liebevoll »Possi« nannte. Aber auch Herzogin Sophie-Charlotte, die als Braut König Ludwigs II. von Bayern Schlagzeilen machte, bevor die Verlobung bereits nach kaum einem Jahr spektakulär scheiterte, fühlte sich hier wohl.

Schon als Kinder kamen Kronprinz Ludwig und sein Bruder Otto des Öfteren von Schloss Berg herüber, um in dem herrlichen baumreichen Park mit den Herzogkindern zu spielen und im See zu baden. Auf den endlosen Wiesen tummelten sich viele Tiere, darunter Kühe, Pferde, Schafe, Hühner, ja sogar Rehe und Hirsche und im Schloss gab es auch Hunde und Katzen. Sisi kümmerte sich um ein Reh, ein Lamm sowie um ein paar Kaninchen und um eine kleine Perlhühnerzucht. Possenhofen war ein Paradies für die Kinder. Auch später kam Ludwig II. als König immer wieder gerne zu Besuch hierher.

Herzog Max in Bayern wurde zu einem der beliebtesten Wittelsbacher.[8] Gesegnet mit ansehnlichem Reichtum war er Besitzer von mehreren Schlössern. Sein Palais in der Münchner Ludwigstraße war berühmt, hatte er darin doch ein Theater und einen Zirkus eingerichtet, in dem er als ausgezeichneter Reiter selbst mehrfach auftrat. Seine darin veranstalteten Bälle, Konzerte und Soireen waren legendär. Der reiselustige Herzog betätigte sich außerdem als Schriftsteller und Komponist und spielte hervorragend die Zither, was ihm im Volk den Namen »Zithermaxl« eintrug. Immer wieder tat er sich auch als Förderer der Volksmusik und des bayerischen Brauchtums hervor. Berühmt wurde er durch die lebendigen Schilderungen seiner einjährigen abenteuerlichen Reise durch den Orient, auf der er fast sein Leben verloren hätte.

Nach dem Tod von Herzog Max in Bayern, 1888, erbte dessen Sohn Carl Theodor Schloss Possenhofen. Als er 1909 starb, wurde sein Sohn Ludwig Wilhelm Schlossherr. Er kam jedoch nur noch im Sommer an den Starnberger See. Es wurde immer ruhiger im Schloss, das der Herzog in den 1920er-Jahren Kindern als Erholungsheim zur Verfügung stellte. 1936 ging das Schloss an seinen Neffen Luitpold, der es aber kaum mehr nutzte.

Niedergang und Rettung von Schloss Possenhofen

1940 verkaufte die herzogliche Familie das Schloss an die NS-Volkswohlfahrt, die es der Luftwaffe zur Sanitätsausbildung überließ. Gegen Ende des Zweiten Weltkriegs wurde ein Lazarett eingerichtet. Nach 1945 wurde der Bayerische Staat Eigentümer von Schloss Possenhofen. Da Herzog Luitpold von einem ihm angebotenen Rückkaufsrecht keinen Gebrauch machte – er zog sich ins Tegernseer Tal zurück –, wurde das Schloss 1950 schließlich

[8] Siehe dazu die Biografie: Schweiggert, Alfons: Herzog Max in Bayern. Sisis wilder Vater, München 2016.

verkauft und damit sein Verfall eingeläutet. Der Bau verkam zunächst zu einer Fabrik für Fahrradhilfsmotoren und beherbergte zu schlechter Letzt sogar einen Schafstall. Das einstige Wittelsbacher Schmuckstück verrottete und war vom Abriss bedroht. Gerade noch rechtzeitig sanierten 1984 die neuen Besitzer den Bau und privatisierten ihn. Sie richteten darin 27 komfortable und teure Eigentumswohnungen ein. Heute ist nur noch eine zwei Hektar große Parkfläche vor der Schlossanlage öffentlich zugänglich. Das Schloss selbst kann zum großen Bedauern der zahlreichen Sisi-Fans nicht mehr besichtigt werden.

Wer Sisi heute erleben möchte, dem ist aber ein Besuch des »Kaiserin Elisabeth Museums« im historischen Bahnhof von Possenhofen mit seiner kleinen, aber feinen Ausstellung sehr zu empfehlen. An diesem reich mit Malereien und Stuck verzierten Bahnhof kam Sisi 1869 erstmals mit dem Prunkwagen an und wurde dann von hier zum elterlichen Schloss Possenhofen gebracht. Im »Kaiserin Elisabeth Museum«, das alljährlich von Anfang Mai bis Mitte Oktober (Fr. bis So. sowie feiertags jeweils von 12.00 bis 18.00 Uhr) geöffnet ist, wird das Wirken der Kaiserin in zahlreichen einzigartigen Exponaten lebendig. Neben Büsten, Skulpturen und Originalgegenständen sind viele Fotografien der Kaiserin zu sehen, dazu Exponate König Ludwigs II., der Elisabeths Cousin zweiten Grades war.

Kurze Geschichte von Schloss Berg

Es war Herzog Wilhelm IV. (1493–1550) mit seiner Begeisterung für den Starnberger See, der, wie bereits erwähnt, Münchner und Augsburger Patriziern durch die Verleihung von Grund und Boden die Gelegenheit bot, sich am See niederzulassen und auf diese Weise die Gegend zu beleben. Zu den so Begünstigten zählte unter anderem die Münchner Patrizierfamilie Ligsalz, die vom Herzog gegen Ende des 15. Jahrhunderts das Berger Grundstück verliehen bekam und diese Großzügigkeit dankbar annahm. Auf Wunsch des Herzogs sollte darauf möglichst bald ein Herrenhaus errichtet werden.

Ein einfaches Herrenhaus (1560)

Schon um 1486[9] entstanden erste Pläne zu einem Herrenhaus, wozu Herzog Wilhelm IV. Hans Ligsalz und dessen Sohn Sebastian sogar Baumaterial zukommen ließ. Doch erst um 1560 ließ Hans oder Georg Ligsalz ein dreigeschossiges, einfaches Herrenhaus als Sommersitz der Familie errichten. In den folgenden Jahrzehnten erfolgten an diesem Gebäude, das schlecht gemauert war, etliche Um- und Ausbauten.

Nachfolgende Eigentümer der 1571 zur Hofmark erhobenen Besitzung Berg – wozu Unterberg, Oberberg und Aufkirchen gehörten – waren in den Jahren von 1596 bis 1610 drei Besitzer: der Geheime Rat Rudolf Freiherr von Polweiler, nach ihm der Fürstliche Rat und Kämmerer Hans von Gregerstorf und anschließend dessen Sohn Hans Philipp. Sie alle genossen die immer prunkvoller werdenden Feste, die Wilhelms IV. Nachfolger, Herzog Albrecht V. (reg. 155–1579), Herzog Wilhelm V. (reg. 1579–1597) und Kurfürst Maximilian I. (reg. 1597–1651) zu feiern verstanden. Neben Hofjagden

[9] Schober, Gerhard: Schlösser im Fünfseenland. Bayerische Adelssitze rund um den Starnberger See und den Ammersee, Waakirchen 2005, S. 90 (künftig: Schober, Schlösser).

fanden aufwendige Schifffahrten auf dem See statt, wobei sogar spielerische Seeschlachten mit 13 Schiffen veranstaltet und fulminante Feuerwerke inszeniert wurden.

Die Bauern und Fischer in Berg waren den neuen adeligen Nachbarn dienstbar. Als sogenannte Hoffischer fuhren sie in Holzplätten auf den See hinaus. Ihren Fang mussten sie bei den Fischmeistern in Possenhofen und Ambach abliefern, die damit den Münchner Hof, die bayerischen Herzöge, Adelshäuser und Klöster belieferten. Erst wenn diese ausreichend eingedeckt waren, durften die Fischer die meist kärglichen Reste selbst verwerten. Die Praxis dieser Hoffisch-Abgaben wurde erst Mitte des 19. Jahrhunderts abgeschafft.

Die Geburtsstunde von Schloss Berg (1640)

1610 ging das Landgut an Hans Georg Hörwarth d. Älteren. Die Hörwarths gehörten zu den ältesten und reichsten Patriziergeschlechtern Augsburgs und damit zu den angesehensten Familien des Landes. Von seinem Sohn, Hans Christoph Freiherr von Hörwarth, ging Berg an dessen Bruder Hans Georg Freiherr von Hörwarth d. Jüngeren. Er ließ das schlecht gemauerte einstige Herrenhaus um 1640 zu einem Renaissancebau umgestalten; dies war die eigentliche Geburtsstunde von Schloss Berg. Damals – während des Dreißigjährigen Kriegs (1618–1648) – zogen ab 1632 schwedische Soldaten marodierend auch durch das Würmtal von Dorf zu Dorf. Sie metzelten einheimische Bauern nieder, brandschatzten und plünderten. Auch Schiffe und Schiffshütten am See gingen in Flammen auf. Sie hinterließen Hungersnot und Pest. In manchen Regionen starben mehr als die Hälfte der Bewohner.

Die Geburtsstunde von Schloss Berg ereignete sich also in einer wilden, schrecklichen Zeit und es war sicher nicht leicht, ein derartig anspruchsvolles Gebäude zu errichten. »Als einfacher kubischer Bau mit einem fast quadratischen Grundriss, drei Geschossen und einem Zeltdach [...] ist es ein typisches Beispiel eines kleinen bayerischen Landsitzes der Spätrenaissance.«[10] Damals sah das Gebäude also so aus, wie es sich heute wieder darstellt: schmucklos, mehr eine Villa als ein Schloss, das die folgenden 36 Jahre in Hans Georg von Hörwarths Besitz blieb, bis sich dessen Sohn Hans Ludwig Freiherr von Hörwarth zum Verkauf von Schloss und Hofmark Berg mit Oberberg und Aufkirchen entschloss.

[10] Echter, S. 232.

Schloss Berg im Besitz der Wittelsbacher (seit 1676)

1676 erwarb der absolutistisch regierende Kurfürst Ferdinand Maria (reg. 1651–1679) das gesamte Anwesen für 30 000 Gulden, das seitdem bis heute im Besitz der Wittelsbacher verblieb. Dieser Kurfürst, ebenfalls ein Liebhaber des Starnberger Sees, hatte bereits 1668 Schloss Possenhofen erworben. Auch Schloss Kempfenhausen und Ammerland brachte er in seine Hände. Unter seiner Leitung wurde Berg nun zu einem schmucken, barocken Wasserschloss umgebaut, umschlossen von einem Wassergraben und einer Ringmauer. Die Spitze des hohen Zeltdachs krönte ein Türmchen, davor breitete sich ein Lustgarten aus.

Schon 1662 hatte sich dieser Kurfürst von Schiffskonstrukteuren aus Venedig in nur eineinhalb Jahren einen pompösen dreistöckigen, 29 Meter langen und rundum vergoldeten Segeljagdkreuzer mit zwei Masten zum Preis von 18 000 Gulden bauen lassen. Vorbild war der »Bucintoro« aus der alten Seefahrerstadt Venedig. Wie dieser sollte auch der bayerische »Bucentaur« die absolutistische Machtfülle seines Besitzers demonstrieren und dessen Freude an Festen und Vergnügungen befriedigen. Nunmehr konnte Ferdinand Maria – eingedenk der Tradition seiner Vorfahren – gemeinsam mit seiner lebensfrohen Gemahlin Henriette Adelheid (1636–1676) zu Berg regelmäßig mit illustren Seefesten, Flottenparaden, Bootsfahrten und atemberaubenden Brillantfeuerwerken Hof halten.

Augenzeugen schwärmten von der Säulenhalle auf dem Schiff mit einer hohen künstlichen Fontäne und von der rings ums Schiff verlaufenden Galerie in Gestalt eines Balkons. Überall prachtvolle Figuren und Symbole, darunter Delfine, Wassergötter, Nixen und am Bug des Schiffes zwei goldene Löwenköpfe. Das kurfürstliche Leibschiff war Kunstwerk, wassertaugliches Lustschloss, Ballsaal, Kriegs- und Jagdschiff in einem. An die 110 Ruderer, verborgen im Bauch des stattlichen Seglers, brachten das Schiff auf beachtliche Geschwindigkeit und aus 16 Kanonen konnten Salutschüsse abgegeben werden. Bis zu 500 Menschen waren meist gleichzeitig an Bord, darunter hochadelige Gäste, Hofleute, Lakaien, Musiker und Jagdgehilfen. Sie tafelten und tanzten bei diesen Aufsehen erregenden Festen, die bis zu viermal jährlich stattfanden, bis in die Nacht hinein, genossen Feuerwerke, erfreuten sich an Lustseeschlachten und an spektakulären Jagden auf stattliche Hirsche, die dazu extra in den See getrieben und dort vom »Bucentaur« aus erlegt wurden, auch wenn diese Hirschhatzen nach heutigen Vorstellungen keinesfalls waidgerecht waren. Am und auf dem See vergnügten sich bis zu 2000 Personen.

Begleitet wurde der »Bucentaur« von einer Armada von 20 kleineren Begleitschiffen und Booten, darunter mehrere Galeeren und Gondeln, ein eigenes »Kammerherren-« und »Edelleuteschiff«, ein »Leibjagdschiff«, ein »Hofküchenschiff« für die Zubereitung der Speisen, ein »Silberkammerschiff« fürs Gedeck, ein »Kellerschiff« für Getränke sowie ein »Musikschiff«, dazu etliche »Seegenschiffe«, wie die Fischerboote damals hießen.

»Es muß ein unbeschreiblicher Anblick gewesen sein, der da, traumhafter als ein Märchen, in die stille, bescheidene Welt der Fischer und Bauern hereinbrach; wenn der neue Bucentaur auslief, prunkender noch als das Schiff des Dogen von Venedig, überladen mit Schnitzereien, reich bemalt und vergoldet, gravitätisch ruhig dahingleitend im Gleichtakt von über hundert Rudern, mit geblähten Segeln und knatternden weiß-blauen Wimpeln!«[11]

Nach dem Tod des Kurfürsten Ferdinand Maria im Jahr 1679 kam Schloss Berg kurzzeitig in den Besitz seines Vetters, des Fürstbischofs Albrecht Sigismund von Freising, der aber bereits 1685 starb.

Schloss Bergs Glanzzeit und Niedergang im 18. Jahrhundert

Daraufhin wurde Ferdinand Marias Sohn Max Emanuel, der »Blaue Kurfürst« (reg. 1679–1726), Herr von Schloss Berg. Infolge seiner Teilnahme am Türkenkrieg, am Spanischen Erbfolgekrieg und aufgrund mehrerer Exiljahre konnte er aber erst nach 1715 das Jagd- und Lustschloss Berg wieder zum Mittelpunkt des Hoflebens werden lassen. Weiterhin kreuzte das von seinem Vater erbaute Prunkschiff »Bucentaur« auf dem See. Bis zu seinem Tod 1726 sorgte Max Emanuel ebenfalls mit märchenhaften barocken Seefesten, mit Feuerwerken, Seeschlachten und Bootsrennen sowie gigantischen Hofjagden für weitere glanzvoll Jahre von Schloss Berg. So ließ er auf der Seeseite einen Tierpark anlegen, aus dem die dort untergebrachten Hirsche zur Jagd in den See getrieben und von den Booten aus abgeschossen werden konnten.

Auch Max Emanuels Sohn, Kurfürst Karl Albrecht (reg. 1726–1745), kam immer wieder zu Seejagden nach Berg und hielt hier ab 1726 Hof. Nach seinem Tod 1745 waren die Seefeste unter seinem Nachfolger Kurfürst Maximilian III. Joseph (1745–1777) weniger aufwendig und fanden auch nicht

[11] Schober, Gerhard: Bilder aus dem Fünf-Seen-Land, Starnberg 1979, S. 10 (künftig: Schober, Fünf-Seen-Land).

mehr so häufig statt. Einige bemerkenswerte Feste gab es jedoch noch. »So fand 1752 zu Ehren der Kürfürstin von der Pfalz eine Fahrt mit nächtlicher Illumination statt. Kempfenhausen und Berg leuchteten noch einmal im Feuer von über 11 000 Ampeln!«[12] Doch nach fast 100 Jahren intensiver Nutzung war der »Bucentaur« angeblich zu marode, weshalb man eine Reparatur nicht mehr für möglich hielt. Am 3. Februar 1758 kam es zum Abbruch dieses legendären Prunkschiffs. Die Folge war die Auflösung der gesamten Flotte; die Zeit der großen Berger Feste ging ihrem Ende entgegen. Erhalten sind heute nur noch die Heckfigur der Prunkgaleere sowie ein zwei Meter langes detailgetreues Modell des Bucentaur – es wurde 1909 in den Werkstätten des Deutschen Museums angeferigt –, das man im »Museum Starnberger See« besichtigen kann.

Kurfürst Carl Theodor (reg. 1777–1799), der sich lieber in Mannheim als in München aufhielt, kam nur anfänglich einige Male an den Starnberger See und ins Schloss Berg. Es erfolgten aber keine neuen Baumaßnahmen, nur gelegentliche Instandsetzungsarbeiten. Der Wassergraben um das Schloss wurde zugeschüttet und die Ringmauer abgetragen. Der kunstvoll gestaltete Park verwilderte. Gegen Ende des 18. Jahrhunderts schien Schloss Berg zu veröden. Gelegentlich logierten in den Sommermonaten noch adelige Gäste im Haus, so etwa 1784 Henriette Trevor, die Gemahlin des englischen Gesandten in Bayern. Gleichwohl schwärmte in diesem Jahr Lorenz Westenrieder in seinem Würmsee-Buch noch immer: »Das Schloß ist frisch und ziemlich hoch gebaut und genießt die herrlichste Aussicht nach dem ganzen westlichen Ufer des Sees: eine Aussicht, um die man anderswo gerne Millionen bezahlen würde, wenn es möglich wäre, sie dahin zu versetzen. Auch weht hier vom Gebirge und dem See fast beständig eine kühle und gesündeste Luft, und die Einwohner, welche in Hütten umher wohnen, erreichen meist ein hohes, und nicht selten ein ganz ungewöhnliches Alter.«[13]

Ab 1791 nutzten die Witwe des Kurfürsten Max III. Joseph und ab 1799 die Witwe Carl Theodors Schloss Berg als Ruhesitz. Bisweilen hielten sich hier auch alte und kranke Hof- und Staatsbeamte auf, denen das Seeklima bestens bekam, bevor es dann um Schloss Berg für einige Jahrzehnte still wurde.

Nachdem Kurfürst Max I. Joseph 1806 König von Bayern geworden war,

[12] Ebd., S. 11.

[13] Westenrieder, Lorenz: Beschreibung des Wurm- oder Starenbergersees und der umliegenden Schlößer, München 1874, S. 89.

stand das Schlösschen weiterhin meist leer, da er seine Sommerresidenz lieber am Tegernsee in der ehemaligen Benediktinerabtei aufschlug. Nur gelegentlich nutzte er das Schloss bei Fahrten mit seinem neuen Leibschiff »Carolina«, das aber bereits 1815 schon wieder abgebrochen wurde. Den längst verwilderten barocken Lustgarten ließ er von keinem Geringeren als dem Hofgärtner Friedrich von Sckell (1750–1823) durch einen englischen Schlossgarten ersetzen, den er großzügig der Öffentlichkeit zur Verfügung stellte.

Sein Sohn König Ludwig I. (reg. 1825–1848) zeigte noch weniger Interesse an Schloss Berg, obwohl er für seine seltenen Aufenthalte 1834 die Zimmer neu dekorieren ließ. Er kam nur hin und wieder zu einer Bootsfahrt an den Starnberger See.

Wiedererwachen von Schloss Berg im 19. Jahrhundert

Alles änderte sich erst, nachdem ab 1848 König Max II. amtierte. Der Vater des späteren Ludwigs II. hielt sich als naturliebender Monarch nicht nur gerne in seinen Jagdhütten in den Bergen auf, sondern er entdeckte auch Schloss Berg für sich, das unter ihm wieder zu neuem Leben erwachte. Vielleicht kannte er das 1845 erschienene Buch »Der Würmsee und seine Uferorte« von H. K. Föhringer, in dem es heißt: »Berg bietet an sich nichts Besonderes, besitzt aber an dem südlich vom Schloße sich ausbreitenden englischen Parke eine Beigabe, wodurch es zu einem der reizendsten und beliebtesten Punkte am See geworden. Die Aussicht, welche man von den obersten Höhen der steil und pittoresk emporsteigenden Leite aus genießt, ist auch in der That so eigenthümlich schön, wie man sie in dieser Art an keiner anderen Stelle des Seeufers findet. Mit lieblicher Gewalt fühlt man sich an jene kühn in den Abgrund hinausragenden Bergvorsprünge gefesselt, wo der Anblick des Sees, und des gegenüberliegenden Ufers zwischen dem Gitterwerke am Rande der Anhöhe sich emporringender knorplicher Föhren hindurch, und über den in der Tiefe stehenden Fichtenpark hinweg, einen wundersamen Eindruck übt, obschon hier der See am schmälsten und von dem Gebirge nur ein Theil der westlichen Ausläufer des Allgäu's ersichtlich ist. Großartig schön ist aber auch auf der entgegensetzten Seite die Ansicht der Alpenkette, gegen das hochragende Aufkirchen und seine gesegneten Fruchtfelder hin.«[14]

[14] Föhringer, H. K.: Der Würmsee und seine Uferorte. Eine historisch topographische Skizze, München 1845, S. 23.

Diesem Zauber der Berger Gegend konnte sich König Max II. ebenso wenig entziehen wie dem belebenden Geruch des Sees und »der unvergänglichen und immer wieder überraschend neuen Schönheit dieser Naturkomposition aus Wasser, Wolken und Wiesen, aus Himmel und Hügeln, aus Blättergrün und Bergen grau bis blau oder gar schwarz und wenn der Föhn mitspielt auch violett oder beißend gelb bis rosa und rot, je nach dem Stand der den ganzen Tag lang über die Alpen wandernden Sonne, die morgens von vorn draufleuchtet, dann von hinten her, was die Berggesichter in geheimnisvolle Schatten taucht, und die Abendsonne malt schließlich messingfarbenes oder auch glühendes Seitenlicht auf Zugspitze, Wetterstein, Karwendel und die davorliegenden Wanderberge mit der breiten Benediktenwand – und auch aufs leuchtende Ostufer des Sees.«[15] So enthusiastisch schwärmen noch heute Menschen, die am Starnberger See leben dürfen, und so wird es auch bereits König Max II. empfunden haben. Er konnte auf eine über 360-jährige Geschichte von Schloss Berg und auf 18 Vorbesitzer zurückblicken, deren Namen im Folgenden noch einmal aufgelistet sind.

Die Vorbesitzer von Schloss Berg bis zu König Ludwig II.

ca. 1486 bis ca. 1580: drei Münchner Patrizier
Hans Ligsalz (erhält den Berger Grund von Herzog Wilhelm IV.)
Sebastian Ligsalz (Sohn von Hans Ligsalz)
Georg Ligsalz (Sohn von Sebastian Ligsalz; Berg wird 1571 zur Hofmark erhoben)

ca. 1581 bis 1610: drei Fürstliche Geheimräte
Rudolf Freiherr von Polweiler
Hans von Gregerstorf
Hans Philipp von Gregerstorf

1610 bis 1676: vier Augsburger Patrizier
Hans Georg Freiherr von Hörwarth d. Ältere
Hans Christoph Freiherr von Hörwarth
Hans Georg Freiherr von Hörwarth d. Jüngere
Hans Ludwig Freiherr von Hörwarth

[15] Wiede, S. 7.

1676: Schloss Berg wird Eigentum der Wittelsbacher

1676 bis 1800: ein Bischof und fünf Wittelsbacher Kurfürsten

Kurfürst Ferdinand Maria
Fürstbischof Albrecht Sigismund von Freising
Kurfürst Max Emanuel – der »Blaue Kurfürst«
Kurfürst Karl Albrecht
Kurfürst Maximilian III. Joseph
Kurfürst Karl Theodor

1800 bis 1886: vier bayerische Könige

1806	Kurfürst Max IV. Joseph = König Max I. Joseph von Bayern
1825	König Ludwig I. von Bayern
1848	König Max II. von Bayern – erweckte Berg zu neuem Leben
1864	Nach dem Tod seines Vaters im März 1864 wurde König Ludwig II. von Bayern der 20. Besitzer von Schloss Berg.

Die Familie von König Maximilian II. am Starnberger See

Königlicher Sommersitz Schloss Berg

Die Liebe für den Starnberger See und die ihn umgebende idyllisch-sanfte Hügellandschaft bewogen König Max II., in den Jahren 1849 bis 1851 Schloss Berg durch Hofrat Eduard von Riedel im Stil von Hohenschwangau zu einem komfortablen Sommersitz für seine Familie umgestalten zu lassen. Das Gebäude, dessen barocke Fassade einheitlich gelb bemalt wurde, erhielt vier zinnenbekrönte Ecktürmchen und auch der Dachsims wurde mit Zinnen bestückt. Im zweiten Stockwerk brachte man einen Balkon an. Der König »kaufte auch zum Park noch anstoßenden Grund und Boden an, um Platz für Nebenbauten zu gewinnen, in denen der Hofstaat, soweit dieser in die Sommerresidenz mitgenommen wurde, und die Dienerschaft untergebracht werden konnten. Aber auch diese Nebenhäuser zeigen, wie das Hauptgebäude, größte Einfachheit.«[16] Der Park, der 1849/50 durch eine Mauer bis an den See hin abgeschlossen und mit Steinfiguren belebt wurde, erhielt zwei Springbrunnen mit Fontänen. Zwischen den einheimischen Bäumen wurden exotische Pflanzen eingefügt.

Nachdem 1851 der Umbau abgeschlossen war, wurde Schloss Berg für König Max II. – neben Hohenschwangau und Berchtesgaden – zu seinem dritten Sommersitz, den er ganz besonders schätzte. Regelmäßig hielt er sich in den Sommermonaten gemeinsam mit seiner Frau, Königin Marie (1825–1889), und den beiden Kindern Ludwig und Otto hier auf.

1853 ließ er noch einen Schwimmhafen anlegen, zu dem vom Schloss ein Laubengang hinabführte. Der Hafen war Ausgangspunkt für Schiffsfahrten auf dem Starnberger See und zur nahe gelegenen Insel Wörth, wie die Roseninsel damals noch hieß. Dieses Eiland hatte er 1853 erworben. Inmitten einer herrlichen Gartenanlage ließ er dort ein Casino errichten.

Der Kontakt Königs Max II. zu den Bewohnern von Berg scheint nicht

[16] Lampert, Friedrich: Ludwig II. König von Bayern. Ein Lebensbild, München 1890, S. 91f.

besonders eng gewesen zu sein. Davon ist jedenfalls der aus Berg stammende Schriftsteller Oskar Maria Graf überzeugt: »Ein freundliches, rosiges, ziemlich rundes Gesicht mit Backenkoteletten und einem kleinen, frischen Schnurrbart [war] so ziemlich alles, was man hin und wieder flüchtig aus der geschlossenen Vierspännerkutsche grüßen sah. Ein Gesicht war das, auf dem eine anmutige Sanftheit lag; fast etwas melancholisch und träumerisch lächelte es, und es war wirklich kein Wunder, wenn [die Berger] aus irgendeinem geheimnisvollen Grund zur Annahme neigten, das sei gar nicht der lebendige König, das sei eine Wachsfigur. Trotzdem, die Bauern standen anfangs stets benommen da, wenn das Gespann vorbeitrabte. Sie nahmen ihre Hüte ab und rissen die Augen weit auf. Dann riefen sie eine Zeitlang ›Hoch!‹ und schließlich, als der Hofgärtner ausrichtete, Seine Majestät verlange das nicht und sähe es auch nicht gerne, schlugen einige sogar unbeholfen das Kreuz oder blieben soldatisch steif stehen und gingen erst, wenn sie nichts mehr vom Gefährt sahen. Selten genug fuhr ja auch die Kutsche aus und ein. [...] ›Dös muaß ma iahm lossn, a ruahiga Mensch is er, unsa König! A gsetzter Mensch!‹ sprach man befriedigt bei den Bauern herum, und das mit der Wachsfigur verschwebte sozusagen.«[17]

Wenn im Frühjahr die königliche Familie kam, hielt sie sich im großen Schlosspark auf, sodass die Berger auch Königin Marie und ihre beiden Prinzen kaum zu Gesicht bekamen. Kontakt hatten der eine oder andere Berger gelegentlich nur zur Dienerschaft im Schloss, wenn dorthin Milch und Butter geliefert werden musste oder frisches Brot vom Bäcker. In der Dorfwirtschaft fanden sich abends gelegentlich der Hofgärtner, ein Lakai oder der Stallmeister ein und tranken einen Schoppen Wein.

Eine Besonderheit gab es jedoch: »Der Hof zog die Fremden herbei. Mit wenigen Ausnahmen wurden die Bauern jetzt zugänglicher und schlugen aus manchem Grundstückverkauf eine saftige Summe.«[18] Der eine verkaufte seinen Acker oder seine Bergwiese, der andere seinen Seegrund, den er sich teuer bezahlen ließ.

[17] Graf, Oskar Maria: Die Chronik von Flechting. Ein Dorfroman (EA München 1929), München 2009, S. 67f. (künftig: Graf, Flechting).

[18] Ebd., S. 76.

»Auf geht's zum Starnberger See!«

Mit der Rückkehr des königlichen Hofs nach Schloss Berg wurde der Starnberger See mit seinen Uferorten nun auch für Touristen immer interessanter. Der königlich–bayerische Baurat und Architekt Johann Ulrich Himbsel (1787–1860) hatte schon als junger Mann davon geträumt, den Starnberger See mit Dampfschiffen für Erholungssuchende attraktiv zu machen. Anfänglich ließen sich die Ausflügler nämlich noch in unsicheren Fischerbooten über den See rudern.

Schon 1828 hatte der damals 41-Jährige beim königlichen Seegericht in Starnberg um die Bewilligung gebeten, ein Dampfschiff bauen zu dürfen. Doch König Ludwig I. wollte trotz mehrmaliger Anträge von einem Dampfschiff auf dem Starnberger See und einer Eisenbahnlinie von München nach Starnberg nichts wissen. Doch Himbsel verfolgte seine Pläne weiterhin. Erst der Sohn Ludwigs I., König Max II., zeigte sich den Ideen des umtriebigen Baurats gegenüber aufgeschlossen.

Am 25. September 1849, erlaubte er ihm den Bau des ersten zivil genutzten großen Raddampfers mit maschinellem Antrieb für Fahrten auf dem Starnberger See. 1850 durfte sich der mittlerweile 63- Jährige, allerdings auf eigenes unternehmerisches Risiko, von der Firma Joseph Anton Maffei dieses erste Dampfschiff bauen lassen, das 1851 unter seiner Leitung auf dem Starnberger See vom Stapel lief. Dem König zu Ehren wurde der Salondampfer »Maximilian« benannt.

Doch um die Menschen rasch von München nach Starnberg zu bringen, dessen war sich Himbsel bewusst, musste dringend auch eine Eisenbahnlinie von der Residenzstadt nach Starnberg und womöglich noch weiter gebaut werden. Zunächst dauerte eine Fahrt im dicht besetzten Stellwagen über holprige Straßen von München nach Starnberg nämlich noch drei bis vier Stunden. Die Fahrtroute verlief durch den Forstenrieder Park, Oberdill, Wangen und Percha an den See. Als im August 1849 mit Erlaubnis Max II. eine »Aktiengesellschaft für den Zweck des Bauens und Betriebes einer Eisenbahn von München nach Starnberg« gegründet wurde, konnte unter Himbsels Leitung endlich auch die lang ersehnte 20 Kilometer lange Bahnstrecke von München nach Starnberg gebaut werden, wobei er für diese Unternehmung als Privatmann erneut ein Darlehen aufnehmen musste. Am 24. November 1854 konnte dann der erste Zug von München nach Starnberg fahren. Die Fahrt dauerte 55 Minuten und kostete hin und zurück in der 2. Klasse einen Gulden und 12 Kreuzer. Der Bahnhof, der zunächst nur eine Bretterbunde war, wurde bald durch ein stattliches Gebäude ersetzt. Von hier aus waren es dann nur noch wenige Schritte bis zum See. Himbsels unermüdlicher Einsatz für die Dampfschifffahrt auf dem Starnberger See und für die Entwicklung der Bahnstrecke München – Starnberg brachten ihm den Ehrentitel »Entdecker und Erwecker des Starnberger Sees« ein.

Der königliche Wartesaal im Starnberger Bahnhof

Auch König Max II. benutzte mit seiner Familie den Zug, um nach Starnberg zu kommen. Im Starnberger Bahnhof ließ er als Ergänzung zu den Wartesälen für die I., II. und III. Klasse von seinem bevorzugten Architekten Friedrich Bürklein (1813–1872), einem Schüler Friedrich von Gärtners, einen besonders repräsentativen königlichen Wartesalon errichten, der dem »Aufenthalt hoher und allerhöchster Herrschaften« vorbehalten war. Max II. war mit dem kunstvoll getäfelten Raum mit der an die englische Gotik erinnernden Holzdecke derart zufrieden, dass er ihn als »Muster für die Wartezimmer des Königlichen Hauses in anderen bayerischen Bahnhöfen« empfahl. Auf der Türklinke des königlichen Wartesaals erinnert ein mit einer Krone versehenes geschwungenes »M« an Max II. In den Salon gelangten die hohen Herrschaften durch ein Vorzimmer. Der Blick aus dem Salon ging auf den See, da die Gleise damals noch auf der dem Ort zugewandten Seite lagen. Während sich der König und seine Gemahlin Marie außerdem noch in kleine private Kabinette zurückziehen konnten, erwarteten ihre Söhne Ludwig und Otto im Salon die Ankunft des Dampfers »Maximilian«, von dem sie nach Schloss Berg gebracht wurden. Auch Ludwig II. hielt sich später in diesem Wartesaal auf, den man nach ihm deshalb »König-Ludwig-Salon« benannte.

Nach dem Ersten Weltkrieg wurde der »Wartesaal für allerhöchste Herrschaften« öffentlich zugänglich und als Bahnhofsrestaurant genutzt, bevor er ein paar Jahrzehnte lang in einen Dornröschenschaf fiel. Heute finden in dem unter Denkmalschutz stehenden Wartesalon und in der ehemaligen Schalterhalle kulturelle Veranstaltungen des Kulturateliers »KunstRäume am See« statt.

Das königliche Privatdampfschiff »Maximilian«

Der große Raddampfer »Maximilian« war ein Eisenschiff mit hölzernen Decksaufbauten, 33 Meter lang und 4,6 Meter breit und konnte 300 Personen aufnehmen. Es brachte es auf eine Geschwindigkeit von immerhin 14 km/h. Das Schiff umrundete täglich zweimal in je dreieinhalb Stunden in beschaulicher Fahrt den See. Zwei Sonderkabinen waren für den König und seine Gemahlin reserviert. Beim feierlichen Stapellauf am 11. März 1851 waren Ludwigs Vater, König Max II., und seine Mutter, Königin Marie, zugegen. Es ist nicht auszuschließen, dass auch der damals fast sechsjährige Kronprinz Ludwig anwesend war.

Max II. gefielen die Dampferfahrten und dadurch angeregt beschloss er, sich ein eigenes kleineres Dampfschiff anzuschaffen. Diese hochmoderne dampfbetriebene Yacht wurde in den Jahren 1855 / 56 unter der Leitung von Leutnant Joseph Joerres in den königlichen Hofwerkstätten hergestellt und lief 1857 ebenfalls unter dem Namen »Maximilian« vom Stapel. Das Schiff hatte eine Länge von 18 Metern und eine Breite von 2,80 Metern, über die Radkästen von 5,80 Metern. Der König nutzte seinen Privatdampfer nicht nur zur Anreise nach Berg, sondern auch für Fahrten zur Roseninsel und zu Rundfahrten auf dem Starnberger See.

Schloss Berg: Spielparadies für die Königskinder

Neben Schloss Hohenschwangau und der königlichen Villa Berchtesgaden hatten die Prinzen Ludwig und Otto besonders Schloss Berg ins Herz geschlossen. Während sie von Hohenschwangau aus mit der Mutter immer wieder Wanderungen unternahmen und die umliegenden Gipfel besteigen durften, wodurch in ihnen die Liebe zur Bergwelt vertieft wurde, boten sich die Aufenthalte in Schloss Berg zu Schiffsfahrten auf dem Starnberger See an, entweder zur Roseninsel oder zum Schloss Possenhofen, wo auf die Prinzen die Kinder von Herzog Max in Bayern und seiner Frau Ludovica warteten, darunter Sophie, die zwei Jahre jüngere spätere Braut Ludwigs II., und Max Emmanuel (Mapperl), aber auch die schon etwas älteren Herzogskinder Spatz (Mathilde), Marie und Gackl (Carl Theodor). Ein gutes Verhältnis bestand auch zur acht Jahre älteren Sisi, der späteren Kaiserin Elisabeth von Österreich, sowie zur elf Jahre älteren Néné (Helene) und gelegentlich auch zu deren Bruder Ludwig, zu dem der Altersunterschied allerdings bereits 14 Jahre betrug.

»Possi«, wie Schloss Possenhofen liebevoll genannt wurde, war für Ludwig und Otto das reinste Paradies. Sie tobten mit den Herzogskindern durch den großen Park, spielten mit den reichlich vorhandenen Tieren – Hühnern, Katzen und Hasen –, kletterten auf die alten Bäume und unternahmen Ausritte mit ihren Pferden. Im See, der an das Grundstück angrenzte, konnten sie plantschen und schwimmen oder mit kleinen Booten fahren. Auch das Angeln von Renken, Zandern und Saiblingen erfreute die Kinder.

Es kam auch zu Gegenbesuchen in Schloss Berg. Besonderheiten von den Aufenthalten dort drangen jedoch kaum an die Öffentlichkeit. Die Königsfamilie wollte sich hier ungestört erholen. Was die Königskinder in Berg taten, geht nur aus einigen brieflichen Nachrichten hervor. So notierte der 13-jährige Ludwig etwa am 6. Juni 1858: »Wir fuhren sodann nach Berg. Otto lief Schmetterlingen nach, ich sprang herum u. sah das Schloß von innen an, dann aßen wir. Wir hatten Reissuppe, Rindfleisch mit Gurkensalad [sic!], Kartoffel, Spargel, Kohlrabi ... Hühnerbraten mit Salad [sic!], Bombe au chocolat u. Kirschen sowie Dessert. Nach Tische pflückten wir Maiblumen im Park.«[19]

Für die Prinzen, die sonst einem streng geregelten Tagesablauf unterworfen waren, bedeuteten die Aufenthalte in Berg Erholung pur. Freude hatte Ludwig von Kindheit an auch an der Lektüre von Büchern. Außer der Jagd nach Schmetterlingen und Spielen mit seinem Bruder Otto im verwilderten Park genoss der Kronprinz besonders Fahrten mit dem Dampfschiff »Maximilian«, die ihm derart Spaß machten, dass er sogar Schiffskapitän werden wollte und sich einmal zu Weihnachten »ein Linienschiff nebst Kajüte, ungefähr 3 Schuh 2 Zoll lang«[20] wünschte. Nach seiner Thronbesteigung erwarb er das väterliche Schiff und gab ihm den Namen »Tristan«. Dazu kamen Ausritte und Ausfahrten mit der Kutsche, Spaziergänge und nicht zuletzt das Schwimmen im See. »Benützen Sie den dortigen Aufenthalt recht häufig zu Ausflügen und Spaziergängen in Gottes freier Natur sowie zur Fortsetzung der Ihnen so angenehmen Schwimmübungen, um so körperlich erstarkt wieder zu den geistigen Beschäftigungen zurückkehren zu können«[21], schrieb Ludwigs Latein- und Griechischlehrer Franz Steininger am 23. August 1857 an den zwölfjährigen Ludwig.

[19] Frühestes erhaltenes Tagebuch Ludwigs II., GHA, Kabinettsakten Ludwigs II., Nr. 64.

[20] Böhm, Gottfried von: Ludwig II. König von Bayern. Sein Leben und seine Zeit. Berlin 1924, S. 10 (künftig: Böhm, Gottfried).

[21] Bialuch, Jürgen: Gestalten um den Märchenkönig, Reutlingen 1994, S. 161 (künftig: Bialuch).

Auch Lausbubenstreiche kamen sicher nicht zu kurz, wie sie etwa von einem Ausflug in die Ramsau berichtet werden, bei dem Ludwig und Otto Havannazigarren rauchen wollten, was ihrem Erzieher natürlich nicht passte. Doch sein Einspruch hatte keinen Erfolg. Deshalb »versprach er einem Knecht von Kainzierl in Hintersee einen Taler, wenn er ihm helfen wolle, den beiden das Rauchen auszutreiben. Natürlich wollte sich der Knecht den ausgesetzten Preis nicht entgehen lassen. Als die beiden Prinzen an ihm vorübergingen, sagte der Knecht, der nicht auf den Mund gefallen war, so laut zu den beiden Buben hin, daß sie es unbedingt hören mußten: ›D'Luft verpestn mit so an Gstank und was für a Kraut, so grea wia de Bürscherl, de's raucha!‹«[22] Darauf warfen Ludwig und Otto, die sich entdeckt fühlten, ihre Zigarren sofort weg.

Der Märchendichter Hans Christian Andersen küsst die Königskinder

1851 besuchte der damals bereits weltberühmte Märchenerzähler Hans Christian Andersen München, wo ihn eine Einladung von König Max II. erreichte, ihn in Schloss Berg zu besuchen. »Der Geheime Legationsrat von Doenniges holte mich ab«, schreibt Andersen in seinen Erinnerungen. »Wir flogen mit der Eisenbahn hinaus und trafen vor Beginn der Tafel in dem kleinen Schlosse ein, das so hübsch an einem Alpen umkränzten See liegt. König Max ist ein junger, höchst liebenswürdiger Mann; auf das allergnädigste und freundlichste wurde ich von ihm aufgenommen. Er sagte mir, daß meine Werke [...] einen tiefen Eindruck auf ihn gemacht hätten.«[23]

Nach einem Diner lud ihn der König zu einer Segelpartie ein. Während der Fahrt zur Roseninsel, nach Gesprächen über Natur und Poesie, las ihm Andersen sein berühmtes Märchen vom hässlichen jungen Entlein vor. Auf einer Bank nahe am See unterhielt sich der König mit dem Poeten. Er »sprach von meinen Dichtungen, von allem, was Gott mir geschenkt hat, redete darüber, wie wunderlich das Los des Menschen auf Erden doch sei und von dem Troste, der darin läge, sich an unseren Herrn zu halten ...«

Unvergesslich blieb Andersen die Schönheit der Landschaft, nahe ihrem Weg der herrliche Fliederstrauch, von dem er sich eine Blüte erbat, das Auf-

[22] Feulner, Manfred: Berchtesgaden und seine Könige, Berchtesgaden 1980. S. 94.

[23] Andersen, Hans Christian: Das Märchen meines Lebens. Briefe, Tagebücher. München 1961, S. 128 ff. – daraus auch die hier folgenden Zitate.

glühen der Berge im Abendschein – »die Alpen leuchteten im schönsten Rosenrot«. Auf der Heimfahrt erzählte der Dichter die »Geschichte einer Mutter« und die »Stopfnadel«: »Es war ein herrlicher Abend«, schwärmte Andersen später, »die Wasserfläche windstill, die Berge wurden ganz blau, die schneebedeckten Gipfel glühten, das Ganze war wie ein Märchen. Als wir an Land stiegen, sprudelte der Springbrunnen, und der König nahm gnädig [von mir] Abschied. – Ich sah die beiden jungen Prinzen [Ludwig und Otto] und küßte sie. Gegen acht Uhr fuhren wir ab und waren halb elf in München.« Vielleicht erweckte der Kuss des Dichters in dem damals sechsjährigen Kronprinzen Ludwig jene poetische Fantasie, mit der er dann später seine Traumschlösser ausstattete.

Noch als Erwachsener erinnerte sich Ludwig gerne an die Aufenthalte in Schloss Berg während seiner Kindheit. So schrieb er, eben König geworden, am 27. April 1864 an seine ehemalige Erzieherin Sybilla Meilhaus: »Ich habe vor, Sonnabend's Nachmittag hir u. da nach Berg zu fahren, um die wohlthuende Ruhe u. Landluft zu genießen … – Mit inniger Freude erinnerte ich mich neulich an die schönen Tage der Kindheit. – Stets war ich so gerne dort; ich erinnerte mich an die erste Dampfschiffahrt, die munteren Spiele mit Peter, dem Gärtnersohn; weißt Du noch!«[24] Auch hier zeigt sich, dass es Ludwig und seinem Bruder Otto durchaus nicht verboten war, mit bürgerlichen Kindern zu spielen. Wenn sich der Gärtnersohn, von den Kindern auch »Wunderpeter« genannt, den Grashang hinunterkugeln ließ, konnte Ludwig »vergnügt lachen«.[25]

König Max' II. Traum von Schloss Feldafing

Gleich nach seinem Regierungsantritt schwebte König Max II. eine Art Potsdamer Schloss am Starnberger See vor, worin ihn auch der Architekt und Bauingenieur Franz Jakob Kreuter (1813–1889) in einer 1850 verfassten kleinen Denkschrift bestärkte, in der es hieß: »Für München wäre Starnberg und der See ein analoger Punkt, nur daß die großartige Naturschönheit und der herrliche See tausendmal reizender als Potsdams Sand und Sumpf ist. [...] Die Hauptpunkte des Starnberger Sees sind schon durch Edelsitze occupirt und davon ist einer der schönsten das königliche Schloß

[24] Brief Ludwigs II. vom 27. April 1864 an seine ehemalige Erzieherin Sybilla Meilhaus.
[25] Bialuch, S. 191.

Berg samt Park, welcher alle Fundamente besitzt, um in Kurzem zu einer reizenden Anlage umgestaltet zu werden. Leoni ist schon eine kleine Kolonie von Landhäusern, der Platz zwischen dem Königlichen Park und Leoni bietet noch Raum für 10 schöne Anwesen samt Gärten.«[26]

Doch nicht das Gelände zwischen Schloss Berg und Leoni erwählte der König für den Standort des »zweiten Potsdam«, sondern das heutige Feldafinger Golfgelände. Immer, wenn er mit seinem Dampfschiff »Maximilian« die Roseninsel besuchte, fiel sein Blick ans Westufer des Starnberger Sees und auf die herrliche Landschaft ringsumher. Dabei kam ihm wohl der Gedanke, am Uferhang nördlich von Feldafing, ungefähr auf Höhe der Roseninsel, eine stattliche Schlossresidenz errichten zu lassen, ein zweites Potsdam sozusagen. Das räumlich arg beengte Schloss Berg war für größere Festlichkeiten und Empfänge nämlich völlig ungeeignet. Auch ein Umbau würde das Problem nicht lösen. Das neue Schloss mit Zwischen-, Hoch- und Untergeschoss hätte als fünftgrößtes Schloss im damaligen Bayern hingegen ausreichend Platz geboten. Auf einer Art »Dachterrasse mit Seeblick« wollte der König speisen. Laubengänge, Wasserspiele und eine Fontäne hätten im angrenzenden Park für die Annehmlichkeiten gesorgt. Dieses Bauprojekt hätte die königliche Kabinettskasse mit 800000 Gulden belastet. Ernsthafte Gedanken zu dem Schlossprojekt entwickelte er im Juni 1851, drei Jahre nach der Thronbesteigung. Für 30000 Gulden kaufte er zunächst einmal die dafür nötigen Grundstücke und beauftragte 1853 den berühmten Landschaftsarchitekten Peter Josef Lenné (1789–1866) aus Berlin mit der großzügigen Planung des Parks und mit der Ausführung dieses Vorhabens den Münchner Hofgärtner Carl von Effner.

Doch die nächsten Jahre zögerte Max II. und fragte sich immer wieder, ob es überhaupt rechtens sei, eine so große Schlossanlage zu errichten. Er konsultierte diesbezüglich sogar seinen Beichtvater Abt Daniel Bonifaz von Haneberg, der ihm versicherte, dass ihm ein solcher Bau als König durchaus zustehe und keine Verschwendung darstelle. Konkrete Planungen erfolgten allerdings erst 1861. Nachdem auch die Trinkwasserproblematik geklärt war, erfolgten 1862 erste Bauaktivitäten. Schließlich wurden Ende 1863 die Fundamente gelegt und die Bauarbeiten kamen in Gang.

Als gerade das Souterrain, also das Kellergewölbe, fertiggestellt war, starb König Max II. unerwartet am 10. März 1864 nach kurzer Krankheit. Allenthalben rätselte man über die Todesursache und in Berg machte damals,

[26] Wiede, S. 96.

wie Oskar Maria Graf hörte, ein seltsamer Satz die Runde: »Auch diesen Herrn hat's schon lang zerfressen.« Bald war die Rede von »›einem unheilbaren Unterleibsleiden Seiner Majestät.‹ ›Gallensteine‹ hieß es. ›Harngries‹ meinten andere wieder. [...] Ich glaub oiwei, des is a ganz andere Krankheit gwesn, die ma bloß bei die Bessern find't.‹«, womit »auf das ›Lustleben‹ der hohen Herrschaften angespielt wurde«. Dann hieß es plötzlich, »mit einer vergifteten Busennadel habe man den kreuzguten König weggeräumt, weil er zu viel Professoren angestellt hätte und überhaupt ein recht sparsamer und rechtschaffener Mensch gewesen sei. Das bewirkte, dass man sofort wieder für den Verstorbenen eingenommen war.«[27]

Der Bau von Schloss Feldafing wurde auf Geheiß Ludwigs II. jedenfalls nach dem Tod seines Vaters sofort mit folgender Anordnung eingestellt: »Wie mir bekannt ist, so hat schon mein höchstseliger Herr Vater die Unterbrechung des Schlossbaues bei Feldafing beabsichtigt und denselben vorderhand nur bis Dachaufsetzung fortführen lassen wollen. Die für diese Unterbrechung sprechenden Gründe bestimmen mich, den genannten Bau gänzlich einzustellen und beauftrage mein Hofsekretariat die hiezu notwendigen Maßregeln in der Weise zu treffen, daß durch Benützung oder Verwertung des angekauften Materials der durch Auflösung der eingegangenen Lieferungsverträge zu erwartende Schaden möglichst gering sich stelle.«[28]

Von einer Absicht König Max' II., den Schlossbau zu unterbrechen, ist allerdings nichts bekannt. Allenfalls könnte der drohende dänische Krieg Grund dafür gewesen sein. Viel wahrscheinlicher war jedoch die Absicht seines Sohnes, alles Geld dem Werk und den Interessen des von ihm angebeteten Komponisten Richard Wagner zur Verfügung zu stellen. Erheblich wichtiger als Schloss Feldafing war dem König schon bald die Errichtung eines Wagner-Festspielhauses am Isarhochufer in München. So rühmte sich Wagner selbst »gegenüber Franz Liszt – alles Geld, das dem jungen König zur Verfügung stehe, wolle dieser seinem Werke zuwenden, deshalb lasse er auch den von seinem Vater begonnenen Schloßbau ruhen.«[29] Außerdem träumte der neue König schon bald von ganz anderen Schlossbauten.

[27] Graf, Flechting, S. 86f.

[28] Kistler, Ferdinand: Heimatbuch für Feldafing. Unkorrigierte Abschrift des handschriftlichen Manuskriptes von 1929 (mit Einfügungen bis 1040), Kap. IV/B/3, S. 22f., Feldafing 1990.

[29] Wolf, S. 116.

Die Fundamente des Feldafinger Schlosses wurden rasch abgetragen und die Kellergewölbe aufgefüllt. Nur die Parkanlage blieb bestehen und wurde zunächst weiter gepflegt. Ja, es wurden von Ludwig II. sogar noch neue Grundstücke hinzugekauft. Später ließ der König gelegentlich aber Bäume und Gehölze ausgraben und in den Park um Schloss Linderhof verpflanzen.

Die Baumaterialien, so insbesondere die Ziegelsteine – es sollen über eine Million Stück für den Bau berechnet worden sein –, die in Ziegeleien der nahegelegenen Dörfer Hanfeld und Maising in Handarbeit einzeln geschlagen worden waren, wurden nach Einstellung des Schlossbaus verkauft. Einen größeren Posten davon erwarb zu einem günstigen Preis die damalige Königlich-Bayerische Staatseisenbahn. Viele dieser Ziegelsteine wurden im Bahnhof Possenhofen und in dem roten Klinkerbau des Feldafinger Bahnhofsgebäudes verbaut und sind dort noch heute zu sehen. Bescheidene Überbleibsel des ehemaligen Bauvorhabens waren bald nur noch zwei große Quader, die als Ruheplätze dienten. Sonst blieb vom Sommerschloss König Max' II. nichts mehr übrig.

Mit der Zeit verfiel der Park etwas. Nach dem Ende der Monarchie wurde er 1923 Eigentum des Wittelsbacher Ausgleichsfonds (WAF), der die nördliche Hälfte 1926 an den Golfclub Feldafing verpachtete. 1955 kam durch einen Grundstückstausch mit dem WAF das gesamte Areal in den Besitz des Freistaats Bayern. Von 1994 bis 2004 gelang es der Bayerischen Schlösser- und Seenverwaltung, den historischen Zustand des Parks wiederherzustellen. Seither streifen durch das herrliche fast 100 Hektar große Gelände nicht nur Feldafinger Bürger und Golfspieler, sondern auch viele Ausflügler und Touristen und erleben die Schönheiten des »Lenné-Parks« mit allen Sinnen.

Schloss Berg – das Lieblingsschloss König Ludwigs II.

Nach dem Tod seines Vaters übernahm Ludwig II. im März 1864 die Regierungsgeschäfte. Damit wurde er auch der neue Herr auf Schloss Berg, dem er sich lebenslang verbunden fühlte. Im Wesentlichen nahm er hier nur drei Veränderungen vor. So ließ er an der Nordseite des Schlosses den »Isoldenturm« anbauen, einen den Bau weit überragenden Aussichtsturm. Er war wie die kleineren Ecktürmchen mit Zinnen geschmückt und verlieh dem Schloss einen imposanten Charakter. Im zweiten Obergeschoss ordnete er an der südlichen Fassade den Anbau eines zweiten Balkons an und als Drittes ließ er in der Südostecke des Schlosses ein zweites Treppenhaus einbauen.

Schloss Berg wurde neben Hohenschwangau und Linderhof zum besonderen Lieblingsschloss des Königs und bedeutet ihm – wie im Folgenden zu sehen – in dreierlei Hinsicht viel.

Residenzersatz

Von Anfang an zog sich Ludwig II. häufig im Kreis von nur wenigen Dienern ins Schloss Berg am Starnberger See zurück. Seinen ersten Aufenthalt dort als König nahm er bereits zwei Monate nach dem Tod des Vaters am 14. Mai 1864. Die Verse, die er drei Monate später beim Besuch des Schweizerhauses in der Bleckenau bei Hohenschwangau schrieb, hätten auch zu Schloss Berg gepasst:

> »Wie freu' ich mich, Dich wieder zu begrüßen, / Du stilles Haus nach langer, langer Zeit! – / Vergnügt begrüß' ich dieses Baches friedlich Fließen / Euch Bäume und Euch Berge weit und breit. / Ich athme hier der Berge frische Lüfte, / Erfreu' mich an des Himmels klarem Blau, / Es grüßen mich der Blumen süße Düfte, / Auf ihren Blättern liegt des Himmels frischer Thau. / So sag' ich dieser Gegend nun, der hehren, / Mein Aufenthalt wird lange noch hier währen.«[30]

[30] Böhm, Gottfried, S. 11.

Mit den Jahren sehnte Ludwig immer mehr den Zeitpunkt herbei, an dem er München, das »verfluchte Nest«[31], wo er laut Verfassung eine angemessene Zeit im Jahr zu leben hatte, in Richtung Starnberger See verlassen konnte. Seine Münchner Aufenthalte legte er anfänglich vor allem in die Wintermonate November bis Ende April. Später verließ er die Residenzstadt immer öfter bereits im Januar in Richtung Hohenschwangau und Linderhof, um dann jeweils ab dem 11. Mai in Schloss Berg Aufenthalt zu nehmen. Dort hielt er sich dann mit Unterbrechungen in den Sommermonaten bis Ende Oktober auf.

An München verabscheute er nicht nur die Unrast, den Straßenlärm, die dumpfe Großstadtluft und aufdringliche Menschenaufläufe, sondern auch die ihm unerträgliche Nähe von Ministerium, Landtag und Hofintrigen, dazu die Angst vor Sozialdemokraten und möglichen Attentaten.

»Ich habe vor, Sonnabend's Nachmittag hir u. da nach Berg zu fahren, und die wohlthuende Ruhe und Landluft zu genießen [...] Es ist so nahe von d. Stadt, daß Alles so leicht wie dort erledigt werden kann«[32], heißt es in einem Brief vom 27. April 1864 an seine ehemalige Erzieherin Sybilla von Leonrod. Und am 30. Dezember 1867 klagte er ihr: »In einem Fort Ministervorträge, Audienzen, lästige Tafeln, Besuche, Cortège-Geschäfte [Begleit-Geschäfte]« sind »ein immerwährendes Gehetze«.[33] Dem allem wollte er entkommen.

Von Berg aus konnte er mit dem Hofzug rasch in München sein, aber auch seine Minister und den Kabinettsekretär schnell zu sich nach Schloss Berg bestellen, das ihm zum Residenzersatz wurde. Ebenso war er in kurzer Zeit auch zu Besuchen von Opernaufführungen in München. Dies zeigt etwa seine Äußerung vom 5. September 1867 an seine Verlobte Sophie: »Am 12. gehe ich vielleicht nach Berg, da in München bald darauf die Vorstellungen v. Lohengrin u. Tannhäuser beginnen werden.«[34]

[31] Kommission für bayerische Landesgeschichte: Zeitschrift für bayerische Landesgeschichte 2011, Band 74 [Heft 2], München 2011. Darin: Quellentexte II, S. 707 (künftig: Zeitschrift für bayerische Landesgeschichte, Band 74).

[32] Brief des Kronprinzen Ludwig vom 27. April 1864 an Sybilla von Leonrod.

[33] Brief Ludwigs II. vom 30. Dezember 1867 an Sybilla von Leonrod.

[34] Brief Ludwigs II. vom 5. September 1867 an seine Verlobte Herzogin Sophie.

Basislager für Ausflüge

Zugleich war Schloss Berg für den König der Ausgangspunkt für seine regelmäßig unternommenen Ausflüge rund um den Starnberger See und in die nahe gelegene Bergwelt, »um selig zu sein in der Götterdämmerung der erhabenen Berges-Einsamkeit, fern von dem ›Tage‹, dem verhaßten Feind, fern von der Tages-Sonne sengendem Schein! Fern der profanen Alltagswelt, der heillosen Politik, die mit ihren Polypenarmen mich umschlingen will und jede Poesie so gänzlich ersticken möchte [...]«[35], schrieb er im Juli 1871 an Richard Wagner.

Auch in Berg war er der von ihm geliebten Natur nahe und dennoch nicht allzu weit weg von München, sodass er seine Regierungspflichten, vor allem die Unterzeichnung von Akten stets zuverlässig erledigen konnte. Schloss Berg »galt ihm als Übergang von der Phantasiewelt zur Realität, als Zwischenglied zwischen Linderhof und München«.[36] Seine Liebe zum Land war durch seine Eltern, König Max II. und dessen Gemahlin Marie Friederike von Preußen, beeinflusst, die sich ebenfalls gerne fernab der Stadt aufhielten. Die herbe Schönheit des Schlosses Hohenschwangau, der königlichen Villa Berchtesgaden, von Schloss Berg sowie der Berghütten Oberbayerns und des Allgäus, in die sich die königliche Familie vor allem in den Sommermonaten häufig zurückzog, prägten auch die Landliebe des Thronfolgers Ludwig. München hätte nie zu einem Basislager für seine Ausflüge werden können. Hier hätte er den an ihn gestellten Anforderungen niemals nach Belieben entfliehen können, denn hier hätte man ihn auf die eine oder andere Weise vor seinen diversen Eskapaden stets zurückgehalten.

Königlicher Rückzugsort

Dieses Schloss war für Ludwig II. auch ein Refugium, ein Tusculum, in das er sich vor der »verhassten Erdenwelt«[37], die in München stets um ihn war, ungestört zurückziehen und geradezu verbergen konnte. Hier fühlte er sich von der Volksmenge unbeobachtet und ungestört. Die Anwesenheit

35 Hacker, Rupert (Hg.): Ludwig II. von Bayern in Augenzeugenberichten, Düsseldorf 1966, S. 234 (künftig: Hacker, Augenzeugenberichte).

36 Mayr-Ofen, Ferdinand: Ludwig II. von Bayern. Das Leben eines tragischen Schwärmers, Leipzig/Wien 1937, S. 215 (künftig: Mayr-Ofen).

37 Hacker, Augenzeugenberichte, S. 60.

des Königs im Schloss zeigte lediglich die auf dem »Isoldenturm« gehisste Fahne an.

Betrat er das Gelände um Schloss Berg, streifte er den profanen Alltag ab und tauchte in eine andere Welt ein, »wo ich auflebe in wonniger Einsamkeit, fern der Welt, die stets mich verkennt und mit der auch ich mich nie und nimmer befreunden kann und will«.[38] Der König fühlte sich jeweils erlöst, wenn er sich aus München nach Schloss Berg zurückziehen konnte. Von hier flüchtete er dann »in die heilige Ruhe der Natur, in die reine Luft der Berge: dort werde ich endlich wieder aufatmen können nach den Mühen bewegter Tage, lästiger Besuche; dort oben in wonniger Einsamkeit, auf Bergeshöhen, werde ich die mir so nötige Ruhe finden [...]«[39], wie er Richard Wagner versicherte.

Behaglicher Sommersitz

Ludwigs II. Märchenschlösser Neuschwanstein, Linderhof und Herrenchiemsee lassen vermuten, der König habe sich gerne in prunkvollen Unterkünften aufgehalten. Doch dem ist nicht so. Vielmehr fühlte er sich in seinen »heimlichen Residenzen« wohl, wie die rund ein Dutzend bescheiden eingerichteten Berghütten zwischen Lenggries und Füssen treffend bezeichnet wurden. In ihnen übernachtete er nicht nur gelegentlich, wie dies sein Vater Max II. und nach ihm Prinzregent Luitpold auf ihren Jagden taten. In diese einfachen Häuser zog er sich das ganze Jahr über nach einem fest geplanten Ablauf zurück. Sie lagen alle in menschenfernen Höhen zwischen 1500 und 2000 Metern. Diese Bergresidenzen, die er seinen Prunkschlösser vorzog, waren für ihn überlebensnotwendige Schlupfwinkel, die er von Berg aus alle in kurzer Zeit ebenso erreichen konnte wie sein Kindheitsschloss Hohenschwangau und das inmitten des Ammerwaldes, zwischen Ettal und Oberammergau, versteckt liegende Schloss Linderhof, das ursprünglich ein kleines Forsthaus seines Vaters Max II. war.

Die königlichen Zimmer in diesen Berghütten, etwa auf dem Grammersberg in der Nähe des Sylvensteinspeichers oder in der Unterkunft im Vorderriß, wo der Rißbach in die Isar mündet, oder in den Häusern auf dem Brunnenkopf bei Schloss Linderhof und auf dem Pürschling bei Unteram-

38 Ebd., S. 231.

39 Ebd., S. 60.

mergau ähnelten in ihrer Schlichtheit eher den Wohnräumen seiner Diener. Unter diesen Berghäusern waren ihm die Hütten auf dem Herzogstand und auf dem Hochkopf über dem Walchensee seine liebsten Zufluchtsstätten.

Auch Schloss Berg war schlicht, behaglich und anspruchslos eingerichtet, was der König schätzte. Sein Blick richtete sich hier auf den herrlich grünen Wasserspiegel des Starnberger Sees, auf die waldreichen Ufer mit den prächtigen Villen und anmutigen Dörfern, auf die Roseninsel, die, einer Perle gleich, den See schmückte, und auf die schneebedeckten Zacken und Spitzen des Hochgebirges im Glanz der Sonne. Kein Palast konnte ihm dieses Naturschauspiel ersetzen, das er deshalb auch so oft wie nur möglich genießen wollte.

Nach Aufzeichnungen von Franz Merta[40] ergeben sich folgende Aufenthaltszeiten Ludwigs II. in Schloss Berg. Waren es nach seinem Regierungsantritt 1864 zunächst nur zwei Wochen im Jahr, steigerten sich die Aufenthalte bald auf zwei, dann von 1869 bis 1871 auf drei und vier Monate. Erst ab 1871 reduzierten sich die Aufenthaltszeiten auf eineinhalb Monate und zuletzt auf nur mehr einen halben Monat. Es begann mit nur wenigen Tagen Aufenthalt in Schloss Berg.

1864 13 Tage
Steigerung auf 2 ½ Monate bis nahezu 3 Monate
1865 76 Tage = 2,5 Monate
1866 81 Tage = 2,75 Monate

1867 bis 1869 Steigerung von 3 ½ Monate auf 4 Monate und mehr
1867 107 Tage = 3,5 Monate
1868 **143 Tage = 4,75 Monate**
1869 115 Tage = 3,75 Monate

1870/71 Rückgang auf 3 Monate
1870 92 Tage = 3 Monate
1871 96 Tage = 3 Monate

40 Merta, Franz: Die Aufenthalte des Königs in den Residenzen, Schlössern und Berghäusern, in: Rall, Hans/Petzet, Michael: König Ludwig II. Wirklichkeit und Rätsel, München/Zürich 1986, S. 142–178 (künftig: Merta, Aufenthalte).

1872 bis 1880 Rückgang auf 2 Monate

1872	72 Tage = 2,5 Monate
1873	64 Tage = 2 Monate
1874	68 Tage = 2 Monate
1875	66 Tage = 2 Monate
1876	64 Tage = 2 Monate
1877	66 Tage = 2 Monate
1878	56 Tage = 2 Monate
1879	54 Tage = 2 Monate
1880	53 Tage = 2 Monate

1881 bis 1886 Rückgang auf 1 ½ Monate bis ½ Monat

1881	42 Tage = 1,5 Monate
1882	26 Tage = 1 Monat
1883	22 Tage = 0,75 Monate
1884	20 Tage = 0,75 Monate
1885	17 Tage = 0,5 Monate
1886	6 Tage

Da die Schlösser Neuschwanstein und Herrenchiemsee bis zu Ludwigs II. Tod Baustellen waren, hielt er sich darin nur wenige Tage auf. In Neuschwanstein waren es insgesamt lediglich 172 Tage und in Schloss Herrenchiemsee sogar nur zehn Tage. Hingegen beliefen sich seine Aufenthalte in Schloss Berg von 1864 bis 1886 – also in einem Zeitraum von 22 Jahren – aneinandergereiht auf 1413 Tage, das sind 47 Monate, also etwa vier Jahre am Stück.

Anfahrt von München an den Starnberger See

Wenn Ludwig II. aus der Münchner Residenz zum Starnberger See und nach Schloss Berg wollte, fuhr er meist nicht vom Münchner Zentralbahnhof ab, sondern ließ sich mit der Kutsche zu den Bahnhöfen Laim oder Pasing bringen, wo er den Zug bestieg. Auf diese Weise entging er den Ovationen der Bevölkerung und dem Trubel, der jeweils bei seiner Abfahrt vom Zentralbahnhof in München entstand.

Dauerte die Fahrt auf der 20 Kilometer langen Eisenbahnstrecke München – Starnberg 55 Minuten, so war die Fahrtdauer ab Laim oder Pasing entsprechend kürzer. Auf dem Bahnhof in Starnberg begab er sich sofort in den dort eingerichteten Königssalon mit der schönen Deckentäfelung. Von dort bestieg er über einen Sondersteg seinen Privatdampfer »Tristan«, der ihn an die Schiffsanlegestelle bei Schloss Berg brachte. Durch einen Laubengang zog er sich dann ins Schloss zurück. Bisweilen ließ er den Zug schon an der fast menschenleeren Bahnhofsstation Mühlthal halten, von der aus er sich dann mit der Kutsche nach Schloss Berg bringen ließ.

Für die Fahrt nach Starnberg benutzte er meist auch nicht den königlichen Luxuszug mit acht Wagen, der aus dem Salon- und offenen Terrassenwagen – heute im Deutschen Verkehrsmuseum in Nürnberg ausgestellt –, zudem aus zwei Wagen für den Reisekommissar und das Gefolge, einem Dienerschaftswagen mit Heizkessel, einem Packwagen und zwei Küchenwagen bestand, sondern lediglich seinen vierachsigen, blau- und goldfarbenen Salonwagen, der sich an den fahrplanmäßigen, normalen Zug anhängen ließ.

Der Salonwagen hatte vier Abteile. Für den König standen der Hauptsalon, das Schlafkabinett und ein Toilettenkabinett zur Verfügung. Bedienstete hielten sich im kleinsten Raum, dem Adjutantenzimmer auf. Der an den Wänden reich vergoldete Hauptsalon war mit einem blauseidenen Sofa ausgestattet, dazu passenden Sesseln und einem Prunktisch. Er war mit Deckengemälden geschmückt, auf denen Allegorien der vier Jahreszeiten und der vier Erdkreise zu sehen waren. In der Mitte des Deckengemäldes war als Beleuchtung eine Sonne angebracht, die auf den »Sonnenkönig« Ludwig XIV. von Frankreich hinweisen sollte. Im anschließenden Schlafraum stand das Bett, über dem an der Wagendecke durch Wolken fliegende Putten den Schlaf des Königs bewachten. Versteckt in einem Wandschrank war das mit rostseidenen Tapeten und goldenen Ornamenten ausstaffierte königliche Klosett. Da der König in späteren Jahren inkognito reisen wollte und der Hofzug dafür zu auffällig war, gab er 1876 den Auftrag zum Bau eines sogenannten Incognito-Zuges.

Wie sich eine nächtliche Zugfahrt des König von Berg aus nach München einmal abspielte, schildert der preußische Generalleutnant Ludwig von Below folgendermaßen:

> »Es war nahezu Mitternacht, als der König am Schloß in den Wagen stieg. Er befahl noch eine Decke, die der Diener um ihn schlagen mußte, da ihn entgegen seiner Gewohnheit fror.

In Mühlthal stand der Extrazug mit dem geheizten Salonwagen längst abfahrtbereit, als der König dort eintraf. Er dankte dem Bahnvorstand, der ihn devot begrüßte und meinte leutselig lächelnd: ›Nicht wahr, eine herrliche Nacht heute?‹ Dann stieg er schnell ein. Der Leibjäger schloß die Waggontüre und der Zug verließ die Station.
Als einige Kilometer zurückgelegt waren, befahl der König, auf offener Strecke zu halten. Der herrliche Mondschein, der auf der Landschaft lag, und den er vom Waggonfenster nicht voll und ganz genießen konnte, hatte ihn auf die, für ihn allerdings absurde Idee gebracht, die Fahrt auf der Lokomotive selbst fortzusetzen. Und gedacht, getan.
[Sein Diener] Völk geleitete ihn zur Maschine, und unter den an den Führer derselben gerichteten Worten: ›Sie werden schon ein bißchen Platz für mich haben‹, bestieg er diese. Er befahl, das Fahrtempo möglichst zu mäßigen und stellte während der Fahrt verschiedene Fragen an den Führer, um dann aber sinnend, nur noch Auge für die im hellen Mondlicht liegende Landschaft zu haben, die an ihm, wie in einem Wandelpanorama langsam vorüberzog.
Gegen Ende der Fahrt entstieg der König wieder der Lokomotive und begab sich in seinen Salonwagen zurück. Durch Völk ließ er dem Führer des Zuges noch ein Geldgeschenk überreichen und bestieg in Laim den seiner harrenden Wagen, der ihn im schnellen Tempo nach der Residenz brachte.«[41]

[41] Below, Ludwig: Dem Toten die Ehre. Entsigelte Dokumente. Treue Bayernherzen ihrem Liebling als Denkmal. Roman eines Königstraumes nach ganz neu erschlossenen Quellen, München 1926, S. 138 (künftig: Below).

Tätigkeiten Ludwigs II. in seinem »Paradies«

Der preußische Gesandte Georg von Werthern teilte 1867 Otto Graf von Bismarck, preußischer Ministerpräsident des Königreichs Preußen und Bundeskanzler des Norddeutschen Bundes, mit leicht süffisantem Unterton mit, womit sich der bayerische König Ludwig II. beschäftigte, wenn er sich aus der Stadt nach Hohenschwangau oder Berg zurückzog: »Dort sitzt er nun wieder wochenlang ganz allein, den halben Tag verschlafend, die Nächte Verse machend oder laut declamirend, bis ihm vor Aufregung die Glieder zittern, im Verkehr nur mit zwei Reitknechten, denen er aber auch seine Gunst launenhaft entzieht und wieder zuwendet. Stoßweise kommt ein cavaleristischer Paroxysmus [Anfall]. Dann setzt er sich aufs Pferd und reitet bis es über den Haufen fällt.«[42]

Erledigung wichtiger Amtsgeschäfte

Wertherns Beurteilung ist sicher etwas übertrieben. Zwar war Schloss Berg mehr zur Erholung gedacht, dennoch erledigte der König, vor allem in den ersten Regierungsjahren, hier auch alle anfallenden Amtsgeschäfte. So empfing er im Schloss Kabinett- und Hofsekretäre und gelegentlich auch den einen oder anderen Minister. Er studierte in Berg die ihm vorgelegten Akten und unterzeichnete sie zuverlässig. Er regierte sozusagen aus der Ferne und legte großen Wert auf die rasche Bearbeitung der eingegangenen Unterlagen. Der Aktenverkehr zwischen seinem Aufenthaltsort und der Residenzstadt war gut organisiert. So trafen von München aus wichtige Schriftstücke innerhalb von zwei Stunden in Berg ein. Zudem wurde im Juni 1866 eine Telegrafenleitung zwischen Berg und München eingerichtet, um dringende Nachrichten rasch übermitteln zu können. Alljährlich wurden dem König

[42] Georg von Werthern an Otto von Bismarck, 8. November 1867, Politisches Archiv des Auswärtigen Amtes (PAA), Berichte der preußischen Gesandtschaft in München, R 2706 / 2707.

an die 700 Anträge zur Entscheidung vorgelegt. Die meisten davon erledigte er nicht selten schon innerhalb eines Tages. In einer Mitteilung des Oberststallmeisterstabs heißt es: »Während des Allerhöchsten Aufenthaltes Seiner Majestät des Königs in Schloß Berg finden [...] täglich zwei regelmäßige Verbindungsfahrten zwischen Schloß Berg und dem Eisenbahnhofe zu Starnberg statt. [...] Außerdem in Starnberg anlangende Dienst-Depeschen – Telegramme – sind von dem, im Gasthofe zum Pellet stationierten, königlichen Hofmarstalls-Kommando sogleich nach Schloß Berg zu befördern; sowie auch von den hiezu berechtigten Personen [...] der berechtigte Fahrdienst zu leisten ist.«[43]

Noch am 7. Juli 1880 teilte Kabinettsekretär Ziegler Außenminister Crailsheim mit, »daß Seine Majestät der König am 9. Juli Berg verlassen. Dringende Angelegenheiten, welche am 9. mittags 12 Uhr hier einlaufen, können an diesem Tag noch erledigt werden. Dann aber wird vor dem 15. eine Erledigung von Geschäften nicht mehr eintreten können, wenn nicht die Außerordentlichkeit eines Falles die Absendung eines eigenen Boten an seine Majestät den König rechtfertigt. Eure Exzellenz bitte ich ganz ergebenst, von diesen Zeilen auch die übrigen hohen Herren Einsicht nehmen zu lassen.«[44] Dies zeigt, dass der König sogar noch in den letzten Lebensjahren Wert darauf legte, die Minister rechtzeitig über seine Abwesenheiten zu informieren.

Planung von Schlossbauten und tägliche Lektüre

»Tags über, wie auch tief in die Nacht hinein, ist er mit Zeichnungen und Plänen beschäftigt«, schreibt Georg L. Schauenberg, »entwerfend, verbessernd und messend, alles mit eigener Hand, ohne Beihilfe eines Sachverständigen; es gilt einem seiner romantischen Natur so recht entsprechenden Projekt: einem Winter- und Palmengarten, den er auf seinem Residenzschlosse in München erstehen lassen will und wozu ihn der Palmengarten in Biebrich am Rhein, den er eingehend besichtigt hatte, als Vorbild dient; der aber am Pracht und phantastischer Ausgestaltung diesen weit übertreffen sollte.«[45]

[43] Mitteilung des Oberststallmeisterstabs vom 14. Mai 1864, BayHStA, MF 56026, zitiert nach Sommer, S. 37.

[44] Botzenhart, Christof: »Ein Schattenkönig ohne Macht will ich nicht sein«. Die Regierungstätigkeit König Ludwigs II. von Bayern, München 2004, S. 66 (künftig: Botzenhart).

[45] Schauenberg, Georg L.: Im Banne der Rosen. König Ludwig II. in Tagebuchblättern, Diessen vor München, 1924, S. 28 (künftig: Schauenberg).

Auch Pläne zu seinen Schlossbauten beschäftigten ihn hier regelmäßig. So teilte der König am 13. Mai 1868 dem Komponisten Richard Wagner mit: »Ich habe die Absicht, die alte Burgruine Hohenschwangau bei der Pöllatschlucht neu aufbauen zu lassen im echten Styl der alten deutschen Ritterburgen, und ich muß Ihnen gestehen, dass ich mich sehr darauf freue, dort einst (in 3 Jahren) zu hausen.«[46] Diesen Brief – es ist die erste Erwähnung des beabsichtigten Baus von Schloss Neuschwanstein (Baubeginn: 1869 bis 1886, unvollendet) – schrieb er in Schloss Berg. Auch mit den Plänen für seine anderen Schlossbauten, so für Schloss Linderhof (von 1869/70 bis 1877, fertiggestellt) und für Schloss Herrenchiemsee (von 1878 bis 1886, unvollendet) befasste er sich in Schloss Berg immer wieder.

Richtig ist auch, dass sich der König in Berg und seinen anderen Refugien ausgiebig der Lektüre historischer und belletristischer Werke widmete. »Das geistige Herausleben aus der oft kaum zu ertragenden Gegenwart ist oft recht nöthig, denn Wonnen bringen die Bücher, wo häufig das Leben nur Weh u. Enttäuschung mit sich bringt«[47], gesteht er am 28. August 1873 seiner ehemaligen Erzieherin Sybilla von Leonrod. Und am 16. Juli 1874 teilt er ihr mit: »Im theuren, poesiedurchwehten Hohenschwangau, im lieben Berg, am Ufer des herrlichen Sees, auf den Gipfeln der Berge in den einsam gelegenen Hütten oder in der Rococo-Pracht meiner Gemächer im Linderhofe, ist es mein höchster Genuß, der sich nie erschöpft, in das Studieren fesselnder Werke mich zu vertiefen (hauptsächlich historischen Inhalts) u. darin Trost u. Balsam zu finden, für so manches Herbe u. Schmerzliche, das die traurige Gegenwart, das mir sehr zuwidere 19te Jahrhundert mit sich bringt.« [48]

Im Juni 1873 schrieb er an Richard Wagner: »Viel schon habe ich gelesen, wie überhaupt Lektüre mein höchster Genuß ist, ein Genuß, den ich fast zu häufig mir gönne, da ich ihn selbst im Wagen beim Durchfahren der herrlichsten Gebirgsthäler nicht entbehren kann, so daß ich im Eifer nachlassen muß, da meine Augen schon darunter zu leiden beginnen.«[49]

Am 13. Mai 1875 berichtete er seinem damaligen Flügeladjutanten Graf

[46] Brief Ludwigs II. an Richard Wagner vom 13. Mai 1886, in: Wittelsbacher Ausgleichsfonds/Wagner, Winifred/Strobel, Otto (Hg.): König Ludwig II. und Richard Wagner. Briefwechsel, Band 2, Karlsruhe 1936, S. 224f. (künftig: Strobel, Wagner-Briefwechsel, Band 2).

[47] Brief Ludwigs II. vom 28. August 1873 an Sybilla von Leonrod.

[48] Brief Ludwigs II. vom 16. Juli 1874 an Sybilla von Leonrod.

[49] Brief Ludwigs II. im 21. Juni 1873 an Richard Wagner.

Dürckheim-Montmartin von Berg aus: »Eine sehr große Zahl der fesselndsten Bücher nahm ich mit hierher nach dem so lieblich gelegenen, einfach ausgestatteten Schlößchen am See, das ich seit meiner Kindheit sehr liebe, viel gedenke ich hier, sowie in den Bergen zu lesen.«[50] Der König verschlang nicht nur die Werke deutscher Autoren – Schiller, Goethe, Lessing, Hebbel, Grillparzer –, sondern vor allem auch die der französischen Klassiker – Molière, Corneille, Racine, Hugo, Voltaire und Dumas –, des Weiteren Shakespeare, den spanischen Dramatiker Calderón de la Barca und viele andere Klassiker der Weltliteratur.

Ein besonderer Lieblingsschriftsteller war der amerikanische Autor Edgar Allan Poe (1809–1849), der für ihn »einer der größten Menschen war, die je geboren wurden«[51]. Dies gestand Ludwig 1882 dem amerikanischen Journalisten Lew Vanderpoole. Der König verehrte Poe so sehr, dass er für ein einstündiges Gespräch mit ihm seinen Thron geopfert hätte. Zwischen beiden genialen Naturen entwickelte sich, obwohl Poe schon 1849 gestorben war, eine erstaunliche geistig-seelische Beziehung. Bemerkenswert sind nicht nur die äußerlichen und charakterlichen Parallelen, sondern auch die Interessen und psychischen Merkmale beider sowie nicht zuletzt die Überschneidungen hinsichtlich der künstlerischen Auffassungen, aber auch die Nähe zum Wahn.

1872 vermerkte ein Berichterstatter der »Neuesten Nachrichten« in seiner Schilderung über eine Starnberger Seepartie: »Bald grüßte Schloß Berg, die Residenz Ludwigs II., der die byzantinischen Schriftsteller und die Zukunftsmusik einen Augenblick in den Winkel gestellt, um Schopenhauers ›Parerga‹ zu studieren, gleich seinem Philosophen ein in sich verschlossener Junggeselle …« Ja, auch philosophische Werke zählten zu des Königs Lektüre. In Schopenhauers »Parerga und Paralipomena« – auf Deutsch »Beiwerke und Nachträge« – 1851 in zwei Bänden erschienen, versammelte Arthur Schopenhauer (1788–1860) »kleine philosophische Schriften«. Unter anderem befasst er sich darin mit Themen wie »Versuch über Geistersehen und was damit zusammenhängt«, »Aphorismen zur Lebensweisheit« sowie mit Gedanken »Über den Selbstmord«, »Über Schriftstellerei und Stil«, »Über Lesen und Bücher« und »Über die Weiber«, alles Themen, die auch Ludwig II. interessierten. In diesen Aphorismen hält sich der

50 Bayerische Staatsbibliothek, Autgr. Cim. Ludwig II. v. B. 44/A/64/332.

51 Schweiggert, Alfons: Edgar Allan Poe und König Ludwig II. Anatomie einer Geistesfreundschaft, St. Ottilien 2008.

Schopenhauer'sche Pessimismus zurück, stattdessen findet sich in ihnen eher eine »Anweisung zu einem glücklichen Dasein, welches [...] bei kalter und reiflicher Überlegung dem Nicht-Sein entschieden vorzuziehen wäre«.[52] Sätze dieses Philosophen wie »Was einer dem anderen sein kann, hat seine sehr engen Grenzen: am Ende bleibt doch jeder allein, und da kommt es darauf an, wer jetzt allein sei« oder: »Zu dem, was einer hat, habe ich Frau und Kinder nicht gerechnet; da er von diesen vielmehr gehabt wird« stimmten den König ebenso nachdenklich wie: »Wahre, echte Freundschaft setzt eine starke, rein objektive und völlig uninteressierte Teilnahme am Wohl und Wehe des andern voraus, und diese wieder ein wirkliches Sich-mit-dem-Freunde-Identifizieren. Dem steht der Egoismus der menschlichen Natur so sehr entgegen, daß wahre Freundschaft zu den Dingen gehört, von denen man wie von den kolossalen Seeschlangen nicht weiß, ob sie fabelhaft sind oder irgendwo existieren.«[53]

Auch die philosophischen Schriften des Ludwig Feuerbach (1804–1872) habe der König, wie Fürst Chlodwig von Hohenlohe-Schillingsfürst berichtet, »mit einem wahren geistigen Heißhunger verschlungen«. Schon in jungen Jahren hatte er darüber mit dem Philosophen Johannes Huber diskutiert. Er ärgerte »seinen Gesprächspartner mit vielen positiven Äußerungen über den religions- und idealismuskritischen, der demokratischen Bewegung nahe stehenden Ludwig Feuerbach, von dem der Hoffotograf Josef Albert ein Bild liefern musste. ›Als ich noch Kronprinz war‹, sagte er beispielsweise, ›habe ich mir vorgenommen, wenn ich einst zur Regierung komme, die Idee Ludwig Feuerbachs über den Staat womöglich auszuführen.‹ Oder er behauptete, dass er selbst im Grunde republikanisch gestimmt sei, denn die Republik wäre die Verfassung für vollkommene Menschen. Huber muss daraufhin die Monarchie gegenüber dem ›republikanischen König‹ verteidigen und begründen.«[54] Natürlich hatte der König auch Feuerbachs »Wesen des Christentums« gelesen. »Schon die Vorrede hatte ihm den gewünschten Aufschluß gewährt. Einer, der aus Kammerdienern des Himmels freie Bürger der Erde erziehen will. Einer, der das Jenseits lächerlich macht, um das Diesseits in Ehrwürdigkeit zu heben [...]. Von heftigen Gegnerschaften verfolgt, von Feinden bedrängt, um Geld und Gut und Stellung gebracht, ein todwunder Fechter, er und seine Familie in bitterster

[52] Schopenhauer, Arthur: Parerga und Paralipomena. Kleine philosophische Schriften, 2 Bände, Berlin 1851.

[53] Ebd.

[54] Rumschöttel, Hermann: Ludwig II. von Bayern, München 2011, S. 16f.

Not – und niemand kann ihn einer unvornehmen Handlung zeihen. Rastlos hat er gearbeitet ein starkes Mannesleben hindurch, bis seine Hand erlahmte. Auf dem Rechberg bei Nürnberg haust er mit den Seinigen in einer kalten Hütte, in dem Abseits qualvollen Verlassenseins von Gott und der Welt. Ein Höhenmensch in Jammer und Irrnis, zu stolz, in laute Klagen und Hilfeschreie auszubrechen. ›Bin ich nicht auch sein König? Sollte ich nicht zu Hilfe eilen, bloß weil er mich nicht angerufen? Da ich nun doch seine Not kenne‹.«[55] Dies fragte sich der König, und als in der Zeitschrift »Die Gartenlaube« ein Aufruf erschien, für Feuerbach, der in finanzielle Not geraten sei, zu spenden, setzte ihm Ludwig II. eine jährliche Rente aus.

Die Bandbreite der literarischen Themen, für die sich Ludwig interessierte, war in der Tat erstaunlich und schien von Jahr zu Jahr zu wachsen. Allein in den Jahren 1872 bis 1885 gab er 97 307,61 Mark[56] nur für Bücher aus, was einem heutigen Wert von etwa einer Million Euro entspricht. Es besaß eine respektable Bibliothek, bestehend aus literarischen Klassikern, Theaterstücken, Biografien, Reiseberichten, wissenschaftlichen Werken und Kunstbänden. Viele der Bücher hatten die Zeit der Bourbonenkönige und deren Schlossbauten zum Inhalt, was ihn wiederum zur Planung eigener Schlösser anregte. In zahlreiche Entwürfe für diese Bauten vertiefte er sich auch in Schloss Berg.

Briefe schreiben und Gedichte verfassen

Es sind unzählige Briefe, die Ludwig in Schloss Berg an Freunde wie Richard Wagner, aber auch an politische Persönlichkeiten wie Minister und Gesandte schrieb. Sogar Gedichte verfasste er an diesem Ort der Ruhe. Einmal äußerte er, »daß er seine Verse niedergeschrieben habe, ganz wie sie ihm in den Sinn gekommen seien, ohne lange daran zu feilen«[57]. »Das alles erhebt sich«, wie Gottfried von Böhm treffend bemerkt, »nicht über gereimte Prosa«.[58]

Zwei Gedichte des Königs an seinen Kabinettsekretär Friedrich von Ziegler, den er auch duzte und die nachweislich in Schloss Berg entstanden, seien hier zitiert.

[55] Conrad, Michael Georg: Majestät. Ein Königsroman, Berlin o.J. (1902), S. 126.

[56] Hommel, Kurt: Der Theaterkönig. Ludwig II. von Bayern. Eine Würdigung, München 1980, S. 199 (künftig: Hommel).

[57] Rummel, S. 105.

[58] Ebd., S. 105.

Am 19. August 1878 beschwerte sich der König bei seinem Kabinettsekretär darüber, dass er zwar einige herzliche Worte mündlich von ihm vernommen habe, diese von ihm, worum er ihn gebeten habe, nicht aber auch zu Papier gebracht worden seien. Dieser einfache Tatbestand hört sich in Ludwigs Versen folgendermaßen an:

»Mein lieber Herr von Ziegler!
Dieselben Worte zu Papier zu bringen,
Die Du zu mir gesprochen, bat ich Dich,
Damit sie stets die Seele mir durchklingen,
Da sie mich freuten hoch und inniglich.
Warum die Worte, die Du jüngst gesprochen,
Nicht ebenso mir schriebst, verstand ich nicht!
Den Kopf hab ich vergeblich mir zerbrochen,
Umsonst gerungen nach der Klarheit Licht.
Und dieß erfüllte, daß ich Dirs gestehe,
Die Seele mir mit tief empfundnem Wehe!
Ich mußte fürchten, daß Du sie bereut,
Sie, die mich doch beglückten, mich erfreut,
Bis in das Innerste der Seele drangen.
Mit Harfentönen wunderbar mir klangen!«[59]

Auch am 2. Oktober 1878 schrieb der König einen reinen Versbrief. Der Inhalt in Prosa hätte etwa so lauten können: »Mein Lieber, ich bin glücklich, dass Du mein Freund bist und wir uns ewige Freundschaft geschworen haben. Dafür danke ich Dir.« Doch Ludwig II. drückte dies in seiner blumigen Sprache folgendermaßen aus:

»Mein lieber Herr von Ziegler!
Kein Tag verging, an dem ich Dein nicht dachte.
Wenn auch entfernt, so warst Du doch mir nah,
Denn über mir Dein Genius schirmend wachte,
Für immer ich in Dir mein Heil ersah.
Es schlägt mein Herz Dir feurig stets entgegen,

[59] Versbrief Ludwigs II. vom 19. August 1878 an Friedrich von Ziegler, in: Rummel, Walter von: Ludwig II. Der König und sein Kabinettchef, München 1930, S. 108 (künftig: Rummel).

Das treueste Freundschaft, Theurer, Dir geweiht.
Denn Dich zu kennen, ist mir Himmels-Segen,
In deiner Freundschaft schwindet alles Leid.
Die Zauberkette, niemals soll sie reißen,
Die Geist und Herz mit Deinem fest verschlingt,
O mög auch Dein Herz ›Freund‹ mich immer heißen.
Heil sei dem Tag, der neu die Botschaft bringt.
Dein geistig Bild wird ewig in mir wohnen,
Als ›König‹ Du in meinem Herzen thronen.
Für immer bin und bleib ich ganz Dein Eigen.
Doch hab ich vor, für immer nun zu schweigen.
Du könntest unbewußt dich überheben.
Mein Eigen bist auch Du fürs ganze Leben,
Dies hast Du hoch und heilig mir geschworen.
Wie einem Götter-Ausspruch glaub ich Dir.
Vom Schicksal bin ich Dir, Du mir erkoren.
Beglücke mich, bestätige neu es mir.
Wie als Symbol die Arme sich umschlingen,
Soll uns zu trennen keiner Macht gelingen.

Ludwig«[60]

Ziegler erhielt vom König auch viele Briefe in meist schwülstiger Prosa. Einer endete etwa mit den Worten:

»Ich muß schließen, da es sehr spät ist. Bitte nenne mich ›Du‹ und mit dem Taufnamen in Deinem nächsten Briefe. Es umarmt Dich, Du bester, herrlichster aller Freunde

Dein Dir zu eigen gehörender
Ludwig
[Darunter ein verschlungenes L und F]«[61]

Fotografieren

Interessant ist, was dem badischen Gesandten Robert von Mohl, der 1871

[60] Rummel, S. 108f.
[61] Ebd., S. 105.

zur Audienz nach Schloss Berg kam, ganz besonders auffiel. »Das ganze Haus«, so Mohl, »roch sehr unangenehm nach fotografischen Agenzien«.[62] Was die feine Nase des Geheimrats von Mohl so reizte, war der schwefelige Geruch von Natriumthiosulfat, das Ludwig II. als Fixierbad für seine Fotoplatten und Abzüge brauchte: König Ludwig II. stand nämlich nicht nur gerne vor der Kamera seines Hoffotografen Josef Albert, sondern auch mit schwarzem Tuch über dem Kopf dahinter: »Am Tage ist jetzt Photographieren seine Lieblingsbeschäftigung und in der Nacht das Reiten in der beleuchteten Hofreitbahn«[63], meldete schon drei Jahre zuvor im Februar 1868 der Botschafter Österreichs, Ferdinand Graf von Trautmannsdorf, an den Wiener Hof.

»Fotografieren war damals mit einem Riesenaufwand an Geräten und Chemikalien verbunden«, schreibt der Journalist Heinz Gebhardt, »und mit der heutigen Digitalknipserei nicht im Entferntesten vergleichbar. Die etwa 20 x 30 cm große Negativ-Glasplatte musste unmittelbar vor der Aufnahme in einer Dunkelkammer wie in Schloss Berg oder in einem Dunkelkammer-Zelt für Landschaftsaufnahmen in Hohenschwangau präpariert werden. Diese Technik hieß ›Nasses Kollodiumverfahren‹, mit der man seit 1852 durchsichtige Glasplatten als Negativ verwenden konnte. Die lichtempfindlichen Chemikalien wurden vor der Aufnahme auf das Glas gegossen, gut verteilt und dann im noch feuchten Zustand in Belichtungszeiten von 1–5 Sekunden belichtet. Dann musste die Platte sofort im Dunkeln entwickelt und fixiert werden, wobei es eben ›sehr unangenehm roch‹.«[64]

Gelernt hat der König die Technik des »nassen Kollodiumverfahrens« vermutlich vom ersten Königlich Bayerischen Hoffotografen Josef Albert (1825–1886). In einem Interview mit dem amerikanischen Schriftsteller Lew Vanderpoole im Februar 1882 zog Ludwig sogar einen Vergleich zwischen seiner Psyche und der Fotografie: »Mein Inneres ist sensibel wie eine photographische Platte. Jeder leiseste Eindruck ist unverwischbar eingeprägt.«[65]

Wie intensiv sich der König dem Fotografieren widmete und wie lange, ist allerdings nicht überliefert. Fotografien, die von Ludwig II. geschaffen wurden, ließen sich trotz intensiver Suche jedenfalls keine finden. Sollten solche

[62] Hacker, Augenzeugenberichte, S. 238.

[63] Ebd., S. 253.

[64] Gebhardt, Heinz: König Ludwig II. hatte einen Vogel. Unglaubliche aber wahre Geschichten über Bayerns Märchenkönig, München 2011, S. 114f.

[65] Evers, S. 143 ff.; Lew Vanderpoole: Ludwig of Bavaria. A Personal Reminiscence. Boston 1886.

Bilder wirklich vorhanden gewesen sein, verschwanden sie vermutlich ohne Angabe ihres Urhebers in Archiven oder wurden, wie etliche andere Dokumente aus dem Leben Ludwigs II. auch, nach seinem Tod beseitigt.

Stadtklaustrophobie und Naturfanatismus

Von Kindheit an verzauberten den Kronprinzen die Schönheit der Natur und die Erhabenheit der bayerischen Berge. Zeitlebens erinnerte er sich gerne an die Ausflüge ins Gebirge, auf den Unterberg etwa oder auf den Säuling und die Königsalpe, die er als Kind in Begleitung seiner Mutter und seines Bruders Otto unternommen hatte.

In zahlreichen Briefen erklärte er später, weshalb er das Leben in ländlicher Gegend und vor allem in der Gebirgswelt so sehr schätzte und woher sein ausgeprägtes Bedürfnis kam, sich regelmäßig dort aufzuhalten. So schrieb er am 7. Januar 1877 an Sybilla von Leonrod, dass »das lange im Zimmer eingesperrt sein, wozu ich in München verdammt bin, mir nicht zuträglich ist«.[66] In einem Brief vom 25. April 1868 an die Hofschauspielerin Marie Dahn-Hausmann äußerte er: »Im großen ganzen bin ich froh und zufrieden, nämlich auf dem Lande, im herrlichen Gebirge – elend und betrübt, oft im höchsten Grade melancholisch bin ich einzig und allein in der unseligen Stadt! Ich kann nicht leben in dem Hauch der Grüfte, mein Atem ist die Freiheit! Wie die Alpenrose bleicht und verkümmert in der Sumpfluft, so ist für mich kein Leben als im Licht der Sonne, in dem Balsamstrom der Lüfte! Lange hier [in München] zu sein, wäre mein Tod.«[67] Ähnliches versicherte er auch dem österreichischen Kronprinzen Rudolf: »Ich sehne mich sehr nach dem Aufenthalte in frischer, gesunder Luft und in schöner Gegend, denn das eingesperrte Stadtleben ist durchaus nicht meine Sache.« Und an Richard Wagner schrieb er: »Ich genieße noch ein paar Wochen lang die mir so wohlbekommende kalte Bergluft vor der unseligen Einkerkerung im wenig geliebten München.«[68]

Fast scheint es, als hätte das Eingesperrtsein in der Münchner Residenz klaustrophobische Anfälle bei ihm ausgelöst, die er mehrfach sogar mit Alkohol zu bekämpfen suchte. Vielleicht waren dafür Erlebnisse während

[66] Brief Ludwigs II. vom 7. Januar 1877 an Sybilla von Leonrod.
[67] Hacker, Augenzeugenberichte, S. 233.
[68] Ebd., S. 232.

seiner Kindheit und Jugend verantwortlich, als er sich zum Lernen immer wieder in die Prinzenzimmer verbannt gefühlt hatte. Als er König geworden war, brach er die »Gefängnistüren« der Residenz auf und floh aus der Stadt in die Freiheit der Natur. »Nichts ist stärkender für Geist und Körper als viel in Gottes freier Natur sich zu bewegen«, teilte er seiner ehemaligen Erzieherin am 29. August 1868 mit, denn »dort oben auf freier Bergeshöhe ist die Seele dem Schöpfer näher, schöner und erhabener ist es da als im Qualm der Städte, wo die wahren Freuden ihren Sitz wahrlich nicht haben. Bewegung ist es, der ich allein meine Gesundheit verdanke«, gestand er, und bei Unpässlichkeiten galten ihm »Ruhe und frische Luft als die besten Heilmittel«.[69]

Der Starnberger See war in Ludwigs Augen nicht ein totes Gewässer, sondern ein lebendes Wesen. »Es ist eine Merkwürdigkeit des Sees, daß tiefere Wasserschichten eine höhere Wärme aufweisen als die Oberfläche. [...] Eine weitere Merkwürdigkeit [...] sind die Seespiegelschwankungen oder ›Seichesphänomene‹«,[70] wie man die stehenden Wellen im See nennt. Infolge der Erdkrümmung liegt die Seemitte etwa 5 Meter höher und durch die Brechung des Lichts, Kimme genannt, die nur bei großflächigen Gewässern und starken Temperaturunterschieden sichtbar wird, kann man beispielsweise von Bernried am Südende des Sees aus Schloss Leutstetten im Norden das eine Mal überhaupt nicht sehen, das andere Mal ragt es hingegen hoch auf. Bei Föhn scheint das Gebirge unmittelbar hinter dem See aufzusteigen und die typischen Wellen erreichen dann bei heftigem Wind unterschiedliche Höhen von nur 30 Zentimeter bis zu 3 Meter. Auch seine braun-grüne Farbe wechselt der See immer wieder. »Das Wasser ist klar und überall bis auf den Grund auf weite Strecken vom Ufer ab durchsichtig. Bei guter Witterung liegt der Spiegel still wie eine ölige Masse. Bei aufbrausendem Sturm flutet er in wilden, weißgrün schäumenden, übereinander laufenden Wogen. Oft kann man ihn aber auch wie einen Bach sich fortbewegen sehen und die Fischer sagen dann: ›Der See rennt‹. Viele sehen darin das Zeichen kommenden Landregens; sie raten aber oft daneben. Ebenfalls soll es Wind und Wetter künden, wenn der See viele Blasen wirft; die Fischer sagen dann, daß er ›ankere‹. Im Frühjahr, wenn der Wind die Baumblüten und Staubfäden auf den See wirft, daß er ganz trübe ist, heißt es ›der See blüht‹.«[71]

[69] Brief Ludwigs II. vom 29. August 1868 an Sybilla von Leonrod.

[70] Paulus, Richard: Starnberger See und Würmtal. Heft 6 der Bayerischen Wanderbücher, München 1926, S. 30.

[71] Ebd.

Vor allem Pferdeausritte um den See, aber auch Ritte in der frischen Gebirgsluft, die er als kräftigend empfand, verschafften dem König die von ihm ersehnte Freiheit. Er nannte sie eine »wahre Wohltat«. »Welche Sehnsucht habe ich nach den Bergen. – Auf den Bergen ist Freiheit und überall, wo der Mensch nicht hinkommt mit seiner Qual!«[72], zitierte er in einem Brief vom 28. August 1870 an Frau von Leonrod das bekannte Schiller-Wort. Im Folgenden wird beschrieben, welche Aktivitäten der König »in Gottes freier Natur« vor allem schätzte.

Reitexzesse

Ab dem zehnten Lebensjahr erhielt Kronprinz Ludwig Reitunterricht und entwickelte sich rasch zu einem gewandten und kühnen Reiter. Ab 1864 war Schloss Berg für ihn regelmäßiger Ausgangspunkt für weite Ausritte und gelegentliche Ausfahrten mit der Kutsche. Der König »war ein ausgezeichneter Reiter«, bestätigt auch Gottfried von Böhm, »und seine Begleiter seufzten über seine Parforceritte. Bei seinem Regierungsantritt erhielt der Oberststallmeister den Auftrag, ihm ein Verzeichnis aller Reitpferde des Hofstalls vorzulegen, da er vorhabe, alle Pferde der Reihe nach zu reiten. Um jene Zeit ritt er einmal von Seeshaupt nach Kochel, von da an den Walchensee und wieder zurück nach Kochel, wo er zu Mittag aß; dann ritt er nach Partenkirchen, wobei ihn der Weg nach Mittenwald wieder am Walchensee vorbeiführte. In Partenkirchen kam er abends 9 Uhr an. Am folgenden Tage ging er morgens drei Stunden spazieren und ritt dann um 2 Uhr wieder über Murnau nach Seeshaupt und Berg, nachdem er schon vorher einmal den See in vier Stunden umritten hatte.«[73] »Ludwig hat den Zappel und ist dauernd unterwegs«, äußerte seine Cousine, Kaiserin Elisabeth, die selbst eine hervorragende Reiterin war, gerne der Wiener Residenz entfloh und sich bald in Ungarn, in Ofen oder Gödöllö, bald auf Korfu oder in Nizza aufhielt.

Als König betrieb Ludwig II. einen regelrechten Pferdekult. Die berühmte Schönheitengalerie seines Großvaters König Ludwigs I. im inneren südlichen Pavillon des Schlosses Nymphenburg umfasst 36 Porträts der damals schönsten Münchner Frauen sowohl adeliger als auch bürgerlicher

[72] Brief Ludwigs II. vom 28. August 1870 an Sybilla von Leonrod.

[73] Böhm, Gottfried, S. 16.

Herkunft. Auch Ludwig II. ließ sich eine Schönheitengalerie anfertigen, allerdings nicht von Frauen, sondern von den schönsten seiner englischen Vollblutpferde, alle von ausgesuchter Rasse, Leistungsfähigkeit und Schnelligkeit. Die 26 Pferdeporträts, die Friedrich Wilhelm Pfeiffer (1822–1891) malte, sind heute im Marstallmuseum bei Schloss Nymphenburg zu besichtigen. Darunter befinden sich auch zwei bei Schloss Berg gemalte Pferdeporträts. Die schwarzbraune Stute »Woluspa« wurde von Pfeiffer auf einer Wiese des Schlossparks dargestellt, im Hintergrund der aufragende »Isoldenturm« des Schlosses. Die rotbraune Stute »Gerda« steht auf einer Pferdekoppel nahe am See, der damals als Pferdeschwemme diente.

Obwohl Ludwig II. ein leidenschaftlicher Reiter war, so sind doch nur wenige Abbildungen erhalten, die ihn auf dem Pferd zeigen. Von seinen Ausritten bei Schloss Berg gibt es sogar nur ein einziges, 1878 entstandenes Gemälde von Ludwig Behringer mit dem Titel »Ludwig II. beim Ausritt am Starnberger See«. Von diesem Bild, das als verschollen gilt, existiert nur noch eine Fotografie.[74] Auf ihr sprengt Ludwig auf seinem Pferd an einem am Wegesrand stehenden vornehmen Herrn vorüber, vor dem er mit weitausholender Geste seinen Hut zieht. Ihm folgen zwei Leibreitknechte in Livree und dahinter sein Flügeladjutant. Eine weitere nahe Berg sich ereignende Reiterszene zeigt die Ölstudie von 1867/68 von Franz Adam (1815–1886). Auf ihr ist der junge König mit seiner Verlobten, Herzogin Sophie in Bayern, beim Morgenritt unter hohen Bäumen im Schlosspark von Possenhofen dargestellt.

Nächtliche Spaziergänge

Anton Freiherr von Hirschberg berichtet, »daß der König, nur mit einer verräterischen Laterne bewaffnet, viel in der Umgebung von Berg und des Linderhofs lustwandelte und diese nächtlichen Spaziergänge zuweilen von Berg bis Ambach ausdehnte. Die Lakaien hatten, gleichfalls mit Laternen, in einer Entfernung von zehn Minuten nachzufolgen. Ringsum war alles totenstille; nur zuweilen störte ein betrunkenes Bäuerlein, das verspätet aus dem Wirtshaus nach Hause wankte, den tiefen Frieden der schlafen-

[74] Dieses Bild ist zu sehen in: Rall, Hans / Petzet, Michael: König Ludwig II. Wirklichkeit und Rätsel, München / Zürich 1986, S. 102 oben.

den Natur.«[75] Bei diesen Spaziergängen bewegte sich der 1,91 Meter große König in raschem Tempo, sodass die meist kleineren Lakaien Mühe hatten, ihm zu folgen.

Bekanntlich liebte Ludwig die Nacht und machte vor allem in späteren Jahren die Nacht zum Tag. Dabei übte Mondlicht auf sein romantisches Gemüt einen besonderen Zauber aus, wie auch Luise von Kobell bestätigt: »Der Mond war sein Gestirn, in dessen Silberlicht dünkte ihm die Natur wunderbar geheimnisvoll, zum Träumen und Sinnen geeignet. In seinem Schlafzimmer zu Hohenschwangau schien ein künstlicher Mond auf sein Bett, ein künstliches Firmament erglänzte an der Decke, imitierte Orangenbäume umstanden sein Lager, ein Wasserfall rauschte ihn in den Schlaf.«[76] In einer Tagebuchnotiz schwärmte der König von einer nächtlichen Schlittenfahrt »bei magischem Mondenschein durch den düstern, schneebedeckten Tannenwald!«. Spiegelte sich im Starnberger See der Vollmond, sodass die Wellen magisch zu glitzern begannen, war das für den König in besonderes Schauspiel. Sein Liebe zum Mond trug ihm schon bald auch den Titel »Mondkönig« ein.

Schwimmen im See

Der 21 Kilometer lange, an manchen Stellen bis zu 5,5 Kilometer breite und fast 130 Meter tiefe Starnberger See war schon im 19. Jahrhundert ein beliebter Badesee. »Die durchschnittliche Temperatur des Wassers beträgt in den Sommermonaten zwischen 16 bis 18 Grad R., doch im Hochsommer kommen zuweilen auch Tage vor, wo das Thermometer 22 Grad anzeigt«[77], schreibt Heinrich Max 1890. »Wer je einmal an einem sonnigen Tag in diesem See gebadet hat, seinen Körper von dem klaren, bis auf den Grund durchsichtigen Wasser tragen ließ, wird gewiß meiner Behauptung beistimmen, daß ein Bad im Starnberger See zu den größten Genüssen gehört, welche der Sommer in unserer Gegend zu bieten vermag. Badegelegenheit gibt es in großer Menge, es findet sich kein Ort um den ganzen See herum, welcher nicht an seinem Ufergestade einige Badehütten aufzuweisen hätte.«[78] Heinrich Max warnt die Herren, »sich beim Schwimmen allzuweit

[75] Böhm, Gottfried, S. 560.
[76] Hacker, Augenzeugenberichte, S. 254.
[77] Max, Heinrich, S. 4.
[78] Ebd., S. 4.

hinauszuwagen. [...] Ein düstere Sage berichtet, daß der See keines seiner Opfer wieder herausgebe.«[79]

Ludwig II. war ein sehr guter Schwimmer, weshalb viele später an einem Tod durch Ertrinken zweifelten. Die Hohenschwangauer Schlosschronik meldet am 8. August 1859, dass der 14-jährige Kronprinz den Alpsee bei Hohenschwangau mühelos durchschwommen habe. In jungen Jahren soll er sogar von Berg aus – vermutlich in Begleitung eines Bootes – zur Roseninsel geschwommen sein, also eine Strecke von etwa 4 Kilometern. Bei ruhigem Wasser und einer Wassertemperatur von etwa 19 Grad konnte der König diese Strecke in 60 bis 80 Minuten bewältigen, für einen guten Schwimmer durchaus möglich, vorausgesetzt man blieb von Krämpfen und Auskühlen verschont. In einem Brief vom 22. August 1861 an seinen Großvater König Ludwig I. berichtet der 16-jährige Kronprinz, dass auch das »klare, milde Wasser« des Alpsees bei Hohenschwangau »zum Schwimmen sehr angenehm ist«.[80]

Dass Ludwig auch später im Alpsee oder Starnberger See ein Bad nahm, belegt eine Nachricht des 31-jährigen Königs an Richard Wagner vom 12. August 1876, in der er über nervliche Beschwerden und Kopfschmerzen klagte, »alles in Folge eines zu lang währenden Bades im See, das ich mir der Gesundheit zuträglich dachte, das aber gerade die entgegengesetzte Wirkung hatte«.[81]

Besondere Badeerlebnisse des Königs im Starnberger See bei Schloss Berg werden allerdings nicht berichtet. Es ist anzunehmen, dass der menschenscheue Ludwig, wenn er hier ein Bad nahm und im See schwamm, vor den Blicken Neugieriger unbehelligt bleiben wollte. Wie es heißt, soll er deshalb vor allem in der Dämmerung oder nachts zum Schwimmen gegangen sein.

Fahrten mit dem Dampfschiff »Tristan«

Gerne unternahm Ludwig II. in seinem 18 Meter langen und 2,80 Meter breiten Dampfschiff »Tristan« – bei den Radkästen betrug die Breite 5,80 Meter – auf dem Starnberger See Rundfahrten und genoss dabei den Ausblick auf das herrliche Panorama des Karwendel- und Wetterstein-Gebir-

[79] Ebd., S. 4ff.

[80] Brief des Kronprinzen Ludwig vom 22. August 1861 an seinen Großvater König Ludwig I.

[81] Strobel, Wagner-Briefwechsel, Band 3, S. 84.

ges. Am 16. Juni 1865 hatte er das Schiff seines Vaters für 18 000 Gulden erworben. Damit ging es aus Staatsbesitz in sein persönliches Eigentum über. Er benannte es in »Tristan« um und ließ es gründlich renovieren.

Das Ruder auf dem Achterdeck bediente der Schiffsmeister. Zur Crew gehörten auch noch zwei Matrosen und ein Maschinist. Auf dem Deck befanden sich ein eisernes Kanapee mit einem Überzug aus Gummileinwand und ein Sonnendach.

Mitunter fuhr der König nahe an von ihm erwählten Ufergrundstücken vorbei. Persönlichkeiten, denen eine derartige Vorbeifahrt des Königs mit der »Tristan« an ihrem Landhaus angekündigt war, was eine besondere Ehre darstellte, warteten sehnsüchtig auf diesen Augenblick. Ein großer Salondampfer, der sich der »Tristan« näherte, musste auf königlichen Befehl in gehörigem Abstand vorbeifahren.

Exkurs: Die Zeit der Dampfschifffahrt auf dem Starnberger See

Hatte Ludwigs Vater König Max II. 1851 als allerersten Raddampfer auf dem Starnberger See den Einsatz der »Maximilian« erlaubt, der 300 Passagiere befördern konnte, so liefen während der Regierungszeit Ludwigs II. drei große Salondampfer vom Stapel und kreuzten auf dem Starnberger See. Zwar drohte 1864 der »Maximilian« zunächst einmal der Abbruch, weil die 1864 von Johann Ulrich Himbsel erbaute Privateisenbahn von München nach Starnberg entlang des westlichen Seeufers bis nach Seeshaupt verlängert wurde und eine Beförderung der nach Starnberg anreisenden Gäste per Schiff unnötig erschien. Doch weitblickende Bürger verhinderten dies 1864 durch die Gründung der »Würmsee-Dampfschifffahrts-Gesellschaft«, die nach Zunahme des Fremdenverkehrs dafür sorgte, dass weitere Raddampfer in Betrieb genommen wurden.

Und nun ging es Schlag auf Schlag. In der Regierungszeit Ludwigs II. kam am 24. Juli 1872 der mit eisernen Aufbauten bestückte und nach dem König benannte Raddampfer »Ludwig« in Fahrt, der wie die »Maximilian« ebenfalls 300 Personen befördern konnte. Am 20. März 1872 hatte Kabinettsekretär Lorenz von Düfflipp dem König bei einem Vortrag auf der Roseninsel gemeldet, »die Dampfschiffverwaltung von Starnberg« ließe anfragen, »ob Ew. Majestät geruhen wollen, dem Stapellauf eines neuen Dampfers anzuwohnen, sie hat gestern eine diesbezügliche Einladung in den Einlauf gebracht und damit die untertänigste Bitte verbunden, dem Schiff den Namen Ew. Majestät geben zu dürfen.« Ludwig antwortete: »Meinen Namen? Warum nicht, schreiben Sie, daß ich das gerne gewähre. Über mein Kommen melden Sie, daß ich darüber noch keinen Entschluß fassen könne – – ich werde mich kaum entschließen – und lasse danken.«[82]

Sechs Jahre darauf kreuzte im April 1878 der luxuriöse, im Renaissancestil gestaltete Salondampfer »Bavaria« auf dem See. Er bot bereits 1000 Personen Platz. Dieses luxuriös gestaltete Schiff galt wegen seiner kostbaren und hochwertigen Ausstattung als das schönste auf deutschen Seen.

Acht Jahre darauf lief am 11. Mai 1886 der Salondampfer »Wittelsbach« von Stapel. Der König hielt sich in diesem Jahr, seinem Todesjahr, – vom 11. bis zum 14. Mai in Schloss Berg auf. Ihm blieb das Ereignis sicher nicht verborgen, auch wenn er selbst am Stapellauf nicht teilnahm. Doch damit war noch kein Ende erreicht. Vier Jahre später nahm 1890 der im Rokokostil gestaltete Dampfer »Luitpold« Fahrt auf. Er bot nunmehr sogar 1200 Personen Platz. Ludwig II. erlebte allerdings diesen Dampfer ebenso wenig wie den Umbau des nach ihm benannten Dampfers »Ludwig«, der 1900 einen neuen Decksaufbau erhielt, in dem ein Salon für die erste Klasse eingerichtet wurde. Außerdem wurden ein geschlossenes Steuerhaus, eine Klosettspülung und eine Dampfheizung installiert. Der Dampfer »Ludwig« wurde nach dem Ende der Monarchie 1818 in »Tutzing« umbenannt.

Exkurs: Der Starnberger See als Touristenattraktion

Wer jetzt glaubt, die Ortschaft Berg und das königliche Schloss sei an allen Tagen des Jahres ein idyllischer Platz gewesen, auf den sich der König ungestört von aller Welt zurückziehen konnte, der irrt. Die Einwohnerzahl der Ortschaft Berg war zwar noch relativ gering. So hatte Unterberg weniger als 100 Einwohner und das höher gelegene Ober-Berg zählte erst um 1920 an die 300 Bewohner. Doch vor allem zur Sommerzeit konnten diese Zahlen rasch anschwellen. Eisenbahnausflüge zum Starnberger See, der »Perle aller Ausflüge«, wie man damals sagte, und zu den sich an den Ufern aufreihenden Orten waren bereits ab 1864 vor allem an Sonn- und Feiertagen für die städtische Bevölkerung eine willkommene Abwechslung. Und Berg mit dem königlichen Schloss weckte schon damals die Neugier der Touristen.

[82] Schauenberg, S. 69.

»Zug auf Zug, menschengefüllt, entrollt an beiden Pfingsttagen der weiten Halle des Münchener Bahnhofs«[83] berichtet 1881 die Illustrierte Zeitung von einem derartigen Eisenbahnausflug zum Starnberger See. Die Fahrt führt »nach kaum einstündiger Fahrt dicht vor die grünen Wogen des in duftiger Ferne sich verlierenden Sees. Was jetzt den endlos langen Zügen entsteigt, eine Völkerwanderung scheint es zu sein, eine Invasion luft- und naturbedürftiger aber auch hungriger und durstiger Kinder der Stadt [...] Bald ist es lebendig rings um den See. [...] Draußen im See aber gleiten, farbig leuchtend und von blitzendem Ruder getrieben, langsam die Kähne dahin. [...]«[84] Aber nicht nur Kähne glitten durch die Wogen, sondern, wie erwähnt, auch respektable Dampfschiffe, die 300 bis 1000 Fahrgäste fassten.

Oskar Maria Graf schildert nicht nur, wie auf den am Schloss vorüberfahrenden überfüllten Dampfschiffen die Passagiere durch ihre Ferngläser zum Ufer starrten, um den König zu sehen und sich dabei so allerlei Gerüchte zuraunen. Er berichtet auch, wie rigoros man gegen allzu Neugierige vorging, »die nicht wenig empört waren, wenn ihnen plötzlich die Ferngläser abgenommen und erst wieder hinter halb Leoni ausgehändigt wurden. Der argwöhnische, überreizte König duldete solche Neugier nicht. Ruderboote mußten schnell am Berger Seeufer vorbeifahren. Aus den Büschen des Parks tauchten manchmal Gendarmen auf, die bellende Warnungsrufe ausstießen«[85] und damit die Neugierigen aus der Nähe des Schlosses vertrieben.

Doch eine Besonderheit kam Schloss Berg zugute. Es lag am Ostufer des Sees, das im Gegensatz zum Westufer verkehrstechnisch ungünstiger lag. Während nämlich am Westufer die Eisenbahn von Starnberg nach Tutzing und weiter nach Penzberg und Unterpeißenberg führte, gab es am Ostufer keine Eisenbahnverbindung, was den Schriftsteller und Verleger Ernst Heimeran zu der lakonischen Bemerkung veranlasste: »Das Ostufer ist berühmt für seine schlechte Verkehrslage. Wer sich dort ansiedelt, muß sich bewußt sein, daß er mit der Außenwelt abgeschlossen hat. Darauf sind die Ostuferer aber besonders stolz. Sie sagen, daß sie sich rein erhalten wollen, während die Westuferbewohner der Zivilisation und damit dem sicheren Untergang anheimfallen würden.«[86] Auch Ludwig II. war sicher nicht traurig darüber,

83 Bericht der »Illustrierten Zeitung« von 1881.

84 Graf, Oskar Maria: Das Leben meiner Mutter, München 2007 (künftig: Graf, Mutter).

85 Ebd., S. 168f.

86 Heimeran, Ernst: Büchermachen. Geschichte eines Steckenpferdes, München 1947; zitiert nach: Wiede, Peter: Von Fürsten, Fischern und Festen. Leben am Starnberger See, Tutzing 1999, S. 79.

als Ostuferer mit der Außenwelt abgeschlossen zu haben. Ging es ihm einmal zu turbulent auf dem See zu, etwa an Sonn- und Feiertagen, so konnte er sich zu solchen Zeiten rasch in seine geliebten Berghütten zurückziehen.

Mancher Tourist hätte sich damals sicher gefreut, wenn er Schloss Berg schon zu Lebzeiten des Königs hätte besichtigen können. Doch dies wurde der Öffentlichkeit erst nach seinem Tod im Juni 1886 für einige Jahrzehnte ermöglicht.

Virtueller Rundgang durch die Räume von Schloss Berg

Bei der folgenden Darstellung einer Besichtigung von Schloss Berg und des Schlossparks wurden Beschreibungen aus den wenigen frühen Schlossführern[87] – erschienen zwischen 1890 und 1905 – zu Rate gezogen, als das Schloss noch öffentlich zugänglich war und besucht werden konnte. In diesen Publikationen sind die Räumlichkeiten und der Park von Schloss Berg, wie sie sich nach dem Tod des Königs zeigten, authentisch dargestellt.

Wer Schloss Berg besichtigen wollte, informierte sich zunächst über die Öffnungszeiten, die Leo Woerls Schlossführer von 1890 so beschreibt:

> »Das Schloss ist am 13. Juni und im Dezember, Januar und Februar geschlossen, sonst vom 1. März bis 1. Oktober täglich von 8 bis 11 Uhr und von 12 bis 6 Uhr [18 Uhr], vom 1. Oktober bis 1. Dezember von 8 bis 11 Uhr und von 12 bis 4 Uhr [16 Uhr] gegen 50 Pf. Eintrittsgeld geöffnet. Studierende und Fachschüler und Schülerinnen, Militär vom Feldwebel abwärts und Kinder unter 15 Jahren zahlen 25 Pf. Karten sind beim Schloßverwalter zu haben. Der Besuch des Schlosses lässt sich von München aus bequem in einem halben Tag bewerkstelligen.«[88]

[87] Woerl, Leo (Hg.): Illustrierter Führer durch die bayerischen Königsschlösser Berg am Starnberger See, Linderhof, Hohenschwangau und Neuschwanstein nebst einem Führer durch Füssen und Umgebung, Würzburg / Wien 1890, Leipzig 1910 (künftig: Woerl).

Craemer, Josef Ludwig: Die Bayerischen Königsschlösser in Wort und Bild, München 1898 (künftig: Craemer).

Steinberger, Hans: Illustrierter Führer durch das königliche Schloß Berg am Starnberger See, Prien 1903 (künftig: Steinberger).

Koch von Berneck, Max: König Ludwig II. und Schloß Berg am Starnberger See, Berlin / Leipzig / Wien 1905 (künftig: Koch von Berneck).

Ettmayr, Corbinian: Die Gedächtniskapelle für König Ludwig II. und die Königskapelle im Park des Schlosses Berg, München 1901 (künftig: Ettmayr).

[88] Woerl, S. 13.

Wie es heißt, strömten in den ersten Monaten der Öffnung bis zu 2500 Besucher täglich durch die Schlossräume. Da »ein großer Theil der Münchner Besucher dabei in ungestümer Weise eindrangen, mehrere Quasten vom Meublement abrissen und auch sonstige Beschädigungen verursachten«[89], wurde das Schloss am 7. Juli 1886 vorübergehend wieder geschlossen, bis sich das ungebührliche Verhalten gelegt hatte. Danach reduzierten sich die Besucherzahlen nach und nach. Dies belegen nach Aussage von Prinz Konstantin von Bayern (1920–1969) »die Jahreseinnahmen aus den Eintrittsgeldern, die sich auf durchschnittlich 3500 RM [Reichsmark] beliefen«[90], was bei einem Eintrittsgeld von 50 Pfennigen auf eine durchschnittliche jährliche Besucherzahl von etwa 7000 Menschen schließen lässt. Demgegenüber standen Ausgaben für den Gebäudeunterhalt von 8165 Reichsmark. Das Defizit von 4665 Reichsmark hatte der Wittelsbacher Ausgleichfonds als Eigentümer von Schloss Berg zu tragen.

Von München aus war man mit der Eisenbahn in knapp einer Stunde in Starnberg. Von dort erreichte man im Kahn in etwa einer halben Stunde, mit dem Dampfboot in knapp einer Viertelstunde Schloss Berg. In derselben Zeit gelangte man auch von Leoni aus zum Schloss.

»Die ganze, anmutsvolle Schönheit des reizenden, landschaftlichen Rahmens dieses Sees entrollt sich auf der kurzen Fahrt in voller, entzückender Pracht; in schimmernder Bläue dehnt sich der See, seine Ufer umkleidet herrlicher Wald, aus dem zahllose Schlösser und Villen hell aufleuchten; von den Uferhöhen grüßen Kirchtürme weit hinaus und wie ein hehres Wunder ragt, duftig umschleiert, am Südende des Sees das Zackenmeer des Hochgebirges auf den im Glanze der Mittagssonne schimmernden Wasserspiegel herein. Wer hieher kommt, wenn ringsum die Natur in das zartgrüne Gewand des Frühlings gekleidet ist, wird des fesselnden Eindruckes nie vergessen.

Mächtige Baumkronen beschatten die von der Landungsstelle bergan führende Straße, auf welcher in kurzem der Eingang zu dem Königsschlosse Berg erreicht ist. Die Kartenabgabe, 50 Pfg. á Person, erfolgt im Verwaltungsgebäude.

Beim Austritte aus dem Torbogen überrascht der Anblick des stolzen Schlosses, das jetzt zur Mittagsstunde sonnenumglänzt inmitten duftender

89 Potthast, Jan Björn: Im Banne der Unnahbarkeit, in: Bayerische Staatszeitung. Unser Bayern, April 2011, Jg. 60, Nr. 4, S. 31.

90 Bayern, Konstantin Prinz von: Schloß Berg und Ludwig II., in: Merian, 17. Jg., Heft 7, Hamburg 1961, S. 20 (künftig: Konstantin von Bayern).

Blumenbeete und umrauscht von mächtigen Baumwipfeln prangt und doch vermag alle heitere Sonnenpracht die düstere Erinnerung an das Königsdrama nicht zu verscheuchen, welche trauervolle Einsamkeit wie einen Schleier über diese Stätte gebreitet hält.«[91]

Das Schloss ist an den vier Ecken durch Erkertürme geziert. An der Nordseite befindet sich in der Mitte des Schlosses als fünfter Turm der »Isoldenturm«, der sich unten in einen Torbogen öffnet. Über dem Eingangsportal ist das in Stein gehauene bayerische Wappen, von zwei Löwen gehalten, angebracht. Die südlich gelegene Eingangstüre des Schlosses führt in den Park.

Bei dem nun folgenden virtuellen Rundgang durch Schloss Berg lassen sich alle Räume und deren Einrichtung so erleben, wie sie sich zur Zeit Ludwigs II. darstellten und noch nicht die Umgestaltung erfahren haben, die bald nach dem Zweiten Weltkrieg in die Wege geleitet wurde.

Das Erdgeschoss

Betritt man Schloss Berg, steht man in einem von Säulen gesäumten und mit Palmen geschmückten Korridor. Im Erdgeschoss befinden sich die Räume für das Schlosspersonal, die Hofküche, außerdem die sogenannte Silberkammer. Doch der erste Eindruck enttäuscht zunächst jeden, der hierher kommt, um fürstlichen Prunk und Glanz zu sehen. Die Einrichtung der Zimmer zeigt nämlich im Vergleich zu der unsagbaren Herrlichkeit der Königsschlösser Neuschwanstein, Linderhof und Herrenchiemsee eine auffallende Schlichtheit und Einfachheit, an die man sich erst gewöhnen muss.

Über eine Wendeltreppe gelangt man zu den Königsgemächern im ersten und zweiten Stockwerk, die vom König mit mehr als 100 Bildern ausstaffiert wurden. Sie stellen den besonderen Schmuck des Schlosses dar.

Dazu gehören Aquarelle und Zeichnungen aus Friedrich Schillers »Don Carlos«, »Wilhelm Tell«, »Die Räuber«, »Die Jungfrau von Orleans« und »Maria Stuart«, des Weiteren Darstellungen bayerischer Landschaften und wittelsbachischer Geschichte. Vor allem aber fallen herrliche Gemälde und ganze Zyklen der Opern Richard Wagners ins Auge, darunter die Kopien sämtlicher Nibelungengang-Gemälde aus der Münchner Residenz. Sie schmücken mit weiteren zwölf Aquarellen die Wände des königlichen Spei-

[91] Steinberger, S. 7.

sezimmers. Mit der von Franz Xaver Thallmaier ausgeführten Regententafel, den Büsten von Richard Wagner, König Ludwig XIV., Marie Antoinette und General von der Tann sowie den Statuetten der Hauptpersonen aus Johann Wolfgang von Goethes »Faust« – Mephisto, Gretchen, Marthe Schwertlein und natürlich Faust selbst – erweckt das Schloss den Eindruck eines »historischen Museums«[92].

Schloss Berg wurde auf diese Weise zum Denkmal von Ludwigs II. Liebe und Begeisterung für die Opern Richard Wagners, für Schillers und Goethes Dramen und für einige wenige von ihm besonders verehrte Persönlichkeiten.

Das erste Stockwerk mit der Wohnung der Königinmutter

Das erste Stockwerk wurde früher bei Sommeraufenthalten von Ludwigs Eltern genutzt und nach dem Tod von Max II. gelegentlich noch von der Mutter, Königin Marie. Nachdem Ludwig 1864 König geworden war, fanden die Räume aber vor allem als Fremden- und Gästezimmer Verwendung.

Das Wohnzimmer oder »Blumenzimmer«

Als erstes der Gemächer öffnet sich das Wohnzimmer der Königin, auch »Blumenzimmer« genannt. Der behaglich ausgestattete Raum zeigt in dem Mangel jeglichen Prunkes die vornehme Geschmacksrichtung von Ludwigs Eltern. Die mit grauer Seide überzogenen altväterlich wirkenden Polstermöbel und die einfachen mit Blumengebinden geschmückten Tapeten verstärken diesen Eindruck noch.

An den Wänden befinden sich Federzeichnungen von Jäger und Müller, Szenen aus den Schiller-Dramen »Don Carlos« und »Emilia Galotti«, für die Ludwig von früher Jugend an schwärmte. Des Weiteren ist von Eugen Napoleon Neureuther das Aquarell »Hohenschwangau« zu sehen sowie das Ölgemälde »Die heilige Cäcilia« von Johann Michael Wittmer – eine Kopie des gleichnamigen Gemäldes von Raffael. Auf dem Ofen steht eine Reiterstatuette König Ludwigs II. in Ulanenuniform. Bemerkenswert in diesem Zusammenhang ist, dass sich bis heute unter den Hunderten von Ludwig-

[92] Lampert, S. 92.

II.-Denkmälern noch immer kein einziges Reiterstandbild Ludwigs II. befindet, obwohl er doch ein leidenschaftlicher Reiter war.

In dem ans Wohnzimmer angrenzenden lauschigen Erker befindet sich das Gemälde »Vater Max im Kreise der Seinen«, außerdem eine Gebirgslandschaft von August Podesta und ein Gemälde von Christian Jank.

In diesem Wohnzimmer war am 14. Juni 1886 der Leichnam Dr. Bernhard von Guddens aufgebahrt. Vier Pfleger hielten bei ihm die Totenwache.

Der Salon

Der ans Wohnzimmer angrenzende Salon ist komfortabler ausgestattet. Er enthält Möbel, die mit türkischen Stoffen überzogen sind. Die Tische bedecken weiße Marmorplatten. Bemerkenswert ist ein prächtig eingelegtes Schmuckkästchen. Auf einer Marmorkonsole steht eine schön gearbeitete Standuhr. Sie zeigt eine Sonne mit Strahlenkranz. In diesem Zimmer ist auch eine Büste des bayerischen Heerführers von der Tann aufgestellt, den sowohl Ludwigs Vater, Max II., als auch Ludwig selbst sehr achteten.

Die Wände schmücken das Aquarell »München im Jahre 1862« von Max Kuhn sowie zwei Ölgemälde: »Rom« und »Urnersee«. Besonders eindrucksvoll gestaltet ist der von Theodor Pixis gestaltete Zyklus von 21 kostbaren Darstellungen aus Wagners »Nibelungenring«, »Tannhäuser«, »Lohengrin«, »Tristan und Isolde«, »Meistersinger von Nürnberg« und »Fliegender Holländer«. Als Erinnerung der Reise des Königs an die Stätten der Schweizer Tell-Sage ziert dieses Gemach außerdem ein hübsches Relief des Vierwaldstättersees.

Das Bad

Gegenüber dem Salon der Königin Marie liegt ein kleines Badezimmer, das auch vom König benutzt werden konnte. Zu erreichen war es von ihm über eine im südöstlichen Erkerzimmer des zweiten Stockwerks gelegene Treppe. Ludwig, der auf gutes Aussehen sehr bedacht war, legte Wert auf regelmäßige Körperpflege. In allen seinen Schlössern ließ er geräumige Bäder mit beheizbaren Wasserbecken einrichten, was in den beegten räumlichen Gegebenheiten von Schloss Berg jedoch nicht möglich war. Des Königs bevorzugtes Parfum war »Chypre« mit einer schweren, süßlichen Duftnote. Für die Pflege seines Haupthaars, das von Natur aus nicht gewellt war, musste sein Friseur täglich ausreichend Zeit aufwenden.

Das Schlafzimmer oder »Goldlilienzimmer«

Als nächster Raum öffnet sich das Schlafzimmer. Es lädt den Besucher zu stillem Gedenken ein, denn hier war nach der erschütternden Katastrophe die sterbliche Hülle des Königs aufgebahrt und von zwei Gendarmen bewacht. Für jeden, der dieses Gemach betrat, war der feierliche Ernst des Todes spürbar und so manchem traten Tränen in die Augen. Wie es hieß, trugen Matratze und Polster noch lange deutlich die Spuren von Wasserflecken.

Das von einem Baldachin überwölbte Bett und die Polstermöbel sind mit blauem Seidenstoff überzogen. An den gleichfalls blau mit eingestreuten Goldlilien tapezierten Wänden hängen zwei Aquarelle: »Projekte zu einem neuen Theater für München« und »Reiches Zimmer in der Residenz in München« von Adolph Seder und Gustav Seeberger sowie das Aquarell »Partie aus Schleißheim«, außerdem das Ölgemälde »Die Roseninsel im Starnbergersee«, ferner mehrere Federzeichnungen aus Schillers Dramen »Maria Stuart« und »Kabale und Liebe«.

Eine Marmorkonsole trägt die Reiterstatuette der vom König angebeteten Zarin Maria Alexandrowna. Sie stellt ein Gegenstück zur Reiterstatuette des Königs im Wohnzimmer dar. Auf einer weiteren Konsole thront eine Büste des vom König verehrten Dichterfürsten Johann Wolfgang von Goethe.

Vorplatz und Turmzimmer

In dem folgenden Vorplatz bildet ein Schreibtisch das Mobiliar. An den Wänden hängen zwei Kohlezeichnungen König Ludwigs I., außerdem eine Sepiazeichnung von Prinzessin Augusta von Bayern, ein Stahlstich »Richard Wagner«, die Bildnisse Kaiser Alexander II. von Russland und seiner Gemahlin, der von Ludwig II. vergötterten Zarin Maria Alexandrowna. Um ein Kuriosum handelt es sich bei der Darstellung der aus riesigen Weinfässern errichteten Ehrenpforte, die durch die Weinküfer in Neustadt a. d. Hardt zu Ehren König Ludwigs I. errichtet wurde.

Im anschließenden, schmucklosen Zimmer des »Isoldenturms« wurde nach dem Tod des Königs dessen rotsamtener Betstuhl aufbewahrt, der sich früher noch in der Königskapelle im Schlosspark befand.

Im Durchgang vom Schlafzimmer zum sich daran anschließenden Ministerzimmer fallen zwei Aquarelle auf, die den »Galawagen« und den »Saloneisenbahnwagen König Ludwigs II.« zeigen. Der 9 Meter lange und 6,5 Meter hohe Galawagen diente auf entsprechendem Gestell auch als Schlitten. Vor diesen Wagen wurden sechs Schimmel gespannt. Krone und Laterne spendeten elektrisches Licht.

Ministerzimmer

Die Zimmerreihe im ersten Stockwerk beschließt das Ministerzimmer, in dem König Ludwig II. gelegentliche Konferenzen mit seinen Ministern abhielt. Die Einrichtung ist höchst einfach. Der schönste Schmuck ist das eine ganze Wandseite bedeckende Gemälde von Gyula Benczúr, Professor an der Münchner Kunstakademie mit dem Titel: »Huldigung der Jungfrau von Orleans vor König Karl VII. von Frankreich im Dom zu Rheims« sowie der kolorierte Kupferstich »Die Hochzeit Ludwigs XIV.« nach dem Original von Charles le Brun.

Die übrigen Wände schmücken mehrere Federzeichnungen: »Szenen aus der Jungfrau von Orleans« von Jäger sowie Szenen aus Schillers Dramen »Die Räuber« und »Die Verschwörung des Fiesko zu Genua« von Heinrich Spieß, außerdem das damals auf 5000 Mark geschätzte Ölgemälde »Römisches Genrebild« des Malers August von Riedel. Auffallend sind des Weiteren das Aquarell »König Ludwig II., 1868 bei der Prozession in der Frauenkirche zu München« von Friedrich Eibner und ein Stahlstich »Kurprinz Ludwig von Bayern in der Schlacht bei Ulm im Jahre 1805«.

Die Reihe der Zimmer im ersten Stockwerk beschließt der Vorraum, dessen Ausstattung lediglich in Bildern besteht. Sie stellen eine »Partie aus dem Wintergarten König Ludwigs in der Residenz zu München« dar, eine orientalische Landschaft und eine übermalte Fotografie, auf der die Hofschauspieler Emil Rhode und Bernhard Rüthling als »Don Carlos« und »Marquis Posa« zu sehen sind. Über eine Wendeltreppe gelangt man nun in das zweite Stockwerk zu den Gemächern König Ludwigs II.

Das zweite Stockwerk mit der Wohnung König Ludwigs II.

Weit reicher als im ersten Stock sind Einrichtung und Ausstattung der Gemächer, die von König Ludwig II. bewohnt wurden.

Der Speisesaal

Schon der erste Raum, der in Weiß und Gold gehaltene Speisesaal – er ist mit 56 Quadratmetern übrigens der größte Raum im Schloss –, zeigt in seiner Ausschmückung größeren Komfort. Weiße Gardinen verhüllen die Fenster. Dazwischen stehen auf Konsolen vor großen Spiegeln und zwischen hübschen Vasen die Büsten Ludwigs XIV. und der Königin Marie Antoinette. Die Möbel sind mit rotem Plüsch überzogen, rot auch die Tischdecken.

Der Speisetisch in der Mitte des Saales trägt als Aufsatz die Porzellangruppe »Lohengrin im Kahn«. Zwei Konsoltischchen neben der Tür tragen die niedlichen Bronzegruppen »Faust und Gretchen« sowie »Walther Stolzing und Eva« von Denière.

Besonders bemerkenswert sind die prachtvollen Aquarelle Michael Echters und Karl von Heigels zu Wagners bedeutenden Musikdramen:

»Tristan und Isolde« (sechs Bilder),
»Lohengrin« (sechs Bilder).

Dazu kommen die Bilder zu dem aus vier Teilen bestehenden Opernzyklus »Der Ring des Nibelungen« mit 30 Bildern:

»Rheingold« (sieben Bilder),
»Walküre« (sieben Bilder),
»Siegfried« (acht Bilder),
»Götterdämmerung« (acht Bilder).

An diesen 42 Bildern sind Täfelchen angebracht, die jeweils den Wagner'schen Text zu den dargestellten Szenen zitieren.

Das Wohn- und Arbeitszimmer oder »Der Blaue Salon«

Obwohl in Schloss Berg jeglicher Prunk vermieden wurde, so zeigt sich im Wohnzimmer, das auch als Arbeitszimmer genutzt wurde, doch das vornehme Gepräge eines fürstlichen Salons. In lichtblauer Seide sind die Polstermöbel gehalten und blaue Tapeten schmücken die Wände. Am Plafond, von dem eine blaue Glasampel herabschwebt, ist in den Ecken das bayerische Wappen angebracht.

Von großer Schönheit und künstlerischer Vollendung sind die an den Wänden auf hohen Postamenten stehenden sieben prachtvollen Alabasterstatuen des Bildhauers Zumbusch: Siegfried, Tannhäuser, Parzival, Lohengrin, Walther von Stolzing, Tristan und der Fliegende Holländer.

Caspar Clemens Eduard Ritter von Zumbusch (1830–1915), »ein hübscher, großer und sehr sympathischer Mensch, gefiel dem König«[93], sodass er ihm auch zu einer Büste Modell saß. Die Büste fiel so gut aus, dass sie ihm den Auftrag für die Alabasterstatuen in Berg eintrug.

Auf einer Konsole über dem Ruhebett steht eine Büste Ludwigs XIV. An der Wand darüber befindet sich ein Stahlstich »Siegfrieds Leiche wird nach Worms gebracht«. Den Ofen schmückt eine Büste Richard Wagners. Die Konsole an der Fensterwand ist mit einer Salonuhr, die eine Schnitterin mit Ährenkranz darstellt, und mit prächtigen Vasen geschmückt.

An den Wänden hängen fünf wundervolle Gemälde des von Ludwig II. hoch geschätzten Malers Eduard Ille (1823–1900), auf denen deutsche Sagen in dramatisch bewegten Bildern dargestellt sind:

Das erste Gemälde zeigt die »Niflunga-Saga«. Eine stilvolle romanische Säulenhalle enthält in 21 Bildern zwischen Arabesken, Rundbögen und Säulen die Episoden dieser Dichtung; oben im Fries thronen die Götter der germanischen Religion.

Das zweite Bild stellt die Sage »Das Lied vom edlen Ritter Tannhäuser« dar. Auch hier bildet eine Säulenhalle den Rahmen der reizvollen Darstellungen, welche die bekannten Episoden der Tannhäuser-Sage zeigen. Symbolische und religiöse Motive schmücken die Rundbögen in reicher Fülle.

Die »Parzival-Sage« mit ähnlich gestalteter architektonischer Umrahmung zeigt 19 Bilder zwischen vielgestaltigen Blumen und Engelmotiven. Sie bringen das hohe Lied mittelalterlichen Glaubens in fesselnder Weise zur Darstellung.

93 Böhm, Gottfried, S. 726.

»Die Lohengrinsage« in gotischer Umrahmung zeigt in elf Bildern die Hauptszenen dieses Heldensanges. Das Gemälde »Das Gralswunder«, das das Mittelbild krönt, ist von hoher künstlerischer Vollendung.

»Hans Sachs und Nürnbergs Blütezeit« ist die letzte dieser kunstvollen Schöpfungen betitelt, die das frohbewegte Volksleben des Mittelalters in farbenfrischen Darstellungen verkörpert. Die Spruchbänder enthalten Stellen aus Dichtungen des sangesfreudigen Schusters Hans Sachs – man glaubt förmlich, die Wettgesänge der Meistersingerzunft herausklingen zu hören. Im Hintergrund des Mittelbildes ragt türmereich das Städtebild Alt-Nürnbergs heraus.

Einige dieser Bildwerke Illes – Tannhäuser, Lohengrin, Hans Sachs – hängen nach Aussage des Literaturwissenschaftlers Gunter E. Grimm heute noch im Wohn- und Arbeitszimmer von Schloss Berg.[94]

Nach verschiedenen Berichten befand sich – vermutlich im »Blauen Salon« – auch ein Klavier, auf dem etwa Richard Wagner spielte oder Herzogin Sophie und Marie Louise Wallersee-Larisch ihren Gesang begleiteten.

Der Schlossbalkon

Vom Wohnzimmer des Königs tritt man auf den südlichen Balkon hinaus, von dem aus man einen herrlichen Blick über den See genießen kann. Auf ihm hielt sich der König gerne auf, immer wieder auch »bei den wenigen Audienzen, die er doch zeitweise in Berg erteilte, von wo er dann immer wieder ab und zu in das Zimmer, das ganz lichtlos sein mußte und in das nur der Mondschein durch die offene Balkonthüre hereinfiel, zurückkehrte, um das unterbrochene Gespräch fortzusetzen. Diese Altane hätte man, als der König zum letztenmal, aber nicht mehr freiwillig, nach Berg gekommen war, dem armen Gefangenen auch unzugänglich gemacht, wie denn auch geplant war, das ganze obere Fensterwerk mit eisernem Gitter zu umgeben.«[95]

Einen weiteren Balkon ließ der König noch an der Westfassade des Schlosses anbauen.

94 Grimm, Gunter E.: Politische Nibelungenrezeption, in: Goethezeitportal, URL: http://www.goethezeitportal.de/wissen/projektepool/rezeption_nibelungen/niflunga-saga-von-eduard-ille.pdf [zuletzt aufgerufen am 14.4.2017], GRIMM: »Niflunga Saga« von Eduard Ille, Seite 1 von 15.

95 Lampert, S. 93f.

Das südwestliche Erkerzimmer

In dem anstoßenden, nach der Seeseite gelegenen westlichen Erkerzimmer steht der sehr einfache Schreibtisch des Königs, ein Klapptisch aus Palisanderholz. Darauf als herrlicher Schmuck ein großes Porzellantableau von Franz Xaver Thallmaier (1820–1891) mit den Porträts sämtlicher Herrscher aus dem Hause Wittelsbach. Davor ein mit grünem Leder überzogener Reitstuhl. »An diesem Schreibtisch wurde am 18. Juli 1870 die Mobilisierung der bayerischen Truppen durch Ludwig unterzeichnet. ›Bis dat, qui cito dat!‹ (Doppelt gibt, wer schnell gibt.) Trotz seiner bis ins Außergewöhnliche gesteigerten Abneigung hatte der König ›schnell gegeben‹, als er den Befehl gab, das bayerische Heer zu mobilisieren.«[96]

In einer Bücherstellage des Zimmers befanden sich zu Lebzeiten des Königs französische Bücher über die Bourbonenkönige und ihre Mätressen, aber auch Werke des bayerischen Volksschriftstellers Maximilian Schmidt, genannt Waldschmidt.

Die Wände schmücken ein Aquarell von Heinrich Breling (1849–1914) »Hohenschwangau« und sieben Darstellungen aus den Wagner'schen Musikdramen »Fliegender Holländer«, »Tannhäuser«, »Lohengrin« und »Meistersinger von Nürnberg«.

Das Nebenkabinett

Aus dem »Blauen Salon« gelangt man in ein Nebenkabinett. Auf dem Ofen steht die Marmorstatue eines früheren Besitzers von Schloss Berg, des Kurfürsten Max Emanuel von Bayern.

Drei Aquarelle von Balthasar Frank und Friedrich Eibner zeigen »Szenen aus dem Feste des Ritterordens vom heiligen Georg: Kapitelsitzung, Festbankett und Ritterschlag«.

Ein weiteres berühmtes Aquarell von Erich Correns (1821–1877) stellt »Die erste Landung des jugendlich schönen Königs Ludwigs II. mit dem Dampfer Tristan am Gestade von Schloss Berg« dar, eines der reizendsten Bilder aus der Geschichte Ludwigs II. Auf diesem Bild sind alle für den Kö-

[96] Brandt, Rolf: Am Schicksalsort Ludwigs II. von Bayern (Schloß Berg), in: Brandt, Rolf: Stätten der Tragik. Menschen, Schicksale und Landschaften, Hamburg/Berlin/Leipzig 1929. S. 9–23; darin: S. 17 (künftig: Brandt).

nig wesentlichen Elemente aufgeführt, derentwegen er Schloss Berg so sehr schätzte. Im Hintergrund des Bildes ist der aufragende »Isoldenturm« gut sichtbar, den Ludwig errichten ließ. Im Vordergrund der Hafen mit seinem Raddampfboot »Tristan«, mit dem er gerne zur Roseninsel fuhr. Rechts im Bild zwei Pferde, von einem Reitknecht und einem Lakai gehalten, ein Hinweis, dass der König von Berg aus gerne weite Ausritte unternahm.

In der Bildmitte steht der junge König vor seinem Boot, in der linken Hand hält er eine Rosenblüte. Wagners Oper »Tristan und Isolde«, die am 10. Juni 1865 im Königlichen Hof- und Nationaltheater München uraufgeführt wurde, begeisterte den König ganz besonders. Nach den beiden Helden benannte er sein Schiff »Tristan« und den Schlossturm »Isolde«. Nahte sich der König mit seinem Schiff dem Landungssteg, grüßten sich gleichsam Tristan und Isolde. König Marke pflanzte nach der Schilderung Gottfried von Straßburgs auf das Grab der im Liebestod vereinten Tristan und Isolde einen Weinstock für »die hehre Frau« und einen Rosenstock für Tristan. Daran erinnert die Rose in der Hand Ludwigs II., ebenso aber auch an die von ihm verehrte Kaiserin Elisabeth, die sich gerne auf der Roseninsel aufhielt und sich dort mehrfach mit ihrem königlichen Vetter traf. Immer wieder ließ er ihr auch Jasmin und Rosenbouquets ins »Hotel Strauch« bringen, um die Kaiserin an die gemeinsam verbrachten Stunden auf der Roseninsel zu erinnern.

Nach dem Tod Ludwigs II. legte Elisabeth an den Sarkophag ihres seelenverwandten Vetters in der Gruft der Münchner Michaelskirche einen selbst gebundenen Kranz aus Rosenblüten. Sie liebte Rosen auch wegen ihrer Namenspatronin, der Heiligen Elisabeth von Thüringen, deren Rosenwunder sie kannte. Die Legende erzählt, dass sich diese Heilige eines Tages in die Stadt begab, um den Armen Brot zu bringen, obwohl ihr dies von ihrem Mann streng verboten worden war. Unerwartet begegnete sie ihrem Ehegemahl, der sie misstrauisch fragte, was denn in dem Korb sei, den sich bei sich trüge. Elisabeth antwortete, es seien nur Rosen, worauf ihr Mann sie bat, das Tuch zu heben, um die Rosen sehen zu können. Elisabeth folgte der Aufforderung. Und siehe, das Brot für die Armen im Korb hatte sich in Rosen verwandelt.

Das Schlafzimmer

»Die größte Sehenswürdigkeit im Schloße Berg ist jenes märchenhaft schöne Schlafgemach, welches drei Stockwerke hoch und mit einem kunstvoll aus Topasglas gearbeiteten ›Himmel‹ versehen ist, durch welchen man an hellen Nächten die ewigen Himmelslichter durchschimmern sieht«[97], so lautete ein Gerücht, das unmittelbar nach dem Tod des Königs, bevor Schloss Berg öffentlich zugänglich wurde, ein gewisser Fr. Streißler verbreitete. In Wahrheit handelte es sich bei Ludwigs Schlafzimmer in Berg ebenfalls um einen relativ bescheiden eingerichteten Raum, der keinesfalls drei Stockwerke hoch war.

Auf der einfachen braunpolierten Bettlade mit Rosshaarmatratze liegen ein weißseidenes Kissen und eine blauseidene Decke, außerdem ein Haarpolster mit einem Hirschfellüberzug. Über dem Bett wölbt sich ein Baldachin von blauer Seide. An der Wand über dem Bett hängt ein wertvolles Kruzifix aus braunem Holz.

Die Polstermöbel und die prächtigen Ofenschirme bestehen gleichfalls aus blauer Seide. Polierte Schränke, ein Toilettentisch mit Waschservice aus blauem Glas und ein hoher Spiegel vollenden die Einrichtung. Eine Konsole trägt zwischen Vasen eine Standuhr mit einem sich aufbäumenden Schimmel. Eine blaugläserne Ampel schwebt von der Decke herab; eine Konsole trägt ein weiteres Mal eine Lohengrin-Gruppe mit Schwan. Den Tisch schmücken blaue Porzellanvasen.

An den Wänden hängen ein Ölgemälde »Ludwig XIV. und Molière«, ein Porträt der »Kaiserin Maria Alexandrowna von Russland«. Weitere Bilder sind: Ansichten von »Hohenschwangau« und des »Königsees«, des »Schlafzimmers in Hohenschwangau mit künstlicher Beleuchtung«, der »Himalayalandschaft aus dem Wintergarten in der Residenz zu München« sowie des »Arbeitszimmers Richard Wagners in München«, der »Tellskapelle«, der »Eremitage bei Bayreuth« und des »Starnberger Sees«.

Ein größeres Aquarell von Joseph Watter (1838–1913) aus dem Jahr 1766 stellt »Die Landung des Bucentaurs« mit dem reich bewegten, prächtigen Hofleben im Vordergrunde dar. Von August Spieß (1841–1923) stammen die beiden großen Aquarellzyklen »Tristan und Isolde« und »Fliegender Holländer«. Sie führen die Hauptbegebenheiten der beiden Sagen packend vor Augen.

97 Streißler, Fr.: König Ludwig II. von Bayern. Ein deutsches Fürstenleben biographisch und charakterlich dargestellt, Leipzig-Rendnitz 1886, S. 16.

Ludwigs Lieblingsgedicht »Freundschaft«

»Ein Gedicht auf die Freundschaft hing handschriftlich in Ludwigs Schlafzimmer in Berg wie auch in einigen seiner Absteigequartiere in den Bergen, so auch in dem Gasthofzimmer in Reutte, wo er öfters zu übernachten pflegte.«[98] Die Berger Abschrift dieses Gedichtes war unter Glas und gerahmt. »Da er es eigenhändig geschrieben und unterzeichnet hatte, meinte man, daß er es auch selbst verfasst habe, bis Bodenstedt [gemeint ist der Dichter Friedrich Martin von Bodenstedt (1819–1892)] in veröffentlichten Erklärungen [...] die Urheberschaft für sich in Anspruch nahm.«[99] Bodenstedt gehörte unter Ludwigs Vater Max II. zum Münchner Dichterkreis. Besonders die beiden letzten Zeilen soll Ludwig II. auf sich bezogen haben:

»Wenn Jemand schlecht von deinem Freunde spricht,
Und scheint er noch so ehrlich, glaub' ihm nicht!
Spricht alle Welt von deinem Freunde schlecht:
Mißtrau' der Welt und gib dem Freunde Recht!
Nur wer so standhaft seine Freunde liebt,
Ist werth, daß ihm der Himmel Freunde gibt.
Ein Freundesherz ist ein so selt'ner Schatz,
Die ganze Welt beut nicht dafür Ersatz;
Ein Kleinod ist's voll heil'ger Wunderkraft,
Das nur bei festem Glauben Wunder schafft.
Doch jedes Zweifels Hauch trübt seinen Glanz,
Einmal gebrochen, wird's nie wieder ganz!
D'rum: wird ein solches Kleinod dir beschert,
O trübe seinen Glanz nicht, halt' es wert!
Zerbrich es nicht! Betrachte alle Welt
Als einen Ring nur, der dies Kleinod hält,
Dem dieses Kleinod selbst erst Wert verleiht,
Denn wo es fehlt, da ist die Welt entweiht.
Doch würdest du dem ärmsten Bettler gleich,
Bleibt dir ein Freundesherz, so bist du reich;
Und wer den höchsten Königsthron gewann
Und keinen Freund hat, ist ein armer Mann.«[100]

98 Wolf, Georg Jacob: König Ludwig II. und seine Welt, München 1925, S. 198 (künftig: Wolf).

99 Böhm, Gottfried, S. 581.

100 Wolf, S. 187.

Das südöstliche Erkerzimmer

Das anschließende südöstliche Erkerzimmer ist gleichfalls mit Möbeln aus blauer Seide ausgestattet. Die Wände schmücken acht Aquarelle: »Dekorationen zu den Musikdramen Tannhäuser und Lohengrin«.

Hier sollen »auf einer großen Étagère [ein offenes, regalähnliches Gestell mit zwei bis drei Ebenen zur Befestigung an der Wand] auch kleine Szenerien aus verschiedenen Opern, wie man sie für Puppentheater braucht, aufgebaut gewesen sein, zierliche Puppenfigürchen, die Ankunft des Lohengrin, Siegmund und Sieglinde, Wotan und Brunhilde, den Holländer an seinen Mast gelehnt und ähnliches, wie es eben Kinder vergnügen könnte, wie man es aber für die Unterhaltung eines noch so sehr für die ›neue‹ Kunst schwärmenden Mannes unbegreiflich findet.«[101]

Auch Luise von Kobell berichtet von diesen »Theaterfigürchen, die der König im Östlichen Turmzimmer aufgestellt hatte«.[102] Es waren »Jugendarbeiten von Seder, Quaglio, Spieß, Jank und F. Piloty. Die Genannten besuchten auf Einladung des Hofsekretärs die klassischen Dramen und Wagner-Opern, studierten dabei Dekorationen, Mimen, Sänger und Trachten, und reproduzierten sie dann auf Wunsch Ludwigs II. in Miniaturausgaben.«[103] Diese Theaterfigürchen mit Bühnenbildmodellen wurden später an das Museum in Straßburg verkauft, da sie, wie Gottfried von Böhm vermerkt, »von Unkundigen für Spielzeug angesehen wurden«.[104] Später wurden diese Bühnenbildmodelle für das Ludwig-II.-Museum in Herrenchiemsee zurückgekauft.

Der Blick aus den Erkerfenstern auf die Parklandschaft und die blau schimmernde Seefläche ist unvergleichlich reizvoll.

Das Bad

Aus dem südöstlichen Erkerzimmer »führt eine in das Parkett geschnittene geheime Klapptür zu einer Wendeltreppe, die im Baderaum des ersten Stockes endet«[105], der gegenüber dem Salon der Königin-Mutter liegt. Dieses

[101] Lampert, S. 93.
[102] Kobell, Kunst, S. 439.
[103] Ebd.
[104] Böhm, Gottfried, S. 569.
[105] Brandt, S. 16.

kleine Badezimmer stand auch dem König zur Verfügung. Wie es heißt, benutzte er »bei seinen Aufenthalten in Schloss Berg [...] einen modernen ›Waschapparat‹ – eine Badewanne samt Boiler und Dusche.«[106]

Das letzte Bad des Königs in Schloss Berg fand an seinem Todestag, dem 13. Juni 1886, um 9 Uhr morgens statt, wobei ihm der Pfleger Mauder behilflich war. Zwölf Eimer Wasser standen bereit, als sich der König stehend in einem großen Becken wusch. Danach ließ er sich von Mauder frottieren und ankleiden.

Schloss Berg, ein Sommerschlösschen

Angesichts der geschilderten Einrichtung gilt es zu bedenken, dass Schloss Berg ein Haus war, das lediglich während der warmen Jahreszeit – also von Frühsommer bis Frühherbst – bewohnbar war und deshalb auch von Ludwig II. nur während dieser Zeit genutzt wurde. Wie auch die anderen Villen und Landhäuser am Starnberger See, die ebenfalls reine Sommerhäuser waren, war auch Berg lediglich mit wenigen Kaminen und Kachelöfen ausgestattet. Meist waren nur einige Räume beheizbar, wenn es kühle oder gar kalte Tage gab. Eine langdauernde Beheizung wie in der Winterzeit war nicht erforderlich. Deshalb war das Schloss auch nur mit einfachen Fenstern ausgestattet, die nicht ausreichend für den Winter isoliert waren. Erst nach dem Zweiten Weltkrieg wurde Berg beim Umbau mit Winterfenstern und Zentralheizung nachgerüstet.

Ebenso waren die sanitären Verhältnisse infolge der fehlenden Wasserversorgung noch völlig unzureichend. Auch »die meisten Villen hatten [...] ein (wohl nicht immer gegen Geruchsbildung isoliertes) Trockenklo innerhalb des Hauses. Als Bad diente zunächst ein kleines Badstübchen im Untergeschoß, das Wasser mußte wohl vom Pumpbrunnen oder aus dem See geholt werden. Erst mit der Einrichtung von örtlichen Wassernetzen und der Versorgung mit Strom verbesserten sich die Verhältnisse.«[107]

Da sich der Andrang der Besucher von Schloss Berg nach anfänglichem Ansturm in den ersten Monaten später durchaus in Grenzen hielt, gestaltete sich eine Führung an manchen Tagen ohne übermäßiges Gedränge. Man

[106] Reichold, Klaus / Endl, Thomas: Ludwig forever. Die phantastische Welt des Märchenkönigs, Hamburg 2011, S. 101 (künftig: Reichold / Endl).

[107] Schober, Villen, S. 21.

konnte sich beim Betrachten der Räume also sicher Zeit nehmen und die vielen Erinnerungen an den König auf sich wirken lassen. Im Wesentlichen waren dies einige Porträts aus der Familie und Verwandtschaft Ludwigs II., auf denen Max I. Joseph, Ludwig I., Max II. und Ludwig II. selbst zu sehen waren. Eindruck machte auch das Porzellangemälde mit den bayerischen Herrschern aus dem Hause Wittelsbach von Franz Xaver Thallmaier. Raumbeherrschend waren jedoch »die Gemälde, Aquarelle und Zeichnungen mit Themen aus deutschen Opern — darunter sehr vielen Opern Wagners – und Schauspielen, für die der König eine spezifische Vorliebe hatte. Arbeiten von Neureuther, Jäger, Pixis, Eibner, v. Ille (Schüler Schwinds), Echter (Schule Schnorr v. Carolsfelds), Heigel, Quaglio, A. und H. Spieß. Auch eine Reihe von kleineren Plastiken, darunter von Caspar Clemens Zumbusch«, vor allem dessen »sechs Statuetten von Helden der Wagnerschen Bühnenwerke in Marmor [...], nämlich Lohengrin, Tannhäuser, Tristan, Siegfried, der Fliegende Holländer und Walter von Stolzing [...] dazu noch die Marmorstatue des Parzifal als siebte [...]«[108] prägten sich den Besuchern ein.

Während man sich beim Verlassen der Königsschlösser Neuschwanstein, Linderhof und Herrenchiemsee von der Überfülle des Geschauten »buchstäblich erschlagen« fühlte, so konnte jeder Besucher von Schloss Berg das erhebende Gefühl mit sich nehmen, einen Blick in das schlichte, behagliche Heim und das Seelenleben Ludwigs II. getan zu haben, der in dieser Abgeschiedenheit zeit seines Lebens den Frieden suchte, den er in der Unruhe der Residenzstadt nicht fand. Schloss Berg und die benachbarte Roseninsel waren das Dorado des Königs von früher Jugend an und bis zu dem Jahr, als sich hier sein erschütterndes Geschick erfüllte und es still wurde an diesem Ort.

[108] Echter, S. 241.

Wanderung durch den Park von Schloss Berg

Sehenswert ist auch der ausgedehnte Park im englischen Stil, der sich südlich vom Schloss erstreckt: »mit Rasenplätzen, umsäumt von künstlerisch angelegten Baumgruppen, Durchblicken zum See und zum Schloß und Waldpartien mit riesigen alten Buchen und schattigen Wegen.«[109] Der Park wurde im Lauf der Jahrhunderte von den Vorgängern Ludwigs II. nach Vorbildern französischer und italienischer, vor allem aber englischer Gärten durch Ludwig von Sckell und Karl von Effner gestaltet.

Unter Ludwig II. fiel der Park durch seine »ungezwungene Natürlichkeit« auf und »man könnte in ihm die ängstlich nachgehende Harke und Scheere [sic!] des Hofgärtners vermissen, denn nur unmittelbar hinter dem Schlößchen finden sich ein paar sorgfältig gepflegte Rosenbeete. Sonst hat man dem natürlichen Wachstum der Bäume freien Lauf gelassen, über das Überwuchern des Grases unter ihnen weggesehen. [...] Der Park zieht sich teilweise verschiedene Hügel hinan.«[110] In ihm sind verschiedene Besonderheiten und Bauten zu finden, die großenteils auf König Ludwig II. zurückgehen.

Blumengarten mit Springbrunnen

Die Zufahrt nördlich vom Schloss führt durch einen Vorhof zum Torbau. Westlich davon befindet sich ein Ökonomiegebäude. »Die beiden Springbrunnen vor dem Schloss – in einer Art Tudor-Stil – lassen ihren dünnen Strahl über altertümlichen Tuffstein flattern.«[111] Der eine befindet sich vor dem Hauptportal des Schlosses. Aus ihm springt inmitten eines duftenden Rosengeheges eine Fontäne. Darum breitet sich eine schöne Gartenanlage

[109] Ebd., S. 243.
[110] Lampert, S. 94.
[111] Brandt, S. 15.

mit Blumenbeeten. Tritt man aus der südlichen Ausgangstür, gelangt man in den ausladenden Park mit seinen zahlreichen Spazierwegen.

Auf dem Weg zum Gartenpavillon wurden später Glaskugeln auf Holzstangen aufgestellt. Nach ihnen erkundigte sich Ludwig am 12. Juni 1886 nach Ankunft in Schloss Berg, wo er arretiert wurde, beim Schlossverwalter Huber: »Wo sind meine Traumkugeln?« Doch sie waren wie alle anderen zerbrechlichen Gegenstände, an denen sich der König hätte verletzen können, entfernt worden.

Der Marstall

Nördlich, etwa 220 Meter vom Schloss entfernt, lag das Marstallgebäude. Dieser Bau zur Unterbringung der Pferde wurde vermutlich schon unter König Max II. geplant, aber erst 1866 von seinem Sohn Ludwig II. realisiert. Im Erdgeschoss waren die Stallungen untergebracht, im ersten Stock wohnten die Bediensteten, zu denen auch der Stallmeister Richard Hornig (1841–1911) gehörte, dem der König eine Villa am See bei Allmannshausen schenkte, wo er ihn öfter besuchte. Unter dem Dach des Marstalls wurde das Heu gelagert.

Unten am Starnberger See nördlich von Schloss Berg lagen Pferdekoppeln, die manchmal bis an den See reichten und als Pferdeschwemme dienten. Hierher konnten die Pferde nach Ausritten oder Kutschfahrten geführt und im Wasser gesäubert und getränkt werden. Im Sommer wurden die erhitzten Tiere in der Schwemme auch abgekühlt.

Der Marstall spielte auch am frühen Morgen nach dem Tod des Königs, also am 14. Juni, eine besondere Rolle. Wie es heißt, wurden sämtliche in Schloss Berg Anwesenden in den Marstall zusammengerufen. Es müsste dies der beschriebene »Marstall am See« gewesen sein. Alle wurden auf Kreuz und Bibel vereidigt, niemals, auch nicht zum Priester am Totenbett, über das Geschehen vom 13. Juni 1886 etwas auszusagen. Für den Fall, dass diese Vereidigung allerdings erst am 15. Juni stattfand, könnte sie sich auch im Marstall der Residenz oder im Marstall von Schloss Nymphenburg ereignet haben, da an diesem Tag alle in Schloss Berg Anwesenden nach München zurückgekehrt waren.

Der Glaspavillon und der Maurische Kiosk

Östlich der Fontäne vor dem Hauptportal von Schloss Berg führen etwa 16 Stufen zu einem reich ausgeschmückten Glaspavillon, in dem der König bei schönem Wetter kleine Mahlzeiten einnahm, meist allein, gelegentlich aber auch mit Gästen. Bei diesem eisernen Pavillon handelte es sich, was wenig bekannt war, um den ersten Wintergarten, der 1867 auf dem Dach des Festsaalbaues der Münchner Residenz im Anschluss an das Königsappartement aufgestellt werden sollte. Doch diese verglaste Terrasse mit den bescheidenen Maßen 6,5 mal 4,5 Meter war in den Augen des Königs viel zu unscheinbar und »sehr unpoetisch«. Er wünschte sich von seinem Hofbaurat Eduard Riedel stattdessen einen hallenartigen Wintergarten. Den kleinen Pavillon ließ er deshalb abbrechen und nach Schloss Berg transportieren, wo er ihn fortan als Teehaus nutzte.

Abwechselnd speiste er auch im Maurischen Kiosk mit buntfarbigen Glasfenstern, von dem Gustav Adolf Horst schwärmte: »Tief im Wald versteckt ist ein, mit orientalischer Pracht ausgeschmückter Kiosk erbaut, eine Stelle der reizendsten, weltvergessenen Einsamkeit.«[112] Das Vorbild dafür war der Maurische Kiosk des Berliner Architekten Karl von Diebitsch (1819–1869), den Ludwig 1867 auf der Pariser Weltausstellung gesehen hatte. Gleich nach seiner Rückkehr ließ er einen ähnlichen Kiosk nach einem Entwurf von Franz Seitz für den ersten 1868/69 angelegten Wintergarten auf dem Dach des Festsaalbaus der Münchner Residenz herstellen. Da er ihm jedoch nicht gefiel, wurde er in den Schlosspark Berg gebracht. 1887, ein Jahr nach Ludwigs Tod, wurde er an das Straßburger Kunstgewerbemuseum verkauft, dem er zu groß war, weshalb man ihn in der Orangerie aufstellte. 1925 hatte sich sein Zustand derart verschlechtert, dass man ihn für nur 800 Francs an eine Privatfirma verkaufte, auf deren Gelände zumindest die Kuppel noch bis 1950 existiert haben soll, bevor sie dann verschwand.[113] Ein zweiter maurischer Kiosk landete nach Abriss des Wintergartens in den sogenannten »Fürstenhöfen« in der Münchner Schellingstraße[114], wo er bei einem Bombenangriff im Zweiten Weltkrieg zerstört wurde.

[112] Horst, Gustav A.: Der Starnberger See. Eine Wanderung durch seine Uferorte, München 1876, S. 86 (künftig: Horst).

[113] Nöhbauer, Hans F.: Auf den Spuren König Ludwigs II. Ein Führer zu Schlössern und Museen, Lebens- und Erinnerungsstätten des Märchenkönigs, München 1986, S. 56.

[114] Koch von Berneck, S. 26; Holighaus, Kirstin/Reis, Barbara: »Das verfluchte Nest!«König Ludwig II. und München, München 2011, S. 88 (künftig: Holighaus/Reis).

Hatte Ludwig II. »sein Hoflager in Berg aufgeschlagen, so hörte er [am Sonntag] Vormittags 11 Uhr die Messe in der Dorfkapelle in Oberberg, und der Zutritt war niemanden verwehrt«.[115]

Heute steht die an der Grafstraße 4 gelegene alte Berger Dorfkirche St. Johannes Baptist unter Denkmalschutz, Der ursprünglich romanische Bau wurde 1658/59 barockisiert. Den Altar krönen die Rokokofigur Johannes des Täufers und die Figuren der hl. Magdalena und der hl. Monika. Prunkstück der Inneneinrichtung ist das spätgotische Holzrelief »Der Tod Mariens«, das die kniende Gottesmutter, im Gebet versunken, zeigt. Da der König mit wachsender Menschenscheu aber selbst Blicke nicht mehr ertrug, die ihn auch in der Kirche fixierten, ließ er sich 1876 östlich vom Schloss auf einer etwas höher gelegenen Terrasse eine eigene Kapelle errichten. In ihr konnte er ungestört den Gottesdienst besuchen. Die Kapelle durften nur der Geistliche und ein Ministrant betreten. Angeblich war es nicht einmal dem Mesner gestattet, sich in der Sakristei aufzuhalten.

Im Hinblick auf diese Eigenart des Königs ist es fragwürdig, ob er am 13. Juni 1886, seinem letzten Lebenstag, tatsächlich den Wunsch äußerte, in der Kirche von Aufkirchen den Pfingstgottesdienst besuchen zu dürfen. Die Teilnahme daran sei ihm, wie es heißt, von Dr. Gudden versagt worden. Wollte sich der sonst so scheue König, den man eben für geisteskrank erklärt hatte, an diesem Tag wirklich den Blicken von Kirchenbesuchern aussetzen? Warum befahl er nicht einen Gottesdienst in der näher gelegenen Berger Dorfkirche oder in der Schlosskapelle, wie er das auch sonst tat? Hierzu existiert eine bemerkenswerte Aussage des Hofsekretärs Ludwig Klug, die Ministerpräsident Johannes Lutz am 26. Juni 1886 in seiner Rede vor der bayerischen Kammer der Abgeordneten zitierte: »Am 12. Juni ds. Js. [1886] habe ich [Ludwig Klug] bei seiner Majestät dem Allhöchstseligen König anfragen lassen, ob der Gottesdienst in der Schloßkirche zu Berg, wie sonst bei Anwesenheit Seiner Majestät befohlen war, am Sonntag den 13. abgehalten werden solle, worauf der Allerhöchste Auftrag mir zu Theil ward, erst Sonntag den 20. Juni den Gottesdienst zu bestellen.«[116] Nach die-

[115] Kobell, Luise von: Unter den vier ersten Königen Bayerns. Nach Briefen und eigenen Erinnerungen, Band 2, München 1894, S. 236 (künftig: Kobell, Könige).

[116] Merkt, Nikolaus: Ludwig II. König von Bayern. Protokolle aus dem besonderen Ausschuss der bayerischen Kammer der Abgeordneten, München 1987, S. 135 (künftig: Merkt).

ser Aussage wollte Ludwig den Gottesdienst also weder in Aufkirchen noch in der Berger Dorfkirche, sondern in seiner Schlosskapelle im Park besuchen, und das erst am 20. Juni.

Die Schlosskapelle, auch Königskapelle genannt, trägt in der Mitte ein kleines Glockentürmchen, zu dessen beiden Seiten Fialen mit Kreuzblumen aufragen. Ein reich verziertes Portal belebt die Fassade. Im Inneren schmückt ein einfacher, aus Eichenholz geschnitzter Altar den Raum. Davor stehen der Betstuhl des Königs und ein gepolsteter Stuhl. An den Wänden befinden sich sechs Gemälde von W. Hauschild: Im Presbyterium über dem Ausgang der Sakristei das Bild »Taufe des Frankenkönigs Chlodwig im Dom zu Rheims (496) durch Bischof Remigius«. Gegenüber: »König Ludwig IX., der Heilige von Frankreich als Kreuzfahrer«. Im Kirchenschiff: »St. Georg hoch zu Ross als Schwanenritter den Drachen tötend« und »St. Hubertus, den Hirsch mit dem Kreuze im Geweihe erblickend«. Außerdem »Der reiche Fischzug Petri« und »Die Bekehrung des hl. Paulus«. Die Bogenfläche über dem Eingangsportal ist mit drei Bildern ausgefüllt: links die Darstellung der »Kreuzigung«, rechts die »Auferstehung Christi«, darüber »Gott Vater von anbetenden Engelscharen umgeben«. Umringt ist die Kapelle von den Bäumen des Parks.

Nach dem Tod des Königs wurde in der Kapelle alljährlich am 13. Juni zur Erinnerung an die »Königskatastrophe« eine stille Messe im Gedenken an Ludwig II. gelesen. Beim Läuten während des letzten Gottesdienstes am 13. Juni 1899 soll die Glocke gesprungen sein und es erklang kein klarer Ton mehr vom Türmchen. Nach anderen Berichten soll aber am 18. Oktober 1900 lediglich das Glockenseil gerissen sein, als man zur Feier des 400-jährigen Jubiläums der benachbarten Pfarrkirche von Aufkirchen die Glocke der Kapelle läutete. Wie dem auch sei, jedenfalls schwieg sie seit dieser Zeit und die Kapelle verwaiste. Die Gedenkgottesdienste zu Ehren Ludwigs II. fanden seit 1900 in der neu errichteten Votivkapelle über dem Gedenkkreuz im See statt.

Die Höhle im Park

»Oberhalb eines Weihers führt ein Fußweg zu den Spuren einer Mauer und einer steil abfallenden Felswand, in die König Ludwig II. eine heute noch zugängliche Höhle brechen ließ; hier beabsichtigte er, die blaue Grotte anlegen und Schloß Linderhof errichten zu lassen. Das Projekt wurde ihm aber verleidet, und später kam der Bau im Graswangtal zur Ausführung. In der Höhle befanden sich Bänke, auf denen der König oft stundenlang in weltverlorener Zurückgezogenheit rastete.«[117]

Das königliche Dampfschiff »Tristan«

Wenn Ludwig II. Schloss Berg mit seinem Schiff verließ, benutzte er den schattigen Laubengang, der ihn vor unerwünschten Beobachtern schützen sollte und der westlich vom Schloss hinunter an den See zur Schiffsanlegestelle führte, an der seine Privatyacht »Tristan« zu ankern pflegte. Der Werdegang dieses Schiffes ist äußerst interessant. Bis zu seinem Tod 1886 nutzte es Ludwig regelmäßig für Fahrten auf dem Starnberger See, insbesondere zur Roseninsel, zum Schloss Possenhofen und zum »Hotel Strauch«, wenn dort Kaiserin Elisabeth logierte. Gäste auf seiner Privatyacht waren viele hochgestellte Persönlichkeiten, darunter zwei Kaiserinnen und der preußische Kronprinz.

Nachdem sein Vater gestorben war, übernahm Ludwig dessen Dampfboot »Maximilian«, ließ es 1865 renovieren und geringfügig umbauen und taufte es »Tristan«. Dazu wurde er durch die damals in München stattfindende Uraufführung der Wagner-Oper »Tristan und Isolde« inspiriert, in der der Held Tristan die Königstochter Isolde mit dem Schiff von Irland nach Cornwall bringt, wobei sich die beiden nach dem Genuss eines Liebestranks ineinander verlieben. Poesiebegabt wie Ludwig war, benannte er den hoch aufragenden Nordturm von Schloss Berg, den er als Bergfried und Aussichtsturm errichten ließ und der die anderen vier Türme überragte, nach Isolde.

Ludwig Below schildert, wie sich eine Fahrt des Königs mit seinem Dampfboot »Tristan« von Schloss Berg aus gestaltete:

> »Es war am späten Nachmittag. Die Sonne brannte nicht mehr so heiß hernieder, eine leichte Brise vom See her kühlte angenehm die vordem so heiße Luft. Der kleine Dampfer Tristan lag fahrbereit im Schloßhafen und wartete seines Herrn, um ihn zur Roseninsel zu tragen. Auf dem schmalen Vorderdeck des Dampfers, das ein blauseidenes Zelt zierte, standen der Kapitän und ein Kammerdiener in lebhaftem Gespräch beieinander.

[117] Koch von Berneck, S. 45.

›Wann kommt denn nun eigentlich der König? Wir liegen schon seit 3 Uhr unter Dampf.‹ – ›Lange kann's nimmer dauern [...]‹. Der Kapitän trat um den Führerstand und gab einen Befehl nach unten. Alsbald entstiegen dem Schornstein des Dampfers lebhafte Rauchwolken und man hörte das Zischen des Dampfes, der in die Zylinder strömte.
Der König kam durch den langen Laubengang, der vom Park zum Landungssteg hinunterführte. Er schritt schnell über die Laufplanke, die den Dampfer mit dem Ufer verband und erwiderte mit huldvollem Lächeln den ehrerbietigen Gruß des Kapitäns. Dann gab er den Befehl zur Abfahrt und ging zum Vorderdeck, wo er sich auf einem Sessel niederließ. Die Räder des Dampfers peitschten das Wasser und, gehorsam seinem Führer, glitt er langsam aus dem Schloßhafen in den See hinaus, um dann ein beschleunigtes Tempo anzunehmen in der Richtung auf die in der Ferne liegende Roseninsel.
Ein leiser Rosenduft strich durch die Luft, als das Schiff ihr näher kam. Der König atmete ihn tief ein. Seine etwas welken, übermüdeten Züge strafften sich und die Augen blickten lebhafter.
Näher und näher kam das Roseneiland, der Lauf des Dampfers verlangsamte sich und nach scharfer Wendung lief er in eine von dichtem Gebüsch umgebene Bucht ein, die von außen nur schwer zu bemerken war. Dann knirschte der Kiel im Ufersande und er machte fest.«[118]

Die Badehütte am See und die Bank an der Unglücksstelle

Durch den Laubengang gelangte der König auch zu einem Steg, der zu einer Bade- oder Bootshütte am See führte. Dorthin wurde am 14. Juni 1886 angeblich auch die Gerichtskommission gebracht, wo die ankommenden Herren Eigenartiges erlebten. Oberlandgerichtsrat Herman Arnold schreibt: »Die Behandlung der Gerichtskommission war haarsträubend. Die Leichen lagen in der Bootshütte schon hergerichtet und frisiert und mit Tüchern bedeckt. Dem Amtsarzt war es nicht gestattet, die Leichen aufzudecken, geschweige denn auf die Todesursache hin zu untersuchen. Es wurde von ihm nur erwartet, dass er den bereits mehrfach konstatierten Tod nochmals bestätigt. Die Beanstandung von Oberamtsrichter Jehle, dass die Toten so, wie sie gebracht worden waren, hätten untersucht werden müssen, wurde

[118] Below, S. 105ff.

gar nicht beachtet.«[119] Aufgrund dieser Schilderung entstand die Annahme, die Leichen hätten deshalb zugedeckt bleiben müssen, damit die Kommission nicht die Schussverletzungen bei den Toten sehen konnten.

Einen Tag später wurde die Bade- und Bootshütte abgerissen. Dieser Vorgang bestätigte einmal mehr die Vermutung, Ludwig und Dr. Gudden seien erschossen worden, worauf man sie in der Hütte auf den Bretterboden gelegt und vom Blut gereinigt habe. Die Hütte habe wegen der vorhandenen Blutspuren abgerissen werden müssen.

Ganz nahe jener Stelle, an der sich die Königskatastrophe zutrug, befand sich jene Bank, auf der Ludwig II. und Dr. Bernhard von Gudden beim ersten Spaziergang des Todestages angeblich eine Ruhepause einlegten. Später vermutete man, dass der König dabei den Plan gefasst habe, beim Abendspaziergang an dieser Stelle in den See zu eilen, um zu fliehen. Die Bank wurde bald nach dem Unglück entfernt.

Später entstand hier auf einer Terrasse hoch über dem Seeufer die von dem Prinzregenten Luitpold von Bayern »In wehmutiger Erinnerung an den unglücklichen schwergeprüften, von seinem Volke treu geliebten König Ludwig II.« erbaute Gedächtniskirche, die bis heute an das Drama des 13. Juni 1886 erinnert.

Der Reitweg und verschlungene Spazierwege

Im Schlosspark ließ Ludwig II. bei der Überholung der Gartenanlagen auch einen neuen Reitweg anlegen, von dem aus er oft zu seinen Ausritten aufbrach, die größtenteils im nächtlichen Mondschein stattfanden, was er besonders liebte. Stets mussten im Marstallgebäude bei Schloss Berg Reitpferde bereit stehen, die von Reitknechten sorgfältig gepflegt wurden.

»Der schönste Schmuck des Schlosses ist der Park […]. Nirgends ist hier dem freien Walten der Natur von Menschenhand Einhalt getan; herrliche Baumgruppen inmitten freier Wiesenlandschaft mit entzückenden Weitblicken auf den See, das reichbesiedelte, waldreiche Westufer und die in duftigem Blau herübergrüßenden Konturen der Alpenkette bilden den Übergang zu dem Parke mit seinen Baumriesen, in deren kühlem Schatten

[119] Schweiggert, Alfons: Die letzten Tage im Leben König Ludwig II., St. Ottilien 2003, S. 151 ff. (künftig: Schweiggert 2003).

vielverschlungene, wohlgepflegte Kiespfade zu lieblichen Aussichtspunkten [...] führen.«[120]

Auf dem untersten Weg entlang am See fand am 13. Juni 1886 der letzte Spaziergang des Königs mit Dr. Gudden statt. Dort, wo dieser Weg dem See am nächsten kommt, ereignete sich das Unglück.

Dem Schloss zur Linken steigt die Uferhöhe steil an, rechts hinaus öffnet sich durch das frühlingsfrische Grün ein herrlicher Ausblick nach dem andern auf die grell wie flüssiges Silber glitzernde Seefläche. Vom waldigen Hügelrand des Westufers grüßen die stillen Fürstensitze Possenhofen und Garatshausen herüber. Der Park öffnet sich zu einer weiten Lichtung.

Nach Besichtigung des Schlosses wanderten die Schlossbesucher für gewöhnlich in südlicher Richtung durch den Park, an dessen Ende sich ein Ausgangstor befand. Von hier aus führte der Weg zur nächsten Dampfschiffsstation, dem eine halbe Stunde entfernten Leoni. Sie konnten sich aber mit dem Schiff oder der Kutsche auch zum nördlich gelegenen Bahnhof nach Starnberg bringen lassen, wo sie die Eisenbahn in einstündiger Fahrt in die Residenzstadt München zurückbrachte.

[120] Steinberger, S. 11.

Ludwigs II. Ausflüge ins Starnberger Umland

Schon in jungen Jahren war Ludwig II. ein begeisterter und hervorragender Reiter, der überall Aufsehen erregte, was einen englischen Biografen zu folgender Aussage anregte: »Der König sitzt mit vollkommener Sicherheit zu Pferd, er trägt mit einer für einen so jungen Mann außerordentlichen Würde das Haupt und seine schönen Augen blicken geradeaus.«[121] Im Erwachsenenalter wurde für Ludwig das Reiten zu seiner wahren Leidenschaft. Selbst bei Regen und des Nachts unternahm er regelmäßig ausgedehnte Reitausflüge. Ausgangspunkt war zumeist Schloss Berg. Wenn er auf einem seiner Leibreitpferde durch die Ortschaft Berg in Richtung Gebirge sprengte, waren ihm die bewundernden Blicke seiner Untertanen sicher.

Weite Ausritte von Berg aus

War der König gezwungen, sich in München aufzuhalten, fühlte er sich wie in einem Käfig eingesperrt, in dem ihm unter anderem auch die so sehr geliebten Ausritte versagt blieben. Sein Drang zu reiten führte dann zu seltsamen Eskapaden. So begab er sich des Nachts in die Hofreitbahn, die sich im Marstallgebäude schräg gegenüber der Allerheiligen-Hofkirche befand. Sein Plan war, nunmehr einen Ausritt an einen bestimmten, meist weit entlegenen Ort zu unternehmen. Die Strecke dorthin berechnete er im Verhältnis zum Umfange der Reitbahn. Und nun ritt er in Begleitung eines Reitknechts oft mehrere Nächte hintereinander, von 8 Uhr abends bis 2 oder 3 Uhr morgens immer im Kreis in der Reitbahn, ein jedes seiner Pferde so lang, wie es diese Prozedur durchstand. Nach einigen Stunden hielt er an und ließ sich in die Bahn ein frugales Souper bringen. Nachdem er sich erfrischt hatte, ritt er weiter. Der Reitknecht, der so beispielsweise mit dem König in der Reitbahn die Strecke »von München nach Innsbruck« geritten war, erhielt für die durchgestandenen Strapazen eine goldene Uhr mit Ket-

[121] Böhm, Gottfried, S. 16.

te. Diese Ritte im Kreis in der Hofreitbahn passierten jeweils bis zu dem Tag, an dem sich der König wieder nach Berg in die Freiheit begeben und solche Gewaltritte endlich wieder in der Wirklichkeit unternehmen konnte.

Der Ludwig-Biograf Gottfried von Böhm notierte, einmal sei der König in vier Stunden um den Starnberger See geritten. Am 17. Mai 1864 habe er die Seeumrundung wiederholt und am 18. Mai ritt er an den Ammersee. Darüber berichtete Ludwig am 29. Mai 1864 auch seiner ehemaligen Erzieherin Sybilla von Leonrod: »Ich machte in Berg einen Aufenthalt von 12 Tagen, die weiten u. herrlichen Ritte packten mich so, daß ich mich so wohl u. frisch wie noch nie fühlte. – Ich machte einen Ritt um den Starnbergersee, einen an d. Ammersee, – Peissenberg, Partenkirchen, u. sogar Hohenschwangau, wo es jetzt herrlich ist. Alles in voller Blüthe, die Wiesen mit Primeln, Veilchen, Enzianen übersät! – Es waren herrliche Tage!«[122] Und im August 1865 teilt er ihr mit: »Daß ich ein paar Monate im besten Wohlsein in Berg zubrachte, wird Dir bekannt sein, ich unternahm von dort aus viele herrliche Reitausflüge ins Gebirge, die mir alle sehr gut bekamen.«[123]

Weitere Ziele seiner Ausritte waren unter anderen Feldafing, Possenhofen, Weilheim, Steingaden, Tegernsee, Schliersee, Wolfratshausen, Benediktbeuern, Walchensee, Schlehdorf, Reutte, Linderhof, Bießenhofen, Ettal, Plansee, Achensee, Fügen im Zillertal und Eschenlohe.

Immer wieder unternahm er, wie schon erwähnt, auch Ritte zu seinen »heimlichen Residenzen«, wie er die zwölf geliebten Berghütten bezeichnete, die er in nur wenigen Stunden erreichte. Dazu gehörten die Tegelberghütte, die Kenzen- oder Kainzenhütte, die Hütten auf dem Brunnenkopf, in der Halbammer, auf dem Pürschling und die Soiernhütte im Karwendel, des Weiteren die Hütten auf dem Altlacher Hochkopf, auf dem Herzogstand, in der Vorderriß und auf dem Grammersberg sowie der Aussichtpavillon auf der Schöttelkarspitze und das Königshaus auf dem Schachen. Die meisten dieser Hütten bestanden lediglich aus einem Wohn- und Arbeitszimmer und einem Schlafraum.

»Die stärkende Gebirgsluft übt einen wohltätigen Einfluß auf mich; fast täglich mache ich einen Ausflug zu Pferd«[124], gestand der König am 8. November 1864 Richard Wagner in einem Brief aus Hohenschwangau. Und am 19. Juli 1865 schrieb er an ihn: »Da wegen der unerträglichen Sommer-

122 Brief Ludwigs II. vom 29. Mai 1864 an Sybilla von Leonrod.

123 Brief Ludwigs II. vom 15. August 1865 an Sybilla von Leonrod.

124 Strobel, Wagner-Briefwechsel, Band 1, S. 36.

hitze das Reiten am Tage in Wahrheit eine Qual, statt eine Freude wäre, so verließ ich neulich nach Mitternacht Berg und zog auf treuen Rossen nach meinen lieben Bergen. – Strahlende Sterne erhellten den Pfad, magisch schien das Mondlicht durch die düsteren, ehrwürdigen Bäume [...] Als ich an den Ufern des malerisch gelegenen Walchensees vorüberzog, da begrüßte mich der erste, goldene Strahl der majestätischen Sonne, und machte die Gipfel der Berge in rosigem Lichte erglühen. – Hier wohne ich in einer stillen und trauten Hütte, umgeben von herrlichen Tannen mit frischem Grün geschmückt; durch eine Lichtung blicke ich in herrliche Fernen, Berge und Thäler liegen vor mir ausgebreitet [...]«[125]

Von den Ausflügen des Königs zu Pferd berichtet auch regelmäßig die Presse. So heißt es in der »Augsburger Allgemeine Zeitung« vom 25. Juli 1865:

»Während der letztverflossenen heißen Tage hat Sr. Majestät der König von Schloß Berg aus zu Pferd einen Abstecher nach dem Hochgebirge unternommen, von welchem er gestern zurückgekehrt ist. Der König übernachtete in der reizend gelegenen Jagdhütte, welche sein höchstseliger Vater auf dem ›Hochkopf‹ zwischen der Vorder-Riß und dem Walchensee hatte anbringen lassen, und öfters bezog. Man hört hie und da die Befürchtung äußern, daß die manchmal langwährenden Reitausflüge der Gesundheit des Königs schaden könnten; allein zuverläßige Erkundigungen setzen uns in den Stand zu versichern, daß das Gegenteil der Fall ist, wofür schon das kräftige und blühende Aussehen des Monarchen zeugt. Gerade dieser Sommeraufenthalt und die mit demselben in angemessener Weise verbundene Leibesbewegung wird es dem hohen Herrn voraussichtlich ermöglichen, ohne Besorgnis eines Rückfalls in die früheren Bronchial-Affectionen, ausdauernd den anstrengenden Regierungsgeschäften zu obliegen, sowie im nächsten Jahr jene Rundreise durch das Land [gemeint ist Ludwigs Frankenreise] anzutreten, die heuer zum lebhaften Bedauern von Fürst und Volk unterbleiben mußte.«[126]

Mehrfach ritt der König die Strecke von Berg nach Hohenschwangau, also etwa 70 Kilometer, so auch am 23. und 24. Mai 1865. Von Hohenschwangau

[125] Strobel, Wagner-Briefwechsel, Band 1, S. 127 f.; Heindl, Karin / Heindl, Hannes: Ludwigs heimliche Residenzen am Walchensee, Hochkopf, Herzogstand, Vorderriss, Miesbach 1986, S. 23f. (künftig: Heindl, Residenzen).

[126] Ebd., S. 24.

aus führte sein Weg weiter über Partenkirchen, wo er übernachtete, dann über Krün durch das Isartal bis nach Vorderriß. Er ritt durch das alte Dorf Fail, überquerte den Achenpass und gelangte durch das Weißachtal zum Tegernsee. Nachdem er etwa 170 Kilometer reitend zurückgelegt hatte, traf er nachts um zwei Uhr in Schloss Berg ein. Vom 5. bis 8. Juni 1865 jagte er über Wolfratshausen, Benediktbeuern, den Walchensee, Vorderriß, Partenkirchen, Hohenschwangau und zurück nach Berg und vom 19. bis 22. Juni über Steingaden, Hohenschwangau, Reutte, Linderhof, Brunnenkopf zurück nach Berg.

In der Öffentlichkeit stießen diese ausgedehnten Reitausflüge des Königs mit der Zeit auf immer weniger Verständnis. Am 30. Juni 1865 notierte der hannoveranische Gesandte Freiherr von Ompteda in sein Tagebuch: »Der König residiert in Berg. Von verschiedenen Seiten erfahre ich übereinstimmend, daß seine Majestät sich selbst von ihrer nächsten, persönlichen Umgebung fast ganz isoliere und hauptsächlich an langen scharfen Ritten, sogar an mehrtägigen Ausflügen zu Pferd im strengsten Inkognito und nur in Begleitung eines Reitknechtes Gefallen finde.«[127]

Erst in späteren Jahren unterblieben die Ausritte des korpulenter gewordenen Königs immer mehr. Dann fuhr er »in seiner prunkvollen, von sechs blanken Schimmeln bespannten Karosse in schnellem Trab durch die Dörfer«, berichtet Oskar Maria Graf. »In Aufhausen ließ er meistens halten und sich ein Glas Wasser reichen. Beim Heimrath schlugen sich die Knechte um diese Ehre, allerdings schien ihnen mehr an der Belohnung zu liegen, denn jedesmal gab es dafür einen Silbertaler.«[128]

Vom Gewitter überrascht (Mai 1865)

Bei einem dreitägigen Reitausflug des Königs am 24. Mai 1865 von Schloss Berg über Steingaden, Hohenschwangau, Griesen, Partenkirchen und weiter über Wallgau, Vorderriß und den Achenpaß nach Tegernsee wurden er und sein Reitknecht Joseph Völk auf dem Rückweg nach Berg von einem Gewittersturm überrascht. Ludwig Below berichtet darüber:

> »Ludwig hatte zu Pferd einen Ausflug nach Tegernsee gemacht und befand sich mit seinem Diener [Völk] auf dem Rückwege nach Schloß Berg,

[127] Hacker, Augenzeugenberichte, S. 57.
[128] Graf, Mutter, S. 22f.

als das bis gegen Abend schöne Wetter umzuschlagen begann und der Himmel ein bedrohliches Aussehen annahm. Der König, der einen Augenblick ein langsameres Tempo angeschlagen hatte, um Völk um Rat zu fragen, gab seinem Pferd von neuem die Sporen, ließ es eine Weile galoppieren, um es dann wieder zu schlankem Trabe zu zügeln. Der Diener, der in kurzer Entfernung folgte, saß auf einem jungen, noch nicht genügend eingerittenen Pferde und hatte viel Mühe, dessen übermütige Kapriolen zu zügeln und dem König zu folgen.

Inzwischen war das Wetter immer schlechter geworden, der Himmel verfinsterte sich und leichte Windstöße wirbelten den Staub der Landstraße auf die Felder und weiter durch das Laubdach der Bäume. In der Ferne vernahm man ein leises Grollen. Die Tiere spitzten die Ohren; das Pferd des Dieners wurde noch unruhiger. Es blies die Nüstern auf und wieherte laut. Es spürte den angehenden Regen und das Gewitter und strebte dem trockenen Stalle entgegen.

Der König und der Diener schlugen einen schnellen Galopp an, denn sie waren ziemlich sicher, daß sie, ohne eingenäßt zu werden, dem Wetter nicht entrinnen würden. Aber sie wollten das Naßwerden wenigstens abkürzen. [...] Jetzt scholl das Grollen aus der Ferne auf einmal lauter und lauter. Die Pferde rasten, besonders das des Dieners, der es kaum noch zügeln konnte. Der Wind jagte in immer heftigeren Stößen daher und Herr und Diener sahen sich vor Staubwolken kaum noch.

Auf einmal stand der Himmel in vollem Feuer und ein gelleuchtender Blitzstrahl, dem ein geradezu betäubender Donnerschlag folgte, fuhr zur Erde nieder. Im gleichen Augenblick bäumte sich das Pferd des Dieners hoch auf und warf ihn, der dessen nicht gewärtig war, in hohem Bogen ab. Dann stürmte es mit lautem, ängstlichem Gewieher weiter, vorbei an dem König, der schon eine ziemliche Strecke voraus war. Dieser zügelte sofort mit vieler Mühe sein wild dahin stürmendes Roß, denn er sah an dem leeren Sattel, daß Völk die Bekanntschaft mit dem Erdboden gemacht hatte. Trotz des Regens, der nun einsetzte, ritt der König zurück, um seinem Diener zu helfen. Er war schon eine Strecke zurückgeritten [...], bis er endlich am Wegesrande eine Gestalt bemerkte, die sich abwechselnd die Schenkel und den Rücken rieb. [...] Der König saß ab und trat zu seinem Diener. Er warnte ihn, wie leicht ihn hier unter den Bäumen ein Blitzstrahl treffen könne. Und kaum hatte der König die Worte ausgesprochen, als ein neuer heftiger Blitz unter lautem Donnergekrach vom Himmel herabzüngelte. Des Königs Pferd bäumte sich hoch auf und ehe er den Zügel

fester fassen konnte, riß es sich los und stürmte in den Regen hinaus. [...] ›So, Völk, jetzt haben wir die Bescherung, nun können wir beide auf Schusters Rappen nach Berg zurücklaufen.‹ [...] Und so stapften König und Diener geduldig die nasse und immer nässer werdende Landstraße einher in der stillen Hoffnung, irgendeine Einkehr zu treffen oder wenigstens Schutz unter einem einigermaßen belaubten Baume zu finden. [...] ›Ja, wenn wir nur wenigstens einen Regenschirm hätten, Völk!‹ meinte der König [...] ›Majestät, ich glaube, da vorn kommt ein Bauer mit einem großen, roten Schirm, so einen Familienschirm, unter dem im Notfalle gleich die ganze Familie Platz hat!‹
Als der Bauer näher gekommen war, fragte ihn der König, ob er ihm sein Regendach verkaufen würde. Der Bauer, der den König nicht erkannte, lehnte ab, da der Schirm ein Erbstück seines Großvaters sei, der ihn wiederum von seinem Großvater geerbt hatte. Erst als ihm der König einen Louisdor für den löchrigen Schirm bot, willigte der Bauer erfreut ein. ›Der König und der Diener wanderten nun einträchtig unter dem alten, großen Regendach aus Urgroßväterzeiten Berg zu, das sie glücklich um 2 Uhr in der Nacht erreichten. Das Erlebnis der beiden aber machte bald die Runde um den See.‹«[129]

Königliche Wohltaten und Rücksichtnahmen

Bei dem eben erwähnten Reitausflug kam der König am 31. Mai 1965 auch nach Schliersee und kehrte in den Gasthof »Zur Fischerliesl« ein. Am 14. Juni 1865 berichtete der »Bayerische Kurier« darüber: »Eben hatte ein Paar Hochzeit. Der Bräutigam lud den König als Gast ein. An dieser Treuherzigkeit Wohlgefallen findend, nahm Ludwig II. die Einladung an, verweilte einige Zeit unter den Hochzeitsgästen und verließ sie endlich höchst vergnügt. Wie ich höre, ist dem Brautpaar ein königliches Geschenk geworden.«[130] Damit derartig spontane Gaben möglich waren, musste der Reitknecht stets einen Almosenbeutel mit sich führen, der bisweilen recht stark beansprucht wurde. »Seine Majestät haben gestern so viel verschenkt«, schrieb Richard Hornig am 26. August 1877 an den Hofsekretär von Düfflipp, »daß meine Kasse fast völlig erschöpft ist; ich erlaube mir daher, Euer Hochwohlgeboren anliegend eine Quittung von 2000 Mark zu übersenden«.[131]

[129] Below, S. 65f.
[130] Bericht des Bayerischen Kuriers vom 14. Juni 1865.
[131] Schreiben Richard Hornigs an Hofsekretär Düfflipp vom 26. August 1877.

Die Freigebigkeit, die der König auch bei seinen Reitausflügen regelmäßig zeigte, beeindruckte die ländliche Bevölkerung ebenso wie sein oft rücksichtsvolles Verhalten. Im Sommer 1877, so ein Vermerk in der »Füssener Stadtchronik«, wollte der König »die enge Kemptener Straße durchfahren, als in der Mitte derselben gerade ein Holzfuhrwerk passierte. S. Maj. ließen anhalten und riefen dem Fuhrmann, welcher sich selbstverständlich bemühte, möglichst rasch Platz zu machen, in der nachsichtigsten und gnädigsten Weise zu, er solle sich nicht beeilen und nur langsam fahren, damit kein Unfall geschehe. Das war zu einer Zeit, wo die Straße frei und nicht von tiefem Schnee bedeckt war und das tat Seine Majestät der König von Bayern!«[132] Die Landbevölkerung reagierte auf die leutselige und liebenswürdige Art des Königs mit wachsender Zuneigung.

Zu Herzog Carl Theodor nach Possenhofen (1864)

Nach dem Tod seines Vaters König Max II. am 10. März 1864 fühlte sich Ludwig mehr und mehr zu seinem Vetter Carl Theodor (1839–1909) hingezogen. Er war romantisch verlangt und dem sechs Jahre jüngeren Ludwig wesensverwandt. Sicher spielte dabei auch eine Rolle, dass Carl Theodor der Bruder der Kaiserin Elisabeth von Österreich war, die Ludwig abgöttisch verehrte. Bei den häufigen Besuchen des jungen Königs kam es zu Gesprächen über aktuelle politische Themen, bei denen sich die Freundschaft immer mehr vertiefte. Auch gemeinsame Ausritte folgten. Auf einem soll Carl Theodor dem König versichert haben, er fühle sich häufig so, »als wenn ich durch eine unsichtbare Macht an Dich und an Dein Leben gefesselt wäre. Wenn Du mir aufrichtig zu reden erlaubst, so muß ich offen gestehen, daß ich oft egoistisch genug war und den Wunsch in mir nicht unterdrücken konnte, Du möchtest nicht König sein, weil ich Dich dann als Freund so ganz ohne allen Rückhalt lieben dürfte«.[133]

Die Beteuerungen Ludwigs II. waren nicht weniger enthusiastisch, wie er seiner Braut Sophie am 13. März 1867 mitteilte, nachdem am 9. März Carl Theodors 22-jährige Frau, Prinzessin Sophie von Sachsen, an einem Lungenleiden gestorben war: »Gackl [Carl Theodor], für den ich alles Leid der

[132] Ettelt, Rudibert: Geschichte der Stadt Füssen vom ausgehenden 19. Jahrhundert bis zum Jahre 1945, Füssen 1979, S. 77.

[133] Witzleben, Hermann von / Vignau, Ilka von: Die Herzöge in Bayern. Von der Pfalz zum Tegernsee, München 1976, S. 305 (künftig: Witzleben / Vignau).

Erde gerne trüge, ist so verändert, o wie nagt mir das am Herzen. Keinen Menschen der Welt erkenne ich ober mir, keiner kann mir gebieten, aber wenn er regieren wollte, so würde ich den Thron verlassen, die Krone ihm sofort übertragen, ihm dienen, mit Freude ihm in Allem gehorchen, sonst keinem Menschen der ganzen Erde [...] O Gott, keinem Menschen der Erde kann er theurer sein als mir [...] an seinen Tod zu denken, ist mir unerträglich, Wahnsinn würde mich erfassen.«[134]

Nach der Beisetzung von Carl Theodors Frau im ehemaligen Benediktinerkoster Banz schlief Ludwig bei offener Tür im Nebenzimmer aus Angst, der Witwer könne sich etwas antun. In der Folge versuchte ihn der König von seiner Trauer abzulenken, indem er ihn als politischen Ratgeber in die Regierungsgeschäfte einbeziehen und als Mittler zwischen König und Ministerium einsetzen wollte. Doch bald erkannte er, dass sein Cousin »von Regierungsgeschäften keinen Schein eines Begriffes besitzt.«[135] Kurz darauf schlief die Freundschaft zwischen den beiden ein. Carl Theodor machte sich in der Folge nach einem erfolgreich abgeschlossenen Medizinstudium als Augenarzt und Leiter der nach ihm benannten und bis heute bestehenden Münchner Augenklinik im Stadtteil Nymphenburg einen guten Namen.

Zum Midgard-Haus des Schriftstellers Maximilian Schmidt (1864)

Auch im Midgard-Haus, der ältesten Villa in Tutzing und südlich von Schloss Garatshausen gelegen, soll sich Ludwig zu Besuch aufgehalten haben. Zwei stattliche Bronzelöwen, die angeblich vom ehemaligen Raddampfer »Maximilian« stammen, halten vor der Villa noch heute Wacht.

Der Name »Midgard« entstammt der germanischen Edda-Sage, in der »Midgard« den Sitz der Menschen meint, während »Asgard« Sitz der Götter bedeutet. Diese Villa im Stil eines italienischen Landhauses mit dem ins Auge fallenden Belvedereturm ließ 1853 Theodor Graf von Viereck erbauen. Das Anwesen »gilt für eine der schönsten Besitzungen am See und niemand fährt mit dem Dampfboot daran vorüber, ohne es mit Wohlgefallen zu betrachten«, schrieb der bayerische Schriftsteller Maximilian Schmidt (1832–1919), der sich später »Waldschmidt« nannte und 1864 die Villa für sechs Jahre bezog. Hier begrüßte er Gäste wie Kaiserin Elisabeth und

134 Ebd., S. 306.
135 Ebd.

König Ludwig II. Der schätzte den Schriftsteller sehr und las gerne seine Geschichten – darunter Erzählungen wie »Himmelbrand«, »Leonhardsritt« und »Der Musikant von Tegernsee« –, die im oberbayrischen Milieu spielen und in denen auch die malerische Landschaft des Starnberger Sees beschrieben ist. »Maximilian Schmidt erfreute sich der Gunst des Königs in vollstem Maße«, schrieb Hans Steinberger in seiner 1906 erschienenen Ludwig-II.-Biografie. »Die Werke Schmidts begleiteten den König in seine einsamen Schlösser und Berghäuser. Mit wahrhafter Ungeduld erwartet er stets das Erscheinen dessen, aus dem Goldborn des Volkslebens geschöpfter Erzählungen und erbat sich dieselben schon im Manuskript zur Lektüre.«[136]

1884 beauftragte der König Maximilian Schmidt, das bis heute bekannte Buch »Die Fischerrosl von St. Heinrich« zu verfassen, in dem der Autor eine Liebesgeschichte mit lokalen Sagen und Legenden verbinden sollte. Der König wünschte jedes Kapitel sofort nach Fertigstellung zu lesen, weshalb ihm jedes von Waldschmidts Frau Auguste handschriftlich geschriebene Kapitel sofort per Boten nach Schloss Berg gebracht werden musste. Nach Erscheinen des Buches bestellte der König 100 Exemplare, die er in seiner Umgebung verteilen ließ. Am 25. August 1884 ehrte Ludwig II. den Dichter mit der Verleihung des Titels eines königlichen Hofrats.

»Die letzte Lektüre des Königs waren Maximilian Schmidts Hochlandgeschichten, die ihm, wie er schrieb, ›stets genußreiche Stunden bereiteten‹. Acht Tage vor der Katastrophe mußte auf telegraphischen Befehl das Hofsekretariat von Maximilian Schmidts Büchern schleunigst senden: ›Johannisnacht‹, ›Die Blinde von Kunterweg‹ und ›Leonhardsritt‹. Letzteres Werk war in der Tat die letzte Lektüre des unglücklichen Königs.«[137] Dies bestätigt auch Maximilian Schmidt in seinen Erinnerungen: »Der Schloßverwalter erzählte mir, daß seine Majestät am Nachmittage an zwei Stunden bis kurz vor seinem [letzten] Spaziergang in meinem Buch ›Der Leonhardsritt‹ gelesen habe und das Buch aufgeschlagen habe liegen lassen, jedenfalls zu dem Zwecke, um die Lektüre später fortzusetzen.« Für Maximilian Schmidt ein Beleg dafür, dass Ludwig II. weder fliehen wollte noch an Selbstmord gedacht haben könne.

[136] Steinberger, Hans: Ludwig II. von Bayern. Der Romantiker auf dem Königsthron, Kaufbeuren 1906, S. 174.

[137] Memminger, Anton: Der Bayernkönig Ludwig II. Würzburg 1919, S. 338 (künftig: Memminger).

Scharfe Ritte mit Reitknecht Georg Walter (1865)

Am 30. Juni 1865 notierte der hannoveranische Gesandte Freiherr von Ompteda in sein Tagebuch, der König residiere in Berg, isoliere sich fast ganz und finde »hauptsächlich an langen, scharfen Ritten, sogar an mehrtägigen Ausflügen zu Pferde im strengsten Inkognito und nur in Begleitung eines Reitknechts Gefallen«.[138]

War dieser nicht näher benannte Reitknecht Joseph Völk oder der weniger bekannte Georg Walter? Er war dem König im September 1863 aufgefallen, wie er an seine ehemalige Erzieherin Sybilla von Leonrod schrieb. Er habe »in der Ramsau einen jungen Mann« gesehen, »welcher in einer Sägmühle arbeitete« und der »uns allen durch seine Schönheit und seine Heldengestalt auffiel; diesen werde ich von Walch in Berchtesgaden photographieren und darnach hier als Lohengrin malen lassen«.[139]

Der Name Georg Walter findet sich »nur in den Briefen der Sammlung Anton Zimmermann [...]. Auch Chapman-Huston erwähnt einen ›jungen Holzknecht, der wegen seines blendenden Aussehens in der ganzen Umgebung bekannt war‹. Ludwig sei auf ihn gestoßen, als er mit Paul von Thurn und Taxis eine Bergwanderung im Watzmanngebiet unternommen habe – und zwar im September 1863.«[140]

»Mein geliebter Walter!«, so beginnt der erste Brief des Königs an den Holzknecht: »Ich trage Dich stets im Herzen. Wie herrlich wird es sein, wenn wir [...] wieder in die Berge reiten, bei Mond- und Sternennächten wieder selig beisammen sind [...]. Mit Freuden denke ich immer an die Tage von Berchtesgaden, wo ich Dich kennenlernte, seit jener Zeit habe ich Dich so lieb, und immer werde ich diese innige Liebe zu Dir haben.«[141] Diese Zeilen weisen darauf hin, dass Georg Walter als königlicher Reitknecht in Ludwigs Diensten stand und ihn auch bei Ausritten in die Umgebung von Berg begleiten durfte. In einem Brief vom 16. August 1865 an Walter schwärmt Ludwig davon, »wie gelungen die herrlichen Ritte im Walde von Mondenglanz erhellt«[142] waren.

Als Walter Mitte des Jahres 1866 heiratete und eine Familie gründete, verschwand er wieder aus Ludwigs Leben.

[138] Hacker, Augenzeugenberichte, S. 57.

[139] Ebd., S. 39f.

[140] Reichold, Klaus: Keinen Kuß mehr! Reinheit! Königtum! Ludwig II. von Bayern (1845–1886) und die Homosexualität, München 2003, S. 27f. (künftig: Reichold 2003)

[141] Reichold 2003, S. 27.

[142] Ebd., S. 28.

Notbremsung nach »Tristan und Isolde« (1865)

Die Uraufführung von Wagners Oper »Tristan und Isolde« am 10. Juni 1865 mit dem Sängerpaar Malwine und Ludwig Schnorr von Carolsfeld begeisterte Ludwig II. »Einziger! – Heiliger! – Wie wonnevoll! – Vollkommen. So angegriffen von Entzücken! ... Ertrinken ... versinken – unbewußt – höchste Lust. Göttliches Werk!«[143] So schrieb er an Richard Wagner.

»Drei Tage später fand die zweite Aufführung statt, der Ludwig erneut beiwohnte; der dritten blieb er fern, weil er dieses erhabene Erlebnis nicht mit seinem recht banalen Onkel teilen mochte, dem König Otto von Griechenland, der gerade nach München gekommen war. [...] Am 1. Juli wurde der ›Tristan‹ abermals aufgeführt, und diese Vorstellung machte dem König so tiefen Eindruck, dass er auf der Rückfahrt nach Schloss Berg plötzlich die Notbremse seines Sonderzugs zog, im dunklen Wald umherwanderte, um seine überreizten Nerven zu beruhigen, und dann die Reise auf der Lokomotive fortsetzte.«[144]

Das Künstlerpaar Schnorr erhielt für die vier »Tristan«-Aufführungen 2800 Gulden, der Sänger als Geschenk Fotografien sämtlicher Bilder seines Vaters in den Nibelungensälen der Residenz, die Sängerin ein wundervolles Armband. Beiden schrieb der König eigenhändige Briefe. Der an den Sänger [verfasst in Schloss Berg] lautete:

»Mein lieber Herr v. Schnorr! Es ist mir ein wahres Bedürfnis, Ihnen vor Ihrem Scheiden aus München eigenhändig meinen wärmsten und aus voller Seele kommenden Dank auszusprechen für die so überaus gelungene Darstellung des ›Tristan‹. Ich kann nur sagen, daß Sie alle meine Erwartungen glänzend übertrafen; ich nenne Ihre Darstellung eine vollkommene in allen Teilen. So ist denn diese wundervolle Schöpfung Wagners, nach deren Aufführung ich mich schon in ganz jungen Jahren gesehnt habe, endlich ermöglicht worden! – Seien Sie, verehrter Herr, überzeugt, daß ich den vollen Wert Ihrer großen, sicher durch keinen anderen zu erreichenden Leistung vollkommen zu würdigen weiß. Sie wird, dies glaube ich Ihnen mit voller Bestimmtheit zurufen zu können, im steten Andenken aller fortleben, nie wird die Erinnerung an diesen Helden, der gelitten, wie keiner, der wie ›keiner geliebt und geminnt‹ erlöschen. – Und schließlich drücke ich Ihnen auch

[143] Strobel, Wagner-Briefwechsel, Band 1, S. 36.
[144] Blunt, Wilfried: Ludwig II. König von Bayern, München 1970, S. 44 (künftig: Blunt).

darüber meine Freude aus, daß Bayern das Land ist, in welchem der Stern Tristan aufgegangen und zugleich sein ›einziger‹ Darsteller geboren ist! – Mit freundlichen Grüßen und meinen herzlichen Dank wiederholend, bin ich immer Ihr sehr wohlgeneigter Ludwig. Schloß Berg, den 9. Juli 1865.«[145]

Wie entsetzlich muss für Ludwig II. nur zwölf Tage nach diesem Brief die Nachricht gewesen sein, dass Ludwig Schnorr von Carolsfeld am 21. Juli im Alter von erst 29 Jahren in Dresden völlig unerwartet gestorben war. Als Ursache für seinen frühen Tod hielten manche die enormen Anstrengungen, die Wagner dem Sänger des Tristan abverlangt hatte. Heute wird als Todesursache hingegen eine Infektionskrankheit – Typhus oder Meningitis – angenommen.

Vorüberfahrt am Anwesen des Grafen Franz von Pocci (1865)

Auch andere Uferbewohner kamen unfreiwillig zur Ehre der Vorbeifahrt Ludwigs II., so der Zeichner, Dichter und Komponist Franz Graf von Pocci (1807–1876), der sich gegen Mitternacht des sommerlich warmen 6. Juni 1865 mit einigen Gästen in seinem Garten von Schloss Ammerland aufhielt. Plötzlich entdeckte die anwesende Hofschauspielerin Mathilde Mallinger auf dem Starnberger See einen Dampfer, der direkt auf Poccis Grundstück zusteuerte. Alle wunderten sich, weshalb das Schiff zu nächtlicher Stunde noch auf dem See kreuzte. Als der Dampfer, dessen Deck in vollkommenem Dunkel lag, näher kam, erkannten Poccis Gäste im Schein des Mondlichts eine in einen weiten Mantel gehüllte Gestalt, die in einem Liegestuhl saß. Eben trat der Kapitän hinzu, verneigte sich, deutete auf die Neugierigen in Poccis Garten und flüsterte der Gestalt etwas zu, worauf diese »eine unwillige Bewegung«[146] machte und der Kapitän ein Kommando gab. Daraufhin entfernte sich das Schiff und nahm Kurs in Richtung Roseninsel. Einige Wochen später erfuhr Graf Pocci, dass es Ludwig II. war, der die »Bavaria«[147] für eine Nachtfahrt im Mondschein genutzt hatte.[148]

[145] Böhm, Gottfried, S. 66.

[146] Schlim, Jean Louis: Ludwig II. am Starnberger See, München 2011, S. 28f. (künftig: Schlim, Jean).

[147] Das hier erwähnte Dampfschiff »Bavaria« kreuzte allerdings erst 1878 auf dem Starnberger See, weshalb es sich hier wohl um das Dampfschiff »Maximilian« handelte. Das Dampfschiff »Ludwig« kreuzte erst ab 1872 auf dem See.

[148] Schlim, Jean, S. 28f.

Schloss Ammerland am Ostufer des Starnberger Sees hatte Poccis Vater Fabrizius 1842 von König Ludwig I. für seine langjährige Dienste erhalten. Sein Sohn Franz Graf von Pocci, der 1864 von Ludwig II. zum Oberstkämmerer ernannt wurde, erbte diesen Landsitz mit den zwei Zwiebeltürmchen 1843 und bewohnte ihn gemeinsam mit seiner Familie bis zu seinem Tod im Jahr 1876.

»In den siebziger Jahren«, so schreibt Gottfried von Böhm, »pflegte der König auf seinen Ritten von Berg nach Hohenschwangau den Grafen Pocci in Ammerland zu begrüßen und sich über allerlei Vorkommnisse zu erkundigen. Am Eingang des Ortes pflegte er auch auf einer malerisch gelegenen Waldwiese zu frühstücken, deren Einblick von der Straße aus Bäume und Gesträuch verhinderten. Als der Forstbetrieb die Beseitigung dieser schützenden Hülle für nötig erachtet hatte, frug der König, ›wie der Vasall [gemeint ist Graf Pocci] ohne Erlaubnis diese Reinigung hatte vornehmen lassen können‹ und machte von da an keinen Halt mehr in Ammerland. Dergleichen Kleinigkeiten oder Hinterbringungen mögen dem Dichtergrafen [Pocci] die Gunst des Königs entzogen haben. Vielleicht auch seine Ablehnung und gelegentliche harmlose Verhöhnung Wagnerischer Werke. Als Graf Pocci starb, sagte der König von ihm nur: ›Er war ein exzentrischer Mann.‹«[149]

Die zwiespältige Einstellung von Ludwig II. gegenüber Pocci rührte vielleicht auch daher, dass der Graf 1869 »Odoardo«, ein romantisches Schattenspiel in fünf Aufzügen, veröffentlichte und aufführte. Ludwig II. war seit fünf Jahren König. Herbe Enttäuschungen – die Folgen des Krieges 1866 und die geplatzte Verlobung 1867 – trieben ihn in die Einsamkeit. 1869 begann er mit dem Bau seines Traumschlosses Neuschwanstein. Es verwundert nicht, dass Pocci beschuldigt wurde, mit »Odoardo« eine Satire auf den schwärmerisch veranlagten und schwermütigen Monarchen Ludwig II. geschaffen zu haben. Er selbst stritt das ab und auch Ludwig II. fühlte sich angeblich nicht als satirisches Alter Ego des Prinzen Odoardo. Andere sahen in dem Helden des Stückes hingegen sehr wohl »eine unverschämte Satire« auf den melancholischen König, da auch Odoardo die Jagd verabscheut, ein Träumer ist und schließlich in seiner Traumwelt auch untergeht. Dies geschieht, als seine Liebe zur Waldfee Tilia scheitert, worauf Odoardo in schwerste Depressionen verfällt. Er stirbt am Ufer des Sees, wo er Tilia kennenlernte, um fortan mit ihr in der Traumwelt vereint zu sein. Pocci

[149] Böhm, Gottfried, S. 734.

bezeichnete Odoardo als »den nach einem Ideale strebenden Menschen, der schließlich in seinen absurden Tendenzen untergeht«.[150]

»Wenn Pfistermeister [einstiger Kabinettsekretär des Königs] später erzählte, Ludwig II. habe zu Pferd von der Höhe bei Ambach aus auf Ammerland, den Wohnsitz Poccis, deutend, gesprochen: ›dem muß zuerst der Kopf abgeschlagen werden,‹ so war es vielleicht nur ein Scherz, oder es lagen andere Beschwerdepunkte vor. Ludwig II. war Pocci gegenüber besonders empfindlich, weil er nicht nur sein Oberstkämmerer, sondern als Lehensträger von Ammerland auch sein Vasall war.«[151] In Poccis Nachlass fand sich übrigens ein Gedicht (9. März 1871), betitelt »An den König«, in dem der Graf nicht mit Vorwürfen gegen die Regierungsweise Ludwig II. spart und in dem es unter anderem heißt:

»Die Krone erbtest Du vom edlen Vater
Und trugst sie stolz; doch schon nach kurzer Frist
Hat Dich ihr Prangen und ihr Glanz geblendet.
Ein Kind bliebst Du, das auf dem Throne ist.
Zum Spielzeug ist der Szepter Dir geworden,
Ein Zauberstab für eitle Phantasien,
Nur Wundermärchenbilder zu gestalten
Scheint Dir die königliche Macht verlieh'n.
Du schwelgest in romant'schen Irrsals Gärten,
Träumst nur Dich selbst wie im verwunsch'nen Schloß,
Und Pflicht und Volk sind Dir allein Phantome,
Du schlummerst in der Feen und Nixen Schoß.
Den Louis XIV. gefällt es Dir zu spielen,
Du läßt Dir gold'ne Siegeswagen bauen
Und pflegest wie Narziß im Quellenspiegel
Voll Selbstsucht nur Dein eigen Bild zu schauen.
Weh Dir! Weh uns! Will sich der Spruch bewähren
Des weisen Salomo: ›Weh Dir, o Land,
Ist Dir ein Kind zum Könige gegeben,‹ –
Fürwahr: es rettet uns nur Gotteshand ...«

[150] Ebd.
[151] Ebd.

Vielleicht war Prinz Odoardo also doch ein Alter Ego Ludwigs II. Satiriker wie Pocci schienen dem König jedenfalls nicht ganz geheuer gewesen zu sein. Zum Glück für den Grafen kam das eben zitierte Gedicht dem König allerdings nie unter die Augen.

Erstes Treffen des Königs mit Kaiserin Elisabeth (1864)

Eines der ersten Treffen zwischen Elisabeth und König Ludwig II. am Starnberger See fand 1864 anlässlich eines Sommeraufenthaltes der Kaiserin in Possenhofen statt. Sisi hatte eine sehr starke Bindung zum Elternhaus, ihrem geliebten »Possi«, das sie immer wieder gerne besuchte.

Den Bahnhof Possenhofen, der eigentlich Pöcking-Possenhofen heißen müsste, ließ Ludwig II. erbauen. Die Eröffnung fand am 1. Juli 1865 statt. Wenn Kaiserin Elisabeth in ihrem Extrazug mit Salonwagen am Bahnhof ankam, in dem sich ein hochherrschaftlicher, reich mit Seidentapeten in Königsblau und Gold verzierter Wartesalon befand, wurde sie von einer großen Menschenmenge begrüßt. An die Kinder, die ihr Blumen überreichten, verteilte sie gerne Bonbons. Einmal ließ Ludwig II. ihr zu Ehren das gesamte Bahnhofsgebäude mit Lilien schmücken, die auch zu Sisis Lieblingsblumen gehörten. Schloss Possenhofen ist vom Bahnhof nur etwa zehn Gehminuten entfernt. Die legendäre Roseninsel liegt ca. 30 Minuten weiter südlich. Heute ist im Bahnhof Possenhofen das »Kaiserin Elisabeth Museum« untergebracht. Regelmäßig fanden Sisis alljährliche Sommeraufenthalte am Starnberger See in den Monaten Juni bis August statt. Da sie als österreichische Kaiserin aus protokollarischen Gründen nicht im elterlichen Schloss Possenhofen wohnen durfte, erhielt sie ihr Sommerquartier zunächst in Schloss Garatshausen und ab 1870 dann im Feldafinger »Hotel Strauch«. Entweder ritt der König von Berg aus zu diesen Aufenthaltsorten am Westufer des Sees oder er fuhr im Dampfschiff »Tristan« dorthin. Begegnungen zwischen ihm und der acht Jahre älteren Elisabeth fanden aber auch immer wieder in Schloss Possenhofen und auf der Roseninsel statt. Mehrfach kam die Kaiserin nach Schloss Berg zu Besuch.

Ihr zu Ehren erschien Ludwig bei diesen Treffen meist in österreichischer Uniform. Entgegen der protokollarischen Regeln wollte er Elisabeth am liebsten stets alleine sehen. Er bestand darauf, dass die Hofdamen, Geschwister und Eltern das Zimmer verließen. Oft saß er der verehrten Cousine dann stumm gegenüber, um sie nur anzusehen oder ihr die Hand zu küssen. Im März 1865 teilte Elisabeth ihrem Sohn, dem Kronprinzen Rudolf, mit, wie sie sich bei einem solchen Besuch fühlte: »Gestern hat mir der König eine lange Visite gemacht, und wäre nicht endlich die Großmama dazu gekommen, so wäre er noch da. Er ist ganz versöhnt, ich war sehr artig, er hat mir die Hand so viel geküßt, daß Tante Sofie, die durch die Tür schaute, mich nachher fragte, ob ich sie noch habe! Er war wieder in österreichischer Uniform und ganz mit Chypre parfümiert.«[152]

Einmal erschien Ludwig wie üblich »in Uniform und da es regnete, als er aus seinem Dampfer stieg, trug er in der einen Hand seinen besonders großen Regenschirm [für uniformierte Personen höchst unüblich] und in der anderen den Helm. Dieser Anblick war so überaus komisch, daß die Kaiserin, die gerade am Fenster stand, in ein lautes Gelächter ausbrach, in das die Begleiter S. M. unwillkürlich einstimmten. Der König war sehr erzürnt darüber und äußerte: ›ich werde mir doch meine Frisur nicht verderben!‹«[153]

Regelmäßige Besuche bei Herzogin Sophie in Possenhofen (1866/67)

Im Herbst 1866 verbrachte Ludwig II. während des Aufenthalts auf Schloss Berg ziemlich viel Zeit in Gesellschaft seiner hübschen Cousine Sophie (1847–1897), der jüngeren Schwester der von ihm verehrten Kaiserin Elisabeth von Österreich. Sophie, noch nicht 20 Jahre alt, besaß in Ludwigs Augen, abgesehen davon, dass sie Elisabeths Schwester war, einen ganz besonderen Vorzug: Sie schwärmte für Richard Wagner. Der König ritt häufig von Berg zu ihr hinüber ins Schloss Possenhofen, wo sie sich bis in die Nacht hinein über das Werk des Komponisten unterhielten. Als Ende 1865 Wagner aus München verbannt wurde, war Ludwig froh, sich mit Sophie über dessen Schicksal austauschen zu können. Als durchaus passable Pianistin und Sängerin sang sie bei den Zusammenkünften in Possenhofen auch Arien aus Wagner-Opern. Konnte Ludwig nicht zu Besuch kommen, pflegte er mit Sophie brieflichen Kontakt. Wie diese Schreiben belegen, empfand er für sie aber lediglich freundschaftliche Gefühle, ohne zunächst an eine Verlobung oder gar Ehe mit ihr zu denken.

Die ständigen Zusammenkünfte ihrer Tochter Sophie mit dem König in Possenhoffen und der rege Briefverkehr zwischen beiden erschienen So-

[152] Schad, Martha: Elisabeth von Österreich, München 1998, S. 44.
[153] Böhm, Gottfried, S. 711.

phies Mutter, der Herzogin Ludovika, bald kompromittierend. Sie wollte nicht, dass Sophie als Gespielin Ludwigs ins Gerede kam, und sagte dies im August 1866 auch dem König. Der fühlte sich vor den Kopf gestoßen und stellte seine Besuche bei Sophie abrupt ein. Er versicherte ihr, seine Freundschaft würde weiter bestehen, doch Sophie war unglücklich über diese Entwicklung. Ludwig, gedrängt durch das Verhalten von Sophies Mutter, aber auch aus Mitleid mit Sophie, ließ sich nun zur Verlobung drängen.

Am Abend des 19. Januar 1867 begegneten sich Ludwig und Sophie auf dem Hofball in der Residenz und zwei Tage später auf einem Ball im Hotel »Bayerischer Hof«. Am 22. Januar fasste der König den plötzlichen Entschluss zur Verlobung und bat seine Mutter, bei Tante Ludovica für ihn um Sophies Hand anzuhalten. Am Abend wusste es ganz München und Bayern: Der König will – endlich! – heiraten. Ludwigs Euphorie hatte aber nur kurze Zeit Bestand. Schon wenige Tage später schien er diesen Schritt zu bereuen. Am 27. Februar 1867 fand der Verlobungsball mit 750 Gästen statt, bei dem Ludwig nur eine Stunde blieb, um dann – ohne seine Braut – ins Hoftheater zu flüchten. Den Gästen verschlug es vor so viel Unverfrorenheit die Sprache. Nach dem Ende der Vorstellung kehrte der König nicht zum Verlobungsball zurück, sondern begab sich direkt nach Schloss Berg. Die Braut schien für den König zur Nebensache zu werden. Darüber konnten auch nicht Briefe hinwegtäuschen wie der folgende, den er im März 1867 an Sophie schrieb, die sich in Possenhofen aufhielt: »Herrlich muß es nun bei Euch sein, am Ufer meines geliebten Sees, an dem ich schon so wonnevolle Tage verbracht habe. [...] Grüße mein liebes Berg recht innig von mir; u. sein Ufer, wo ich so oft in wundervollen Mond u. Sternennächten auf muthigen Rossen daherbrauste ...«[154] Besuche bei Sophie in Possenhofen fanden nur alle 14 Tage statt. Ihm wurde klar, mit der Verlobung voreilig gehandelt zu haben. Reisen Ende Mai nach Eisenach und am 20. Juli zur Weltausstellung nach Paris, natürlich ohne seine Braut, sorgten für die erwünschte Distanz.

In dieser Zeit begegnete Sophie dem Fotografen Edgar Hanfstaengl, einem blendend aussehenden Mann von 25 Jahren, mit dem sie, wie Briefe belegen, in den folgenden Monaten eine heftige Liebesaffäre hatte, auch wenn sich beide wegen des gravierenden Standesunterschieds von Anfang an der Aussichtlosigkeit ihrer Liebe bewusst waren.

Am 6. Mai 1867 kam es dann zum Treuebruch vonseiten Ludwigs. An diesem Tag versicherte er nämlich Richard Hornig seine tiefe Zuneigung.

[154] Brief Ludwigs II. vom 12. März 1867 an seine Braut Herzogin Sophie.

Er wolle sich nie mehr von ihm trennen. Erwähnenswert in diesem Zusammenhang ist auch die Beziehung des Königs zur Hofschauspielerin Lila von Bulyowsky, zu der er seit Mai 1866 intensiven Kontakt pflegte, der die Verlobung überdauerte und sechs Jahre bis 1872 hielt. Auch während der Verlobungszeit verzichtete der König nicht auf Lilas Gesellschaft und begegnete ihr auf der Roseninsel an Tagen, an denen er sich auch mit Sophie traf, der jedoch der starke Rosenduft zur Blütezeit nicht besonders behagte. Lediglich nach außen hin wahrte Ludwig weiterhin den Anschein eines willigen Bräutigams und die Hochzeitsvorbereitungen nahmen ihren Gang.

Bei seinen immer seltener werdenden Besuchen zu nachtschlafender Zeit in Schloss Possenhofen kam es allenfalls zu einem brüderlichen Küsschen auf die Stirn der Braut. Als Sophie den König einmal auf den Mund küsste, soll diese Aktion beinahe zum Bruch geführt haben. »Du hast so schöne Augen«[155], war das stereotype Kompliment, das Sophie zu hören bekam. Einmal erschien Ludwig unerwartet des Nachts mit der Königinnenkrone und nötigte Sophie zu einer lang dauernden Probe. Nachdem er fort war, fiel sie ihrer Hofdame Nathalie von Sternbach weinend um den Hals und rief: »Er liebt mich nicht, er spielt nur mit mir.«[156]

Bei einem anderen seiner Besuche, so berichtet Clara Tschudi, habe sich der König mit einem Blumenstrauß in den ersten Stock des Schlosses Possenhofen begeben. »Da begegnete er auf den obersten Treppenstufen einer Kammerjungfer, die an ihm vorüberstürzte. In demselben Augenblick aber flog eine Wasserschüssel hinter der Flüchtenden her, und das Wasser strömte Sr. Majestät, der gerade den Fuß auf die Schwelle setzte, über die Füße. Trotz seiner Kurzsichtigkeit entdeckte Ludwig doch, wer der Urheber dieses Auftritts war; – seine Verlobte, die schnell hinter der nächsten Tür verschwand, erinnerte in diesem Augenblicke wenig an eine Aphrodite! Eine Minute lang stand Ludwig wie versteinert; dann aber eilte er wieder hinunter, schwang sich auf sein Pferd und sprengte davon. Und an diesem Abende erwartete man ihn in Posssenhofen vergebens.«[157]

Ludwig verschob die geplante Hochzeit von einem Termin auf den anderen. Die Hochzeitsfeierlichkeiten in der Stadt erschienen ihm fürchterlich. Wie er an Wagner schrieb, solle die Hochzeit am liebsten in aller Stille »in irgendeiner Kapelle am Gestade des Starnberger See vollzogen werden, als

155 Sepp, Christian: Sophie Charlotte. Sisis leidenschaftliche Schwester, München 2014 (künftig: Sepp), S. 79.

156 Ebd. S. 78.

157 Tschudi, Clara: König Ludwig II. von Bayern, Leipzig 1910, S. 80.

dort in der liebesleeren Hauptstadt mit allem Prunk des Königsthums«.[158] Als Ludwig die Heirat abermals um sechs Wochen auf den 28. November 1867 vertagte, stellte ihm Sophies genervter Vater, Herzog Max, ein Ultimatum. Er müsse »unterthänig bitten, entweder den Hochzeitstermin in den letzten Tagen des November einzuhalten, oder das vor mehr als 8 Monaten gerichtete Verlangen um Sophiens Hand als ungeschehen betrachten zu wollen«.[159] Ludwig reagierte empört: »Geliebte Elsa!«, teilte er seiner Braut mit, »Dein grausamer Vater reißt uns auseinander.«[160] Am 7. Oktober 1867 folgte der Abschiedsbrief, mit dem er die Verlobung, die 259 Tage gehalten hatte, auflöste. Sophie brach nach der Lektüre ohnmächtig zusammen. Die Bevölkerung reagierte mit Unverständnis, bedauerte die arme Braut und entrüstete sich über den Bräutigam.

Kaum einer nahm die Zeilen in einem zeitgenössischen Bericht zur Kenntnis, die unmissverständlich sagten: »Die Verlobung wurde rückgängig, weil dem König Ungünstiges über die Braut zu Ohren gekommen«[161] war. »Bedenkt man«, so mutmaßt Georg Jakob Wolf, »daß den König eine solche Zorneswallung überkam, daß er die Büste seiner Braut wutentbrannt aus einem Fenster in den inneren Residenzhof schleuderte, daß er über die [...] Kupferplatte mit dem Bildnis Sophiens als bräutlich geschmückte Königin eine ätzende Flüssigkeit ausgoß, daß er die sofortige Einziehung der Doppelbildnisplakette und Einstampfung der Gedenkblätter anbefahl, so läßt dies doch wohl den Schluß zu, daß sein Gemüt aufgewühlt war, daß die Lösung der Verlobung nicht das Ergebnis einer langen Überlegung war, und daß die Beziehungen nicht wie von selbst einschliefen, sondern daß heftige Konflikte, akute Tatsachen vorausgegangen sein mußten. [...] War etwas an dem damals in München viel verbreiteten Gerücht, die Prinzessin habe eine Neigung, eine sehr starke Neigung zu einem anderen Mann, der nicht zu ihren Kreisen gehörte, im Herzen getragen und der König habe davon Nachricht erhalten und sei deswegen, in seiner männlichen Eitelkeit schwer gekränkt, zurückgetreten?«[162]

Am 23. Oktober schreibt Ludwig an seine ehemalige Erzieherin Sybilla von Leonrod: »Sophie war mir immer lieb und werth wie eine Freundin und theure Schwester. Doch für meine Gattin wäre sie nie und nimmer geeig-

158 Sepp, S. 88.
159 Böhm, Gottfried, S. 399.
160 Ebd., S. 400.
161 Memminger, S. 2.
162 Wolf, S. 113.

net; je näher die Vermählungszeit heranrückte, um so fürchterlicher wurde mir der vorgehabte Schritt, umso unglücklicher fühlte ich mich, so daß ich beschloß, mich aus den selbst geschaffenen Ketten und Banden zu befreien; auch für Sophie wurde es nicht besonders schwer, das Wort zurückzugeben, da sie auch es selbst einsehen mußte, daß Wir beide sicherem Unglück entgangen, und Beiden ist die Möglichkeit gegeben, eine Verbindung einzugehen, welche dauernd Unser Lebensglück begründet; mir ist nicht bange dafür, daß sie in nicht zu ferner Zeit eine glückliche Parthie findet und für mich eilt es vorläufig nicht; denn ich bin noch jung, und das Heirathen in allernächster Zeit wäre ohnehin ein verfrühter Schritt gewesen.«[163] Doch zu einer Heirat entschloss sich der König gar nicht mehr.

Richard Hornigs erster Ausritt mit dem König (1867)

Richard Hornigs (1941–1911) Vater, Ehrenfried Hornig, war unter König Max II. Bereiter und später Stallmeister im königlichen Hofmarstallsdienst. 1862 wurde Richard als Eleve in den Hofmarschallsdienst aufgenommen.

Nachdem er im Herbst 1866 Ludwig II. auf der Rundreise durch die damals vom Kriege besonders stark heimgesuchten fränkischen Provinzen begleitet hatte, durfte er den König am 11. Mai 1867 als Bereiter erstmals von Schloss Berg aus auf einem längeren Spazierritt begleiten. Dabei erwies er sich als ausgezeichneter Reiter. Außerdem liebte er die Musik Richard Wagners. Beides imponierte dem König ebenso wie seine stattliche Gestalt und die blauen Augen. 1869 wurde Richard Hornig zum Oberbereiter ernannt und 1871 zum königlichen Stallmeister.

Bis zu seiner Entlassung 1885 war er ständiger Begleiter Ludwigs II. auf allen Ausfahrten und Ritten. Da der König ihm besonders vertraute, avancierte er bald zu dessen Privatsekretär, dem sogar Aufgaben eines Kabinettsekretärs, so etwa die Korrespondenz mit Ministern, Baufirmen und Künstlern, anvertraut waren. Ludwig entsandte ihn zweimal mit dem Auftrag nach Neapel, das Blau der Blauen Grotte zu studieren. Auch Reisen zur Wartburg und nach Paris wurden ihm aufgetragen.

Hornig hatte sich dem König bald »unentbehrlich gemacht, denn keiner wußte wie er den Herumirrenden auf seinen nächtlichen Fahrten zu betreu-

[163] Brief Ludwigs II. vom 23. Oktober 1867 aus Hohenschwangau an Sybilla von Leonrod.

en, im Sommer ihm Wasser von Bergquellen zu bringen, im Winter um den Frierenden die Hermelindecke zu breiten, dem Scheuen aus irgendeinem Dorfwirtshaus auf der Fahrt Essen zu holen und als robuster Bauernsohn auszuharren, wenn der König ihn durch den Schneesturm der Berge weiterjagte. Oftmals erstarrten dem armen Kutscher, der den goldenen Schlitten führen durfte, die Finger; aber dafür war er der mächtigste Mann im Lande. Er durfte empfehlen und abraten, wen der König empfangen sollte; das Volk nannte ihn deshalb ›den Kutscherkanzler‹.«[164] Für seine Dienste wurde der »edle, gute Richard« mit Geschenken umworben und großzügig belohnt. So schenkte ihm Ludwig für seine vielfältigen Dienste eine Villa in Unterallmannshausen an der Seeleiten, nur ein paar Kilometer von Schloss Berg entfernt.

Dennoch gab es in dieser Freundschaft auch immer wieder Verstimmungen vonseiten Ludwigs. So missbilligte der König etwa Hornigs Verheiratung. Nach 18-jähriger Dienstzeit fiel der Stallmeister 1885 in Ungnade, da er den Schlösserbau, der infolge der Schulden ins Stocken geraten war, nicht so vorantrieb, wie sich das Ludwig II. vorstellte. Er wurde aus dem Hofdienst entlassen und an ein Gestüt bei Neuburg an der Donau versetzt.

Stürze des Königs bei zu forschen Ritten (1868)

Nach der geplatzten Verlobung mit Sophie war die herzogliche Familie in Possenhofen auf den König nicht gerade gut zu sprechen. Auch Kaiserin Elisabeth war erbost: »Es gibt keinen Ausdruck für ein solches Benehmen«, wetterte sie. »Ich begreife nur nicht, wie er sich wieder sehen lassen kann in München, nach allem, was vorgefallen ist. Ich bin nur froh, daß Sophie es so nimmt, glücklich hätte sie weiß Gott mit so einem Mann nicht werden können.«[165] Doch die Versöhnung mit der herzoglichen Familie kam früher, als sich der König erhoffen konnte.

Im Mai 1868 unternahm er von Schloss Berg aus einen seiner rasanten Ausritte um den Starnberger See. Plötzlich wurde er in hohem Bogen abgeworfen und landete, zum Glück unverletzt, im Straßengraben. Nur seine Kleider waren verdreckt und etwas zerrissen. Das Pferd galoppierte davon. Ludwig habe daraufhin einen Bauern, der zufällig mit seinem Ochsenkar-

[164] Mayr-Ofen, S. 268f.
[165] Sepp, S. 92.

ren des Weges kam, angehalten. Devot erklärte sich dieser bereit, den König mit seinem Fuhrwerk heimzufahren. Kaum saß Ludwig auf dem Karren, als ihm die Possenhofener Familie in zwei eleganten Equipagen entgegenkam. Der Bauer hielt am Wegesrand und Ludwig, im Stroh sitzend, grüßte seine Verwandten. Eine zweifellos komische Situation. Auch wenn die Possenhofener das Missgeschick des Königs bedauerten, eine gewisse Schadenfreude gegenüber dem ehemaligen Bräutigam Sophies konnten sie dann doch nicht unterdrücken. Der König durfte in eine Equipage umsteigen und wurde etwas standesgemäßer nach Hause gefahren.

Noch ein weiteres Mal stürzte Ludwig vom Pferd, was schließlich seine Lust am Reiten beeinträchtigte. So habe sich »ein furchtbarer Sturz« ereignet, »den der König gelegentlich eines Nachtritts in die Berge in einem Hohlweg nächst Berg gethan hatte, und er trug damals eine schwere Verwundung an empfindlichster Stelle davon, die eine Operation notwendig gemacht hat.«[166] Angeblich handelte es sich um ein Bruchleiden. In der Folge sei er gezwungen gewesen, ab 1871 das Reiten aufzugeben.

Visiten Ludwigs bei Sisi im Schloss Garatshausen (1868/69)

Erfreulicherweise hatte Elisabeths Vater, Herzog Max in Bayern, bereits 1834 das kleine Hofmarkschloss Garatshausen vom Grafen von La Rosée gekauft. 1867 überließ er es seinem ältesten Sohn Ludwig. Auf dessen Einladung nutzte Kaiserin Elisabeth das Schloss Garatshausen in den Jahren 1868 und 1869 für ihren Sommeraufenthalt am Starnberger See.

Das erste Mal logierte sie dort im August 1868. Am 13. August stattete ihr Ludwig in Garatshausen einen Besuch ab. Dabei traf er die ganze herzogliche Familie. Es war die erste Begegnung seit der gescheiterten Verlobung mit Herzogin Sophie Ende 1867, die man ihm übel nahm. Das Treffen war ein erster Schritt zur Beseitigung der dadurch entstandenen Spannungen.

Im Juli 1869 logierte Elisabeth das zweite Mal in Garatshausen. Ihr »Sommerurlaub« zog sich vom 4. Juli bis zum 17. August hin, was man als ein Zeichen dafür wertete, dass sie sich hier wirklich wohl fühlte. Natürlich erschien auch Ludwig wieder. Am 7. Juli 1869 schrieb die »Allgemeine Zei-

[166] Streißler, Fr.: König Ludwig II. von Bayern, Ein deutsches Fürstenleben biographisch und charakterlich dargestellt, Leipzig-Reudnitz 1886, S. 53f. (künftig: Streißler).

tung«: »Se. Maj. der König ist am Samstag nachts aus der Riss nach Schloß Berg zurückgekehrt, um die am Sonntag Morgen auf Schloß Garatshausen eingetroffenen kaiserl. Maj. v. Oesterreich zu begrüssen [...]« [167] Damit war vor allem Kaiserin Elisabeth gemeint, bei deren Anwesenheit am Starnberger See es der König nie versäumte, ihr nahe zu kommen. Ein Ritt von Schloss Berg zum Schloss Garatshausen am südlichen Rand der Gemeinde Feldafing auf der Westseite des Starnberger Sees stellte für Ludwig kein Problem dar.

Die Urlaubstage verbachte die Kaiserin mit Ausritten, Wanderungen und Bootsfahrten auf dem Starnberger See, gerne auch zur Roseninsel, und dabei hatte sie natürlich abermals Kontakt zu ihrem geschätzten Vetter Ludwig.

Ab 1870 nutzte die Kaiserin bei ihren Sommeraufenthalten am Starnberger See Schloss Garatshausen nicht mehr, da ihr nun das umgebaute und modernisierte »Hotel Strauch« in Feldafing zur Verfügung stand, das näher bei Schloss Possenhofen lag. Da genügend Räumlichkeiten vorhanden waren, ließ sich hier auch ihr großer Hofstaat von 50 bis 70 Bediensteten bequem unterbringen.

Heute ist das Schloss Garatshausen Privatbesitz der Fürstenfamilie Thurn und Taxis und kann nur von außen besichtigt werden. Ein neuerer Teil wird als Altenheim genutzt.

Vertrauliche Treffen im »Hotel Strauch« in Feldafing (1870)

Ab 1870 bis 1894 logierte Elisabeth insgesamt 24 Mal während ihres Sommerurlaubs im Feldafinger »Hotel Strauch«, das 1900 den Namen Hotel »Kaiserin Elisabeth« erhielt. Einmal hielt sich auch ihr Gemahl, Kaiser Franz Josef, hier auf, ebenso auch ihr Sohn, Kronprinz Rudolf.

Während der Anwesenheit der Kaiserin war das Hotel für andere Gäste gesperrt. Es wurden für sie sogar einige Umbauten vorgenommen. So wurde für sie ein Turnzimmer eingerichtet. 1882 stattete man das südöstliche Zimmer im ersten Stock mit Bodenmatten, Ringen und einer Sprossenwand als Fitnessraum für die sportbegeisterte Kaiserin aus.

[167] Heindl, Hannes: Majestät und Ritter, König Ludwig II. Großmeister des Bayerischen Haus-Ritter-Ordens vom hl. Georg, München 1966, S. 30.

Da Hotelier Strauch um Elisabeths Angst vor dem Feuer wusste, ließ er zu ihren Gemächern im ersten Stock eine Feuertreppe einbauen, die bei einem eventuellen Brand als Fluchtweg dienen sollte. Über diese Wendeltreppe konnte Sisi auch zu den Stallungen in den Hof gelangen, in dem ihre zwei Dutzend mitgebrachten Pferde standen, mit denen sie gerne Ausritte unternahm. Der Stall ist heute noch im Originalzustand erhalten.

Ebenso konnte Ludwig II. über diese Treppe, ohne großes Aufsehen zu verursachen, zu seiner angebeteten Cousine eilen, wenn er sie von Berg aus besuchen wollte. In seiner »Feldafinger Chronik« berichtet Oberlehrer Ferdinand Kistler, dass es zwischen der Kaiserin und dem König »oft im Hotel Strauch um Mitternacht ein Wiedersehen [gab]. Mit einem Schiffe landete er am jetzigen Stege zur Insel-Überfahrt. Dort wurde er von einem Zweispänner erwartet und im scharfen Galopp ging es durch die Anlagen zum Hotel. Es war diese späte Stunde gewählt worden, damit niemand unterwegs war. Von der Ankunft des Königs durfte ja niemand etwas erfahren, nur Herr Strauch, um die erforderlichen Anordnungen zu treffen. Der König weilte regelmäßig etwa eine halbe Stunde bei der Kaiserin, bei Tee in angeregter Unterhaltung. In rasendem Tempo brachten ihn die Pferde dann wieder zurück zur Landungsstelle, wo das Schiff schon seiner harrte.«[168]

Die besagte Wendeltreppe befindet sich heute nicht mehr im Hotel. Nach dem Abbau wurde sie an die kleine Traubinger Pfarrkirche Mariae Geburt verschenkt, »wo sie noch heute in die Ministrantensakristei hinaufführt«.[169]

Moritz von Schwind in Niederpöcking

Der Maler Moritz von Schwind (1804–1871), der 1847 Professor an der Akademie der Bildenden Künste in München geworden war, ließ sich 1856 in Niederpöcking am Westufer des Starnberger Sees in der Ferdinand-von-Miller-Straße 1 ein Landhaus errichten.

»Auch Schwind sollte« nach Luise von Kobells Schilderung, wie etliche andere Maler, für Ludwig II. »Lohengrin, Tristan und wie die anderen Sagenhelden alle heißen, in seiner Malerei verewigen. Als der diensttuende Adjutant den königlichen Auftrag dem Künstler in dessen Landhaus zu Niederpöcking am Starnberger See ausgerichtet, erwiderte jener in der

[168] Kistler, Ferdinand: Heimatbuch für Feldafing, Feldafing 1929.
[169] Wiede, S. 213.

künstlerhaften Eigenmächtigkeit, die so stark bei ihm ausgeprägt war: ›Ich bedauere, aber das freut mich nicht.‹

Der hierüber aufs höchste verwunderte Adjutant brachte alle erdenklichen Argumente vor, um zu beweisen, daß die mittelalterliche Sage gerade Schwinds Fach sei. ›Die mittelalterliche Sage wohl, aber nicht das theatralische Zeug, das daran und darum hängen soll.‹

Schwind war mit Franz Lachner befreundet und dessen klassischer Richtung zugetan, folglich ein entschiedener Gegner Richard Wagners. Weil er nun fürchtete, die betreffenden Gestalten in Wagnerischer Gewandung darstellen zu müssen, lehnte er ab, um nicht seinem Gefühl zuwider zu handeln. Es half kein dafür und dawider, er ließ sich nicht umstimmen. Der immer verlegener gewordene Adjutant fragte endlich, was er denn Sr. Majestät melden solle, denn diesen Grund könne er unmöglich vorbringen. ›So sagen Sie, ich kann es nicht.‹ Dabei blieb es.«[170]

Der König schien dem Maler seiner Absage wegen jedoch nicht böse gewesen zu sein. Da ihm Schwinds Bilder für die neu erbaute Wiener Hofoper, an denen dieser 1866 / 67 arbeitete, sehr gefielen, bestellte er mehrere davon in verkleinertem Maßstab für sein Album. Diesem Auftrag verweigerte sich Moritz von Schwind nicht.

Villa Max in Ammerland (1871)

Die Villa Max am Ostufer des Starnberger Sees in Ammerland, Südliche Seestraße 29, hatte 1871 »ein gewisser Napoleon Homolatsch von einem Reichenkamer Bauern erworben. Er war ein Vertrauter der berüchtigten Adele Spitzeder, die mit ihrer Dachauer Bank den Leuten das Geld aus der Tasche zog, bis der ganze Schwindel aufflog. Homolatsch fiel in Ammerland durch sein großspuriges Auftreten auf. Er hielt sich einen Diener, der in grelle Uniformen gekleidet war, und stellte an der Seestraße eine Büste Ludwigs II. auf, um die Aufmerksamkeit des Königs, der hier oft vorbeiritt, zu erregen. 1875 erwarb die Villa der Münchner Maler Gabriel von Max (1840–1915)«[171] Er hielt sich eine kleine Gruppe von Affen, mit denen er bisweilen zu Abend aß, wofür er sie eigens in Kinderkleider steckte. Seine Affengemälde trugen ihm den Titel »Affenmaler« ein.

170 Kobell, Kunst, S. 430f.
171 Schober, Villen, S. 402.

Ob sich Ludwig II. von den aufdringlichen Annäherungsversuchen Napoleon Homolatschs, seines Zeichens Buchdruckereibesitzer aus München, beeindrucken ließ, wenn er daran vorbeiritt oder -fuhr, ist nicht bekannt, aber höchst unwahrscheinlich, da der König Aufdringlichkeiten jedweder Art verabscheute. Auch Homolatschs Bekanntschaft mit Adele Spitzeder, die wegen ihrer Betrügereien 1872 für drei Jahre ins Zuchthaus gesperrt wurde, war nicht besonders vertrauenserweckend. Angeblich soll sogar Ludwig II. bei ihr Geld angelegt haben. Ein Gesuch der Spitzeder, das Strafmaß wegen ihres angeschlagenen Gesundheitszustandes zu reduzieren, wurde vom König jedenfalls abschlägig beschieden.

Villa Hackländer in Leoni (1871)

Ein großer Verehrer Ludwigs II. war auch der in Aachen geborene Schriftsteller Friedrich Wilhelm Ritter von Hackländer (1816–1877), weshalb er sich in der Nähe von Schloss Berg ansiedeln wollte. Er liebäugelte mit der Villa des Architekten und königlichen Baurats Johann Ulrich Himbsel, der 1827 als eine der ersten Villen am See ein schlichtes Sommerhaus im klassizistischen Stil errichtete. Von 1850 bis 1852 hatte er dieses Haus an den Maler Wilhelm von Kaulbach vermietet. Nach Himbsels Tod 1866 konnte Hackländer, der 1860 vom österreichischen Kaiser zum »Ritter« in den erblichen Adelsstand erhoben worden war, endlich das Biedermeierhäuschen für 16 100 Gulden kaufen. Auf diese Weise kam er in die unmittelbare Berger Nachbarschaft von König Ludwig II., dem er den 1871 veröffentlichten vierbändigen, recht ausschweifenden Künstlerroman »Der Sturmvogel« widmete. Der Roman entstand in Leoni und spielt am Starnberger See. In einem eigenhändigen Brief aus Leoni vom 6. Juli 1874 bat Hackländer den Kabinettsekretär August von Eisenhart, ein dem Brief beigefügtes »Dankschreiben meiner Tochter Marie in die Hände Seiner Königlichen Majestät [Ludwig II.] gütigst gelangen zu lassen, und würden mich dabei zu außerordentlichem Danke verpflichten, wenn Sie, hochverehrter Herr, zu gleicher Zeit Veranlassung nehmen wollten, dem Allerhöchsten Herrn die innigsten Gefühle meiner wärmsten Ergebenheit und Verehrung auszudrücken. Mich Ihrem freundlichen Wohlwollen bestens empfehlend bin ich hochachtungsvollst Ihr ganz ergebenster Hackländer.«[172]

[172] Friedrich Wilhelm Ritter von Hackländers Brief vom 6. Juli 1874 aus Leoni am Starnberger See an Kabinettsekretär August von Eisenhart.

Ob Ludwig II. so wie dem Autor Maximilian Schmidt auch diesem Schriftsteller besondere Gunstbeweise zollte, ist nicht bekannt. Über die Widmung von Hackländers vierbändigem Roman »Der Sturmvogel« freute sich der literaturbesessene Monarch jedoch mit Sicherheit.

Hackländer war mit seinen Humoresken, Soldatengeschichten, Reiseberichten und Zeitschriften wie »Über Land und Meer« überaus erfolgreich und einer der meistgelesenen Schriftsteller seiner Zeit. 1875 erschienen seine Werke in 60 Bänden. Heute zählt er jedoch zu den fast vergessenen Autoren. Seine letzten Lebensjahre verbrachte er in seiner Villa in Leoni am Starnberger See, wo er 1877 starb. Heute ist die Hackländer-Villa im Besitz der Münchner Volkshochschule.

Anstrengende Besuche Ludwigs bei Sisi in Possenhofen (1872)

Bei ihren Aufenthalten im »Hotel Strauch« in Feldafing besuchte die Kaiserin, wie erwähnt, gerne ihr Elternhaus, Schloss Possenhofen. Auch dorthin eilte Ludwig mehrfach von Schloss Berg zu Pferd oder auf seinem Dampfschiff »Tristan«, um sie zu besuchen.

So kündigte er am 21. September 1872 sein Erscheinen in Possenhofen an und ließ »gleichzeitig mitteilen, niemand außer Elisabeth dürfe anwesend sein. Die Kaiserin aber befiehlt, daß der Obersthofmeister Nopcsa und die Gräfin Festetics ihn erwarten. Pünktlich kommt er allein in einer à la Daumont bespannten Prachtequipage angefahren. Schnell vertauscht er seine Mütze, die schief auf dem schönen, welligen Haar sitzt, mit dem steifen österreichischen Tschako. Er trägt das Großkreuz des Stephansordens verkehrt und die Feldbinde, die man in Österreich am Gürtel trägt, quer über die Schulter, obwohl man ihn eines Besseren belehrt hat. Marie Festetics findet ihn einen ›schönen Mann mit den Allüren eines Theaterkönigs oder eines Lohengrin vom Hochzeitszug‹. Elisabeth begrüßt ihn herzlichst, will dann die Hofdame vorstellen; er sieht sie durchdringend mit seinen wundervollen Augen an, die schnell den Ausdruck wechseln und bald schwärmerisch sanft, bald wie ein Blitz schadenfroh aufleuchten. Da plötzlich wird das glühende, sprühende Auge kalt und ein förmlich grausamer Blick zuckt darin auf. Mit schwerfälligem Schritt geht der König neben der an seiner Seite mit ihrem elastischen Gang förmlich schwebenden Kaiserin ins

Haus.«[173] Ludwig himmelt sie an und versichert ihr immer wieder seine tiefe Zuneigung. Solche Visiten sind für Elisabeth anstrengend und oft ist sie erleichtert, wenn er sie wieder verlässt.

Vergnügte Stunden in der Villa Hornig in Unterallmannshausen (1873)

1870 erwarb der bereits oben erwähnte Richard Hornig auf einem kleinen Grundstück in Unterallmannshausen an der Seeleiten, unweit von Berg, ein Bauernhäuschen, das er für sich herrichten ließ. Am 10. Mai 1872 kam der König bei einem Spazierritt an dem Anwesen vorbei, übte Kritik an dem »modernen Styl«[174], plädierte für ein Haus im Schweizer Stil und legte ihm ein Jahr später den Plan für ein derartiges Bauwerk vor. Damit war klar, dass der König anstelle des Bauernhäuschens eine Villa errichten wollte. Hinter dem Haus sollte ein kleiner Wasserfall entstehen, was wegen des steilen Anstiegs gut möglich war. Vor dem Bau sollte der Platz für weidendes Vieh geschaffen werden. Zwar wagte Hornig mit Unterstützung des Hofrats von Düfflipp behutsamen Einspruch gegen den Vorschlag, doch der König ließ sich von seinem Vorhaben nicht mehr abbringen.

Während sich sein Stallmeister auf einer Dienstreise befand, entstand im Frühsommer 1873 in nur zwei Monaten das Schweizerhaus in Holzbauweise. Der König ließ es auf seinen Stallmeister überschreiben. Nur das oberste Zimmer reservierte er für sich. Von dem halbrunden Giebelbalkon aus bot sich ihm eine herrliche Aussicht auf den See und seine Landschaft. In den ersten Jahren hielt sich Ludwig II. jährlich des Öfteren dort auf, später dann wenigstens einmal im Jahr. Der letzte Besuch fand am 13. Mai 1885 statt, ein Jahr vor seinem Tod. »Am 13. Mai [1885]«, so notierte der königliche Mundkoch Theodor Hierneis, »wieder ein überaschender Befehl: nachts um ½ 12 Uhr ordnet der König an, das Diner in Seeleiten zu servieren. Es ist dies eine Villa am See, ungefähr eine halbe Stunde vom Schloss [Berg] entfernt, die dem Stallmeister Hornig vom König geschenkt wurde. Das ganze Diner mit allem Zubehör – Tafelgeschirr, Gläser, Wäsche, Weine usw. – muß also zusammengepackt und dorthin gebracht werden. Kaum sind wir mit

173 Corti, Egon Caesar Conte: Elisabeth. Die seltsame Frau, Salzburg/Leipzig 1936, S. 229f. (künftig: Corti).

174 Crailsheim, Hans-Jürgen Frhr. v.: »König Ludwig II und sein Schweizerhaus am Starnberger See«, in: Schermann, Karl: Starnberger See G'schichten, Percha 1986, S. 188ff. (künftig: Crailsheim, Schweizerhaus).

den Vorkehrungen fertig, erscheint auch schon der König und befiehlt, die Speisen aufzutragen.«[175] Wenn Ludwig in der Hornig-Villa anwesend war, verbrachte er die Zeit mit Lektüre und Spaziergängen im Garten, gelegentlich auch mit Billard- oder Kegelspiel.

Das großzügige Geschenk brachte für Hornig allerdings auch so manche Probleme mit sich. »Es ist tragisch, wie ihn das anspruchsvolle Besitztum finanziell überforderte und ihn im Laufe der Jahre in immer höhere Verschuldung trieb«, so Hans-Jürgen Freiherr von Crailsheim. »Trotz seiner besonderen Vertrauensstellung brachte er es aber nicht übers Herz, den König zu enttäuschen und ihm zu sagen, daß ihn sein großherziges Geschenk ohne weitere Hilfen an den Ruin bringen würde. Die vom König gewünschte Gartengestaltung verschlang hohe Summen für Grunderwerb und Ausbau; selbst Geschenke des Königs, wie ein vom Grafen Rambaldi 1875 erworbener eiserner Kiosk und verschiedene Gartenfiguren, verursachten kaum erschwingliche Folgekosten. Die Holzbauweise verlangte hohe Unterhaltsaufwendungen und die endlose Liste der Belastungen reichte von den Handwerkerhonoraren bis hin zur Besoldung eines Hausmeisters und den Futterkosten für die Kühe, die beim Aufenthalt des Königs vor der Villa zu weiden hatten. Trotzdem kämpfte Hornig tapfer und über lange Zeit auch erfolgreich um den Erhalt seines teuren Landhauses.«[176]

Obwohl Richard Hornig 1885 beim König in Ungnade fiel und aus dem Hofdienst entlassen wurde, kümmerte er sich nach dem Tod seines Gönners weiterhin um den Erhalt der Villa, da »hier der höchstselige, mir so gnädig gesinnte König so viele heitere und vergnügte Stunden verlebt hatte«[177]. Bemerkenswert ist, dass die Villa Hornig zu den frühesten von Ludwig II. initiierten Bauwerken gehört. Zwar lagen noch weitere Planungen für Schweizerhäuser vor, doch das einzig von ihm ausgeführte Schweizerhaus-Projekt am Starnberger See blieb die Villa Hornig an der Assenbucherstraße 79/81.

Der herrlichste Ausblick am Starnberger See: die »Rottmannshöhe«

Ob Ludwig II. diesen Ausblick in seinem Leben jemals genossen hat, ist nicht bekannt. Gehört davon hat er jedoch auf alle Fälle. Die »Rottmannshöhe«,

175 Hummel, Manfred: Wege zum Märchenkönig, München 2011, S. 179 (künftig Hummel).

176 Ebd., S. 189.

177 Ebd.

ein Hügel oberhalb Leoni, wurde bei einem Spaziergang von Carl Rottmann (1797–1850), einem der bedeutendsten Münchner Landschaftsmaler im frühen 19. Jahrhundert, entdeckt. Von ihm ist der Ausspruch überliefert: »Ich habe viel großartigere Gegenden gesehen, aber eine lieblichere kenne ich nicht.« Und deshalb ließ er sich auch auf der später nach ihm benannten Anhöhe eine Bank aufstellen, von der aus er häufig den Blick über die wunderbare Landschaft schweifen ließ. Gefördert wurde der Maler von Ludwigs II. Großvater, König Ludwig I., für den er mehrere Werke schuf, unter anderem die italienischen Arkadenfresken im Münchner Hofgarten und den Griechenlandzyklus der ehemaligen neuen Pinakothek. Ludwig I. liebte die bayerischen, griechischen und römischen, von Klarheit und atmosphärischem Leben erfüllten Landschaftsbilder Rottmanns, durch die dieser zum Begründer einer neuen heroisch gestimmten romantischen Landschaftsmalerei wurde.

Immer wenn der Maler von seinen zahlreichen Reisen nach Italien und Griechenland, die er im Auftrag Ludwigs I. durchführte, zurückkam, erholte er sich auf der Anhöhe über Leoni. Von diesem Platz war er derart begeistert, dass er des Öfteren auch Angehörige und Freunde zu seiner Entdeckung hinaufführte. Beim Aufstieg durfte sich keiner umblicken. Erst, wenn man genau an der Stelle mit dem schönsten Blick auf den See und die dahinter liegenden Berge angelangt war, erteilte Rottmann mit dem Ruf »Jetzt!« die Erlaubnis, sich umzudrehen, um die herrliche Landschaft auf sich wirken zu lassen.

Ein Jahr nach seinem Tod 1850 errichteten ihm Künstlerfreunde ein Denkmal und nannten den Platz zunächst »Rottmannsruhe«. Künstlerfeste, die dort gefeiert wurden, lockten bald auch Touristen an, was den Münchner Gastwirt Anton Kisser 1875 auf die Idee brachte, hier ein Luxushotel zu errichten. Damit machte er den beiden anderen Spitzenhotels am Starnberger See, dem »Hotel Strauch« in Feldafing, wo auch Kaiserin Elisabeth von Österreich die Sommermonate verbrachte, und dem direkt am See liegenden »Hotel Leoni« Konkurrenz. Mit der Ruhe war es nun vorbei. Vor allem die Hautevolée, darunter gekrönte Häupter, Adelige und betuchte Bürger wurden von dem Hotel angelockt. Von Starnberg kommend erreichten sie mit dem Dampfer Leoni, von wo ein Weg zur »Rottmannshöhe« führte. Ein besonders imposanter Blick ergab sich von der Dachterrasse des Hotels. Um den Anstieg zu erleichtern, wurde bald eine dampfbetriebene Drahtseilbahn eingerichtet, mit der die Besucher die 85 Höhenmeter mit 21-prozentiger Steigung vom Dampfersteg Leoni hinauf zum Hotel in nur neun Minuten überwinden konnten.

Sicher hat auch Ludwig II. von dem herrlichen Ausblick auf der »Rottmannshöhe« Kenntnis gehabt. Doch er mied diesen Platz wegen des Touristentrubels. Ob er von hier aus jemals den herrlichen Ausblick auf den See genossen hat, ist jedenfalls nicht überliefert. Mit Carl Rottmann, der 1850 starb – damals war Ludwig erst fünf Jahre alt – verband ihn nur der Kontakt zu dessen jüngerem Bruder Leopold Rottmann (1812–1882), der sein Zeichenlehrer wurde. 1861 beauftragte der König Leopold Rottmann unter dem Eindruck der Richard Wagner Oper »Lohengrin«, ihm dazu Kostüme, Szenerien und Gestalten zu malen.

Die »Rottmannshöhe« kann man auch heute noch besuchen, auch wenn die Seilbahn längst nicht mehr existiert und nur der Seilbahnweg nach oben führt. Das Hotel »Rottmannshöhe« wurde 1903 in ein »Sanatorium für Nervenkranke« umgewandelt und später bis 1964 von Jesuiten als Exerzitienhaus für Einkehrtage genutzt. »Du zahlst 12 oder 14 Mark«, spöttelte Oskar Maria Graf, »gehst zur Rottmannshöhe, musst drei Tage fasten und beten und kannst gereinigt wieder abziehen. Das Geschäft blüht.«[178]

Heute befindet sich dort eine Außenstelle der Kinder- und Jugendpsychiatrie der Münchner Heckscher-Klinik. Damit blieb dieser Gegend das, was sie ursprünglich war, ein Aussichtspunkt – nicht nur in eine unvergleichliche herrliche Landschaft, sondern ein tröstlicher Lichtblick für junge Menschen, denen dort geholfen wird, ihr späteres Leben positiv zu bewältigen.

Ludwigs Frankreichreisen als »Graf von Berg« (1874)

Wie sehr Ludwig Schloss Berg schätzte, zeigt auch die Tatsache, dass er sich bei seinen drei Reisen nach Frankreich, um sein Inkognito zu wahren, den Decknamen »Graf von Berg« zulegte. Alle diese Reisen startete er von Schloss Berg aus. Auf seiner ersten Reise im Juli 1867 besuchte er die Pariser Weltausstellung. Auf der zweiten Frankreichreise vom 20. bis zum 28. August 1874 drängte es ihn, endlich Schloss Versailles in Augenschein zu nehmen. Diese Reise – sie ging von Schloss Berg aus, wo er sich am 20. August aufhielt – war politisch sehr umstritten, da sie kurz nach dem Deutsch-Französischen Krieg stattfand, der 1871 mit einer demütigenden Nieder-

[178] Graf, Oskar Maria: Notizbuch des Provinzschriftstellers Oskar Maria Graf 1932. Erlebnisse, Intimitäten, Meinungen, München 2011, S. 20 (künftig: Graf, Notizbuch).

lage der Franzosen endete. Zudem fand ausgerechnet in Versailles auch die Proklamation des Preußenkönigs zum Deutschen Kaiser statt. Doch die französischen Zeitungen lobten Ludwig II. als sachkundigen Verehrer der Bourbonen. Hier entwickelte der König seine fixe Idee, ein Versailles auf Herrenchiemsee zu errichten. Es sollte sein teuerstes Bauwerk werden, das ihn schließlich ruinierte.

Während der Besichtigung des Parks von Versailles, der zu Ludwigs Bedauern für die Öffentlichkeit offen stand, äfften einige freche Versailler Jungen lachend den seltsamen Gang des »übergroßen, schon zur Schwere und Fülle neigenden Monarchen« nach. »Es sprach diese Gangart aller Natur Hohn«, so Gottfried vom Böhm. »Weitausschreitend warf er seine langen Beine von sich, als ob er sie von sich schleudern wolle, und trat dann mit dem Vorderfuß auf, als wolle er mit jedem Tritt einen Skorpion zermalmen. Dabei streckte er den Kopf ruckweise seitwärts und senkte ihn dann automatenhaft auf die niedere Erde herab.« Auch Graf Lerchenfeld beobachtete diese Gangart des Königs, »der bei jedem Schritt den Fuß bis zur Kniehöhe hob und dann mächtig auf den Boden fallen ließ.« Ludwig meinte, dass sich das für den König so zieme, das sei der »Königsschritt«. Am 28. August 1874 endete diese Reise und nach 8 Uhr abends traf der König wieder in Berg ein.

Ludwigs dritte und letzte Frankreichreise führte ihn 1875 nach Reims an die Stätte der Krönung und Salbung der französischen Könige, an den Ursprungsort des »sakralen Gottesgnadentums«. Auch nach dieser Reise kehrte er am 28. August wieder nach Schloss Berg zurück, wo ihn etliche Bilder an den Wänden an seine drei Frankreichreisen erinnerten.

Der König verfolgt Sisi nach München

Als sich Kaiserin Elisabeth im Herbst 1874 in Possenhofen aufhält und von dort nach München fährt, folgt ihr Ludwig von Berg aus. Sisi empfindet dies als aufdringlich und ist genervt. Doch der König zeigt diesmal nicht nur der Kaiserin, sondern auch ihren Damen gegenüber eine »ganz besondere Liebenswürdigkeit. Allerdings nach seiner Art. Zum Beispiel schickt er der Hofdame Festetics um halb zwei Uhr in der Nacht einen Flügeladjutanten mit einem Rosenbukett von hundert herrlichen Rosen, die von dunkelrot langsam zu weiß verlaufen, mit dem strengen Befehl, der Offizier habe es nur persönlich zu übergeben. Die Gräfin wird geweckt und schwitzt Blut über die zweideutige Situation, umso mehr, als das ganze Haus aus Holz ist und die Kaiserin direkt unter ihr wohnt. Am nächsten Tag ist die Abreise. Die arme Gräfin muß den Blumenstrauß, der, groß wie eine kleine Tischplatte, auf der Reise ein wahres Unglück ist, ins Abteil mitnehmen, weil ja Ludwig in München am Bahnhof wartet. Der König, den Elisabeth äußerst dick findet, erzählt von den Separatvorstellungen im Residenztheater, die er vorbereitet. Darunter interessiert die Kaiserin am meisten ein Stück aus der Zeit Ludwigs XIV. mit einer großen Jagdszene, bei der auch unzählige Hunde mittun. Ein Regenguß mit wirklichem Wasser soll dabei die Sensation sein. Nach kurzem Zusammensein erklärt der König der Kaiserin, er bitte, sie eine Strecke begleiten zu dürfen. Elisabeth ist das unangenehm, denn Ludwig geht ihr auf die Nerven und ist ihr umso unheimlicher, als es immer klarer wird, daß sein Bruder Otto dem vollen Irrsinn zutreibt. Marie Festetics muß helfen und dem Monarchen erklären, daß er der Kaiserin Dogge Shadow so unangenehm sei, sie dulde niemand, den sie nicht kenne. Ihre Majestät [die Kaiserin] habe eine solche Todesangst, daß der Hund ihn beißen könnte. Endlich versteht Ludwig II., bleibt zurück und läßt Elisabeth allein ziehen. Noch lange verfolgt die beiden des Königs schöner, aber merkwürdig grausam wirkender Blick.«[179]

Sofort nach der Begegnung mit Elisabeth zog sich Ludwig wieder in die Einsamkeit zurück, aus der er sich selbst durch Elisabeth immer weniger herauslocken ließ.

Zum Schachspiel zu Dr. Rudolf Magg nach Starnberg

Auch zu anderen Personen im Umkreis von Berg hatte Ludwig II. Kontakt. So fuhr er in den Jahren 1870 bis 1880 mehrfach von Schloss Berg vierspännig nach Starnberg zu dem gleichaltrigen Bezirksarzt und königlichen Hofrat Dr. Rudolf Magg (1845–1921), um mit diesem eine Partie Schach zu spielen. Dessen Haus befand sich in der Ludwig- /Ecke Maximilianstraße. »Der gegenüberwohnende Korbmacher Stamm konnte hören, wie der König auf die zahlreichen Verbeugungen des Bezirksarztes antwortete: ›Laß gut sein Magg, ich liebe die Zeremonie nicht!‹« [180]

Dr. Magg habe, wie es heißt, den König auf dem Totenlager in Schloss

[179] Corti, S. 271f.

[180] Eisert, Beatrice: Ludwig II. Leben. Wirken. Sterben, München 1979, S. 10 (künftig: Eisert).

Berg gesehen und am 14. Juni 1886 kurz nach Mitternacht, »um 12 Uhr 20 Min«[181], zusammen mit dem Bezirksarzt Dr. Heiß die Leichenschau vorgenommen. Während von beiden Ärzten im Protokoll nur kleine Schürfungen am Leichnam festgestellt wurden, soll Dr. Magg vor seinem Tod 1921 seiner Tochter Anna gestanden haben, in Wahrheit »furchtbare Schußwunden in Ludwigs Rücken«[182] entdeckt zu haben. Angeblich habe er auf Anordnung des Justizministeriums nichts davon erzählen dürfen. Maggs Tochter machte Aufzeichnungen von dem Geständnis ihres Vaters, die jedoch verschollen sind.

Maggs Villa wurde 1936 vom königlichen Hofzahnarzt Dr. Adolf Eisert erworben. Nach dessen Tod im Jahr 1950 wurde das Haus schließlich 1957 verkauft und später abgerissen. Heute stehen an dieser Stelle Wohnblocks.

Huldvolle Vorüberfahrt am Haus des Sängerehepaars Therese und Heinrich Vogl

Mit seiner Privatyacht »Tristan« kreuzte Ludwig II. gerne auf dem Starnberger See und fuhr auch zur Roseninsel, wo er sich mit von ihm auserwählten Gästen zu traulichen Zusammenkünften traf. Er steuerte aber auch andere Uferplätze an, so bei Schloss Possenhofen, wo seine Braut Herzogin Sophie wohnte, oder das »Hotel Strauch« in Feldafing, in dem sich in den Sommermonaten regelmäßig Kaiserin Elisabeth aufhielt.

Des Öfteren ließ er die »Tristan« auch an Ufergrundstücken vorbeifahren, die verehrten Personen gehörten, was eine ganze besondere Ehre darstellte. Wenn der König dann auch noch von seinem Dampfschiff aus huldvoll grüßte, herrschte bei den damit Bedachten eitel Freude.

Dies wiederfuhr einmal auch dem Sängerehepaar Therese (1845–1921) und Heinrich Vogl (1845–1900). Nach einem erfolgreichen Auftritt in der Münchner Hofoper überschüttete der König die beiden mit Lob und kündigte für den nächsten Tag seine huldvolle Vorbeifahrt an ihrem Grundstück nahe dem Tutzinger Dampfersteg an, bei der er die beiden dann auch wohlwollend grüßte. Außerdem sandte er Therese Vogl mehrfach auch Alpenrosen und andere Blumenbouquets ins Haus. Er schenkte ihr sogar das Pferd »Grane«, eines seiner »Lieblingspferde. […] So oft sie als Brünnhilde

181 Schweiggert/Adami, S. 181f.
182 Ebd.

in Wagners ›Götterdämmerung‹, auftrat, ritt sie es, wenn sie den verwegenen Sprung ins Feuer tat.«[183] Heinrich Vogl jun. berichtet in seinen Erinnerungen über dieses Pferd: »Ein bildschöner edler Hengst, der sich so fromm wie ein Lamm zeigte und dem König auf seinen Spaziergängen nachlief wie ein Hund. Wurde er des Pferdes überdrüssig, so erhob er den Stock und rief dem Tier [...] ›Marsch, geh heim‹ zu, worauf es gehorsam seinem Stall zutrottete. Es konnte auch einige Stufen steigen und war öfter in den Parterreräumen von Schloß Berg, wo ihm der König Brot und Zucker gab.«[184] Angeblich soll der König dieses Pferd sogar für den Feuersprung trainiert haben, da bei seinen Aufenthalten auf der Roseninsel gelegentlich nächtlicher Feuerschein zu sehen war.

Therese Vogls Gatte Heinrich musste auf Geheiß Ludwigs mehrfach nachts bei ihm erscheinen, um ihm eine Arie vorzusingen, was stets reichlich belohnt wurde. Danach wurde er wieder heimgefahren. Das Ehepaar Vogl galt als Nachfolger von Ludwig und Malvina Schnorr von Carolsfeld, die in der Uraufführung von Wagners Oper »Tristan und Isolde« 1865 in München in den Titelpartien brilliert hatten. Ihr erstes Engagement an der königlich bayerischen Hofoper hatte das Sängerpaar Vogl 1866. Seither wurde es vom König protegiert, da es ihn auch mit den schwierigen Partien von »Tristan und Isolde« begeisterte. 1870 kaufte sich das Ehepaar Vogl ein Haus in Tutzing am See. Dort trafen sie die Künstlerriege von Lenbach bis Kaulbach. In der Marienstraße 12 am Seeufer ließen sie sich 1871 einen achteckigen spätklassizistischen Pavillon erbauen, in dem 1873 auch der Komponist Johannes Brahms zu Gast war, der sich an dem zauberhaften Blick über den See nach eigenen Worten »nicht sattsehen« konnte und hier symphonische Konzerte und Haydn-Variationen komponierte. 1874 verlieh ihm Ludwig II. den »Bayerischen Maximiliansorden für Wissenschaft und Kunst«. Therese und Heinrich Vogl, die sich am Starnberger See wohl fühlten, erwarben 1875 das Gut Deixlfurt in Tutzing, aus dem sie ein Mustergut machten. An der Oper spöttelte man deshalb über Heinrich Vogl: »Heute singt er Tristan, morgen fährt er Mist an.«[185]

[183] Tschudi, Clara: König Ludwig II. von Bayern, Leipzig 1911, S. 183 (künftig: Tschudi).

[184] Vogl, Heinrich jun.: Ernste und heitere Erinnerungen aus vergangener großer Künstlerzeit. 33-seitiges Manuskript im Gemeindearchiv Tutzing, zitiert nach: Wiede, S. 15.

[185] Ebd.

Zum »Familiengewurstel« nach Feldafing (1876)

Im Juli 1876 reiste Elisabeth »allein mit ihrem neuen Liebling, dem schönen Schäferhund Plato, der nun Shadows Platz einnimmt nach Feldafing. Ein kurzer Besuch des Königs von Bayern ist schnell überstanden, und nun geht das ›Familiengewurstel‹, wie Elisabeth ihren häuslichen Kreis nennt, los.«[186] Sisi hatte sieben Geschwister, die alle verheiratet waren und zum Teil auch Kinder hatten. War auch nur ein Teil von ihnen anwesend, wenn Sisi zu Besuch kam, entstand tatsächlich ein ziemliches Gedränge im Schloss, von Sisi als »Familiengewurstel« bezeichnet, das Ludwig II. sicher zuwider war. In einem Gedicht schildert die Kaiserin anschaulich, welchen Lärm bei solchen Anlässen die »bayerische Sippschaft« zu veranstalten wusste: »Die Kinder schrei'n, die Spitze bellen / Aus jedem Fenster tönt Clavier; / Und extra noch mein Ohr zu quälen, / Singt eine Dame Skalen hier. // Nun hab' ins Thal ich mich verkrochen; / Bin ich erlöst? O point du tout! / Die Sippschaft kommt mir nachgezogen / Und stört auch dort noch meine Ruh!«[187] Und wenn dann auch noch Ludwig zu Besuch kam, war das Maß voll, denn er beanspruchte seine Cousine vollends für sich.

1876 teilte der preußische Gesandte Georg Freiherr von Werthern dem Reichskanzler Bismarck mit, der König von Bayern sei in Geldverlegenheiten. Ob bei Ludwigs damaligem Besuch in Feldafing auch die beginnende Zahlungsunfähigkeit der Kabinettskasse zur Sprache kam, die dem König Sorgen bereitete, ist nicht bekannt. Aufgewühlt davon war er jedenfalls, wie er am 12. Juli an Richard Wagner schrieb: »Die bockbeinigen, nichts leistenden, nie endenden Kammern machen mir viel Ärger und Verdruß. Hie und da thut energisches Dreinfahren wirklich noth, wie ich nicht ganz ohne Erfolg vorigen 19. Oktober es versuchte.« Im selben Brief äußerte der König seine Vorfreude, Richard Wagner bald wiederzusehen: »O wie freue ich mich auf die seligen, Himmelsfreuden bringenden Tage des August! [...] In Bayreuth will ich ganz dem Genusse der hehren Festspielaufführungen mich weihen. O wie freue ich mich darauf, nach so langer Trennungsfrist Sie endlich wiederzusehen, innigst geliebter, treu verehrter Freund! Alles, was an eine Ovation von Seite der Bevölkerung auch nur streift, wünsche ich fern gehalten. [...] Ich komme, um an Ihrer großen Schöpfung mich zu la-

186 Corti, S. 291.

187 Schad, Martha: Zu Gast bei Kaiserin Elisabeth und König Ludwig II. München 2004, S. 222.

ben, zu begeistern, um Geist und Herz zu erfrischen, nicht um neugierigen Gaffern mich zu produciren und mich als Ovationsopfer herzugeben.«[188]

Villa Piloty in Ambach (1877)

Der Münchner Historienmaler Carl Theodor von Piloty (1826–1886) wurde 1860 von Ludwig II. geadelt. »Als ihm im Jahre 1869 die Direktorstelle der Berliner Akademie angeboten worden war, richtete Ludwig II., um ihn in München festzuhalten ein schmeichelhaftes Handschreiben an ihn, ließ seine Verhältnisse günstiger gestalten und durch das Kultusministerium die Ausführung seines Gemäldes ›des Einzuges des Germanicus in Rom‹ (mit der würdevollen Gestalt von Thusnelda) bei ihm bestellen.«[189] 1874 wurde Piloty zum Direktor an der Münchner Akademie der Bildenden Künste ernannt und 1877 erhielt er vom König in Ambach, Seeleiten 60, eine Villa zum Geschenk. (Sie wurde 1983 bis auf wenige Reste leider abgebrochen.) Als Piloty den König bat, er möge ihm gestatten, die für ihn ausgebaute Seestraße, die in seinen Augen ungünstig zwischen Haus und Seeufer verlief, hinter die Villa verlegen zu dürfen, erfüllte ihm der König 1878 auch diesen Wunsch. Außerdem ließ er dem Künstler von Südtirol eine Almhütte auf sein Grundstück bringen, in dem sich Piloty mit Künstlerfreunden treffen konnte.

Carl Theodors Vater, Ferdinand Piloty der Ältere (1786–1844), und sein Bruder, Ferdinand Piloty der Jüngere (1828–1895) waren ebenfalls bekannte Maler. Von Letzterem stammt das berühmte Gemälde »König Ludwig II. von Bayern in Generalsuniform«, entstanden 1865. Die Pilotys waren Ludwig II. also nicht unbekannt. Vor allem schätzte er Carl Theodor von Pilotys Arbeiten, halfen seine Bilder doch mit, den neuen Glauben ans Vaterland zu vertiefen, nicht ans deutsche, sondern ans bayerische Vaterland. Damit unterstützten sie den Anspruch des Bayernkönigs auf eine führende Rolle Bayerns im Prozess der Einigung. Pilotys Bilder waren also so etwas wie Reklame für die bayerische Sache. Am deutlichsten wurde das an jenem Bild, das als sein nationalstes gilt: »Thusnelda im Triumphzug des Germa-

188 Strobel, Wagner-Briefwechsel, Band 3, S. 81: Brief Ludwigs II. an Richard Wagner vom 12. Juli 1876.

189 Böhm, Gottfried, S. 748.

nicus«. An dem 4,90 mal 7,10 Meter großen Gemälde malte Carl Theodor von Piloty seit 1869, nachdem er von König Ludwig II. den Auftrag dazu erhalten hatte. Als das Bild 1873 zur Wiener Weltausstellung fertig wurde, richteten sich alle Augen auf die aufrechte, stolze Thusnelda. Man sah in ihr eine standhafte Germania – Ludwig II. eher eine stolze Bavaria –, die auch im Augenblick tiefster Erniedrigung unbeugsam bleibt. Später wurde das Bild in die Neue Pinakothek in München aufgenommen.

Dampferfahrten mit Freiherr von Hirschberg (1880)

1879 lernte der König den 27-jährigen Staatsanwaltssubstituten Anton Freiherr von Hirschberg (1853–1924) kennen. Ludwig wollte ihn als idealen Freund ständig in seiner Nähe haben und lud ihn zu nächtlichen Tafeln, Ritten und Kahnfahrten auch nach Berg ein. Anfänglich war Hirschberg sogar als Nachfolger für Kabinettsekretär Friedrich von Ziegler vorgesehen und viele sahen in ihm schon den künftigen Flügeladjutanten. Der König »bot ihm einen Grafentitel, ein Lehen und eine Villa an«[190], was der Freiherr in seiner Bescheidenheit jedoch nicht annahm. Lediglich eine Beförderung zum Legationsrat schlug er nicht aus.

An einem schönen Tag im Oktober 1880 durfte Hirschberg den König am Nachmittag und ein zweites Mal am Abend mit dem Dampfschiff »Bavaria« auf zwei Rundfahrten begleiten, was eine hohe Ehre darstellte.[191] Dieser 51 Meter lange im Renaissancestil gestaltete luxuriöse Salondampfer mit Platz für 1000 Fahrgäste war mit königlicher Genehmigung im April 1878 vom Stapel gelaufen. Doch auch der anfänglich enge Kontakt der beiden, bei dem ihm Ludwig sogar das Du anbot, dauerte wegen etlicher Meinungsverschiedenheiten nicht lange. »Nichts war ihnen gemeinsam«, urteilte Gottfried von Böhm, »weder Liebhabereien noch Interessen, weder Gefühle noch Überzeugungen. Hirschberg war intelligent und hatte ein gesundes, meistens richtiges Urteil über Menschen und Dinge; aber er verließ niemals den Boden der Wirklichkeit und es fehlten ihm die Flügel der Phantasie, um mit Ludwig II. Ausflüge in das Reich der Ideale zu unternehmen.«[192]

[190] Reichold, 2003, S. 44.

[191] Heißerer, Dirk: Die Maxhöhe. Vom Dampfschiff zum Windrad, Berg am Starnberger See 2002, S. 29.

[192] Böhm, Gottfried, S. 513.

Die störrischen Ziegenböcklein des Malers Colombo Max (um 1880)

Gabriel von Max (1840–1915), der berühmte Maler und Professor für Historienmalerei an der Königlichen Akademie der Bildenden Künste in München, lebte in der 1871 errichteten Villa im Münsinger Ortsteil Ammerland. Sein Sohn, der Maler Colombo Max, erinnert sich an eine Begegnung mit Ludwig II., die sich in seiner Kindheit ereignete:

»In den letzten Jahren seines Lebens zog Ludwig II. meist nachts an unserem an der Seestraße gelegenen Anwesen vorbei. Jenes eigentümliche Getrappel der galoppierenden Pferde war uns Kindern wohlbekannt und wir flüsterten uns zu: ›Der Kini kimmt!‹
Abends, wenn wir im Bett lagen, sahen wir oft gespenstisch den Widerschein der Fackeln an der Zimmerdecke vorüberhuschen und wußten, daß der König in seinem Prunkwagen oder Barockschlitten vorbeizog, wahrscheinlich wieder zu einem seiner Schlösser eilend.
Eines Tages ›kutschierten‹ meine zwei Geschwister und ich mit unserem an ein Leiterwägelchen gespannten Ziegenböckchen auf der Seestraße entlang. Dieser Weg war an beiden Seiten durch einen Zaun begrenzt; lediglich die Garteneingänge ermöglichten ein Verlassen dieser unserer kleinen ›Rennbahn‹.
Plötzlich ertönte das uns vertraute Pferdegetrampel. Schnell versuchten wir, unser ›Zugtier‹ anzuhalten und uns alle in den nächsten Garten zu retten. Zu unserem Entsetzen jedoch widersetzte sich unser Böckchen aufs heftigste: die Beine breitspurig eingestemmt, die munteren Augen boshaft zum Boden gesenkt, so behauptete es seinen Platz. Zuerst redeten wir ihm gut zu, dann begannen wir zu ziehen und zu zerren, aber es schien sich aus der vergeblichen Mühe einen Spaß zu machen; ein mehrfaches Auf- und Niedernicken mit dem Kopf blieben die einzige Reaktion. Und schon sprengte bereits der Vorreiter heran, von weitem schreiend und befehlend, sofort die Straße zu räumen. Noch ein Leibjäger kam heran und sah uns arme Würmer vorwurfsvoll und grimmig an. Dann kam auch bereits der Wagen des Königs. Wir wußten weder ein noch aus, verzweifelt rissen und zerrten wir an unserem ›Sündenbock‹ herum, jedoch unsere panische Angst verhinderte jegliche gemeinsame Anstrengung. Zunächst sah der König erstaunt aus seiner Kutsche, etwas mißtrauisch und verärgert. Aber dann schien ihm dieser Vorgang Freude zu machen. Sichtlich amüsiert beobachtete er unsere zunehmende Ratlosigkeit. Endlich gelang

es dann dem Leibjäger, das Ziegenböckchen in den nächsten Garten zu leiten. Nochmals lächelte der König uns zu und grüßte mit einer Handbewegung aufs herzlichste. Mit hängenden Ohren schlichen wir in unsere Gärten und konnten es einfach nicht fassen, daß der uns als so grimmig dargestellte Monarch kein Wort des Unmutes oder Ärgers verloren hatte. Seitdem begannen wir Kinder ihn zu lieben.«[193]

Ludwigs Besuche beim kranken Bruder Otto in Fürstenried (1883)

Ab 1883 eilte Ludwig von Berg aus gelegentlich auch zu seinem kranken Bruder Otto ins Schloss Fürstenried, wenn dieser wieder einmal von einem Tobsuchtsanfall geplagt wurde. Und dabei scheute er selbst stürmisches Wetter nicht, wie Hans Steinberger berichtet: »Brausend fegt und heult ein schwerer Sturm über den See einher, stöhnend beugen sich die Baumriesen des Schloßparkes unter dem wilden Anprall der Windsbraut, da jagt der Königswagen auf der einsamen Waldstraße nach Fürstenried dahin. Das Zucken der Blitze, das Krachen der Donnerschläge und das wütende Sausen des Sturmes gleichen dem brennenden Schmerze, der die Brust des Königs durchwühlt. Dem schwer leidenden Bruder gilt die eilige Fahrt. Ein erschütternder Gedanke ist es, daß der Ehrfurcht vor der Majestät die tobende Macht des Wahnsinns in dem armen Prinzen weicht, daß dieser inmitten der heftigsten Anfälle, welchen die Ärzte angesichts der von dem König strenge gebotenen Schonung macht- und ratlos gegenüberstanden, der Autorität, dem milden, herzlichen Zuspruche des Königs sich beugt und so der Bruderliebe gelingt, was der Wissenschaft versagt ist. Was des Königs mitfühlendes Herz in jenen Stunden gelitten, wenn er die grauenhafte Zerstörung des frohen Genossen seiner Jugend mit überquellendem Weh schauen mußte, weiß Gott allein!«[194]

Solche Besuche wurden jedoch immer seltener. Ludwigs Verhältnis zu seinem Bruder wurde in dem Maße distanzierter, in dem sich Ottos geistige Erkrankung unaufhaltsam verschlimmerte: »[…] der Anblick des schrecklichen Vorbildes wurde Ludwig II. allmählich unerträglich.«[195] Er verkraftete

[193] Hausner, M. Hermann: Ludwig II. von Bayern. Berichte der letzten Augenzeugen, München 1961, S. 57 (künftig: Hausner).

[194] Steinberger, Hans: Ludwig II. von Bayern. Der Romantiker auf dem Königsthron, Prien 1916, S. 124f.

[195] Böhm, Gottfried, S. 638.

es nicht mehr, mit dem Leiden Ottos, von dem auch er sich bedroht sah, unmittelbar konfrontiert zu werden.

»In scharfem Tempo« zu Separatvorstellungen (1872 bis 1885)

Als Ludwig 27 Jahre alt wurde, reifte in ihm der Entschluss, Theateraufführungen ganz alleine, also ohne Publikum, zu genießen. Es entstanden die berühmten Separatvorstellungen, die am 6. Mai 1872 ihren Anfang nahmen und mit dem 12. Mai 1885 endeten. In diesen dreizehn Jahren fanden insgesamt 209 Separatvorstellungen statt. Es kamen dabei 154 Schauspiele, 44 Opern und 11 Ballette zur Aufführung. Den Spielplan bestimmte der König ganz allein. Verteilt man die Anzahl der Aufführungen auf die dreizehn Jahre, so sah sich der König im Durchschnitt pro Jahr 16 Sondervorstellungen an, also pro Monat ein bis zwei. Zumeist aber konzentrierten sich die Termine auf das Frühjahr und den Frühherbst.

Der König kam zu diesen Veranstaltungen zwar nach München ins Hoftheater, zog sich danach aber meist wieder rasch nach Schloss Berg, Hohenschwangau, Linderhof oder in eine seiner diversen Jagdhütten zurück.

1885 kam er »eigens für die Aufführung des indischen Zaubermärchens ›Urvashi‹ nach München, nahm in der Pause ›Tartines‹ (belegte Brötchen) zu sich und reiste, nachdem der Vorhang gefallen war, augenblicklich nach Berg zurück, ließ sich aber während der Fahrt im Hofzug noch ein üppiges Souper servieren.«[196] Nur in der Einsamkeit konnte der König die erlebten Aufführungen in aller Ruhe geistig verarbeiten und nachwirken lassen.

Über die letzte Aufführung vom 12. Mai 1885 berichtet Philipp Fürst zu Eulenburg-Hertefeld Folgendes: »Ich machte vorgestern einen Ausflug nach Starnberg. Der dortige, mir freundschaftlich ergebene Bahnhofs-Inspektor teilte mir unter dem Siegel der Verschwiegenheit mit, daß Se. Majestät um 6 Uhr abends im Wagen, auf der Fahrt nach Schloß Berg, Starnberg passieren werde, um den Königlichen Extrazug, in dem er um 7 Uhr sein dejeuner (er steht um 4 Uhr nachmittags auf), einnehmen würde, in Mühlthal zu besteigen. Ich hatte niemals den Herrscher dieses Landes gesehen und nahm, die Gelegenheit dieses seltenen Genusses freudig ergreifend, an einer mir bezeichneten Stelle Aufstellung. Nach kurzer Zeit rollte ein geschlossener Wagen vorüber. In demselben saß ein hoher Hofbeamter in Uniform, ein

[196] Reichold, Endl, S. 167.

anderer in Frack und weißer Binde – rückwärts zwei Soldaten der Chevauxlegers. Fünf Minuten später kam der König in offenem Zweispanner, einen Vorreiter voraus. Mit dem schwarzen Radmantel, dem breitkrämpigen Hut auf den wallenden schwarzen Locken, dem bleichen Gesicht und den großen braunen Augen sah er aus wie der ›fliegende Holländer‹ – von einem sehr dicken Bariton gesungen. Er grüßte mich huldvoll und mit theatralischer, königlicher Würde.

Trotz des sehr scharfen Tempos seiner Braunen und trotz des Königlichen Eindrucks war mir der auserwählte Soldat der Chevauxlegers auf dem Bocke nicht entgangen. [...] Er hat auch, wie ich erfuhr, nach stattgehabter Separat-Vorstellung im Hoftheater, den König auf der Rückfahrt in dem Dampfschiff von Starnberg nach Schloß Berg, früh um 4 Uhr, allein begleitet. Man sagte mir, er sei hinter dem König, als dieser das Dampfboot bestieg, mit einem Riesenbouquet in voller Unkenntnis europäischer höfischer Haltung, froschartig zusammengebeugt über den Steg geschlichen. Zu seiner Uniform habe er keinen Säbel, aber dafür ein Paar gestickte Hausschuhe getragen. Vermutlich haben seine knarrenden Kommisstiefel nicht den Allerhöchsten Beifall gefunden.«[197] An anderer Stelle wiederholt Fürst Eulenburg-Hertefeld, dass »auf den vorgestreckten Füßen [des Chevauxlegers] buntgestickte Hausschuhe steckten, denn der König ertrug nicht den harten Laut des Soldatenschritts in seiner Nähe«.[198]

Zum »Postwirt« nach Seeshaupt

1857 war dem Wirt Rasso Vogl erlaubt worden, bei seinem an der Südspitze des Starnberger Sees gelegenen »Gasthof zur Post« eine »königliche Poststallung und Postexpedition« einzurichten. Damit entstand hier eine wichtige Station für Pferde- und Wagenwechsel. Ludwig II. nahm auf seinen Ausritten und Fahrten mehrfach Quartier im extra für ihn eingerichteten »Königszimmer« im ersten Stock des Gasthofs, denn es lag am Weg zwischen Berg und seinen Bergresidenzen und Schlössern. Für die Strecke von Berg zum Schloss Neuschwanstein benötigte die Kutsche etwa acht Stunden. Üblicherweise erfolgte ein Pferdewechsel alle zwei Stunden und eine

197 Eulenburg-Hertefeld, Philipp Fürst zu: Das Ende König Ludwigs II., Frankfurt am Main/Leipzig 2001, S. 136ff. (künftig: Eulenburg-Hertefeld).

198 Ebd., S. 68.

der Wechselstationen war der »Gasthof zur Post«. Eine besondere Ehre widerfuhr den Wirtsleuten Vogl, als der König sein Pferd Gunloed von dem Maler Friedrich Wilhelm Pfeifer vor dem »Gasthof zur Post« in Seeshaupt malen ließ. Auf der Treppe ist die Wirtin Anna Vogl abgebildet, die für Ludwig II., wie es heißt, gelegentlich sogar Briefe an Kaiserin Elisabeth nach Feldafing brachte.

Seeshaupt und der »Gasthof zur Post« sind schicksalhaft auch mit dem Tod Ludwigs II. verbunden. Dazu mehr im Kapitel »Das Ende Ludwigs II. in Schloss Berg«.

Wie alle diese Episoden zeigen, war Ludwig II. bei seinen Aufenthalten in Schloss Berg immer auch rund um den Starnberger See unterwegs. Er kannte alle Orte nicht nur am Ost-, sondern auch am Westufer, zu denen er regelmäßig Ausflüge unternahm. Der See war ihm mehr Heimat, als das seiner Residenzstadt München jemals gelang.

Politische Refugien Ludwigs II. in Schloss Berg am Starnberger See

Aufenthalte in Schloss Berg und auf der benachbarten Roseninsel spielten nahezu bei allen wichtigen politischen Ereignissen im Leben Ludwigs II. auf die eine oder andere Weise eine Rolle, so bei den Kriegen 1866 und 1870, ebenso bei der Reichsgründung 1871 und nicht zuletzt auch bei seiner Entmündigung 1886. In Schloss Berg entwickelte er Ideen zur Einrichtung eines königlichen Geheimbundes – »Coalition« genannt – und immer wieder nahmen hier auch die mehrfach geäußerten Abdankungspläne erste Gestalt an.

Schloss Berg und die Roseninsel waren für Ludwig II. stets willkommene Rückzugsorte, wenn es darum ging, politischen Konflikten aus dem Weg zu gehen. Drangen Minister und Kabinettsekretäre dennoch in dieses Heiligtum ein, wenn dringende politische Entscheidungen anstanden, entzog sich der König ihren Zudringlichkeiten oft genug durch stundenlange Ausritte in die Umgebung oder durch mehrtägige Ausflüge in seine Berghütten.

In Schloss Berg spielten sich aber auch dramatische Szenen ab. Somit war Berg nicht, wie oft behauptet wird, ausschließlich ein Ort der Idylle, sondern mehrfach auch eine Stätte, wo der König bittere Enttäuschungen zu verarbeiten hatte oder gar »Höllenqualen« litt. Letzteres war vor allem der Fall, als sich hier Mitte Juni 1886 die Aufsehen erregende »Königskatastrophe« ereignete.

Im Folgenden sind die wichtigsten Ereignisse geschildert, in denen Ludwig II. Schloss Berg und die Roseninsel als politische Refugien nutzte.

Ludwig II. diktiert sein Regierungsprogramm (1864)

Als sich Ludwig im Mai 1864 als eben inthronisierter König erstmals in Schloss Berg aufhielt, diktierte er seinem Kabinettsekretär Franz Seraph von Pfistermeister die Eckpunkte seines Regierungsprogramms, das dieser an den künftigen Justizminister Eduard von Bomhard weiterleiten sollte.

In Pfistermeisters Schreiben vom 17. Mai 1864 sind die höchst interessanten »Hauptnummern dieses Programmes« des jungen Königs wie folgt aufgelistet:

> »Fernhaltung des Parlamentarismus, Erhaltung des Schwerpunktes der Regierungsgewalt in der Hand des Monarchen, Aufrechterhaltung der Grundsätze Max' II., Befolgung einer wahrhaft deutschen Politik mit ungeschmälerter Aufrechterhaltung der Integrität und Selbständigkeit Bayerns, das an der Spitze der Mittelstaaten bleiben und das bisherige Ansehen nach Außen wahren soll, Fernhaltung einer prinzipiellen Umbildung der Kammer der Reichsräte, Beschränkung des Wirkungskreises der Kammer der Abgeordneten auf ihren bisherigen Rechtsbesitzstand, milde Behandlung der Israeliten, jedoch Ausschließung derselben vom Richter- und Verwaltungsdienst, ungeschmälerte Aufrechterhaltung der Militärhoheit usw. usw. Dem neuen Minister wurde ferner nicht nur eine strengere Handhabung der Disziplin über die Advokaten und Notare, sondern auch eine Änderung des ›jetzigen‹ Zustandes auferlegt, in dem die Staatsregierung sich ihres legitimen Einflußes auf die Kontrolle der politischen Haltung des Richterstandes begeben habe.«[199]

An dieses ultrakonservative Programm hielt sich Ludwig II. im Wesentlichen während seines Lebens.

Der König erklärt sich für geisteskrank und regierungsunfähig (15. Mai 1866)

Im Frühjahr 1866 nahmen die Spannungen zwischen Preußen und Österreich, dessen Bündnispartner Ludwig II. war, immer mehr zu und ein Krieg mit Preußen stand unmittelbar bevor. Da der König keinen Krieg wollte, konnte er sich zunächst nicht entschließen, die Mobilmachung anzuordnen. Doch schließlich gab er am 10. Mai dem Druck der Regierung nach und erteilte den Mobilmachungsbefehl. Danach zog er sich deprimiert nach Schloss Berg zurück. Er sei München ja nahe genug, wenn weitere Entscheidungen zu treffen seien, äußerte er. Das Ministerium war über eine solche Einstellung in diesen schwierigen Zeiten schockiert und in München

[199] Böhm, Gottfried, S. 35.

herrschte große Unzufriedenheit, wie der dortige Polizeidirektor Pfeufer meldete. Wo sollte man Seine Majestät denn suchen, wenn Sie von Berg aus zu Reitausflügen mit unbekanntem Ziel oft stundenlang verschwand?

Am 15. Mai begab sich Kabinettsekretär Franz Seraph von Pfistermeister nach Berg, wo er den König in höchst erregtem Zustand antraf. Sofort schrieb er von dort dem Leibarzt Dr. Gietl:

»Verehrter Herr Geheimer Rath!
S. M. der König war heute Mittags so aufgeregt, daß Er ganz elend aussah und mir Aufträge an Sie ertheilte, die ich gar nicht in die Feder nehmen kann. Er sprach von Abdanken unter dem Vorgeben, daß er geistig nicht ganz gesund sey, um dann in die Schweiz gehen u. dort leben zu können u. ähnliche Dinge mehr.
Der Grund scheint mir in Folgendem zu liegen: Gestern u. heute stellten Coll.[ege] Lutz u. ich Seiner Maj. ernsthaft u. dringend vor, daß es eben doch sehr wünschenswerth wäre, wenn Ah. demnächst die Kammern persönlich eröffneten. Bei der großen Abneigung, die der König eben gegen die Abhaltung dieser Feyerlichkeit hegt, mag das beharrliche Zureden u. die Hinweisung auf die Mißstimmung, welche die Unterlassung persönlichen Auftretens jetzt ohne Zweifel im Gefolge hätte, aufregend u. beunruhigend auf Ihn gewirkt haben. Er arbeitete sich in den Stunden des Alleinseyn's noch weiter in den Verdruß hinein u. kam dabei auch auf den bittern Gedanken, daß er persönliche Opfer auf sich nehmen u. dabei doch – weiß der Himmel auf wie lange – Hrn. R. Wagner noch immer nicht bei sich haben sollte. Dieß brachte Ihn weiter auf die Idee, lieber zu Gunsten des Prinzen Otto, der ja jetzt volljährig sey, abzudanken u. in die Schweiz zu Wagner zu ziehen, als hier allein auf dem Throne zu trauern. Alles Einwenden war vergeblich, vergeblich sogar die Hindeutung darauf, daß Hr. Wagner der Erste seyn würde, dem ›Königlichen Freunde‹ den Rücken zu kehren, sobald dieser ihm nichts mehr geben könnte oder doch nicht so viel, um Wagner'sche Bedürfnisse zu decken.
Alles war vergebens: S. Maj. bestand darauf, daß ich an Ew. Hochwohlgeboren das Ersuchen richten sollte, das Eingangs Erwähnte in München herum zu streuen.
Ich thue es hiemit auftraggemäß, natürlich in der festen u. sicheren Voraussetzung, Sie werden, hochverehrter Herr Geheimer Rath, von selbst nicht von der Ferne daran denken, einem solchen Ersuchen zu entsprechen. Aber darum bitte ich, lieber Herr Geheimrath, mir doch gütig Ihre

Meinung mitzutheilen, was bei solcher tiefgehenden Aufregung unseres a[ller] gn[ädigsten] Herrn zu seiner Besänftigung vorzukehren u. was dabei überhaupt zu thun. Nachdem Er 1 ½ Stunden mit mir über solche Dinge verhandelt, ist Er Nachm. 3 Uhr über Seeshaupt auf die [Rosen] Insel zur Tafel fortgeritten u. kam dabei gleich wieder, wie die letzten Tage ein Paar Mal, in einen tüchtigen Regenschauer. Das wird Ihn wohl kühlen, seiner Gesundheit aber wenig zuträglich seyn. Doch läßt sich das nicht ändern.«[200]

Obwohl Dr. Gietl Pfistermeister darum gebeten hatte, diese Information nicht »herumzustreuen«, verbreitete sie sich. So schrieb Gustav Graf Blome, der österreichische Gesandte in München, einen Monat später: »Man fängt an, den König für irrsinnig zu halten.«[201] Zu diesem Zeitpunkt war Ludwig erst zwei Jahre König.

Am 15. Mai 1866 teilte der König Wagner, der sich nach seiner Ausweisung aus München in der Schweiz aufhielt, in einem Schreiben mit, er »empfinde Höllenqual«. Wagner möge sofort zu ihm an den Starnberger See kommen, »zwischen Berg und Seeshaupt ließe sich leicht eine Wohnung finden. […] Es könnte ja auch die Freundin [gemeint ist Cosima] mit ihren Kindern in die Nähe ziehen! Was wäre das für ein Sommer! Im Winter wohnt dann der Theure wieder in Seinem Hause, ich will für Seine Sicherheit, Seine Ruhe bürgen. Ich möchte abdanken; auch dieses fiele mir leicht, wenn ich annehmen könnte, daß der Freund es will.«[202] Doch das wollte Freund Wagner nun ganz und gar nicht, wie er dem König auch sofort zu verstehen gab: »Edler, geliebter, wundervoller Freund! Ein halbes Jahr Geduld! – Versagen Sie Sich die tröstliche Zurückgezogenheit in Berg; halten Sie Sich in Ihrer Residenz auf: bleiben Sie beim Volke, zeigen Sie sich ihm.«[203] Diesen Vorschlag fand Ludwig nun seinerseits nicht gut, wie er Wagner am 17. Mai aus Berg klagte: »Ach noch ein halbes Jahr, das wäre hart und viel könnte in der Zwischenzeit verloren gehen. Ein Hoffnungsstern steigt in mir auf. Ich sende einen Treuen, den Einzigen auf welchen ich mich von meiner jet-

200 Hommel, S. 78f.

201 Nachricht Gustav von Blomes an den österreichischen Außenminister Alexander Graf von Mensdorff vom 14. Juni 1866, zitiert nach Corti, S. 147.

202 Strobel, Wagner-Briefwechsel, Band 2, S. 35f.

203 Ebd., S. 37.

zigen Umgebung verlassen kann.«[204] Damit war Paul von Thurn und Taxis gemeint, den er drei Tage später, am 20. Mai, in die Schweiz zu Wagner beorderte, bevor er dann selbst am 22. Mai 1866 in Triebschen eintraf, um dem Komponisten persönlich zu seinem 53. Geburtstag zu gratulieren.

Heimliches Verschwinden aus Schloss Berg (22. Mai 1866)

Ministerpräsident Ludwig Freiherr von der Pfordten begab sich am Vormittag des 22. Mai 1866 mit wichtigen Depeschen und Unterlagen nach Schloss Berg. Dort hieß es, der König sei ausgeritten. Pfordten beschloss, seine Rückkehr abzuwarten. Stunde und Stunde verging. Es wurde Mittag, es wurde Nachmittag. Wie lange würde der Morgenritt des Königs denn noch dauern, fragte sich Pfordten voller Ungeduld. Und wo war der Flügeladjutant des Königs, Fürst Paul von Thurn und Taxis? Auch er war nicht zur Stelle. Er hatte schon vor ein paar Tagen das Hoflager verlassen, wohin war unbekannt. Schließlich fragte man an allen Orten nach, wohin sich der König begeben haben könnte, in Kochel, Oberammergau und Füssen, den Talstationen für die verschiedenen königlichen Berghäuser, in die er sich gerne zurückzog. Doch nirgends war Seine Majestät aufgetaucht. Jetzt dehnte man die Anfragen auf die Grenzstationen aus. Aus Lindau kam die Aufklärung. Ja, der König war mit dem Schnellzug dort angekommen, nur von einem Reitknecht begleitet, und hatte den Dampfer bestiegen, der ihn über den Bodensee in die Schweiz brachte. Pfordten fiel es wie Schuppen von den Augen: Natürlich, der König war in aller Heimlichkeit nach Luzern gefahren zu Richard Wagener in dessen Haus in Triebschen. 22. Mai, ganz klar, es war ja Wagners Geburtstag! Und das mitten in einer Zeit schwerster Entscheidungen. Es ging um Krieg oder Frieden mit Preußen. Es ging um die kriegsmäßige Ausrüstung der bayerischen Armee, die erbärmlich dürftig aussah. Pfordten war empört und nervlich am Ende. Er begab sich, wie die Neuesten Nachrichten vermerkten, »auf ärztliche Anordnung auf sein Landgut nach Starnberg«.

Wie aber hatte der König das alles eingefädelt? Wenige Tage vorher hatte er seinen Freund und Flügeladjutanten Paul von Thurn und Taxis unter strengster Geheimhaltung in die Schweiz entsandt. Der Prinz war als ungarischer Landedelmann verkleidet. Am 22. Mai erschien um 8 Uhr Rat Lutz

[204] Ebd., S. 39f.

zum Vortrag und kündigte das Erscheinen des Ministerpräsidenten von der Pforten an, der dem König »vorsorglich die Mobilmachung der Bayerischen Armee« anraten wolle. Doch gleich nach dem Vortrag von Rat Lutz unternahm Ludwig in scharfem Galopp einen Ausritt, in Begleitung seines Reitknechtes Völk, aber nicht um den Starnberger See herum oder in Richtung Berge, sondern nach Biessenhofen. Nach dem Gewaltritt erreichten die beiden dort den Lindauer Schnellzug. Die Schweizer Grenze passierte der König unter dem Titel »Graf von Berg«. Am Abend stand er dem völlig überraschten Richard Wagner gegenüber und gratulierte ihm zum Geburtstag.

Am zweiten Tag unternahmen die beiden ganz gemütlich einen Ausflug an den Vierwaldstättersee. Erst am Morgen des dritten Tages erfolgte der Abschied. In den Abendstunden des 24. Mai traf der König dann wieder in Berg ein. Die Nachricht vom heimlichen Ausflug des Königs in einer so kritischen Zeit entrüstete die königliche Familie, die Minister und die gesamte Öffentlichkeit. Und Schuld gab man natürlich Richard Wagner, den man für den bösen Geist des Königs hielt. Doch der war für des Königs Eskapade nicht verantwortlich.

Nach seiner Rückkehr weigerte sich der König, den Landtag zu eröffnen. Daraufhin seien sein Großvater Ludwig I. und sein Onkel Prinz Karl »nach Berg gefahren und hätten ihm la leçon gemacht«[205], also die Leviten gelesen. Danach begab sich der König, wenn auch äußerst widerwillig nach München, um am 27. Mai den Landtag zu eröffnen. »Bei der feierlichen Auffahrt zur Landtagseröffnung«, so berichteten die »Neuesten Nachrichten«, »bewegte sich der königliche Zug durch eine lautlose Menge, von den herkömmlichen Hochrufen war keiner zu vernehmen«. Hohenlohe-Schillingsfürst behauptete sogar, man habe Ludwig »öffentlich auf der Straße Schimpfworte nachgerufen«, denn »der König hat sich unter den Münchner Bürgern durch seine Reise nach der Schweiz sehr geschadet«.[206]

Mit der Bekanntmachung der preußischen Kriegserklärung an Österreich – und damit auch an das verbündete Bayern – begann am 21. Juni der Deutsche Bruderkrieg mit dem unglücklichen Verlauf gerade auch für Bayern. Ludwig aber war wütend auf die Landeshauptstadt und alle Gegner Wagners, die er auch als seine Feinde empfand. Noch ehe das Jahr zu Ende ging, kamen Pfistermeister und von der Pfordten, Wagners Hauptwidersacher, zu Fall.

[205] Böhm, Gottfried, S. 101.

[206] Hacker, Augenzeugenberichte, S. 117.

»Maschkera« und »Fangermannderl« auf der Roseninsel (Juni 1866)

Als Anfang Juni 1866 die Vorbereitungen für den preußisch-österreichischen Bruderkrieg in die Endphase eintraten, zog sich der pazifistisch eingestellte König mit Fürst Paul von Thurn und Taxis (1843–1879) und Reitknecht Joseph Völk (Lebensdaten unbekannt) am 10. Juni 1866 eine Woche lang auf die verborgene Roseninsel im Starnberger See zurück, wo er, wie es bald hieß, zusammen mit ihm [Fürst Taxis] auf dem Pferd stehend gelegentlich die Roseninsel umreiten würde.[207] Mit Paul von Thurn und Taxis verband den König spätestens ab seinem 18. Lebensjahr eine sehr enge Freundschaft. Beide verehrten Richard Wagner und liebten das Theater. Da Taxis eine passable Stimme hatte, durfte er am 25. August 1865 beim nächtlichen Fest zum 20. Geburtstag des Königs, verkleidet als Lohengrin, auf dem Alpsee bei Hohenschwangau ein Ständchen vortragen, was der König als »gottvoll« bezeichnete.

Ab 1865 war Taxis Flügeladjutant Ludwigs II. und ständig in seiner Nähe, so auch auf der Roseninsel ab dem 10. Juni 1866. »Er hat dahin drei Betten bringen lassen«, empörte sich der österreichische Gesandte Gustav Graf Blome, »eines für sich, eines für den Adjutanten Fürst Taxis, eines für den Reitknecht Völk. Dort wohnt er nun, und drei Tage hindurch haben ihn weder die Minister noch die Kabinettssekretäre sprechen können.«[208] Nur Minister von der Pfordten sei es geglückt, an der Dienerschaft vorbei, zu ihm vorzudringen. Er habe »den König und Prinzen Taxis, als Barbarossa und Lohengrin kostümiert, in einem dunklen Saale bei künstlichem Mondschein getroffen«.[209] Auch der Diplomat Hugo Philipp von Lerchenfeld beobachtet, dass Fürst Taxis »in einer Mondnacht in einem eigens konstruierten Schiffe, das einen Schwan darstellte, den Lohengrin auf dem Starnberger See mimen«[210] musste. Die Folge war, dass das Volk »rund um den Starnberger See […] von den mysteriösen Beschäftigungen des Königs auf der kleinen Roseninsel [sprach], auf welcher er sich mit einem einzigen Gefährten und einem Diener Tage und Nächte aufhielt«.[211] Dem König seien

[207] Ebd., S. 496.

[208] Bericht Blomes nach Wien, 14. April 1866, zitiert nach Hacker, Augenzeugenberichte, S. 119.

[209] Ebd.

[210] Reiser, Rudolf: König Ludwig II. Mensch und Mythos zwischen Genialität und Götterdämmerung, Regensburg 2010, S. 13.

[211] Fröbel, Julius: Ein Lebenslauf, Band 2, Stuttgart 1890, S. 467f.

»Maschkera«-Spiele wichtiger als der Krieg, hieß es. Gerade jetzt könne seine Anwesenheit in der Residenzstadt doch stündlich erforderlich sein. Aber ihm sei es wohl wichtiger, »Szenen aus Lohengrin und Tannhäuser für Porzellangemälde auszuwählen. [...] Dem zum Vortrag erscheinenden Oberststallmeister Graf Holnstein ließ der König bedeuten, daß er keine Zeit habe; er solle nur dem Leibreitknecht sagen, was er zu berichten habe.«[212]

Prinz Karl beklagte sich später bei seinem Bruder, dem 1848 abgedankten Ludwig I., über »unseren jungen König, der zu Pferd bei Nacht auf der Roseninsel Fangermannderl mit dem Fürsten Taxis spielt und Feuerwerke losbrennt, die man zu Starnberg für eine Feuersbrunst hielt und mit den Spritzen zu Hilfe eilte [...]«[213]. Das Ganze werde mit einem Unglück enden.

Mehr als drei Jahre erfreute sich Taxis der besonderen Gunst des Königs, bevor Ende 1866 die Freundschaft zerbrach. Taxis wurde seines Amtes als Flügeladjutant enthoben und zu einem Artillerieregiment versetzt. Er sei »zu überheblich geworden«, äußerte der König, weshalb er ihn habe »entfernen« [214] müssen. Doch der eigentliche Grund für das Ende der Beziehung war der, dass sich Taxis im Sommer 1866 in die Soubrette Elise Kreuzer verliebt hatte, was zu seiner Degradierung führte. Als »Paul von Fels« führte er ein zurückgezogenes Leben. Auch Ludwigs Beziehung zu dem Reitknecht Joseph Völk endete bald, da auch er sich dem König gegenüber zu dreist benommen hatte.

Seelenqualen und Thronverzicht (Juli 1866)

Vom 30. Juni bis zum 2. Juli 1866 hielt sich der König erneut in Schloss Berg und auf der Roseninsel auf. Am 3. Juli dann die Nachricht von Österreichs Niederlage bei der Entscheidungsschlacht im böhmischen Königsgrätz. Nach dem Beschuss der Feste Marienberg bei Würzburg am 26. Juli 1866 kapitulierte die bayerische Armee unter dem Kommando von Prinz Karl von Bayern. »Gottlob, daß Friede ist«, teilte Ludwig seiner Mutter mit. »Glücklicherweise sind die Bedingungen besser als zu erwarten stand.«[215] Als Verlierer büßte Bayern nur zwei Bezirksämter ein, hatte außerdem le-

[212] Steinberger, Hans: Ludwig II. von Bayern. Der Romantiker auf dem Königsthron, Kaufbeuern 1906, S. 58f. (künftig: Steinberger, Romantiker).

[213] Hacker, Augenzeugenberichte, S. 119 ff.

[214] Brief Ludwigs II. an Sophie in Bayern, 27. Dezember 1866, in: Reichold, 2003, S. 24.

[215] Hacker, Augenzeugenberichte, S. 124.

diglich 30 Millionen Gulden Kriegsentschädigung zu zahlen und mit Preußen ein geheimes Trutz- und Schutzbündnis einzugehen. Bismarck schonte Ludwig II., weil er den König für die Verwirklichung seiner nationalstaatlichen Pläne noch benötigte. Ludwig II. war jedoch klar, dass Preußen seine Hegemoniestellung ausgebaut hatte und damit seine königliche Macht immer mehr beschnitten werden würde.

Von seiner Familie, den Ministern und der Bevölkerung in München fühlte sich Ludwig argwöhnisch beobachtet. Er hatte es abgelehnt, in Spitälern die Verwundeten zu besuchen, er hatte sich geweigert, das zurückkehrende Heer zu begrüßen, denn dieser Krieg war nicht »sein Krieg«. Die Wiener »Neue Freie Presse« berichtete, dass »ein Familienrat abgehalten« wurde, »in welchem die Frage aufgeworfen worden sein soll, ob denn der König Ludwig das ausreichende Talent hat, Bayern zu regieren, oder ob es nicht geboten sei, ihn zu vermögen, von seinem Thron zu steigen und sich in das Privatleben zurückzuziehen, wo er seiner Neigung zu Wagner ungestört und ohne Gefahr für das Land leben könnte«.[216]

Prinz Karl, Großonkel Ludwigs und Oberbefehlshaber aller süddeutschen Truppen, prophezeite in einem Brief an seinen Bruder Ludwig I.: »Mit bangem Herzen sehe ich für Bayern der Zukunft entgegen [...] Unseren jungen König [...] berühren diese höchst kritischen Zeitumstände nicht im Geringsten [...] Du wirst es erleben, daß es mit einer erzwungenen Abdankung enden wird.«[217] Und Graf Blome berichtete nach Wien, nun zeige es sich zweifelsfrei, dass der König an geistigen Störungen leide. Dieselbe Befürchtung flüsterte man sich auch in der Residenz zu. Die Haltung des Königs, seine Menschenscheu, schien derart bedenklich, daß die Königinmutter den Arzt, der ihren jüngeren, schon von geistigen Störungen heimgesuchten Sohn Otto behandelte, ersuchte, auch Ludwig zu beobachten, dem das nicht verborgen blieb. »Als der behandelnde Arzt des Prinzen Otto zwei Tage nacheinander scheinbar zufällig dem König zu begegnen wußte, blieb Ludwig plötzlich vor ihm stehen, maß ihn mit einem drohenden Blick und schritt wortlos an ihm vorbei. Er hatte gefühlt, daß er beobachtet wurde.«[218]

Gekränkt zog er sich auf Schloss Berg zurück und grübelte »über die Sinnlosigkeit seines ruhelosen und planlosen Herumirrens. Warum dies al-

[216] Spangenberg, Marcus: Ludwig II. Der andere König, Regensburg 2011, S. 79 (künftig: Spangenberg).

[217] Botzenhart, S. 31.

[218] Mayer-Ofen, S. 169.

les? Warum? Was hinderte ihn, den König, sein Leben so zu gestalten, wie es ihm entsprach, seiner Seele, seinem Ideal? [...] Sein ganzes Wesen drängte zu dem Einen hin [zu Richard Wagner]. Warum durfte er, nur er auf dieser Erde, in seiner Liebe nicht Erfüllung finden? Er durfte, er vermochte es! Ein Schritt nur – und es wäre ihm beschieden. Er mußte bloß der Krone entsagen, bloß abdanken!«[219]

Am 21. Juli 1886 teilte er Cosima Wagner brieflich mit: »So kann es nicht fortgehen; nein! nein! denn ohne Ihn [Richard Wagner] schwindet meine Lebenskraft dahin, allein verlassen bin ich wo Er! nicht ist, Wir müssen für immer vereinigt sein; die Welt versteht Uns nicht; was geht sie Uns auch an; theuerste Freundin, ich bitte Sie, bereiten Sie den Geliebten auf meinen Entschluss vor, die Krone niederzulegen, Er möge barmherzig sein, nicht von mir verlangen, diese Höllenqualen länger zu ertragen, meine wahre, göttliche Bestimmung ist diese bei Ihm zu bleiben als treuer, liebender Freund, nie Ihn zu verlassen, dies sagen Sie Ihm, ich bitte Sie darum, stellen Sie Ihm vor, dass so auch Unsre Pläne durchzuführen sind, dass ich sterbe wenn ich ohne Ihn leben muss [...] Mein Bruder ist volljährig, Ihm übertrage ich die Regierung [...]«[220] Wagner riet von einer Abdankung ab. Mit den Worten »Königtum – glauben Sie! – ist eine Religion! Ein König glaubt an Sich, oder er ist es nicht«[221], packte er Ludwig II. bei seiner Ehre. Die Abdankung unterblieb, auch wenn der Gedanke daran den König bis zum Tod nie mehr loslassen sollte.

Der letzte Mohikaner mit Adlerfedern im Haar (September 1866)

Vom 4. August bis zum 29. September hielt sich Ludwig II. abermals in Schloss Berg auf und unternahm von dort Reitausflüge ins Gebirge und Fahrten auf die Roseninsel. Dort versuchte er sich von all den Unannehmlichkeiten dieser Tage durch – man höre und staune! – die Lektüre von James Fenimore Coopers »Lederstrumpf«-Roman »Der letzte Mohikaner« abzulenken.

Die Geschichte erzählt vom erbitterten Kampf der Briten und Franzosen im Sommer 1757 um die Vorherrschaft im wilden Nordosten Amerikas, wo

[219] Ebd., S. 169.
[220] Schad, Briefe, S. 239.
[221] Ebd.

stolze Indianervölker leben: die Mohikaner mit dem tapferen Uncas und die Huronen. Es geht um Opfer- und Wagemut, um Kampf und Tod. Uncas und seine Freunde versuchen die beiden entführten Mädchen Cora und Alice aus den Händen der Huronen zu befreien. Am Ende wird der Stamm der Huronen besiegt und Alice befreit. Doch Cora und Uncas, der letzte Mohikaner, finden den Tod.

»Am 28. September 1866 hatte sich Ludwig in einen stillen Winkel der Roseninsel zurückgezogen«, berichtet sein Reitknecht Völk. »Als ich zu ihm musste, fand ich ihn in einem bequemen Schaukelstuhl sitzend, auf dem phantastisch aufgeputzten Kopf, den reicher Haarschmuck zierte, prangten Adlerfedern. Die feinen Hände, an denen kostbare Ringe im Sonnenlicht aufblitzten, hielten ein Buch, in dessen Inhalt er ganz vertieft schien, denn seine Augen leuchteten mitunter auf und die Hand griff mehrmals nach vermeintlichen Waffen, als gelte es einem nahenden, noch unsichtbaren Feinde zu begegnen, oder er stieß mit den Füßen erregt auf den Boden. Eben hatte er eine Pause gemacht: er richtete sich etwas in die Höhe und griff nach der auf einem Tischchen liegenden Tabakpfeife, deren steinerner Kopf mit Tabak gefüllt war, den er entzündete und ein paar Züge daraus tat. Dann las er weiter.

Plötzlich hielt er inne, die Hände ließen das Buch langsam sinken. Sein Blick erhob sich in Richtung zum See. Er lauschte. Vernahm er nicht eben das Geräusch einer Eule? Da, jetzt wieder! Und mit einer hastigen Kopfbewegung, der die Federn mit hörbarem Geräusch folgten, drehte er sich nach der Richtung des Rufes. Dieser kam jetzt ganz nahe und in kühnem Fluge mit stolzem Flügelschlage bewegte sich eine Möwe, das Eiland überquerend, über seinem Haupte. Mit einem Lächeln halb Befriedigung, halb Enttäuschung zeigend, neigte er sich der Lektüre wieder zu und las weiter.

Langsam näherte ich mich dem König. Er sah vom Buche auf – gespannt hob er den Blick: Hat es nicht geknistert, hier ganz in der Nähe und ganz deutlich? Schon wollte er die unterbrochene Lektüre wieder aufnehmen, als er, fast erschreckt, sich umwandte. Ich war bis auf wenige Schritte heran gekommen und machte mich durch leises Räuspern vernehmbar.

›Was gibt's? Habe ich Dir nicht eingeschärft, mich unter keinen Umständen zu stören!‹

›Verzeihen, Majestät, es ist mir schwer genug gefallen, dem Befehle Ew. Majestät entgegenzuhandeln — aber ...‹

›Was aber! Was kann vorgefallen sein‹, brauste der König auf.

›Der Herr Hofsekretär sind angekommen, wichtige, höchst wichtige Angelegenheit, lässt sich unter keinen Umständen abweisen!‹

›Schon gut!‹ stieß der König hervor und stampfte mit dem Fuße auf, ›er soll warten!‹

Nachdem ich mich entfernt hatte, begab der König sich missmutig und doch mit stolzen Schritten, bei denen die Adlerfedern in gleichem Takte sich hoben und senkten, in seine Gemächer des Landhauses, kleidete sich um und empfing dann den seiner in größter Ungeduld harrenden Sekretär – der des Königs Unterschrift für jenes historische Schriftstück bedurfte, das das Übereinkommen zwischen Bayern und Preußen nach dem Frieden von 1866 enthielt.«[222]

Die Villa des Ministerpräsidenten Ludwig von der Pfordten (1866)

Auf Ludwigs II. Thronbesteigung im März 1864 folgte eine mehrmonatige Ministerkrise mit zahlreichen Intrigen und Machtspielen, die den jungen König sehr irritierten und die er Anfang Dezember durch die Berufung Ludwig von der Pfordtens (1811–1880) zum neuen Vorsitzenden des bayerischen Ministerrates beendete. Von der Pforten – er war bereits unter König Maximilian II. Minister des Äußeren – rühmte zunächst die hervorragenden Geistesgaben und Charaktereigenschaften des Königs und verstand sich als dessen Mentor und Lehrer in Staatsangelegenheiten.

1865 erwarb der Politiker den Grundbesitz Seeseiten am Westufer des Starnberger Sees nahe Seeshaupt. Der Architekt Ludwigs II., Georg von Dollmann, entwarf Pläne für eine prächtige Villa im spätklassizistischen Stil. Die zweigeschossige Villa mit Walmdach vermittelte mit den beiden rechteckigen Belvederetürmen, der weiß-roten Außenfassade mit gemalten Bändern im pompejanischen Stil und der farbig gestalteten Sockelzone einen freundlichen Eindruck. Ob sich Ludwig II. in der Villa Seeseiten jemals mit seinem Ministerpräsidenten traf, ist zwar nicht gesichert, aber durchaus denkbar. Wie viele Staatsbeamte zog es auch den Ministerpräsidenten in die Nähe von Schloss Berg. Während anfänglich das Verhältnis Pfordtens zu Ludwig II. noch ein väterliches war, distanzierte sich der König Ende 1866 immer mehr von ihm, da ihm zum einen dessen politischen Misserfolge bei den Friedensverhandlungen mit Preußen missfielen, zum anderen aber auch wegen Pfortens zunehmender Bevormundung in privaten Dingen. Besonders störten den König dessen Abneigung gegen Richard Wagner und die ständigen Ermahnungen,

[222] Schlim, Jean, S. 26f.; siehe auch Schauenberg, S. 35ff.

sich von diesem Komponisten zu trennen. Ludwig wollte keine von einem Fremden gelenkte Marionette auf dem Königsthron sein.

Als sich der König im Oktober 1865 kurz nach einem Auftritt auf dem Oktoberfest in München in die Berge zurückzog, las ihm von der Pfordten wieder einmal die Leviten:

> »Ich halte es für höchst bedenklich, wenn Seine Majestät auf länger von hier weggeht, umso mehr, als man davon spricht, daß Wagner in die Rieß kommen werde. Ich kann nur dringend bitten, daß der König jetzt seinem Berufe lebe, nicht bloß der Neigung. Ich stehe sonst für nichts. [...] Ein König ist eben kein unabhängiger Privatmann; darum darf er gar manches nicht tun, was diesem frei steht. Wenn ein König seine Stellung nur vom Gesichtspunkt eines unabhängigen Privatmannes auffaßt, ist er schon auf dem Wege, ein solcher zu werden.«[223]

Solche bevormundenden Worte schätzte Ludwig II. gar nicht.

Von der Pfordten war als Anhänger des Triasgedankens bemüht, die süddeutschen Mittelmächte, also die Königreiche Bayern und Württemberg sowie das Großherzogtum Baden gegenüber den europäischen Großmächten Preußen und Österreich mit mehr Macht auszustatten. Da dies nicht gelang, unterstützte er Österreich beim Bemühen, die deutsche Frage nicht Preußen allein zu überlassen. Im März 1866 erklärte er, Bayern müsse beim Krieg gegen Preußen wegen seiner Bundespflichten aufseiten Österreichs stehen. Nach der Niederlage Österreichs und damit auch Bayerns gegen Preußen 1866 bei Königsgrätz betrachtete er seine bayerische Bundes- und Außenpolitik als gescheitert. Schon Ende 1866 trat er deshalb von seinem Amt zurück. Die Gründe für Pfordtens Rücktritt erklärte Ludwig seinem Großvater Ludwig I. am 13. Januar 1867 folgendermaßen:

> »Lieber Großvater! Von Hohenschwangau aus habe ich Ihnen geschrieben, daß die Entlassung Pfordtens und die Ernennung des Fürsten Hohenlohe noch im weiten Felde stehe. Inzwischen ist beides erfolgt, weshalb ich nicht unterlassen will, Ihnen die Beweggründe in Folgendem

[223] Von der Pfordten am 17. und 22. Oktober 1865, zitiert nach Sommer, Felix: Psychiatrie und Macht. Leben und Krankheit König Ludwig II. von Bayern im Spiegel prominenter Zeitzeugen, Frankfurt am Main 2009, S. 37 (künftig: Sommer).

mitzutheilen. – Die Politik Pfordtens im verflossenen Jahre hat zwar nicht bloß meine volle Zustimmung gehabt, sondern auch die des Landes. – Allein er hatte eben nicht den erwarteten Erfolg. Das Land hatte die Lasten des Krieges zu tragen und mußte sich einen ungünstigen Frieden gefallen lassen; die natürliche Folge war, daß diejenigen Personen, in deren Händen die Geschicke Bayerns lagen, Onkel Karl und Pfordten, für die eingetretenen Mißerfolge verantwortlich gemacht wurden. Das geschah nicht blos von Seiten der unteren Schichten der Bevölkerung, sondern in allen Ständen. So unverständlich dieß sein mag, so läßt sich die Thatsache doch nicht wegleugnen, ebensowenig als die Thatsache, daß Pfordten allerorts mit wenigen Ausnahmen das Vertrauen im Land verloren hatte. Wäre dies nur von den Organen der Fortschrittspartei ausgesprochen worden, so hätte ich gewiß nichts darauf gegeben. Allein die Mißtrauensäußerungen kamen aus allen politischen Lagern. Jeder Schritt, den Pfordten unternahm, wurde von Anfang an auf das Herbste kritisiert und als verfehlt bezeichnet. – Mit einem solchen Minister zu regieren, ist eine Sache der Unmöglichkeit, selbst wenn er von den besten Gesinnungen beseelt und mit den reichsten Kenntnissen ausgerüstet ist. Pfordten ist auf diese Weise das unschuldige Opfer der Katastrophe vom vorigen Jahr geworden. Am lebhaftesten hat dieß Pfordten selbst gefühlt und er war es, der es am entschiedensten ausgesprochen hat. – In Folge dessen hatte sich desselben eine große Gereiztheit und Bitterkeit bemächtigt, welche ihn nur allzu früh veranlaßte, seine Entlassung zu verlangen, womit er mich am Tage meiner Rückkehr überraschte. – In Hohenschwangau hegte ich noch die Hoffnung, ihn beschwichtigen zu können. Pfordten wollte fort! Dazu kam noch, daß er seine Gereiztheit und Bitterkeit auch auf das Verhältnis zu mir übertrug. – In einer hinlänglich bekannten persönlichen Angelegenheit [Richard Wagner] hat derselbe Verlangen an mich gerichtet und gewissermaßen als Bedingung seines Verbleibens gestellt, welche mich förmlich gedemüthigt und die Würde des Königthums beeinträchtigt hätten. Ich habe in diesem Punkte gewiß keine unberechtigte Empfindlichkeit walten lassen, sondern von den unbefangensten Personen einstimmig das Urteil gehört, daß Pfordten zu weit gehe. – So mußte ich ihn ziehen lassen, damals aber bot sich Niemand als Hohenlohe dar. Die Befürchtungen, die man von ihm hegte, haben sich aber nach Aufstellung und sorgfältigster Besprechung seines Programms als unbegründet erwiesen.«[224]

[224] Böhm, Gottfried, S. 152.

Ludwig I. war diesbezüglich ganz anderer Ansicht. Er ermahnte seinen Enkel daraufhin, als Nachfolger Pfortens um Gotteswillen nur ja nicht den Fürsten Hohenlohe zu ernennen, denn der sei ein Verräter und wolle Bayern nur an Preußen bringen. »Seine Gesinnung ist preußisch, nicht bayerisch, auch hat er seine meisten Besitzungen in Preußen. Ich beschwöre Dich, es zu unterlassen.«[225]

Ludwig II. startete daraufhin in einem Brief vom 18. Juni 1867, den er in Schloss Berg verfasste, einen letzten Versuch, Pfordten zum Bleiben zu veranlassen:

> »Ich kann Ihnen nicht sagen, von welcher Sorge Sie mich befreien würden, wenn Sie sich entschließen könnten, das Ihnen neulich von mir angetragene Portefeuille [Ministeramt] anzunehmen; mein ganzes Leben hindurch würde ich Ihnen hiefür von ganzem Herzen dankbar sein. Bei Gott es ist die höchste Zeit, unmöglich kann ich noch länger einen Minister [gemeint ist Hohenlohe] dulden, auf den ich ganz und gar kein Vertrauen habe, der mir fast täglich neue Beweise seiner Unfähigkeit und seines Mangels an allem patriotischen Gefühle liefert. Königliche Pflicht ist es in dieser so ernsten Zeit vor allem, die Selbständigkeit meines geliebten, von Gott mir anvertrauten Landes zu wahren und zu erhalten; wie kann ich das, wenn die Organe, durch die ich wirken soll, mir stets Schwierigkeiten bereiten, und nicht in wahrer Liebe für ihr Vaterland erglühen, die außerdem von jeder kräftig ausgesprochenen Meinung eines Mitgliedes der Zweiten Kammer von panischem Schrecken ergriffen werden, und sich nicht getrauen, mit Mut und Ausdauer die Rechte der Krone zu verfechten. Bestimmt nun weiß ich, daß Sie, mein lieber Freiherr von der Pfordten, alle jene Eigenschaften die ein Staatsmann in unsrer schweren Zeit so notwendig braucht, in vollstem Maße besitzen, Sie genießen mein vollstes Vertrauen, das ich nie aufgehört habe, Ihnen zu bewahren und auch ferner Ihnen bewahren werde; daher ermahne ich Sie noch einmal dringend, folgen Sie dem Rufe Ihres Königs und Freundes, der wohl begreift, welches Opfer Sie hiedurch bringen würden, der aber auch immer hiefür Ihnen dankbar sein wird; seien Sie dessen versichert.«[226]

Doch Pfordten ließ sich durch diesen Bittbrief des Königs nicht überreden. Fortan befasste er sich mit Studien über die Rechtsgeschichte Bayerns. 1873

[225] Ebd., S. 153f.

[226] Botzenhart, S. 221 (BayHStA Abt. V NL Pfordten 84).

verkaufte er seine Villa Seeseiten an den württembergischen Kommerzienrat und Fabrikbesitzer Rudolf Knosp. Vielleicht behagte ihm die Nähe seines Wohnsitzes zu Schloss Berg nicht mehr. Am 18. August 1880 starb Freiherr von der Pfordten vereinsamt in München. Sein Grab befindet sich dort auf dem historischen Südfriedhof.

Liebenswürdiger Empfang des Fürsten Hohenlohe (August 1867)

Der König empfing in Schloss Berg immer wieder auch Minister und Diplomaten zur Audienz. In den Aufzeichnungen des Fürsten Hohenlohe, der unter Ludwig II. nach Pfordtens Rücktritt von Dezember 1866 bis Februar 1870 drei Jahre bayerischer Ministerpräsident war, finden sich Eintragungen über derartige Empfänge in Schloss Berg, so etwa am 4. August 1867.

»Gestern war ich um 12 Uhr nach Berg zum König bestellt. Ich fand auf der Eisenbahn den reußischen Gesandten Herrn von Schmertzing, der um dieselbe Zeit seine Audienz hatte. In Starnberg fanden wir eine offene Kalesche vom Hof, welche uns nach Berg brachte. Herr von Schmertzing war sehr erstaunt über das ländliche Aussehen des königlichen Etablissements. Die ganze Hofhaltung ist fast bürgerlich. Die Gänge wimmeln immer von Spülweibern und Mägden, die allerlei Gefäße tragen.«[227]

Kurz vorher, am 26. Juli, war Ludwigs Onkel, König Otto von Griechenland, in seinem Exil im Schloss Bamberg gestorben. »Der König war sehr liebenswürdig«, notierte Hohenlohe. »Er teilte mir sofort mit, daß die Königin von Griechenland die Masern habe, ich also nicht [zu König Ottos Bestattung] nach Bamberg zu gehen brauche. Dann kamen wir auf die griechische Frage (finanzielle Forderungen des Königs Ludwigs I. an die griechische Regierung aus der Zeit der bayerischen Herrschaft) zu sprechen, wobei ich ihm Tauffkirchens Vorschlag [gemeint ist der bayerische Gesandte in St. Petersburg Carl Graf von Tauffkirchen] mitteilte, wonach die Sache in Petersburg besprochen werden solle, womit er einverstanden war. Er legt keinen Wert auf die ganze Sache und will sie fallen lassen. (Bismarck nahm die Sache jedoch in die Hand und Griechenland zahlte an das Haus Wittelsbach 2 Millionen Franks.) Beim Weggehen sprach er noch über Paris, erzählte, daß der Kaiser Napoleon ihn gewarnt habe, sich nicht zu tief mit Preußen einzulassen und entließ mich dann mit Grüßen an meine Frau, der er ein Bukett schickt.«[228]

[227] Hacker, Augenzeugenberichte, S. 237.
[228] Memminger, S. 202f.

Ein halbes Jahr vor Hohenlohes Rücktritt aus dem Amt des Ministerpräsidenten berief ihn der König am 28. September 1869 »abermals zu einer Audienz nach Berg, da die Landtagswahlen schwarz ausgefallen waren und der König den Landtag nicht persönlich eröffnen wollte. Hohenlohe notierte in sein Tagebuch: Zur bestimmten Stunde wurde ich zum König geführt, der mir die Hand drückte und mich mit ganz besonderer Liebenswürdigkeit behandelte. Er hoffte mich dadurch zu bestimmen, mich so auszusprechen, wie er es wünschte, nämlich, daß es nicht nötig sei, daß er die Kammern selbst eröffne. Darüber wurde nun hin- und hergeredet, immer versuchte er wieder, mich zu der Äußerung zu bewegen, es sei nicht nötig, bis er sich endlich überzeugte, daß es ihm nichts helfe. Er runzelte die Stirn nach allen Richtungen, es half ihm aber nichts, und schließlich erklärte er, er werde sich die Sache überlegen.« In der Folge entschied sich der König, den neuen Landtag am 17. Januar 1870 mit einer Thronrede zu eröffnen, die zugleich seine letzte wurde.

Hohenlohes Tage als Ministerpräsident waren gezählt. Man nahm ihm seine Gegnerschaft den ultramontanen Katholiken gegenüber übel. Wie Ludwig II. lehnte er das päpstliche Unfehlbarkeitsdogma ab und wünschte eine stärkere Trennung von Staat und Kirche. Deshalb hatte er ein Schulgesetz vorgelegt, das der Kirche ihren bisherigen Einfluss auf die Schule nehmen sollte. Damit verstärkte er die Kritik vonseiten der partikularistisch-katholischen Patriotenpartei. Die Gegner seiner Bildungs- und propreußischen Politik vereinten sich gegen ihn. Am 18. Februar 1870 kam es zum Misstrauensvotum beider Kammern des bayerischen Parlaments, worauf Hohenlohe zurücktrat. Später wurde er Kanzler des Deutschen Reichs und preußischer Ministerpräsident. Auch wenn er sich für eine schnelle deutsche Einigung unter Preußens Führung aussprach und damit im Widerspruch zu den Ansichten Ludwigs II. befand, so respektierte der König doch seine Aufrichtigkeit ihm gegenüber.

Ludwigs Bekenntnis zum 50. Geburtstag der Verfassung (1868)

In Schloss Berg gedachte Ludwig II. im Mai 1868 des 50-jährigen Bestehens der Verfassung des Königsreichs Bayern. Sie war am 26. Mai 1818 vom ersten bayerischen König Max I. Joseph eingesetzt worden. Dazu erließ Ludwig II. die folgende Kundgebung an sein Volk:

»Heute vor fünfzig Jahren hat Bayerns erster König, Mein Urgroßvater Max Josef I., dem Lande die Verfassung gegeben. Die Grundsätze, auf welchen dieses Staatsgrundgesetz ruht, sind seit jenem denkwürdigen Tag in ungeschmälerter Geltung geblieben und die Segnungen der Verfassung haben das feste Band, welches Fürst und Volk von Bayern seit Jahrhunderten umschlingt, enger und herzlicher geknüpft. Das beseligende Gefühl freudigen Stolzes ist es, das Mich, Bayerns König, am heutigen Tage erfüllt. Treu dem Vorbilde Meines erlauchten Ahnen werde auch Ich das Banner der Verfassung hoch halten, unter deren schirmendem Dache die Macht und die Wohlfahrt Meines geliebten Landes immer kräftiger erblühen möge, denn Mein höchstes Glück finde Ich in dem Glücke Meines Volkes.

Schloß Berg, 26. Mai 1868

Ludwig.«[229]

Ludwigs Bekenntnis zur »Verfassung des Königreichs Baiern« von 1818 zeigt, dass er sie auch als Grundlage für seine Herrschaft akzeptierte und akzeptieren musste, obwohl er in seinem Innersten eigentlich absolutistisch eingestellt war. Über die Stellung des Monarchen heißt es: »Der König ist das Oberhaupt des Staats, vereinigt in sich alle Rechte der Staatsgewalt, und übt sie unter den von Ihm gegebenen in der gegenwärtigen Verfassungsurkunde festgesetzten Bestimmungen aus. Seine Person ist heilig und unverletzlich.«[230]

Ludwig II. als König war also allein Träger der Staatsgewalt. Seine Macht war aber laut Verfassung begrenzt, denn die Legislative wurde gemeinschaftlich von König und Volksvertretung ausgeübt. Der bayerische Landtag bestand aus der Kammer der Reichsräte und der Kammer der Abgeordneten. Letztere war die eigentliche Volksvertretung, auf die der König kaum Einfluss nehmen konnte. Die Kammer der Reichsräte war in höherem Maße von ihm abhängig.

Da auf legislativem Gebiet die Macht des Königs also eingeschränkt war, blieb ihm die Exekutive, durch die er in die Regierungsgeschäfte eingebunden war. Vor allem berief er eigenständig die Minister, die allein von seinem Vertrauen und nicht von den Mehrheitsverhältnissen in der Volksvertretung abhängig waren. Bekanntlich brachte diese Regelung während der Regierungszeit Ludwigs II. große innenpolitische Probleme mit sich.

[229] Kundgebung König Ludwigs II. vom 26. Mai 1868 zum 50-jährigen Bestehen der Verfassung des Königreichs Bayern.

[230] Botzenhart, S. 214f.

»Bis dat qui cito dat« – »Doppelt gibt, wer schnell gibt« (Juli 1870)

Ein weiteres Mal floh der König Anfang Juli 1870 aus München, als sich die internationale Lage erneut gefährlich zuspitzte. Er habe sich in eine entlegene Jagdhütte zurückgezogen, hieß es, in Wahrheit aber hielt er sich in Linderhof auf. Am 14. Juli erschien dort Hofsekretär Lorenz von Düfflipp und erbat sofortige Audienz. Als Ludwig vernahm, der Krieg mit Frankreich stehe unmittelbar bevor, wollte er das nicht glauben, weshalb er auch der dringenden Bitte seines Hofsekretärs, sofort nach München zurückzukehren, nicht nachkam. Stattdessen wollte er sich in die Einsamkeit einer seiner Jagdhütten zurückziehen. Verzweifelt wandte sich Düfflipp deshalb an den königlichen Stallmeister Richard Hornig und den Stabskontrolleur und Küchenchef Friedrich Zanders, auf die der König vielleicht eher hörte, da er ihnen vertraute. Er flehte die beiden an, den König zur Einsicht zu bringen, und begab sich auf den Rückweg nach München. Während er auf dem Bahnhof Murnau auf den Zug wartete, raste plötzlich der Wagen des Königs in Richtung Schloss Berg vorbei. Düfflipp fiel ein Stein vom Herzen. Hornig und Zanders schienen erfolgreich gewesen zu sein.

Um 8 Uhr abends traf der König in Schloss Berg ein. Dort erwartete ihn schon der Kabinettssekretär August von Eisenhart. Von 23 Uhr nachts bis 3 Uhr morgens legte er dem König im Balkonzimmer die Situation des bevorstehenden Krieges mit Frankreich dar, aus der es keinen Ausweg gebe, wobei er während der gesamten Audienz stehen musste. Der König ging unruhig ging hin und her, warf sich mitunter auf eine Chaiselongue und fragte immer wieder: »Ist denn kein Mittel, keine Möglichkeit vorhanden, den Krieg zu vermeiden?«[231] Das gebe es nicht, versicherte ihm Eisenhart stets aufs Neue. Bayern könne auch nicht neutral bleiben, da es seit 1866 vertraglich gebunden sei, Preußen im Kriegsfall beizustehen. Neutralität käme also nicht infrage, sie würde die selbstständige Existenz Bayerns bedrohen. In der Frühe des kommenden Tages werde Ministerialsekretär Graf Berchem den Beschluss des Ministerrats hierher überbringen. Ludwig war müde, befahl aber, ihn bei Berchems Kommen sofort zu wecken. Dann ging er zu Bett.

Berchem traf gegen 6 Uhr morgens ein, worauf Eisenhart den König weckte, der auf seinem blauen Himmelbett ruhte. Berchem teilte dem König mit, dass der Ministerrat seine Entscheidung bezüglich des Bündnisvertrages erwarte und zu diesem Zweck am Nachmittag Außenminister Graf Otto

[231] Kobell, Könige, S. 130ff.

von Bray-Steinburg erscheinen werde, der die königliche Entscheidung einholen wolle. Inzwischen war sich der König darüber im Klaren, dass weder ein Bündnis Bayerns mit Frankreich noch eine neutrale Position möglich war. Außerdem wollte und konnte er nicht vertragsbrüchig werden. Bei einem Sieg Preußens würde Bayern sonst unweigerlich seine Unabhängigkeit verlieren. Jetzt galt es, sich schnell zu entscheiden: »Bis dat qui cito dat«, äußerte der König, »doppelt gibt, wer schnell gibt«. Mit diesen Worten erteilte er nun endlich den Mobilmachungsbefehl. »Ich habe das Gefühl, eine gute Tat getan zu haben«[232], sagte er danach zu seinem Adjutanten.

Doch war deshalb nun auch noch die Rückkehr nach München nötig, um die man ihn ersuchte? Nach anfänglicher Weigerung ließ sich Ludwig schließlich auch dazu bewegen. Seine Ankunft in der Residenz lockte eine große Menschenmenge unter das Fenster seiner hochgelegenen Wohnung, an dem sich der König zeigte. Er wurde mit nicht enden wollendem Jubel begrüßt. »›Soll ich noch einmal ans Fenster gehen?‹ fragte er in ungewöhnlicher Heiterkeit seinen anwesenden Kabinettchef, wenn unten die Rufe immer lauter und dringender wurden.«[233] Die Begeisterung des Volkes rührte ihn und immer wieder zeigte er sich am Fenster. Am Abend besuchte er eine Vorstellung der »Walküre«.

Nachdem man dem König den Mobilmachungsbefehl und die Rückkehr nach München abgerungen hatte, wollte man ihn auch dazu bringen, seine Truppen im Felde zu besuchen, was jedoch nicht gelang. Abwechselnd zog er sich während des Krieges nach Berg, Hohenschwangau oder Linderhof zurück. Der preußische Gesandte von Werthern schrieb an seinen Bruder: »König Ludwig ist stündlich ›im Geiste‹ bei seinen braven Truppen, sein Körper duselt in Berg. Hierher [nach München] kommt er nicht.«[234] Wertherns ironische Bemerkung unterstreicht des Königs grundsätzliche Abneigung gegen kriegerische Aktivitäten. Deprimiert schrieb Ludwig beim Blick vom Erker seines Arbeitszimmers in Hohenschwangau in sein Tagebuch: »Die kalten Fluten des Alpsees ziehen mich an.« [235] In Berg hätte der Eintrag wohl gelautet: »Die kalten Fluten des Starnberger Sees ziehen

232 Hacker, Augenzeugenberichte, S. 175.

233 Ebd., S. 176.

234 Von Werthern an seinen Bruder Thilo, 6. August 1870, zitiert nach: Barton, Irmgard von, gen. von Stedmann: Die preußische Gesandtschaft in München als Instrument der Reichspolitik in Bayern von den Anfängen der Reichsgründung bis zu Bismarcks Entlassung, Schriftenreihe des Stadtarchivs München, München 1967, S. 29.

235 Blunt, S. 103.

mich an.« Wieder einmal erschien dem König das Leben nicht mehr lebenswert.

Anonymer Drohbrief an den König

Im Geheimen Hausarchiv der Wittelsbacher befindet sich ein anonymer Drohbrief an König Ludwig II. ohne Datum mit folgendem Wortlaut:

> »Majestät! Sie haben das Unglück, gleich allen Regenten nur das zu sehen, was Ihnen nicht unangenehm ist – und so leben Sie denn ein Leben der Schmach. Sie ein katholischer König! Sie schämen sich nicht, eine Bedientenrolle vom König von Preußen zu übernehmen. Sie sind ein katholischer König. Ihr Volk ist katholisch, und Sie haben nicht den Mut einzustehen für den Glauben, die Rechte Ihres Volkes? Fluch muß auf Ihnen ruhen – denn Sie werden schuld sein, daß auch in Ihrem Lande Sterbende einst ohne Trost und Sakramente ins Jenseits gehen – Sie wird der Fluch treffen für Ihre Lauigkeit, für Ihr Versäumnis, noch rechtzeitig das Heiligste zu retten. Haben Sie Acht! Sie stürzen vom Thron, und fluchend wird man Ihrer einst gedenken. Träumend verleben Sie ein Leben der Faulheit, und sehen nicht, daß Ihr Reich in Trümmer geht. Gedenken Sie dieses Anonymus, und glauben Sie, daß das Volk Sie und Ihr Leben nun kennt. Auch Kugeln kann die Verzweiflung bringen – dem feigen König und dem nun erkannten Bedienten Bismarcks – der hat doch Mut, ist es auch ein teuflischer.«[236]

Dieser Brief könnte um 1871 verfasst worden sein. Dem Verfasser scheint zum einen Ludwigs II. Kritik am Heiligen Vater in Rom missfallen zu haben. Der König hatte sich gegen das im 1. Vatikanischen Konzil (1869/70) verkündete Dogma der Unfehlbarkeit des Papstes in Glaubens- und Sittenfragen gewandt, weshalb er sogar von der Exkommunikation bedroht war. Zum anderen äußert der Briefschreiber auch den Vorwurf, die Aufgabe bayerischer Rechte nach der Reichsgründung 1871 sei durch die »Faulheit« Ludwigs II. verursacht, der als »Bedienter Bismarcks« sein Land Bayern zugrunde gehen lässt. Die Drohung »auch Kugeln kann die Verzweiflung bringen« weist darauf hin, dass man gegebenenfalls auch vor einem Attentat auf ihn nicht zurückschrecken würde.

[236] Botzenhart, S. 222 (GHA KA 253).

Ludwigs II. lebenslange Angst vor Attentaten

Schon frühzeitig hatte Ludwig II. Angst, dass er einem Attentat zum Opfer fallen könnte. »Die Gefahren der Sozialdemokratie beschäftigten Seine Majestät zwar das ganze Jahr über, und der Kabinettssekretär erhielt fortwährend Befehle, den sozialdemokratischen Unfug in England und Amerika endlich einmal abzustellen, Versammlungen zu verhindern, Mosts [amerikanischer Anarchist] Verhaftung herbeizuführen. Während des Aufenthaltes in München aber wurden diese Befehle noch verschärft. Öfter wurde befohlen, daß Minister und Polizeidirektor schriftlich für die Allerhöchste Sicherheit zu garantieren hätten. Seine Majestät äußerten verschiedene Male, man könne gar nicht genug Gendarmen in den Englischen Garten schicken«,[237] wenn der König bei seinen München-Aufenthalten dort Spaziergänge unternahm.

Auch Hofsekretär Bürkel bestätigt diese Ängste des Königs: »Mit dem Wachstum der Sozialdemokratie, das er auch auf ›preußische Einflüsse‹ zurückführte, hatte sich sein Haß gegen die Menschen, seine Scheu und Angst vor ihnen immer gesteigert. Überall witterte er Attentate und Mordanschläge auf seine Person, die er durch ein enormes Polizeiaufgebot bewachen ließ.«[238]

»Die während seiner Regierung auswärts vorgefallenen Attentate«, so Gottfried von Böhm, »erhöhten noch diese Furcht. Besonders empfand er den gelungenen Mordanschlag auf den Kaiser von Rußland im Jahre 1881 wie einen Eingriff in seine eigene Sphäre.«[239] Und Kabinettsekretär Friedrich von Ziegler berichtet: »Seine Majestät mieden es das ganze Jahr hindurch, beobachtet zu werden. Die Reisen, die Ausfahrten wurden immer mehr in die einsame Zeit der Nacht verlegt.«[240] Etwas sicherer fühlte er sich auf dem Lande, so in Schloss Berg und in den diversen Berghütten, seinen »heimlichen Residenzen«.

Verhasste Zugfahrten nach München

Höchste Unruhe überfiel den König, wenn er sich gezwungen sah, von

[237] Hacker, Augenzeugenberichte, S. 282ff.
[238] Ebd., S. 283.
[239] Ebd., S. 284.
[240] Ebd., S. 285.

Schloss Berg in die Münchner Residenz zu fahren. Ludwig von Below schildert, was in solchen Augenblicken in Ludwig II. vor sich ging:

»Der König stand am offenen Erkerfenster des ersten Stockes von Schloß Berg. Er blickte hinaus auf die gegenüberliegenden Höhenzüge, über welchen eben die Sonne zur Rüste ging und ihn noch im Scheiden mit ihren letzten Strahlen grüßte. Dann sank sie am Horizont in ein Wolkenmeer, es in tiefrote Glut wandelnd, die allmählig in sanftes Rot überging. Fahles Grau stieg langsam herauf und mit ihm die Dämmerung.
Der König, der bis dahin unbeweglich gestanden, zuckte auf einmal zusammen. Ein Gedanke, der ihm ärgerlich erschien, mußte ihn plötzlich überkommen haben. Auf seiner Stirne erschienen Falten des Unmuts. Seine Lippen preßten sich zusammen. Er trat vom Fenster zurück und durchmaß mit langen Schritten das Gemach. Ein Gedanke bewegte ihn lebhaft. Er mußte nun doch in die Residenz. Viermal hatte er schon die Fahrt nach München, wohin ihn Repräsentationspflichten riefen, verschoben. Nun ging es nicht mehr. Und wenn es ihm noch so peinlich war, er konnte, er durfte seine Pflicht nicht vernachlässigen und mußte der Verfassung gemäß, auf die er geschworen, einen, wenn auch auf's Äußerste gekürzten Aufenthalt in der Residenz nehmen, mußte einer Hoftafel beiwohnen, mußte sich als Chef und Haupt des königlichen Hauses, wenigstens im engen Kreise zeigen.
Unmutig warf er sich in einen der mit geblümter Seide überzogenen Sessel, bearbeitete taktmäßig mit den Stiefelabsätzen das Parkett, fuhr sich über die Stirn oder vergrub die mit einem kostbaren Smaragdring geschmückte Rechte in seinem weichen Lockenhaar.
Dann sprang er jählings auf, trat an den Tisch, goß sich aus einer dort stehenden Karaffe ein Glas Wein ein und stürzte es in einem Zuge hinab, um dann den Gang durchs Zimmer von neuem zu beginnen. Seine Zähne knirschten, seine Hände ballten sich und ein Zischen entfloh seinem Munde: ›Dieser verfluchte Zwang! Und ich muß in dieser Gesellschaft sitzen, reden, antworten, lächeln, ihre gedrechselten Phrasen anhören und ihnen noch die Hand drücken!‹ Ans Fenster tretend, trommelte er nervös an die Scheiben. Dann trat er zurück und schellte.
Ohne sich nach dem eintretenden Kammerdiener umzusehen, rief er mit heiserer Stimme: ›Licht!‹ Der Diener neigte sich und brachte einen Armleuchter mit fünf brennenden Kerzen, den er auf den Tisch stellte [...] Dann befahl er, Völk zu rufen. Als dieser gleich darauf unter tiefer Ver-

neigung eintrat, sagte der König: ›Wir fahren heute nach München hinein. Einmal muß es ja doch sein! […] Also Mühlthal verständigen, 11 Uhr Wagen bereit halten, Pestalozzi reitet sofort nach München, Wagen nach Laim.‹«[241]

Das bedeutete, dass der König um 11 Uhr mit dem Wagen von Schloss Berg zur Station Mühlthal gefahren werden wollte, wo schon der Zug bereitstand, der ihn nach Laim brachte. Von dort wünschte er, mit der Kutsche ungesehen nach München in die Residenz zu fahren, wo seine Ankunft bereits angekündigt war. Tags darauf würde er dann den ungeliebten Verpflichtungen nachkommen, um danach so rasch wie möglich wieder nach Schloss Berg zu entfliehen.

Keine Lust auf Siegesfeiern (September 1870)

Der Deutsch-Französische Krieg nahm seinen Lauf und dauerte von Mitte Juli bis Anfang September 1870. Nach dem Sieg bei Sedan am 2. September 1870 stieg auch in Bayern die Begeisterung für die Gründung eines deutschen Nationalstaates. Doch Ludwig II. nahm an der Siegesfeier am 3. September demonstrativ nicht teil. Statt »in seiner Hauptstadt anzuwohnen, an der Freude des Volkes teilzunehmen, kehrte der König [bis zum 5. Oktober] nach Berg zurück. Als bei der Sedanfeier der Festzug an der Residenz vorüberzog, wurde Königin Marie, welche sich am Fenster befand, lebhaft begrüßt; des Monarchen Wegbleiben, das Verschmähen der Huldigung, rief eine Mißstimmung im Publikum hervor, schmerzte die ›liberale‹ wie die ›patriotische‹ Partei. Der König fühlte und vernahm, daß man Vergleiche anstellte zwischen dem Könige von Preußen und dem Könige von Bayern, die günstig für den Hohenzollern ausfielen, aber er war im Banne seines Trübsinns.«[242]

Ende September hielten sich der Präsident des norddeutschen Bundeskanzleramtes, Delbrück, und der württembergische Minister von Mittnacht zu Vorbesprechungen mit der bayerischen Regierung in München auf. Delbrück notierte, was damals geschah:

»Einige Tage nach unserer Ankunft befahl König Ludwig Herrn von Mitt-

[241] Below, S. 137f.
[242] Kobell, Könige, S. 139.

nacht und mich zum Diner nach Berg, in dessen Nähe er sechzehn Jahre später sein tragisches Ende fand. Vor Tisch wurden wir, und zwar getrennt, in Audienz empfangen. Meine über eine Stunde dauernde Audienz hatte einen unerwarteten Verlauf. Über den Zweck meiner Anwesenheit in München [nämlich den sehnlichst gewünschten Beitritt Bayern zu einem deutschen Bundesstaat unter Preußens Vorherrschaft] fiel kein Wort, der König erwähnte ihn nicht, und ich schwieg, weil ich den Anschein vermeiden mußte, als wäre ich gekommen, um Zugeständnisse von Bayern zu begehren. Den größten Teil der Zeit füllte der König mit kirchenpolitischen Darlegungen. [...] Personen aus seiner nächsten Umgebung hatten mich gebeten, ihm zuzureden, daß er seine bei Versailles stehenden Truppen besuchen möge, ich fand, daß es der deutschen Sache nur förderlich sein könne, wenn er in die geistige Atmosphäre des Heeres käme, und brach deshalb die Gelegenheit vom Zaune, ihm zu sagen, wie glücklich mein König sein würde, seinen erhabenen Verbündeten in Versailles zu begrüßen, und wie der historische und künstlerische Reiz des prachtvollen Königssitzes durch die patriotischen Gefühle gesteigert werde, welche das Wehen der deutschen Siegesfahnen an der Stelle hervorrufe, von wo vor zweihundert Jahren die Verwüstung der Pfalz befohlen wurde. Einen Augenblick leuchtete das Antlitz des Königs auf, aber nur einen Augenblick; mit einer ausweichenden Redewendung ließ er den Gegenstand fallen.«[243]

Ludwig II. wich bei dieser Audienz also dem Thema »Gründung eines Deutschen Nationalstaates« bewusst aus. Damit verdeutlichte er seine Abneigung gegen den Beitritt zu einem deutschen Bundesstaat. Außerdem machte er auch keine Zusage, sich in Versailles zu zeigen.

Nach Delbrück wurde Baron Mittnacht zur Audienz empfangen, der darüber Folgendes berichtet: »Als ich nach längerem Warten bei dem Könige eintrat, rief er mir entgegen: ›Aber nicht wahr, in den Norddeutschen Bund treten wir nicht ein?‹ Ich antwortete, daß es sich jetzt um die Herstellung eines gesamtdeutschen Bundes handle und daß auch Württemberg den Anschluß nur unter gewissen Vorbehalten im Sinne größerer Selbständigkeit, als welche die norddeutsche Bundesverfassung den Einzelstaaten gewähre, zu suchen sich entschlossen habe. Der König erwiderte nicht, sondern stellte über das Dogma der päpstlichen Unfehlbarkeit längere kirchenrechtliche Betrachtungen an [...]. Ohne seine Reise nach Frankreich oder einen an-

[243] Hacker, Augenzeugenberichte, S. 180f.

deren Gesprächsgegenstand zu berühren, entließ mich der König auf das gnädigste.«[244]

Auch gegenüber Mittnacht gab sich der König demnach sofort wieder bedeckt, als dieser seiner Vorstellung, nicht in den Norddeutschen Bund einzutreten, nicht zustimmte.

Dem angekündigten Diner blieb Ludwig nach diesen beiden Audienzen fern, wie Mittnacht konstatiert: »Ein Diner mit dem König fand nicht statt, vielmehr lud uns der diensttuende Flügeladjutant zu einem Essen in der Orangerie mit der Empfehlung ein, wegen der kühlen Temperatur auch den Überzieher mitzubringen.« Mit der Orangerie ist wohl der östlich von Schloss Berg liegende Glaspavillon gemeint, in dem der König selbst mehrfach speiste. »Wir speisten zu dreien«, so Mittnacht, »zum Kaffee kam auch der Kabinettssekretär von Eisenhart. Es war uns mitgeteilt worden, daß der König an der Orangerie vorbeireiten und uns grüßen werde. So geschah es auch; und als wir beim Vorbeireiten des Königs an der Glaswand des Gebäudes uns von unseren Sitzen erhoben, grüßte der König huldvoll«,[245] obwohl ihm Delbrücks und Mittnachts Ansichten im Hinblick auf einen Beitritt zu einem deutschen Bundesstatt äußerst missfielen.

»Bis zum Ende seines Lebens machte der König immer wieder deutlich, dass er sich nicht als Aushängeschild für die ›sogenannte nationale Idee‹ oder wie er es bei einer anderen Gelegenheit ausdrückte, für ›die ansteckende Pest des unseligen Deutsch-Schwindels‹ vereinnahmen und vor den Karren der ›ruchlosen‹, ›schändlichen, falschen‹, ›satanischen preußischen Politik‹, ›jener räuberischen Hohenzollern Bagage, jenes preußischen Gesindels‹ spannen lassen wollte.«[246]

Ekel vor der Kaiserproklamation (Januar 1871)

Der Krieg gegen Frankreich war siegreich beendet. Am 30. November 1870 verfasste Ludwig II. widerwillig, aber sich der Ausweglosigkeit bewusst,

[244] Ebd., S. 181.

[245] Hacker, Augenzeugenberichte, S. 181f.

[246] Merta, Franz: »Auf Bergeshöhen schreibe ich Ihnen … Auf den Bergen ist Freiheit«. König Ludwig II. von Bayern als Alpinist und Naturfreund, in: Berg 91 – Alpenvereinsjahrbuch, Band 115, herausgegeben vom Deutschen und Österreichischen Alpenverein und Alpenverein Südtirol, München/Innsbruck/Bozen 1991, S. 261 (künftig: Merta, Alpinist).

den Kaiserbrief, in dem er König Wilhelm von Preußen den Titel des Deutschen Kaisers antrug.

Am 18. Januar 1871 wurde König Wilhelm von Preußen in der Spiegelgalerie von Schloss Versailles zum Deutschen Kaiser ausgerufen. Während alle deutschen Fürsten an diesem Ereignis teilnahmen, fehlte König Ludwig II. Er konnte sich nicht überwinden, zu dieser Demonstration, die er als persönliche Niederlage empfand, zu erscheinen. An seiner Statt nahmen sein Bruder Prinz Otto und sein Onkel Prinz Luitpold teil. Er blieb lieber daheim und zog sich in seine geliebte Bergwelt zurück und vom 11. bis 20. Mai wie jedes Jahr nach Schloss Berg. »Wehe, daß gerade ich zu einer solchen Zeit König sein mußte, selbst genötigt war, und gerade im bayerischen Interesse, jene schmerzlichen Opfer zu bringen [...]«[247], schrieb der König im März 1872 an Therese Freifrau von Gasser, die ehemalige Hofdame der Königinmutter.

Und wie reagierte die Berger Bevölkerung? Oskar Maria Graf berichtet dazu folgende bemerkenswerte Episode, die belegt, dass die einfachen Leute in ihrer bayerisch-patriotischen Gesinnung gegen preußenfreundliche Würdenträger aus der Stadt eine ausgeprägte Abneigung hatten: »Ungefähr drei Wochen nach Neujahr [also um den 21. Januar 1871] gab es in der Pfarrkirche [von Berg] ein ungewohnt feierliches Hochamt. Viele Würdenträger aus dem Berger Schloß waren in goldgeschmückter Gala-Uniform erschienen. [Der König war nicht unter ihnen.]

Die Orgel brauste noch einmal so voll und laut durch das hohe Kirchenschiff, und der Gesang des Chores schien weit belebter zu klingen. Auch der Pfarrer trug diesmal das schöne, reichbestickte Meßgewand, das er nur an bedeutsamen kirchlichen Feiertagen anzulegen pflegte. Die Leute waren ein wenig verwundert darüber, aber ihre ernsten Gesichter wurden keineswegs anders, als der Geistliche seine Predigt mit den Worten begann: ›Gott dem Allmächtigen und Ihrer Majestät, unserem vielgeliebten König, hat es gefallen, ihr gnädigstes Einverständnis dazu zu erteilen, daß die Länder des deutschen Bundes von nun ab ein Kaiserreich genannt werden! Ihre Majestät, König Wilhelm von Preußen, haben die ehrenvolle, allgemein gewünschte Wahl zum Kaiser der Deutschen huldvollst angenommen und geruhen, alle Stämme der deutschen Gaue, die in tapferem Heldenmut die unvergeßlichen Siege im Feindesland errungen haben, vertrauend auf Gott, den Allmächtigen, und mit gnädigstem Dank zu grüßen. Mit Gott für Kaiser und Vaterland!‹

[247] Hacker, Augenzeugenberichte, S. 197.

An dieser Stelle erhoben sich die Würdenträger sehr geräuschvoll in ihren Betstühlen, daß die Bauern, Weiber und Kinder noch verwunderter auf sie schauten und erst nach und nach aufstanden. Als aber jetzt, mitten in der Feierlichkeit, einige Offiziere ihre Säbel zogen und ein Hoch auf den Kaiser und auf unser gemeinsames großes deutsches Vaterland aus sich herausschmetterten und endlich gar das Lied ›Deutschland, Deutschland über alles‹ zu singen begannen, da bekamen alle Leute halb erschrockene, halb ärgerliche Mienen. Sie kannten weder den Text noch die Melodie. Für sie klang alles unkirchlich und unangebracht weltlich. Sie blieben stumm mit gefalteten Händen stehen, und nur die Offiziere und Würdenträger sangen. Es hörte sich blechern an. Die Worte schlugen an die frosterstarrten Kirchenwände und schienen zu zerklirren.

Das Tedeum am Schluß des Hochamtes, das alle sangen, erfüllte freilich den ganzen Raum, dennoch fehlte ihm die sonstige Feierlichkeit. Die Leute gingen diesmal ungesäumt nach Hause, vielleicht wegen der scharfen Kälte, jedenfalls aber erwarteten sie von diesem Kaiserreich, unter welchem sie sich nichts Genaues vorstellen konnten, nicht viel Gutes. ›Und vom Frieden hört kein Mensch was!‹ sagten viele und brummten: ›Ja, ein anderes Geld bringen sie auf, die Preußen! Und überall haben sie das erste Wort!‹«[248]

Ludwig II. empfand ähnlich wie seine Berger, wie er das später Richard Wagner mitteilte: »Auch mich ekelt das elende deutsche Reich, wie es sich leider dank dem nüchternen, ideallosen Preußentum unter jenem märkischen Junker gestaltet hat, im höchsten Grade an.«[249]

Affront gegen den preußischen Kronprinzen (Juli 1871)

Nach dem Sieg über Frankreich 1870 wurde am 10. Mai 1871 in Frankfurt mit Frankreich Friede geschlossen. Am 16. Juli zogen die siegreichen bayerischen Truppen endlich in München ein. Kronprinz Friedrich von Preußen, der spätere zweite Kaiser des Deutschen Reiches, war dazu eingeladen, auch wenn Ludwig II. darüber zutiefst unglücklich war. Er musste mit seinem von ihm wenig geschätzten Vetter zum Exerzierplatz bei Nymphenburg reiten. Dort nahm der Kronprinz die Parade ab und zeichnete im Namen des Kaisers besonders Verdiente mit dem Eisernen Kreuz aus. Anschlie-

[248] Graf, Mutter, S. 66f.
[249] Hacker, Augenzeugenberichte, S. 206.

ßend begann der Siegesmarsch des Heeres mit dem Kronprinzen an der Spitze, vorbei an der jubelnden Menschenmenge durch die Ludwigstraße zum Odeonsplatz, wo Ludwig, der allein in die Stadt zurückgekehrt war, auf seinem Pferd saß: blass, unbeweglich, starr. »Heute tu ich meinen ersten Vasallenritt«, entfuhr es ihm, als er aufs Pferd stieg. »Es schien«, schreibt ein Augenzeuge, »als ob man nicht nur seinem Roß, um es zu beruhigen, eine Morphiumeinspritzung gegeben hatte, sondern auch ihm, dem Könige.«[250]

Am Abend wurde eine Galavorstellung in der Oper gegeben, »und der unglückliche, unmilitärische König musste seinen Vetter vor dem Publikum umarmen und den Schein wahren, als freue es ihn, neben dem Helden der Stunde die zweite Geige zu spielen«.[251]

Tags darauf, am 17. Juli, fand auf der Roseninsel im Beisein des Kronprinzen Friedrich Wilhelm ein Familienessen statt. Anwesend war auch der 26-jährige Wilhelm von Hessen, ein Neffe der von Ludwig hochverehrten Zarin Maria Alexandrowna. Das Diner endete mit einer tiefen Verstimmung zwischen den Vettern. Der König zwang sich trotz seiner Abneigung dem preußischen Kronprinzen gegenüber zu einer freundlichen Geste. Er wollte ihm ein bayerisches Ulanenregiment verleihen. Doch statt Ludwig dafür zu danken, lehnte der unsensible Preuße diese Ehrung mit der fadenscheinigen Begründung ab, es bedürfe dazu erst der Genehmigung des Kaisers. Zudem wisse er nicht, ob er bei seiner Beleibtheit überhaupt in den schlanken Ulanenrock passe. Ludwig war über diese Taktlosigkeit zutiefst verstimmt. Nach der Rückfahrt erklärte er in München seinem Kabinettsekretär Eisenhardt kategorisch, er werde keinesfalls an dem großen Abendbankett im Glaspalast teilnehmen. Er habe Zahnweh und brauche Ruhe. Eisenhardt erschrak, denn dieses Militärbankett, zu dem 900 Einladungen ergangen waren, sollte den Höhepunkt der Siegesfeier bilden. Der verzweifelte Kabinettssekretär suchte den König umzustimmen, doch vergebens. Um 21 Uhr erschien der preußische Kronprinz allein, Ludwig fehlte. Sein Verhalten wurde von allen Seiten vehement kritisiert. Kein Mensch glaubte an die Zahnschmerzen.

Am 18. Juli verließ Ludwig um 4 Uhr morgens die Residenz, ohne sich von seinem Gast zu verabschieden, jagte im königlichen Wagen nach Schloss Berg und notierte in sein Tagebuch: »Feste, Theater, Fahrt des Kronprinzen

[250] Ebd.
[251] Blunt, S. 107f.

v. Pr. Gegenwart sehr störend und unangenehm!«[252] Der Kronprinz ahnte zwar den Grund für diesen Affront, machte aber aus der Situation das Beste. Mit den Worten »Lassen wir unseren liebenswürdigen Sonderling« begab er sich mit dem Grafen von Werthern in die Militärschwimmschule, um dort ein paar Schwimmrunden zu drehen. Die anwesenden Soldaten begrüßten den hohen Gast mit Hallo und salutierten. So schloss die Einzugsfeier der bayerischen Truppen in München mit einer »Groteske in der Badeanstalt und der König einsam und verstimmt in Berg. Trübe Aussichten!«[253] Und das auch für den preußischen Kronprinzen, den Ludwig seit dieser Zeit förmlich hasste, wie der Dichter und Professor Felix Dahn bei einer fast fünfstündigen Audienz im August 1873 aus dem Mund des Königs erfuhr: »Gleich bei der ersten Nennung des Kronprinzen schüttelte er eine Flut härtester Ausdrücke über ihn aus [...] ›Ich werde ihn nie mehr sehen‹, rief er grell.« Dahn erkundige sich nach den »Gründen dieses Hasses. ›Oh, es gibt deren viele, viele‹, [entgegnete ihm der König]. Der Kronprinz – er ist das Haupt der Militärpartei in Preußen. Diese Partei erstrebt die Einverleibung von ganz Bayern.‹« So etwas verdiene als Antwort eigentlich Krieg, äußerte der sonst so friedliebende Kriegsgegner Ludwig. Felix Dahn reagierte erschüttert: »›Sie [haben] soeben in Ihrem Hass sogar Krieg gegen den Kronprinzen angedeutet.‹ – ›Mit allem Grund! Zur Abwehr. Zur Erhaltung Bayerns, meiner Dynastie. [...] Der Kronprinz hat – nach jenem Einzug mit meinen – meinen!‹, wiederholte er grimmig – Truppen in meiner Hauptstadt: ah, diese Stunde vergeß ich ihm nie! auf dem Bahnhof zu seinen Offizieren gesagt: ›Sehen Sie, meine Herren, ein schönes Land. In ein paar Jahren werde ich das alles annektiert haben.‹ – ›Das ist nicht wahr‹«, widersprach Dahn. Der König »stampfte heftig mit dem Fuß. ›Glauben Sie, mein Oheim, Prinz Karl, lügt?‹« Jetzt erkannte Felix Dahn, »daß sich an diesen Vorgang ein besonderer Grund jenes Hasses knüpfen mußte.«[254] Und diesen Hass gegen den preußischen Kronprinzen pflegte Ludwig II. bis ans Ende seines Lebens. So soll der Marstallfourier Karl Hesselschwerdt (1840–1902) später den Befehl erhalten haben, »in Italien eine Bande zu werben, mit derselben den deutschen Kronprinzen gelegentlich seines Aufenthaltes in Mentone gefangenzunehmen, ihn in einer Höhle bei Wasser und Brot und in Ketten verwahrt zu halten.«[255]

[252] Tagebuchaufzeichnung Ludwigs II. vom 18. Juli 1871.
[253] Wolf, S. 139.
[254] Hacker, Augenzeugenberichte, S. 215ff.
[255] Ebd., S. 295.

Kühler Empfang Kaiser Wilhelms I. (August 1871)

Vom 6. bis 15. August 1871 weilte Ludwig in Berg, unterbrach aber am 10. August diesen Aufenthalt, da Kaiser Wilhelm I. auf seiner Reise nach Gastein dem König begegnen wollte. »Wohl um die bei der Einzugsfeier [des preußischen Kronprinzen] hervorgerufene Verstimmung wieder etwas auszugleichen, ließ sich König Ludwig zu einer Begegnung mit ihm bereitfinden.«[256]

»In herzlicher Weise erfolgte am 10. August 1871 die Bewillkommnung des Kaisers durch den König auf bayerischem Boden, in Schwandorf.« Von dort brachte sie der Zug nach Regensburg, wo »die Monarchen unter Volksjubel und Fahnenschmuck [...] einfuhren« und »ein Festmahl im ›Goldenen Kreuz‹ stattfand. Spät abends kehrte Ludwig II. nach Berg zurück. Kaiser Wilhelm brachte die Nacht im Hotel zu und setzte am Morgen seine Reise ins Salzkammergut fort.« Nach Luise von Kobells Ansicht brachte »das Zusammentreffen des deutschen Kaisers und des Königs von Bayern vollste gegenseitige Befriedigung und fiel zur allgemeinen Freude des Volkes und zu unserer Privatfreude aus.«[257]

Am 8. September wurde der von Gastein zurückkehrende Kaiser »im Auftrag des Königs von dem Prinzen Luitpold feierlich in Rosenheim empfangen und nach München begleitet, von wo aus er einer Einladung der Königin-Mutter nach Hohenschwangau folgte. Die Königin-Mutter war glückselig über diesen Besuch, zu welchem sie den Oheim ohne Vorwissen ihres Sohnes eingeladen hatte, und rief schon auf der Fahrt zum Empfang im Wagen beständig: ›Mein Onkel! Mein Onkel!‹«[258] Auch Ludwig hatte sich an diesem Tag von Berg aus nach Hohenschwangau begeben, wo auch sein Bruder Otto anwesend war. Wie zu erwarten war, so urteilt Gottfried von Böhm, verhielt sich König Ludwig »äußerst zurückhaltend und die beiden Monarchen saßen sich fast stets schweigend gegenüber. Während der Kaiser bei der Tafel die ungezwungenste lebhafteste Unterhaltung führte, sprach der König fast nur mit der Oberhofmeisterin seiner Mutter – über Geisteskranke. ›Er schaut niemanden in's Gesicht,‹ [...] ›sein Blick schweift über die Angesprochenen hinweg, gleich als fürchte er durch sie an seine mangelnde Natürlich-

[256] Böhm, Gottfried, S. 319.
[257] Kobell, Könige, S. 157f.
[258] Böhm, Gottfried, S. 319f.

keit erinnert zu werden.‹ […] Nach der Tafel begab Ludwig II. sich längere Zeit ganz allein auf den Balkon, um den Mond zu betrachten, bis einer von den kaiserlichen Adjutanten zu ihm trat. Sehr vorteilhaft habe die Natürlichkeit und Liebenswürdigkeit des Kaisers gegen seine Umgebung von dem etwas gespreizten Benehmen des Königs abgestochen, dessen Hofschranzen kriechend seien und schlecht von ihm behandelt würden.«[259]

Nach dem kaiserlichen Besuch zog sich Ludwig nach Schloss Linderhof und anschließend vom 14. bis zum 21. September wieder in sein Schloss Berg zurück. Eigentlich wäre jetzt einmal ein Gegenbesuch des bayerischen Königs in Berlin fällig gewesen, aber so wusste man, »der König hat wenig Freude an solch offiziellen Reisen«[260], insbesondere ins Land der von ihm verabscheuten Preußen. »Den Charakter verwandtschaftlicher Herzlichkeit und vertrauensvoller Zuneigung«, so Gottfried von Böhm, »haben die Beziehungen Ludwigs II. zu Kaiser Wilhelm niemals auf die Dauer angenommen«.[261] Auch wenn dieser dem König versicherte, »daß er nie und nimmer das Geringste für die Selbständigkeit und die Zukunft Bayerns zu befürchten habe«[262], war Ludwig überzeugt, dass Preußen die noch erhaltenen bayerischen Hoheitsrechte nach und nach weiter beschneiden würde.

Robert von Mohl im »heillos kalten Wartezimmer« (Oktober 1871)

Robert von Mohl (1799–1875) war von 1867 bis 1871 als Gesandter des Großherzogs von Baden in München tätig. Nach seiner Aussage hielt Ludwig II. zu Gesandten so wenig wie möglich Kontakt. Nur beim Ausscheiden aus dem Dienst wurde ihnen eine sogenannte Abschiedsaudienz beim König gewährt, so auch Mohl im Oktober 1871. Doch das ging nicht reibungslos vor sich. Zunächst wurde für die Audienz kein bestimmter Tag festgelegt, weshalb Mohl nach einer Woche nachfragte, wann die Audienz denn nun stattfände. Er erhielt jedoch abermals keinen Termin genannt. Stattdessen hieß es, der König werde zum Oktoberfest kommen und ihn dann empfangen. Dann wurde jedoch bekannt, dass der König zum Oktoberfest nicht erscheinen werde.

Nun wollte Mohl, der in Karlsruhe ein neues Amt anzutreten hatte, sein Abberufungsschreiben dem Minister zustellen. »Doch das lehnte Graf

[259] Ebd., S. 320.
[260] Kobell, Könige, S. 157f.
[261] Böhm, Gottfried, S. 320
[262] Ebd.

Hegnenberg ab; er überbrachte dem Gesandten das Großkreuz des Ordens der bayerischen Krone und wiederholte ihm den entschiedenen Wunsch des Königs, ihn persönlich zu verabschieden. So blieb denn Mohl nichts anderes übrig, als unter dem Versprechen abzureisen, daß er wieder kommen werde, wenn man ihn für einen bestimmten Tag verlange. Kaum war er in Karlsruhe angelangt, als er ein Kabinettsschreiben erhielt, nach welchem der König sich bereit erklärte, ihn in Schloß Berg zu empfangen. Bei seiner Rückkehr fand er eine Einladung zur Audienz auf den folgenden Tag um vier Uhr vor. Ein Hofwagen erwartete ihn in Starnberg; Anzug in Zivil. Der König behielt den Gesandten eine Stunde bei sich, ließ ihn sich neben sich setzen, sprach von einer Menge von gleichgültigen Dingen, unter anderem von seinen Büchern; kein Wort aber von Staatssachen, noch auch vom Großherzog, was, wenn auch nicht gerade ein Verstoß gegen die höfischen Sitten, so doch bei einem solchen Anlaß höchst ungewöhnlich und wenig verbindlich war. Gegen Mohl war er artig und sprach die Hoffnung aus, daß er ihn besuchen werde, so oft er nach München komme.

Über das Schloß Berg, das so oft in diesen Blättern erwähnt wird, dessen nächste Umgebung und den weiteren Verlauf seines Aufenthaltes dort, erzählt Robert von Mohl:

»Ich erwartete von Schloß und Garten Wunderdinge, fand mich jedoch hierin sehr getäuscht. Der Garten bestand eigentlich nur aus Wald, an dessen Fuß längs des Sees ein Weg hinzog, und aus einigen wenigen Blumenbeeten, das Schloß war klein, eng und außerordentlich einfach, namentlich auch das Zimmer des Königs selbst, während seine Zimmer in der Münchner Residenz von übertriebener Pracht strotzten. Sehr wunderlich war die ganze Einrichtung des Personals. Ich wußte wohl, daß der König in Berg ganz allein im Schlosse wohne, einige wenige Diener abgerechnet, daß er keinen höheren Hofbeamten bei sich habe, nur einen Adjutanten, der aber in einem Nebengebäude wohne, und den er oft wochenlang gar nicht sehe, und den Kabinettssekretär, ebenfalls in einem Nebenhause. Doch überraschte es mich, zu finden, daß das Schloß so gänzlich unbewacht und ohne alle Ordnung und Aufsicht war. Ein Gendarm hielt sich am Eingang in den Schloßhof auf: es war aber nirgends ein Portier, oder sonst ein Diener. Kein Mensch hatte einen Befehl in Beziehung auf meine Audienz; ich wußte nicht, wie ich zum König gelangen sollte. Ich suchte den Adjutanten auf, der keinen Befehl hatte, mich einzuführen und sich deshalb weigerte, mich zu melden. Endlich entschloß er sich doch, mich wenigstens in das Schloß hinüber zu führen. Hier trafen wir zum Erstaunen des Adjutanten zwei Minister, welche in einem heillos kalten Wartezimmer froren und einer Audienz harrten. Da es uns zu kalt war, nahmen wir den Vorschlag, in den Garten zu gehen und hier den Ruf des Königs abzuwarten, gern an.

Nach einiger Zeit wurde ich gerufen. Der Adjutant begleitete mich zur Treppe; weiter dürfe er nicht gehen, da er nicht befohlen sei. So kam ich dann im oberen Stock in ein kleines Vorzimmer, in welchem mir ein gewöhnlicher Lakai eine Thür öffnete, und ich stand vor dem König in seinem Arbeitszimmer. Er war schwarz und sehr elegant gekleidet, trug den badischen Hausorden und sah sehr gut aus. – Als die Audienz zu Ende war, wurde ich in ein, nun wenigstens warmes Zimmer geführt und gebeten, eine Kollation [leichte Mahlzeit] anzunehmen. Der König lasse sich entschuldigen; er habe heute früher gespeist. Nach einer etwas längeren Audienz der Minister wurden wir in einen Speisesaal geführt, wo an einer reichgedeckten Tafel der Adjutant die Honneurs machte und von Hausoffizianten ein feines Diner serviert wurde. Da wir auf Abfahrt drängten, um den letzten Zug in Starnberg nicht zu versäumen, wurde kurzerhand auf die Station telegraphiert, daß der Zug – wohlbemerkt ein öffentlicher – auf uns zu warten habe. Ich durfte mich nicht zu den Ministern in ihren Wagen setzen; es sei Befehl des Königs, mich in einem nur für mich bestimmten Wagen zu fahren.

Während des Wartens hatte ich mir, so gut es anging, die Zimmer in dem ersten Stockwerke des Schlosses angesehen. Ich fand sie sehr einfach, keine oder nur unbedeutende und sehr gemischte Kunstgegenstände, altes Mobiliar. In den Gängen und Vorplätzen trieb sich allerlei Hausgesinde, Bediente, Küchenjungen, Zimmermädchen, in sehr wenig gewählter Kleidung umher; das ganze Hans roch sehr unangenehm nach photographischen Agentien. Kurz, die Mischung von königlicher Haltung, von klösterlicher Absperrung und von unordentlicher Junggesellenwirthschaft war höchst merkwürdig. In diesen Umständen aber lebte der junge Herr während wenigstens drei Viertheilen des Jahres, völlig allein, ohne einen Menschen zu sehen, als seinen Kabinettssekretär, mit dem Lesen von Berichten und von Schriften über das Jahrhundert Ludwigs XIV. beschäftigt, in der Regel spät abends in Begleitung von einigen Stallknechten ausreitend bis lange nach Mitternacht oder, wieder allein, auf seinem kleinen Dampfboote den See durchfahrend.«[263]

[263] Böhm, Gottfried, S. 29f.

Auch nach Schilderung des Fürsten Clodwig Hohenlohe-Schillingsfürst machte Schloss Berg einen wenig fürstlichen Eindruck. Er beanstandete ebenfalls die in den Gängen wimmelnden Spülweiber und Mägde.

Ludwigs II. Geheimbund: »Die Coalition« (1869 bis 1883)

Am 30. August 1869 – Ludwig II. hielt sich zu dieser Zeit in Schloss Berg auf – verfasste er ein »Memorandum«, in dem er seine Ansicht von einem absolutistischen Königtum darlegte, wie er es verstand:

> »In einer Monarchie, wie sie sein muß, soll Alles wie die Strahlen der Sonne vom Monarchen ausgehen, und auf Ihn sich zurückbeziehen. Er soll das Haupt, die Seele, mithin der eigentliche Lebensnerv des Staates sein. Er hat seine Krone von Gott und muß in seinem Handeln ganz uneingeschränkt sein. Ihm soll nicht bloß die exekutive Gewalt, sondern auch die Legislative zukommen. Ihm allein gehört, Ich wiederhole es, von Rechts wegen die gesetzgebende Gewalt, unabhängig und ungeteilt. Von Ihm haben die obersten Höfe ihre Autorität, in Ihm persönlich hat die souveräne Gewalt ihren Sitz. Man will in der Nation eine vom Monarchen abgesonderte Gemeinschaft anerkennen, aber ihre Interessen und Rechte sind mit den Seinigen identisch, und ruhen allein in Seiner Hand.
>
> Je umfangreicher die Macht des Königs ist, desto mehr ist Er im Stande zum Wohle seines Volkes zu wirken. Die Erweiterung der Begriffe des Rechtsstaates, die Vermehrung der Volksrechte, die Ausbildung der Verfassung sind der Tod des Königthumes. Der Begriff ›Staatsangehörige‹ faßt allein schon eine revolutionäre Tendenz in sich, weil er die Abhängigkeit von der Autorität der Nation, nicht aber die Untertänigkeit, die dem Könige gebührt, ausdrückt. Leider ist durch die Ausbildung des Verfassungslebens gewissermaßen das Mitregieren des Volkes sanktioniert, und das Ministerium, wenn es auch das vollste Vertrauen des Königs hat, gezwungen, Konzessionen zu machen, die dem Wesen des Königtums schaden, da öffentlich die notwendigen Ziele dank der traurigen Lage der Dinge, den elenden Gesetzen, leider nicht erreicht werden können. So muß jene unsichtbare Macht den Boden ebnen, den Widerstand beseitigen, so daß das einzig wahre Königtum seine Gewalt entfalten kann.
>
> Das Prinzip der Volksautorität, das sich immer mehr ausbildet, und mit seinem Gifte alles begeifert, muß ausgerottet werden, damit nach und nach

das [Prinzip] der absoluten Monarchie an dessen Stelle gesetzt werden kann. Wahrhaft Königlich Gesinnte im vollsten Sinne des Wortes sind nur solche, die unbedingt und ohne Rückhalt sich vor der Majestät des Thrones beugen. Solche, welche das Schwergewicht in der Verfassung oder gar im Volke erblicken, sind Heuchler, Lügner und verkappte Demokraten.
Heil und Segen denen, die es sich ausschließlich zur Pflicht machen, diese Prinzipien anzubahnen und den Weg zu ebnen, auf dem einzig mit Erfolg regiert werden kann. Ich nenne sie meine Brüder und Freunde, ich baue auf sie und hoffe sicher, sie werden ihren König nicht verlassen. Meiner Anerkennung und nie aufhörenden königlichen Huld können sie versichert sein auf immerdar.«[264]

Soweit Ludwigs unmissverständlich formulierte Ansicht vom wahren, absolutistischen Königtum, das es mit allen Mitteln zu errichten und zu verteidigen gelte. Und dazu wünschte sich Ludwig II. eine ihm positiv gesinnte Gruppe, auf die er sich verlassen konnte, die sich schützend vor ihn stellte und die sein absolutistisches Königtum verteidigte. Er bemühte sich deshalb schon fünf Jahre nach der Thronbesteigung um die Gründung einer geheimen Vereinigung, deren Mitglieder ihm treu ergeben waren.

Etwa um den 30. August 1869 – Ludwig hielt sich vom 27. August bis zum 14. Oktober in Berg auf – stellte der König einen Geheimbund in seine Dienste, dessen Mitglieder für seine Sicherheit sorgen und ihn in der Erreichung seiner politischen Ziele unterstützen sollten. Zu den ersten Mitgliedern der von ihm als »Coalition« bezeichneten Geheimgruppe gehörten:

- Oberleutnant Johann Krahl als Coalitionsführer von 1869 bis 1876
- Oberleutnant Wilhelm Krane, Krahls Nachfolger ab 1876
- Stadtrichter Dr. Schmidt aus Eichstätt
- Oberleutnant Wilhelm Reisenegger (nur kurze Zeit aktiv)
- Frühwein (keine näheren Angaben)
- Stallmeister Richard Hornig

Ihre Aufgaben sollten sein:
- Die Wiedereinführung und Sicherung der absolutistischen Herrschaft Ludwigs II. in Bayern

[264] Ludwig II. Memorandum, 30. August 1868, Bayerisches Hauptstaatsarchiv, München, Ministerium des Äußeren 99733.

- Unterbindung übler Nachreden gegen den König und tendenziöser Gerüchte über ihn durch Personen aus der Regierung und Bevölkerung sowie durch negative Presseartikel, deren Ziel es ist, seine Position als König von Bayern zu untergraben oder gar seine Entmachtung in die Wege zu leiten
- Ausschaltung dem König feindlich gesinnter Personen und Gruppierungen
- Streuung königfreundlicher Presseartikel
- Eindämmung preußenfreundlich gesinnter Journalisten und Unterdrückung der dem König verhassten deutschnationalen preußenfreundlichen Gesinnung
- Verhinderung von Attentaten auf die Person Ludwigs II., wie sie auf gekrönte Häupter und Politiker (etwa Zar Alexander, Kaiser Franz Joseph, Bismarck und Kaiser Wilhelm) verübt wurden.

Wie all dies bewerkstelligt werden sollte, schilderte der König am 15. August 1871 in einem Schreiben aus Schloss Berg an Johann Krahl: »Wie eine eiserne strenge, fürchterliche Inquisition muß die Coalition unsichtbar, aber doppelt machtvoll das ganze Land beherrschen u. jede schlechte Regung im Keime ersticken, die freiheitlich demokratische, nationale Richtung sowie die ultramontane, römische bekämpfen.«[265] Deshalb müsse der »von gefährlichen Giftstoffen gefällte Körper von seinen faulenden Gliedern abgetrennt werden.«[266] Der König dachte dabei an einen Staatsstreich, wie er am 5. Oktober 1871 an Krahl schrieb: »Bezüglich einer Contre Revolution muß Alles ohne zu säumen besprochen u. in Thätigkeit gesetzt werden; ich baue hierin fest auf Sie! [...] Wir müssen von dem unseligen Reiche [gemeint ist Preußen] uns losreißen, soll nicht Alles verloren gehen! [...] Jetzt muß der Umsturz versucht werden od. nie; je mehr man zögert umso schwerer geht es, bis der Moment unwiederbringlich dahin ist; hören Sie die klagende u. ermahnende Stimme Ihres durch die politischen Verhältnisse so unglücklichen Königs!«[267]

[265] Brief Ludwigs II. vom 15. August 1871 an Johann Krahl.

[266] Botzenhart, Christof: »Ein Schattenkönig ohne Macht will ich nicht sein.« Die Regierungstätigkeit König Ludwigs II. von Bayern, München 2004, S. 209 (künftig: Botzenhart); Ludwig II. an Johann Krahl, 15. August 1871, Bayer. Staatsbibliothek/Handschriftenabt. (BSB), Bürkeliana, Suppl. I.

[267] Botzenhart, S. 209f.; Ludwig II. an Johann Krahl, 5. Oktober 1871, BSB, Bürkeliana, Suppl. I

Die »Coalition« bestand zunächst sechs Jahre bis 1875, entfaltete die ihr aufgetragenen Aktivitäten allerdings nur zögerlich und unzureichend. Gleichwohl soll sie zu dieser Zeit in ganz Bayern bereits 9260 Mitglieder[268] gezählt haben. Nach Krahls Tod 1876 zerfiel sie nach und nach. 1879/80 wollte der König deshalb eine »Neue Coalition« unter Führung des damaligen Kabinettsekretärs August von Müller bilden, die diesmal vor allem aus Zivilisten bestehen sollte. Er beabsichtigte, in vielen Ortschaften Filialen einzurichten, um auf diese Weise über ganz Bayern ein zuverlässiges Netzwerk ihm treu ergebener Helfer zu spannen. Doch Müller erreichte nicht viel, worauf ihn der König im Mai 1880 entließ und die Aktivitäten auch der »Neuen Coalition« zum Erliegen kamen. Im Februar 1883 wurden noch einmal Leutnant Hartlieb und Hauptmann Menz mit dem Aufbau einer Miliz betraut, was ebenfalls erfolglos blieb. Danach erloschen die immerhin 14 Jahre währenden Bestrebungen zur Einrichtung dieser, »Coalition« genannten Geheimorganisation, die mit strengstem Regiment Ludwigs Alleinherrschaft in Bayern errichten sollte.

Den Traum einer absolutistischen Herrschaft träumte Ludwig aber weiter, auch in seinem Schloss Berg. Wenn diese schon nicht im eigenen Lande möglich sei, so vielleicht in einem anderen Land. Der König schickte deshalb den Vorstand des bayerischen Reichsarchivs, Franz von Löher, auf Reisen. Er sollte bereits 1873 und 1875 die griechischen und kanarischen Inseln sowie Zypern und Kreta besuchen, um ein passendes Land zu finden, in dem sich die Absichten einer absolutistischen Staatsform mit ihm als absolutem Herrscher verwirklichen ließen. Da Löhers Berichte nicht günstig ausfielen, zerschlugen sich auch diese Auswanderungspläne Ludwigs II. und sein Bestreben, zum Absolutismus längst vergangener Jahrhunderte zurückzukehren.

Letztlich aber entdeckte er dann doch ein »Land«, das sogar von einem Meer umschlossen war. Er kaufte es 1873. Es war ein »Eiland« in seinem eigenen Land Bayern und befand sich im sogenannten Bayerischen Meer, dem Chiemsee, die Insel Herrenchiemsee, die er vor einer rücksichtlosen Abholzung durch ein Konsortium von Stuttgarter Holzhändlern bewahrte, indem er sie für 350000 Gulden kaufte. Vielleicht mochte ihn auch die Roseninsel zum Kauf des von Wogen umrauschten Chiemsee-Gestades bewogen haben. Hier wollte er sein Zentrum der absoluten Macht, wenn auch

[268] Hilmes, Oliver: Ludwig II. Der unzeitgemäße König, München 2013, S. 320 (künftig: Hilmes).

nur einer Traummacht, errichten. Schloss Versailles, das Paradeschloss und Machtzentrum der Bourbonenkönige sollte hier erstehen, aber nicht als eine Kopie, sondern größer als Versailles. Hier wollte er nicht nur der König von Bayern sein, sondern der Nachfolger und die Inkarnation des Sonnenkönigs Ludwig XIV., und in dieser Position hätte er sich dann auch dem Deutschen Kaiser überlegen gefühlt, von dem er sich 1871 zum Vasallen erniedrigt sah. Während sich Wilhelm I. nur zu seiner Kaiserproklamation im Spiegelsaal von Schloss Versailles aufhalten durfte, wollte Ludwig II. künftig nach Belieben im Spiegelsaal seines bayerischen Schlosses Versailles als einziger Besucher lustwandeln und sich zumindest in der Imagination als absoluter Herrscher fühlen. Wenn später dann das versenkbare »Tischleindeckdich« ins Speisezimmer hochgefahren wurde, saßen mit dem König drei bis vier hochrangige, längst verstorbene Gäste aus der Zeit der Bourbonenkönige am Tisch, so Ludwig der XIV. oder Ludwig XV., Madame Pompadour und Königin Marie Antoinette, mit denen er sich angeregt unterhalten konnte. Am 21. Mai 1878 fand die Grundsteinlegung von Schloss Herrenchiemsee statt und damit rückte das Ziel einer absolutistischen Traumherrschaft für Ludwig II. Jahr für Jahr immer näher.

Ein »Geheimgefängnis« in der Nähe des Starnberger Sees

Im Zusammenhang mit der Einrichtung der »Coalition«, mit deren Hilfe in Bayern wieder das absolutistische Regierungssystem hergestellt werden sollte, dachte der König nach Aussage des Stallmeisters Richard Hornigs auch daran, in einem nicht näher bezeichneten Schloss am Ammersee, nordwestlich vom Starnberger See gelegen, ein geheimes Gefängnis einrichten zu lassen, in der alle dem König missliebigen Personen interniert werden sollten.

»Eine Lieblingsidee Seiner Majestät«, so Richard Hornig, »wurde die Erbauung einer Bastille und mußten auch wirklich auf Allerhöchsten Befehl in den Kellerräumen eines am Ammersee gelegenen kleinen Schlosses, in welchem Versammlungen der Coalition abgehalten wurden, Gefängniszellen hergerichtet werden. Befehle, Personen, die sich Seiner Majestät durch irgendein Vorkommniß mißliebig gemacht hatten, in dieser Bastille ›verschwinden‹ zu lassen, wurden fast täglich und zwar in Form eines sogenannten lettre de cachet[269] gegeben. Minister, Adjutanten, Cabinetssecretäre etc.

[269] »Lettres de cachet« hießen die berüchtigten Verhaftungsbefehle der französischen

waren für die Bastille bestimmt; ja sogar Prinzen des königlichen Hauses, Seine königliche Hoheit der Prinz Luitpold und Seine königliche Hoheit der Prinz Ludwig sollten in die Bastille verbracht werden. Als selbstverständlich diese Allerhöchsten Befehle nicht zur Ausführung gebracht werden konnten, wurde Seine Majestät gegen Alles ungnädig gesinnt, der Hang zur Einsamkeit trat immer mehr in den Vordergrund.«[270]

Ludwig II. verdächtigte 1868/69 tatsächlich Mitglieder des Familie Luitpold, sie würden ihn mit Unterstützung der konservativ-klerikalen Patriotenpartei um seinen Thron bringen wollen. Dass der König tatsächlich von dieser Bastille Kenntnis hatte, belegt sein Brief vom 15. August 1871 an Oberleutnant Johann Krahl, den damaligen Führer der Coalition, in dem es heißt: »Lassen Sie den hundsgemeinen nichtwürdigen Sigl [gemeint ist der aufmüpfige Journalist Johann Baptist Sigl, Redakteur des ›Bayerischen Vaterlandes‹] mit einem Regen von scharfen Drohbriefen überschütten, hilft dies nicht, was ich leider annehmen muß, so muß er ohne Gnade und Barmherzigkeit in die Bastille.«[271]

Die Feldafinger Villa Rosa der Betrügerin Adele Spitzeder (1872)

Die Münchner Geldverleiherin Adele Spitzeder (1832–1895) hatte sich durch hohe Zinszahlungen aus dem ihr anvertrauten Geld ein Vermögen erworben. 1869 hatte sie in der Dachauer Straße eine Bank gegründet und versprach den Anlegern horrende Zinsen bis zu zehn Prozent, was ihrer Bank riesigen Zulauf bescherte. Die Zinsen bestritt sie mit dem Geld, das sie von den Neuanlegern bekam, vom Rest führte sie ein luxuriöses Leben. Besonders gerne hielt sie sich in Feldafing auf. Diesen Ort schätzte sie so sehr, dass sie hier eine klassizistische Villa mit Flachwalmdach erwarb, die sich 1870 der Architekt Johann Biersack in der Seestraße 16 erbaut hatte und die er 1872 an die Spitzeder verkaufte. Sie nannte ihr Domizil nach ihrer Freundin Rosa Ehinger Villa Rosa, womöglich aber auch deshalb, weil sie gegenüber der Roseninsel lag. Den Garten bepflanzte sie mit Rosen.

Könige des Absolutismus.

270 Hacker, Rupert: Ludwig II. von Bayern, die Königskrise von 1885/86 und der Weg zur Regentschaft, in: Zeitschrift für bayerische Landesgeschichte, Band 74, S. 698 (künftig: Hacker, Königskrise).

271 Botzenhart, S. 209.

Mit den Wittelsbacher Kurfürsten kam ab 1676 Leben an den Starnberger See. Neben Schloss Starnberg wurde insbesondere Schloss Berg als Sommerresidenz genutzt.

Die Kurfürsten Max Emanuel und Karl Albrecht veranstalteten bis Mitte des 18. Jahrhunderts vor Schloss Berg spektakuläre Seefeste und barbarische Hofjagden. Wenn der Kurfürst das Zeichen zur Jagd gab, scheuchten die Treiber den Hirsch in den See, wo er von der Hundemeute zu Tode gehetzt wurde. Die fürstlichen Gäste, Damen wie Herren, genossen dieses unwaidmännische Schauspiel. Dem toten Hirsch wurde von einem Jäger der Vorderlauf abgeschnitten und der Kurfürstin, die sich auf dem »Bucentaur« aufhielt, als Jagdtrophäe dargebracht. (Stich von G. Heine, 1880)

Schloss Berg war ursprünglich ein kubischer Bau mit quadratischem Grundriss. Um 1700 umschloss ein Wassergraben und eine Ringmauer das Gebäude. Das Zeltdach krönte ein Türmchen. (Stich von Michael Wening, 1701)

König Max II. fügte von 1849 bis 1851 an den Ecken des Schlosses vier zinnenbekrönte Türmchen hinzu. Auch das Dachsims erhielt Zinnen. An der Westseite ließ er einen Balkon anbauen. 1865 errichtete sein Sohn Ludwig II. an der Nordseite den großen Isoldenturm. An die Südseite kam ein zweiter Balkon. Im Schloss selbst nahm er keine Änderungen vor.

Ein breiter Sandweg führte die Besucher zum südlichen Eingang von Schloss Berg.

Betrat man das Schloss, stand man in einem von Säulen gesäumten und mit Palmen geschmückten Korridor. (Zeichnung nach einer Fotografie von Joseph Albert, München)

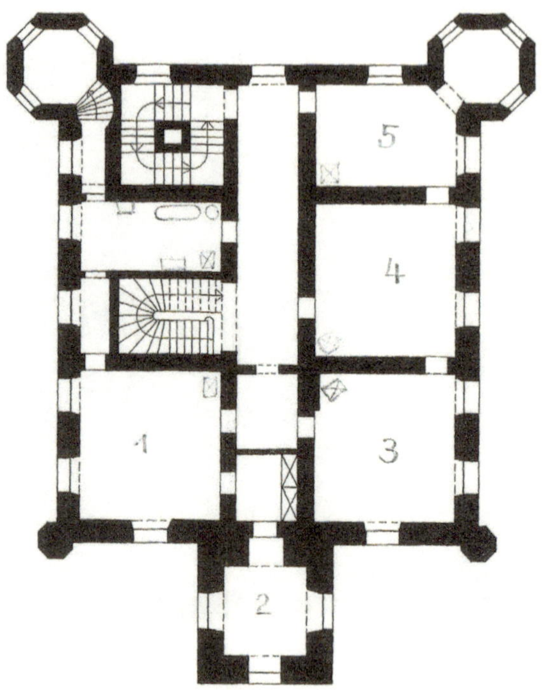

Schloss Berg zur Zeit König Ludwigs II.

Im ersten Stock befand sich die Wohnung der Königinmutter Marie. Später wurden die Räume als Gästezimmer genutzt.

Grundriss des ersten Obergeschosses:

1 Ministerzimmer
2 Turmzimmer
3 Schlafzimmer
4 Salon
5 Wohnzimmer (»Blumenzimmer«)

Im Wohnzimmer oder »Blumenzimmer«, dem kleinsten Raum im ersten Stock, war in der Unglücksnacht des 13. / 14. Juni der Leichnam Dr. Bernhard von Guddens aufgebahrt. (Fotografien der Räume, auch die folgenden, von Richard Wörsching, um 1910)

Der ans Wohnzimmer angrenzende Salon war mit wertvollen Möbeln und Bildern komfortabel ausgestattet. Die dort aufgestellte Büste des bayerischen Heerführers von der Tann zeugte von der Achtung Königs Max II. und seines Sohnes Ludwig für diesen Mann.

Im Schlafzimmer oder »Goldlilienzimmer« der Königinmutter wurde ihr Sohn Ludwig nach seinem Tod aufgebahrt.

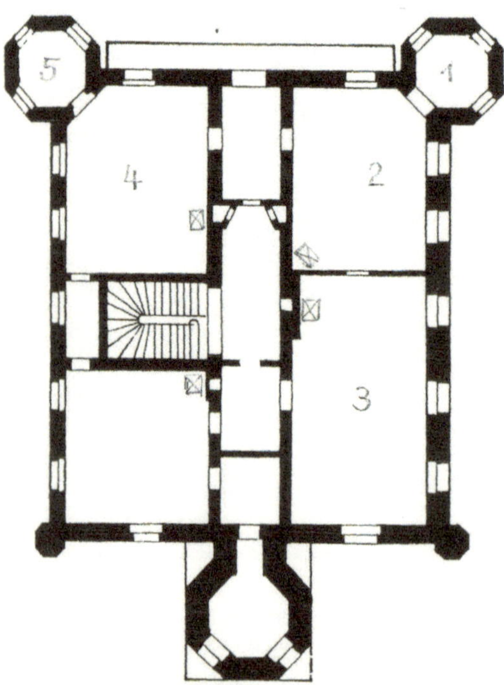

Grundriss des zweiten Obergeschosses:

Wohnung König Ludwigs II.

1 Erkerzimmer Seeseite
2 Wohn- und Arbeitszimmer (»Blauer Salon«)
3 Speisesaal
4 Schlafzimmer
5 Erkerzimmer

Der »Blaue Salon« diente Ludwig II. als Wohn- und Arbeitszimmer, ausgestattet mit Polstermöbeln in lichtblauer Seide und mit blauen Tapeten an den Wänden.

Der größte Raum im Schloss war der Speisesaal, der sich unmittelbar neben dem »Blauen Salon« befand. An den Wänden prachtvolle Aquarelle zu Wagners bedeutenden Musikdramen.

Im Schlafzimmer des Königs lagen auf der braunpolierten Bettlade ein weißseidenes Kissen und eine blauseidene Decke. Über dem Bett wölbte sich ein Baldachin von blauer Seide.

in Schlossnähe befand sich ein Glaspavillion, den Ludwig als Teehaus nutzte. In der neugotischen Schlosskapelle auf einer Anhöhe im Park besuchte er alleine Gottesdienste.

Gelegentlich speiste er auch im Maurischen Kiosk. Ein Laubengang führte vom Schloss zur Schiffsanlagestelle an den See, wo der König sein Dampfschiff »Tristan« besteigen konnte.

Von Schloss Berg aus unternahm der König bei jedem Wetter gerne weite Ausritte um den Starnberger See und bis zu seinen »heimlichen Residenzen«, den Berghütten in den Alpen.

Interesse hatte er auch am Fotografieren, wie der Geruch fotografischer Agenzien in den Gängen von Schloss Berg verriet.

Lesen gehörte zu den Lieblingsbeschäftigungen Ludwigs II. nicht nur in Schloss Berg. Kurioserweise soll er einmal sogar als Indianer kostümiert in James Fenimore Coopers »Der letzte Mohikaner« geschmökert haben. Vor allem aber studierte er kunsthistorische Werke. Alltägliches Briefeschreiben war dem König ein Bedürfnis.

Wenn sich Ludwig müde gelesen hatte, nahm er, abgeschirmt von der Öffentlichkeit, gerne auch ein Bad im Starnberger See. Wie es heißt, war er ein ausgezeichneter Schwimmer.

Mit seinem Dampfschiff »Tristan« kreuzte Ludwig II. auf dem Starnberger See, besuchte die nahe gelegene Roseninsel und in Schloss Possenhofen die Familie des Herzogs Max in Bayern.

Besonders zwei der Herzogskinder hatten es ihm in Schloss Possenhofen angetan: Sisi, die Kaiserin von Österreich, und Sophie, seine Braut, mit der er kurzzeitig verlobt war.

Im »Hotel Strauch« in Feldafing – dem späteren »Hotel Kaiserin Elisabeth« – hielt sich Sisi in späteren Jahren gerne in den Sommermonaten auf. Hier besuchte Ludwig mehrfach die verehrte Cousine.

Zu einem Besuch der Roseninsel lud der König nur Gäste ein, denen er besonders wohlgesonnen war. Mehrfach traf er mit Kaiserin Elisabeth von Österreich zusammen. Bei Abwesenheit des Königs hinterließ sie in einem Geheimfach im dort gelegenen Casino auch Briefe für ihn.

Mit seinem Dampfschiff »Tristan« konnte Ludwig II. die Roseninsel im Starnberger See rasch erreichen. Die Roseninsel hieß so, weil auf ihr tausende Rosenstöcke gepflanzt waren, die über den See einen betäubenden Duft verströmten.

Zu Ehren der von ihm vergötterten russischen Zarin Marie Alexandrowna veranstaltete Ludwig II. 1868 eine einzigartiges Seefest bei Schloss Berg, das ein Prunkfeuerwerk krönte.

Brillantfeuerwerk für Zarin Alexandrowna. (Aquarell von Joseph Watter, 1868)

Gäste Ludwigs II. in Schloss Berg waren: Ministerpräsidenten, Kabinettsekretäre, Hofbedienstete, gekrönte Häupter, Künstlerinnen und Künstler und viele andere.

König Ludwig II. im Hafen von Schloss Berg vor seinem Dampfboot »Tristan«. (Aquarell von Erich Correns, 1867) Doch nicht nur sein Boot kreuzte auf dem See, sondern auch mehrere Salondampfer. Kam ein Dampfer Schloss Berg zu nahe, mahnten patroullierende Wachsoldaten am Ufer den Kapitän, Abstand zu halten.

Der Starnberger Bahnhof lag unmittelbar an der Schiffsanlegestelle des Sees. Touristen hatten nur wenige Schritte, um nach dem Verlassen der Eisenbahn einen der Salondampfer für eine Schiffsrundfahrt zu besteigen. Mit den Jahren strömten immer mehr Touristen nicht nur aus München, sondern aus ganz Deutschland an den Starnberger See, wie auf dieser satirischen Zeichnung zu sehen ist.

Von Mai bis Oktober 1864 mietete Ludwig II. die Villa Pellet in Kempfenhausen für Richard Wagner, um ihn jeden Tag in Schloss Berg empfangen zu können.

In der Villa Prestele wohnte Wagner von Ende Mai bis Mitte Juni 1867. Fast täglich fuhr er von Starnberg zum König nach Schloss Berg.

1879 ließ der König für den von ihm verehrten Stallmeister und Kammerdiener Richard Hornig ein Landhaus errichten, in dem er sich auch gerne selbst aufhielt. Die Villa Hornig bei Allmannshausen zählt zu den bemerkenswertesten Bauten am Starnberger See.

Nahe der Schiffsanlegestelle bei Schloss Berg, nördlich an der Schlossmauer, befand sich die »Kabinettsvilla«, in der die Kabinettsekretäre logieren konnten. 1874 hatte der König dieses Landhaus von dem Privatier Ludwig von Poschinger erworben.

Nach Schloss Possenhofen kam Ludwig II. schon als Kind mehrmals zu Besuch. Außer zu Sisi und Sophie fühlte er sich auch zu Herzog Karl Theodor hingezogen. Erst nach dem Scheitern seiner Verlobung mit Sophie reduzierten sich die Besuche.

In Schloss Ammerland lebte Franz von Pocci, der bei Ludwig II. nicht nur als Oberstkämmerer in Diensten stand, sondern als Lehensträger von Ammerland auch sein Vasall war. Hier ließ sich der König einen Liliengarten anlegen.

Wenn sich Sisi in den Jahren 1867 bis 1870 in den Sommermonaten in Schloss Garatshausen aufhielt, stattete ihr Ludwig gerne Besuche ab.

In Schloss Almannshausen lebte Graf Rambaldi, der am 12. Juni 1886 dem König angeblich bei der Flucht helfen wollte, was jedoch misslang.

Landhaus des Ministerratsvorsitzenden Johann von Lutz in Pöcking.

Villa des Ministerratsvorsitzenden Ludwig von der Pforten in Seeseiten.

Midgard-Haus des von Ludwig II. verehrten Schriftstellers Maximilian Schmidt, genannt »Waldschmidt«, bei Tutzing.

Villa des Malers Gabriel von Max, die zuvor dem eigenartigen Napoleon von Homolatsch gehörte, der Ludwig II. verehrte.

Landhaus des Historienmalers Carl Theodor von Piloty, dem Ludwig II. sehr gewogen war.

Das unweit von Schloss Berg gelegene Schlösschen Elsholtz, das Ludwig II. als Wohnsitz für seine Kabinettsekretäre ab 1875 nutzte.

Nach seiner Entmündigung im Juni 1886 wurde König Ludwig II. in Schloss Berg interniert. Am 12. Juni abends unternahm er mit dem Psychiater Dr. Bernhard von Gudden seinen letzten Spaziergang. Was sich dabei ereignete, liegt bis heute im Dunkeln.

Die Totenmasken König Ludwigs II. (links) und seines Gutachters Dr. Bernhard von Gudden (rechts) wurden in Schloss Berg abgenommen.

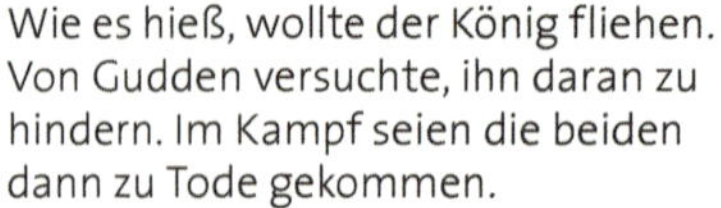

Wie es hieß, wollte der König fliehen. Von Gudden versuchte, ihn daran zu hindern. Im Kampf seien die beiden dann zu Tode gekommen.

1872 erkundigte sich Ludwig II. bei seinem Kabinettsekretär Lorenz von Düfflipp:

»›Ich lese in der Zeitung kürzlich von einer Spitzeder. Was hat es mit dieser Dame für eine Bewandtnis? Keinesfalls eine schöne, wie ich den Berichten entnommen?‹
›Majestät meinen die Spitzeder, Adele Spitzeder, eine Betrügerin ersten Ranges, die es unter unglaublichen Vorwänden verstand, den Leuten die ersparten Groschen abzunehmen; es sind Millionen, die sie bis heute den Taschen Leichtgläubiger oder Habsüchtiger entlockt haben soll!‹
›Wie ist denn Solches möglich?‹
›Sie rechnete mit der Dummheit der Leute und verstand es, ihren Machenschaften ein frommes Mäntelchen umzuhängen; sie nahm jeden Betrag, den sie mit höchsten Zinsen anzulegen versprach.‹
›Und ließen die Menschen alle Vorsicht außer Acht?‹
›Es erhielt derjenige, der sein Eingelegtes abheben wollte, dieses und die großen Zinsen, doch verstand sie die meisten zu veranlassen, das Geld wieder einzulegen. Besonders sind es Dienstboten, Arbeiter und Kleinbürger gewesen, die durch Eigennutz verblendet ihre Ersparnisse brachten, die die Spitzeder dann zu ihrem eigenen luxuriösem Leben verwendete.‹
›Da ist es dann höchste Zeit zum Einschreiten gewesen. – Ein unerquickliches Thema, Düfflipp, lassen wir es lieber. Ich danke Ihnen für die Aufklärung.‹«[272]

Damit war der Vortrag beendet und der König entließ aufs Freundlichste seinen Kabinettsekretär. Dieses von Georg L. Schauenberg überlieferte Gespräch zeigt, dass sich Ludwig II. auch für das aktuelle Tagesgeschehen sehr interessierte.

Die »Schwindelbank« flog bereits 1872 auf, als sich etwa 60 Gläubiger gleichzeitig ihr Geld auszahlen lassen wollten. Adele Spitzeder wurde Ende 1872 wegen Betrugs verhaftet und 1873 zu drei Jahren Zuchthaus verurteilt. Ein Gesuch an Ludwig II., das Strafmaß wegen ihres angeschlagenen Gesundheitszustandes zu reduzieren, wurde abschlägig beschieden. Angeblich soll auch der König – was allerdings nicht bewiesen ist – durch einen Vermittler bei ihr Geld angelegt haben. Nach Spitzeders Verurteilung erwarb Graf Anton von Preysing-Lichtenegg die Villa Rosa für 23000 Gulden. In der Folgezeit

[272] Schauenberg, S. 70f.

wechselte sie mehrfach den Besitzer und wurde zuletzt als »Tennispension« genutzt. Erst 1990 wurde die lange vernachlässigte Villa gründlich sanisert.

Flucht vor der Cholera-Epidemie (1873/74)

Nach Luise von Kobells Informationen schleppte angeblich der amerikanische Geistliche Cliny Wood, der in München im »Rheinischen Hof« abgestiegen war, die hoch ansteckende Cholera in München ein. Wood starb am 25. Juni 1873.

»An diesen eingeschleppten Cholerafall reihten sich fort und fort Erkrankungen und Todesfälle. Die Gesamtsumme der Gestorbenen belief sich von Ende Juni 1873 bis Anfang April 1874 auf 1466. Eines der letzten Choleraopfer war der Maler Wilhelm von Kaulbach. [...] Der König hatte gewohnheitsmäßig am 11. Mai 1873 sein Schloß Berg bezogen und das Hoflager dahin verlegt. Später siedelte er nebst demselben nach Hohenschwangau über, wo er bis Februar 1874 verweilte, dann in München eintraf.«[273] Doch ab dem 11. Mai 1874 hielt er sich erneut in Berg auf. Von dort aus absolvierte er bis Ende Oktober zahlreiche Aufenthalte in verschiedenen seiner Berghütten.

Am 15. Januar 1874 warnte er seine ehemalige Erzieherin Sybilla von Leonrod: »O möchtest Du Dich doch recht vor allem Schädlichen in acht nehmen, denn mit der jetzt in München so tückisch auftretenden Krankheit ist nicht zu spaßen. Der Herr erhalte dich lange, lange aus Grund des Herzens wünsche ich es.«[274]

Die Cholara-Epidemie von 1873/74 war bereits die dritte in München, die besonders von November bis April 1874 wütete und mehr als 1400 Opfer forderte. Ludwig II. hatte schon 1865 den ersten deutschen Lehrstuhl für »Hygiene« in München eingerichtet und ihn mit Max von Pettenkofer besetzt. 1872 erhielt er die Ehrenbürgerwürde. 1883 wurde er von Ludwig II. in den Adelsstand erhoben.

Nach der dritten Cholera-Epidemie konnte Pettenkofer den König und die Stadt München überzeugen, Maßnahmen zur Seuchenprophylaxe durchführen zu lassen. Die Bodenqualität müsse durch Zentralisierung der Abwasserkanalisation und der Trinkwasserversorgung endlich verbessert werden, um München von Typhus und Cholera zu befreien. Die Folge war der Bau der »Schwemmkanalisation«, einer »zentralen Wasserversorgung«

273 Kobell, Könige, S. 183f.

274 Brief Ludwigs II. vom 15. Januar 1874 an Sybilla von Leonrod.

und der Zentralisierung des »Schlacht- und Viehhofs«. Aufgrund dieser hygienischen Maßnahmen wurde München zu einer der saubersten Städte Europas.

Auch Pettenkofer baute sich 1874 am Südende des Starnberger Sees in Seeshaupt in der St. Heinricher Straße 45 eine Villa – sie ist allerdings kein Geschenk Ludwigs II. –, die heute unter Denkmalschutz steht. Er nutzte das Haus für sich und seine Familie bei Sommeraufenthalten am Starnberger See.

Von Berg aus zu Wagners Bayreuther Festspielen (1876)

Am 4. August benachrichtigte Hofrat Düfflipp Wagner, der König werde am 6. August abends von Schloss Berg aus im Extrazug über Landshut, Regensburg und Weiden nach Bayreuth reisen, aber nicht im Bayreuther Bahnhof aussteigen, sondern außerhalb der Stadt, wo Equipagen bereit stehen müssten, um ihn samt Gefolge sofort zur Eremitage zu bringen. Er wünsche keine Empfangsfeierlichkeit.

Schon am 12. Juli 1876 hatte der König Wagner diesen Besuch angekündigt. Er wolle sich in Bayreuth ganz dem Genuss der Festspielaufführungen hingeben. Ovationen der Bevölkerung lehne er ebenso strikt ab wie auch Tafeln, Audienzen und den Besuch fremder Herrschaften. All das hasse er. Er käme, um sich an der großen Schöpfung zu begeistern, um Geist und Herz zu erfrischen, aber keinesfalls, um sich vor neugierigen Gaffern zu produzieren und sich als Ovationsopfer herzugeben.

Wagner hätte sich stattdessen gewünscht, dass der König wenigstens eine einzige Vorstellung zusammen mit Kaiser Wilhelm besuchen würde. Doch schon im Januar hatte Ludwig das kategorisch abgelehnt. Er könne sich nicht entschließen, die mehr oder weniger verhassten Fürstlichkeiten in Bayreuth persönlich zu empfangen, ihr Geschwätz anzuhören und ihnen die Honneurs zu machen.

Und so traf der Sonderzug von Berg aus in der Nacht vom 5. auf den 6. August 1876 nicht am Bayreuther Bahnhof ein, sondern abseits am Bahnwärterhäuschen nahe der Rollwenzelei. Nur Richard und Cosima empfingen den König und kutschierten mit ihm unbehelligt zur Eremitage. Wie befohlen, unterblieb jeder Trubel durch begeisterte Menschenmassen. An den folgenden Abenden besuchte Ludwig die vier Generalproben zum Ring des Nibelungen. Höchst beeindruckt lobte er Wagner, er sei ein Gottmensch und der wahre Künstler von Gottes Gnaden. Dann kehrte er am 9. August nach Hohenschwangau zurück und hielt sich bereits Ende des Monats wieder in Berg auf.

Rückzug Ludwigs II. in die Einsamkeit (ab 1876)

»Das Jahr 1876 kann wohl das Jahr der Schicksalswende Ludwigs genannt werden. Von da an wird der seelische, geistige und körperliche Verfall immer merkbarer: erst dreißig Jahre ist Ludwig alt, und schon ermattet er im Kampfe mit den Dämonen, die aus seinem Eigenen Innern heraus ihn bedrohen«,[275] schreibt Georg Jakob Wolf in seiner frühen Königsbiografie.

Zu Beginn der 1870er-Jahre hatte sich Ludwig noch auf dem Oktoberfest gezeigt, im Jahr 1871 noch das Oberammergauer Passionsspiel besucht und 1874 in München an der Fronleichnamsprozession teilgenommen. Sein letzter Auftritt vor einer breiten Öffentlichkeit fand am 22. August 1875 statt. An diesem Tag zeigte er sich dem Volk in der Uniform des Generalfeldmarschalls auf dem Münchner Marsfeld bei der großen Truppenparade mit 14000 Mann. Über 50000 Menschen umjubelten ihn an diesem Tag. Schon morgens um 3 Uhr war Ludwig in Begleitung seines Adjutanten Baron Stauffenberg von Schloss Berg aus nach München aufgebrochen, um rechtzeitig um 11 Uhr vormittags die Truppenparade eröffnen zu können.

In den folgenden Jahren bis 1880 nahmen die persönlichen Kontakte des Königs zu seiner Residenzstadt München und dem Ministerium rapide ab. Nun stellten Kabinett- und Hofsekretäre die hauptsächliche Verbindung zwischen ihm und dem Ministerium dar. Der Kabinettssekretär vermittelte sämtliche Regierungsangelegenheiten zwischen den Ministern und dem König, weshalb schon bald die Rede von einer »Kabinettspolitik« war. Dem Hofsekretär oblagen alle den Hof, die Privatfinanzen und die Bauten des Königs betreffenden Angelegenheiten.

Nach 1881 reduzierten sich auch Ludwigs Aufenthalte in Schloss Berg auffallend zugunsten seiner Rückzugsmöglichkeiten in die Berge. Ab 1883 wurden alle Regierungs- und Hofgeschäfte zwischen dem König und seinem Kabinetts- und Hofsekretär nur noch auf schriftlichem Weg erledigt. »Letzte Reste königlicher Repräsentation waren, neben gelegentlichen Audienzen, die jährlichen zwei oder drei Hoftafeln, die Ludwig II. trotz

[275] Wolf, S. 189.

heftigen inneren Widerstrebens bis Frühjahr 1885 noch abhielt.«[276] Zuletzt bestand seine Umgebung nur noch aus wenigen Hofbeamten, aus Kammerdienern, Hofköchen, Kutschern und Stallburschen. »Eine Sonderstellung nahmen seine beiden Vertrauensleute ein, Marstallfourier Hesselschwerdt und Stallmeister Hornig, denen er wichtige Aufträge im Zusammenhang mit seinen Bauten und Finanzen erteilte.«[277]

»Ich kann nicht! Ich kann nicht!« – 700-jähriges Wittelsbacher-Jubiläum (22. August 1880)

Im August 1880 wurde das 700-jährige Jubiläum der Wittelsbacher als Herrscher Bayerns gefeiert. Das Volk erwartete, dass Ludwig II. an diesem festlichen Ereignis persönlich teilnehmen würde.

»Ich hatte ihm die Einladung seiner Hauptstadt zu einer Jubelfeier zu überbringen«, erinnerte sich Hofsekretär Ludwig von Bürkel. »Ich wußte aus Erfahrung, daß ich abschlägig beschieden werden würde, aber es war meine Pflicht, ihm das Gesuch zu unterbreiten. Natürlich weigerte er sich. Ich drang in ihn und schilderte ihm, wie ihn sein Volk liebe und mit welchem Jauchzen ihn München nach so langen Jahren empfangen würde.

›Ich kann nicht! ich kann nicht!‹ erwiderte er mir, sich die Stirn reibend, ›es ist entsetzlich, aber ich kann es nicht mehr ertragen, mich von Tausenden Menschen anstarren zu lassen, tausendmal zu lächeln und zu grüßen, Fragen an Menschen zu richten, die mich gar nichts angehen, und Antworten zu hören, die mich nicht interessieren. Nein! nein! ich kann aus der Einsamkeit nicht mehr heraus!‹ Und leise und wehmütig flüsternd fügte er hinzu: ›Manchmal, wenn ich mich müde gelesen habe und alles so stille ist, dann habe ich das unwiderstehliche Bedürfnis, eine menschliche Stimme zu hören. Dann lasse ich mir irgendeinen Lakai oder Vorreiter rufen, der muß mir von seiner Heimat und seiner Familie erzählen.‹ Und mit einer Trauer, die mir tief ins Herz schnitt, schloß er: ›Ich würde ja sonst das Sprechen ganz verlernen!‹ Da gab es keine andere Erklärung: Ein furchtbarer Dämon in ihm hielt ihn von der Rückkehr zur Welt zurück, er rang mit dieser finstern Macht und unterlag ihr.«[278]

[276] Hacker, Königskrise, S. 362.
[277] Ebd., S. 364.
[278] Hacker, Augenzeugenberichte, S. 279f.

Auch Kabinettsekretär Ziegler redete dem König vergeblich zu, sich am Wittelsbacher-Jubiläum zu beteiligen. Doch Ludwig lehnte mit der Bemerkung ab, das sei »Servilität nach unten«. Und später äußerte er: »Man hat mich zwingen wollen, zur Wittelsbacherfeier zu kommen: ich bin doch nicht gegangen; was konnte auch daraus erfolgen, daß ich es nicht tat? – Revolution machen sie ja doch nicht.«[279]

Lediglich zu einer schriftlichen Erklärung zu diesem Jubiläum konnte sich der König aufraffen, in dem er der Bevölkerung Bayerns die nicht recht glaubwürdige Versicherung zukommen ließ:

> »Es ist meinem Herzen ein Bedürfniß, an dem Tage, welcher zu Ehren Meines Hauses festlich begangen wird, dem wahren und tiefen Danke Ausdruck zu geben, den Ich bei dem Rückblick auf sieben Jahrhunderte empfinde. Dieser Dank gilt der unwandelbaren Treue und Anhänglichkeit, mit welcher Mein Volk dem Throne der Wittelsbacher ergeben ist. Unter den Eigenschaften, welche den Ruhm aller Stämme Meines Volkes bilden, steht rein und glänzend die Treue und Anhänglichkeit obenan: die Treue ist Mir Grundlage Meines Thrones, die Anhänglichkeit der schönste Juwel Meiner Krone.
>
> Mit dem innigsten Danke verbinde ich die Versicherung, daß das Glück Meines treuen Volkes das Ziel Meiner heißesten Wünsche, daß es die Bedingung Meines eigenen Glückes ist. Gleich Meinen in Gott ruhenden Ahnen, deren Andenken in diesen Tagen mit so rührenden Beweisen der Pietät geehrt wird, bin Ich von dem vertrauensvollen Bewußtsein durchdrungen, daß Mein Volk in allen Zeiten fest zu seinem Fürsten steht. Mit diesem erhebenden Gefühle trete Ich in das achte Jahrhundert der Regierung Meines Hauses ein.
>
> Möge Meinem Volke ungetrübte Wohlfahrt beschieden sein für alle Zukunft: Das walte Gott.
>
> Elmau, 22. August 1880
> Ludwig[280]

Doch die »obenanstehende Treue und Anhänglichkeit« – angeblich »der schönste Juwel seiner Krone« – konnten ihn nicht dazu bewegen, dies auch

[279] Ebd., S. 229f.

[280] Erklärung König Ludwigs II. zum 700-jährigen Wittelsbacher Jubiläum am 22. August 1880.

durch seine persönliche Anwesenheit inmitten der Bevölkerung überzeugend zu demonstrieren. Stattdessen zog er sich in sein Königshaus auf dem Schachen zurück und kurz darauf, vom 29. August bis zum 7. September schon wieder nach Berg. In München ließ er sich dann erst Ende Oktober bis zum 13. November wieder blicken, wo er sich allerdings in der Residenz verkroch.

In Erinnerung an die 700-Jahr-Feier der Belehnung des Hauses Wittelsbach mit dem Herzogtum Bayern 1880 schuf Franz Xaver Thallmaier ein Gemälde auf Porzellan mit den Porträts sämtlicher bayerischer Herrscher aus dem Haus Wittelsbach, beginnend mit Otto I. und allen in München-Oberbayern regierenden Herzögen, Kurfürsten und Königen des Hauses Wittelsbach bis hin zu Ludwig II. in der Mitte. Dieses prächtige Porzellantableau stellte sich Ludwig II. auf den Schreibtisch seines Arbeitszimmers im südwestlichen Erkerzimmer von Schloss Berg.

Ministerpräsident Johann von Lutz belügt den König (1885)

Auch Ministerpräsident Johann Freiherr von Lutz (1826–1890), der aus einfachen Verhältnissen stammte, hatte sich 1875 in Oberpöcking am Westufer des Starnberger Sees ein Landhaus errichten lassen. Der dreigeschossige, spätklassizistische Kreuzgiebelbau wirkte trotz aller Schlichheit durchaus nobel. Er lag unmittelbar gegenüber von Schloss Berg in einer parkartigen Anlage am Ministerhügel 18, einer Seitenstraße der Feldafinger Straße. Hier hielt sich Lutz in den Sommermonaten gerne auf.

Jakob Lidl, Hoffischer Ludwigs II., erzählte in einem Interview mit einem Reporter der »Süddeutschen Sonntagspost« aus dem Jahre 1926 – Lidl war zu dieser Zeit Altbürgermeister von Berg, außerdem Vorstand der Fischerinnung des Würmsees –, dass ihm der durchdringende Blick des Königs immer großen Respekt eingeflößt habe. »›Man konnte in seiner Gegenwart nicht lügen, sein Blick drang durch die Menschen, schien ihre Gedanken zu erraten. Und doch einmal mußte ich ihn anlügen! Ich wurde um 10 Uhr vormittags im Jahre 1885 zu ihm gerufen. Er übergab mir selbst ein Schreiben, das, wie er sagte, höchst wichtig sei.‹ – ›Bring es sofort hinüber zu Exzellenz v. Lutz! Gib es niemandem anderen – nur ihm! Dringe darauf, daß er selbst es dir abnimmt und warte auf Antwort, die du mir wieder persönlich bringst! Aber schnell, schnell!‹ Lidl ruderte rasch hinüber, aber beim Minister des königlichen Hauses waren Gäste. Er ließ den armen

Soldaten lange warten. Endlich, endlich kam er, nahm das Schreiben – und brachte in einiger Zeit die Antwort. ›Sagen Sie Majestät nicht, daß ich Sie so lange warten ließ!‹ Lidl ruderte zurück. Sollte er lügen?! Er fragte rasch seinen Vater, der ihm riet, sich an die Weisung des Ministers zu halten. ›Warum kommst du so spät?‹ fragte der König. Und Lidl log – er sagte, der Minister wäre nicht zu Hause gewesen. Ein durchdringender Blick traf ihn und trieb ihm die Schamröte ins Gesicht. ›Du bist Soldat, du darfst nicht lügen!‹« Lidl fühlte sich ertappt. Im Grunde war es jedoch Ministerpräsident Lutz, der Lidl zur Lüge anstiftete, wie dies auch aus Lidls privaten Aufzeichnungen – im Telegrammstil und mit orthografischen Fehlern versehen – über diese Episode hervorgeht: »[…] bei Minister Lutz 1885 Annäerung [sic!] an Frankreich mußte 4 Stunden warten obwohl ich dringend in Namen Ma[je]stät im Auftrage Ex[zel]lenz mitteilte Habe Einladung 3-4 Hrn [Herren] Ex[zl]lenz teilte mir mit ich muß sagen das d. M[ajestät] nicht zu Hause war wen[n] nicht werde ich sofort zu den Pioniren eingezogen.«[281]

Im Sommer 1885 »waren neue Schulden [des Königs] in Höhe von fast 6,5 Millionen Mark aufgelaufen. Zusammen mit den noch nicht getilgten Bankdarlehen ergab sich somit insgesamt ein Defizit von nahezu 14 Millionen Mark.«[282] Die Nervosität des Königs im Hinblick auf neue Möglichkeiten zur Geldbeschaffung nahm fortwährend zu und könnte auch in dem erwähnten Schreiben an Lutz eine Rolle gespielt haben. Das Verhältnis von Lutz zum König war 1885 jedenfalls schon äußerst angespannt. »›Der Ludwig muß weg! Der Ludwig muß weg!‹ soll Lutz auf einer Kutschenfahrt von Oberpöcking […] wo er eine Villa besaß, nach München vor sich hingemurmelt haben.«[283]

Lutz spielte bekanntlich im Leben Ludwigs II. eine ganz besondere Rolle. Nach seinem Jurastudium war er zunächst als juristischer Sachbearbeiter tätig, danach als Assessor beim Kreis- und Stadtgericht in Nürnberg. Als Protokollführer einer Kommission zur Abfassung eines gemeinsamen deutschen Handelsgesetzbuches veröffentlichte er 1858 die Konferenzprotokolle, wodurch er in Fachkreisen bekannt wurde. 1861 wurde das bayerische Justizministerium auf ihn aufmerksam, wo er 1862 als Ministerialassessor zum Einsatz kam.

1863 berief ihn König Maximilian II. als Mitarbeiter ins Kabinettssekre-

[281] Keller, Hans K.E.L. (Hg.): Der König. Beiträge zur Ludwigforschung, München 1967, S. 132 (künftig: Keller).

[282] Hacker, Königskrise, S. 350.

[283] Keller, S. 28.

tariat unter dem Kabinettsekretär Pfistermeister, der als Verbindungsmann zwischen dem König und dem Ministerium großen Einfluss auf die Staatsgeschäfte ausübte.

Nach der Thronbesteigung Ludwigs II. führte die Affäre um den Komponisten Richard Wagner, dem die Presse Verschwendungssucht und Eingriffe in die bayerische Politik vorwarf, zur Entlassung des Kabinettssekretärs Pfistermeister. In der Folge berief Ludwig II. 1866 den 40-jährigen Lutz zum Chef des Kabinettssekretariats, der nun unmittelbaren Zugang zum König hatte und seither bayerische Politik beeinflusste wie kein zweiter. 1867 ernannte ihn der König zum Justizminister und 1869 zum Minister des Innern für Kirchen und Schulangelegenheiten. In diesem Amt förderte Lutz das Volksschulwesen, setzte sich für die Errichtung neuer Schulhäuser ein und verbesserte die Ausbildung und das Einkommen der bis dahin unterbezahlten Lehrer. Im Kulturkampf, also dem Machtkampf zwischen Staat und Kirche, war Lutz umstritten. Dem unter Papst Pius IX. 1870 erlassenen Unfehlbarkeitsdogma, das die päpstliche Unfehlbarkeit in Glaubens- und Sittenfragen festlegte, stimmte er nicht zu. Während die bayerischen Minister und Ludwig II. diesbezüglich hinter Lutz standen, sahen christliche Abgeordnete den katholischen Glauben gefährdet. »Christus oder Lutz?«, so lautete damals die Parole auf einer Flugschrift.

Seit 1871 galt Lutz als der eigentliche Kopf der bayerischen Politik. Obwohl er eine reichstreue Politik vertrat, genoss er dennoch das Vertrauen Ludwigs II., ebenso aber das Bismarcks. Politische Gegner – insbesondere die Patriotenpartei – forderten vom König immer wieder die Entlassung von Lutz und der anderen sechs Minister. Doch Ludwig II. hielt an dem von ihm eingesetzten liberalen Ministerium fest. Am 5. März 1880 ernannte er Lutz zum Vorsitzenden im Bayerischen Ministerrat. Als Ministerpräsident hatte Lutz, der Sohn eines Volkschullehrers, nun den Gipfel seiner Karriere erreicht. Je mehr sich der König aus der Politik zurückzog, desto mächtiger wurde das Ministerium Lutz. Ausgezeichnet mit zahlreichen Orden wurde er 1880 von Ludwig II. in den erblichen Adelsstand und 1883 in den Freiherrenstand erhoben.

Seit 1884 wurden Freiherr von Lutz und sein Ministerium zunehmend mit den Schulden des Königs konfrontiert, die durch dessen kostspielige Schlossbauten entstanden waren. Lutz und seine Minister rieten dem König dringend zur Sparsamkeit, was diesen erboste, sodass er an eine Auswechslung des Ministeriums dachte. Da der König eine Änderung seines

Lebenswandels ablehnte, sah sich das Ministerium Lutz gezwungen, die Entmündigung des Königs in die Wege zu leiten und Prinz Luitpold als Regenten zu gewinnen. Nachdem der Psychiater Bernhard von Gudden dem König eine Geisteskrankheit attestiert hatte, wurde er am 12. Juni 1886 nach Schloss Berg gebracht, wo er am 13. Juni 1886 unter bis heute ungeklärten Umständen zu Tode kam. Man warf Lutz vor, er habe zu spät gehandelt und sei erst aktiv geworden, als er sein Amt in Gefahr sah. Lutz verteidigte sich. Es habe sich schließlich um den König von Bayern gehandelt. Ihn zu entmündigen sei erst dann erlaubt gewesen, als es keine andere Möglichkeit mehr gegeben habe. Dennoch forderte der Landtag einen Ministerwechsel, den Prinzregent Luitpold aber ablehnte. Er hielt ebenso an Lutz und seinen Ministern fest wie auch Bismarck, der in Lutz den Garanten für eine reichsfreundliche Politik sah. Aus gesundheitlichen Gründen trat Lutz Ende Mai 1890 von seinen Ämtern zurück. Am 3. September 1890 starb er auf seinem Landsitz in Oberpöcking am Starnberger See. Heute ist dieses Haus als Villa Dallmayr bekannt.

Besucher des Königs am Starnberger See

Ludwig II. empfing in Schloss Berg am liebsten von ihm erwählte Besucher. Freunde wie Richard Wagner oder Kaiserin Elisabeth von Österreich und Zarin Maria Alexandrowna waren ihm besonders willkommen. Auch seine ehemalige Erzieherin Sybilla von Leonrod war hier während ihrer Kuraufenthalte am Starnberger See gelegentlich zu Gast, woran er sie etwa in einem Brief vom 6. Januar 1871 erinnerte: »Sei überzeugt, daß ich das Dir in Berg gegebene Versprechen Deinen Gemahl betreffend, durchaus nicht vergessen habe, sobald eine Stelle frei sein wird, erhalte ich die betreffende Vorlage vom Kriegsministerium unterbreitet.«[284] Und am 27. August 1872 versicherte er ihr brieflich: »Eine wahre Herzensfreude war es für mich, Dich neulich endlich wiederzusehen und länger mit Dir zu sprechen! Du verstehst mich so gut u. das tun sonst so wenige; von so vielen wurde ich und werde ich verkannt, so daß ich natürlich immer mehr von der Welt mich abgestoßen fühlte u. in mich selbst mich zurückzog; da tut es mir so wohl, wieder mit Dir zu sprechen, mit Dir, an der mein Herz von meiner Kindheit selig heiteren Tagen an in treuer u. inniger Liebe hängt.«[285]

Weniger war es »eine Herzensfreude« für den König, Minister, Kabinettsekretäre und Botschafter in Audienz empfangen zu müssen, von denen er sich großenteils »verkannt« fühlte. Im Folgenden werden vor allem einige der dem König willkommenen Besuche in Schloss Berg geschildert.

Richard Wagner in der Villa Pellet (1864)

Am Karfreitag, den 25. März 1864, erschien ein verzweifelter Mann in München. Es war Richard Wagner auf der Flucht vor seinen Gläubigern. Die Menschen trauerten um den eben verstorbenen König Maximilian II. Doch aus den Schaufenstern der Geschäfte grüßte das Bild des noch nicht 19-jäh-

[284] Brief Ludwigs II. vom 6. Januar 1871 an Sybilla von Leonrod.
[285] Bialuch, S. 193.

rigen Nachfolgers, König Ludwigs II. Wagner begab sich von München aus in die Schweiz, ohne zu ahnen, dass Kabinettssekretär Pfistermeister im Auftrag Ludwigs II. umherreiste, um ihn ausfindig zu machen. Der König wünschte den Komponisten, dessen »Lohengrin« auf ihn einen ungeheuren Eindruck gemacht hatte, zu sich an den Münchner Hof zu holen.

Am 2. Mai machte Pfistermeister Wagner in Stuttgart ausfindig und schon am 4. Mai standen sich der Komponist und Ludwig II. in der Münchner Residenz gegenüber. Der König gestand Wagner ein Jahresgehalt von 4000 Gulden zu, das sofort ausbezahlt wurde. Damit reiste Wagner am 9. Mai nach Wien, um seine drängendsten Schulden zu tilgen. Am 13. Mai war er zurück in München. »Sogleich bei meiner Rückkehr empfing ich neue Beweise der Freundlichkeit meines jungen Königs«, teilte der Komponist einem Freund mit, »da er mir eröffnen ließ, daß die Miete meiner Wohnungen jederzeit besonders von ihm bezahlt werden würde [...] Morgen ziehe ich nach Starnberg [...]«[286]

Am 14. Mai 1864 begrüßte ihn Pfistermeister im Auftrag des Königs im Landhaus Pellet, zehn Minuten südlich von Percha gelegen und nahe bei Kempfenhausen am Starnberger See. »Schön und einsam« empfand Wagner die geräumige Villa im modernen Schweizer Stil, von der man im Boot zur Poststation in Starnberg gelangen konnte. Da der Komponist nicht einsam bleiben wollte, lockte er seinen Freund, den Pianisten Hans von Bülow zu sich an den Starnberger See, indem er ihm versicherte: »Eine ganze Etage steht für Dich und Deine liebe Familie zur Verfügung [...] Salon mit Balkon und herrlicher Aussicht; zwei Schlafzimmer, ein Kinderzimmer, ein Dienstmädchenzimmer, Musikzimmer mit Flügel für Dich extra [...] die Kinder werden hier herrlich gedeihen: großer, großer Garten.«[287] Sogar ein Badezimmer gab es und einen Gartensalon für gelegentliche Konzerte.

Doch so einsam war Wagner nicht. Ganz in seiner Nähe war der König, sein Gönner und Verehrer, der sich in seinem abgeschiedenen Schloss Berg aufhielt, wohin er Wagner häufig einlud. »Der junge König ist eine Viertelstunde von mir auf seinem Schlösschen Berg [...] und schickt täglich zu mir um mich zu holen«[288], schreibt Wagner an seine Freundin Mathilde Maier. Und weiter: »Ich lese ihm jetzt meine Dichtungen vor; über Alles ihm unklar gebliebene sucht er eifrigst Belehrung, mit Innigkeit und herrlicher

286 Hacker, Augenzeugenberichte, S. 67.

287 Muser, Heribert: Das »Wagner-Haus« in Kempfenhausen, in: Müller-Wendlandt, Stephan: Starnberger See G'schichten, Band 7, Starnberg-Percha 1992, S. 129.

288 Hacker, Augenzeugenberichte, S. 68.

Fassungsgabe; seine Theilnahme ist oft erschütternd: seine wunderschöne Physiognomie wird tiefster Schmerz und höchste Freude, je nachdem ich sein Gemüth stimme.«[289] Und der Schriftstellerin Eliza Wille berichtete Wagner: »Täglich schickt er ein- oder zweimal. Ich fliege dann immer wie zur Geliebten. Es ist ein hinreißender Umgang.«[290] In endlosen Gesprächen tauschten sich beide in Schloss Berg über »das Kunstwerk der Zukunft« aus und über Pläne zu Opernaufführungen. Zu Wagners 51. Geburtstag am 22. Mai ließ ihm der König sein Porträt überreichen, das Wagner als »wundervolles Bild« und »Ehrung für sein Genie« bezeichnete.

Als Ludwig II. Mitte Juli dann Berg verließ und sich in Schwalbach und Kissingen zu einem Treffen mit dem russischen und österreichischen Kaiserpaar begab, fühlte sich Wagner wieder einsam und unfähig zu arbeiten. Zum Glück kündeten die Bülows aus Berlin endlich ihren Besuch an. Besonders auf Cosima von Bülow freute er sich. Am 29. Juni traf sie mit ihren Kindern Daniela und Blandine in der Villa Pellet ein, jedoch allein. Ihr Mann wolle in Kürze nachkommen. In dessen Abwesenheit besiegelten Richard und Cosima heimlich den Bund fürs Leben. Als Folgen des Ehebruchs kam ein Jahr später, am 10. April, Wagners und Cosimas erstes Kind Isolde auf die Welt.

Der betrogene Ehemann, der am 7. Juli 1864 in der Villa Pellet eintraf, ahnte nichts von alledem. Ihm gefiel es in der Einsamkeit von Anfang an nicht. Er kränkelte und wurde fortwährend missmutiger. Am 19. August verließen die Bülows das Landhaus Pellet am See. Während Hans von Bülow nach München in den »Bayerischen Hof« zog, eilte seine Noch-Ehefrau Cosima zu ihrem Vater Franz Liszt nach Karlsruhe.

Da der Geburts- und Namenstag Ludwigs II. vor der Tür stand, komponierte Wagner einen »Huldigungsmarsch« für 80 Militärmusiker. Doch die Aufführung in Hohenschwangau kam nicht zustande. Am 28. August erschien Cosimas Vater, Franz Liszt, in Kempfenhausen bei Richard Wagner und stellte ihn wegen seines Verhältnisses zu Cosima zur Rede.

Dieser Vorfall sowie das trübe Wetter der ersten Septembertage schlugen sich auf Wagners Gemüt. Er wollte nach München, obwohl sich in der Stadt erster Unmut über den vom König verwöhnten Komponisten breit machte. Ludwig beruhigte den göttlichen Freund, worauf er zur Freude seines Mäzens die Arbeit am »Ring des Nibelungen« aufnahm. Doch vieles kam in der

289 Ebd.

290 Ebd., S. 69.

Villa Pellet wohl nicht zustande. In den fünf Monaten von Mai bis Oktober 1864 waren lediglich ein »Huldigungsmarsch«, eine politische Rechtfertigungsschrift, ein Geburtstagsgedicht und ein paar Takte »Siegfried«-Musik entstanden.

Am 3. Oktober verließ Wagner die Villa Pellet schließlich und siedelte nach München über, wo er – nach kurzem Zwischenaufenthalt im »Bayerischen Hof« – am 15. Oktober auf Kosten des Königs in ein Haus in der Brienner Straße zog. In sein erstes Domizil am Starnberger See sollte er jedoch nie mehr zurückkehren. Aber in Schloss Berg empfing der König den Komponisten auch noch im Juli 1865 mehrfach.

Heute befindet sich dort das Landschulheim Kempfenhausen mit mehreren Gebäuden, in dessen Mittelpunkt noch immer die Villa Pellet, das ehemalige »Wagner-Haus« steht. 1987 wurde am Eingang eine neue Gedenktafel angebracht, die folgenden Text enthält:

Wagner-Haus / ehemalige Villa Pellet / Hier fand Richard Wagner / vom 14. Mai bis 3. Oktober 1864 / als Gast König Ludwigs II. / ein erstes Zuhause in Bayern. / Es war der Beginn / der großzügigen Förderung / Wagners durch den Bayernkönig / 1886 König-Ludwig-Jahr 1986.

Exkurs: Träume vom Münchner Festspielhaus in Schloss Berg (1864 / 1865)

Bei Wagners häufigen Besuchen in Schloss Berg gelang es dem Komponisten, den König für seine Pläne ganz auf seine Seite zu ziehen. So brachte er ihm auch seine Ideen für eine neue Musikschule und ein eigenes monumentales Festspielhaus in München nahe, in dem nur seine, Wagners Werke, aufgeführt werden dürften. Es sollte ein Theaterschloss werden, ein Tempel der Weltmusik Wagners, ein »Theater der Zukunft«, eine Starbühne, in der Ludwig die Opern des vergötterten Komponisten auch in Separataufführungen genießen wollte. Außerdem hätte der junge König mit einem solchen Prachtbau der Residenzstadt München seinen ersten Stempel aufdrücken können.

Bereits am 26. November 1864 teilte er Wagner mit: »Ich habe den Entschluß gefaßt, ein großes, steinernes Theater erbauen zu lassen, damit die Aufführung des ›Ringes des Nibelungen‹ eine vollkommene werde; dieses unvergleichliche Werk muß einen würdigen Raum für seine Darstellung erhalten.«[291]

[291] Strobel, Wagner-Briefwechsel, Band 1, S. 177.

Für Wagner, der über die Entscheidung des Königs überglücklich war, kam als Architekt nur Gottfried Semper (1803–1879) infrage, der befreundete hoch angesehene Erbauer des Dresdner Hoftheaters, der nach der Brandkatastrophe auch das neue Hoftheater gestaltete, nach ihm Semperoper genannt. Schon am 29. Dezember erhielt der Architekt eine Audienz beim König und besprach mit ihm und Wagner die Festspiel-Architektur in Weltdimension.

Wagner kam mit dem König überein, zunächst im Münchner Glaspalast ein »provisorisches Theater« einzurichten, gleichsam als »Vorgeschmack« für das geplante, durch eine breite Prachtstraße erschlossene große Festspielhaus hoch über dem Isarufer. Dessen Kosten schätzte Wagner auf etwa 1 ½ Millionen Gulden. Der Bau sollte möglichst schon 1867 vollendet sein, um dort den »Ring des Nibelungen« aufzuführen. Durch zwei Prachtstraßen in der Innenstadt Münchens würde das Theater mit dem Hofschauspiel, der Hofoper und dem Hauptbahnhof verbunden werden.

»Am 22. Mai 1865 feierte Wagner zum zweitenmal seinen Geburtstag [den 52.] in Bayern«, vermerkt Gottfried von Böhm in seiner Ludwig-II.-Biografie. »Der König hatte ihn nach Berg eingeladen und unterhielt sich drei Stunden mit ihm über die Semper'schen Pläne, das Projekt einer Zeitung zur Förderung ihrer Kunstbestrebungen und politischer Fragen, und manches andere. Als Geburtstagsgeschenk überreichte er ihm eine Prunkschale aus Porzellan mit Szenen aus Lohengrin nach seinen Angaben. Von Berg fuhr Wagner nach Feldafing, wo ihn seine Freunde erwarteten auf dem königlichen Privatdampfer, der seinen früheren Namen ›Maximilian‹ mit dem ›Tristan‹ hatte vertauschen müssen. Die Uraufführung von ›Tristan und Isolde‹ fand endlich Samstag, den 10. Juni 1865 statt.«[292] Unmittelbar danach schrieb Ludwig von Berg aus an Wagner die legendären Worte:

»Einziger – Heiliger – Wie wonnevoll! – Vollkommen. So angegriffen von Entzücken! – .... Ertrinken .... versinken – unbewuß't – höchste Lust. – Göttliches Werk! – Ewig treu – bis über den Tod hinaus!«[293]

Im selben Jahr empfing Ludwig den Komponisten auch noch am 13. Juli zu einer Privataudienz in Berg, über die Wagner äußerte: »Diesmal hatten wir eine 3 ½ stündige Unterredung, die mich sehr angriff. Es wird sich nun Vieles ändern und bestimmen. Ich kann nicht sagen: es bleibt dabei, daß dieser Jüngling der schönste und edelste Mensch ist, den ich mir vorstellen

[292] Böhm, Gottfried, S. 61.

[293] Strobel, Wagner-Briefwechsel, Band 1, S. 126.

kann, sondern ich muss gestehen, daß diese Ueberzeugung sich zu einer wirklich extatischen Schwärmerei in mir ausbildet.«[294] Drei Tage später, am Sonntag den 16. Juli hielt sich Wagner abermals bei seinem Mäzen in Berg auf.

Trotz aller Planungen scheiterte das Festspielhausprojekt jedoch rasch am unüberwindlichen Widerstand der Regierung, des Erzbischofs, der führenden Mitglieder der königlichen Familie, der Presse und nicht zuletzt durch die Ablehnung der Münchner Bevölkerung. Als auch noch bekannt wurde, dass Wagner die Kunststadt München umkrempeln wollte, die alte Musikschule in München durch sein neues Konservatorium zu ersetzen gedachte, eine »Neue Zeitschrift für Musik« plante und die leitenden Positionen all dieser Einrichtungen mit seinen »Dresdener Revoluzzerfreunden« besetzten wollte, um mit ihnen in München seine »Colonie« zu etablieren, lief das Fass des Unmuts über. Dazu kam noch, dass er Ludwig II. auch politisch zu beeinflussen suchte und die königliche Privatkasse um insgesamt fast 250 000 Gulden erleichterte. Für den König gab es schließlich nur noch eine Alternative: »Eure Majestät stehen an einem verhängnisvollen Scheideweg«, mahnte Ministerpräsident Pfordten, »und haben zu wählen zwischen der Liebe und Verehrung Ihres treuen Volkes und der ›Freundschaft‹ Richard Wagners.«[295] Der König antwortete von der Pfordten: »Mein Entschluß steht fest. – R. Wagner muß Bayern verlassen. Ich will meinem theuren Volke zeigen, daß sein Vertrauen, seine Liebe mir über Alles geht. – Sie werden ermessen, daß es mir nicht ganz leicht wurde; doch ich habe überwunden.«[296]

Am 10. Dezember 1865 verließ Wagner München und siedelte sich in der Schweiz an. Er distanzierte sich von dem Münchner Festspielhausprojekt auch deshalb, weil für ihn das ganze Vorhaben nicht mehr mit seinen Idealvorstellungen in Einklang zu bringen war. Er bestand nämlich auf einem vielseitigen Experimentiertheater kleineren Ausmaßes, das natürlich seinen extravaganten Vorstellungen genügen sollte. Ludwig war über diese Entwicklung zutiefst enttäuscht und begann seine Residenzstadt zu meiden, die ihm seiner Ansicht nach dieses erste große Bauvorhaben vergällt und Wagners Ausweisung so schändlich betrieben hatte.

[294] Hüttl, Ludwig: Ludwig II. König von Bayern, München 1986, S. 43 (künftig: Hüttl).
[295] Ebd., S. 67.
[296] Ebd., S. 69.

Ludwigs Großvater in Schloss Berg (Juni 1865)

Am 4. Juni 1865, einem gewittrigen Tag, überraschte Ludwigs 79-jähriger Großvater, König Ludwig I., seinen Enkel mit seinem Besuch in Berg. Die beiden standen sich näher, als dies bei Ludwig II. und seinem Vater Max II. der Fall war. Zwischen Großvater und Enkel gab es gemeinsame künstlerische Interessen und politische Anschauungen. So teilte Ludwig I. mit seinem Enkel auch seine Abneigung gegen preußische Machtansprüche. »Der junge König ist immer ehrerbietig, Ratschlägen zugänglich und dankbar. Der alte Herr setzt sich nie aufs hohe Roß, er spricht nie von oben herab und schont sorgsam das Majestätsgefühl des Enkels, [...] Den treuen Ratgeber verdrießt es nicht, wenn seine Ansicht nicht durchdringt, er bleibt immer der zuverlässige, selbstlose Freund, der liebende Großvater, der aus den Dämmerungen des Alters mit Stolz und Hoffnung in die aufgehende Sonne blickt.«[297] Dieses positive Verhältnis zwischen Enkel und Großvater, der sich des Öfteren auch in Berg aufhielt, wird auch von Oskar Maria Graf bestätigt: »Außer seinem häßlichen, eisgrauen, genialischen Großvater, dem ersten Ludwig, welcher im wilden Jahr 48 wegen seiner Liebschaft mit der spanischen Tänzerin Lola Montez dem Thron hatte entsagen müssen, konnte der junge König keinen Verwandten leiden. Er mied sie alle. Jener alte Ludwig ging noch einige Jahre als unauffälliger, schäbig gekleideter Privatmann in München herum und war auch hin und wieder in Berg zu sehen. Die Überlieferung will wissen, daß er den jüngeren bewunderte, aber mehr noch um ihn bangte; denn alles, was sein Enkel tat, war von einer fremdartigen, schaurigen Großartigkeit, die eher an einen asiatischen Sultan denn an einen europäischen Landesherrn gemahnte.«[298]

Die Begegnung zwischen Großvater und Enkel in Berg im Juni 1865 muss sehr herzlich gewesen sein. Noch am gleichen Tag schrieb ihm Ludwig II. folgende Zeilen:

»Unmöglich ist es mir, den heutigen Tag vorübergehen zu lassen, ohne Ihnen, theuerer Großvater, nochmals recht herzlich zu danken für den Besuch, mit dem Sie mich heute hier zu erfreuen die Güte hatten. Sie wissen, wie innig es mich stets freut, Sie zu begrüßen und können darnach bemessen, daß es mir ein wahres Bedürfnis ist, Ihnen Obiges auszusprechen. Möchte Sie bei Ihrem heutigen Ausfluge das Gewitter nicht zu hart betrof-

[297] Böhm, Gottfried, S. 476.

[298] Graf, Mutter, S. 44.

fen haben! Ich kam gerade noch vor dem Ausbruche des heftigen Regens von einem kleinen Ritte nach Haus.«[299]

Ludwig II. brachte seinem Großvater in der Tat stets aufrichtige Zuneigung und Verehrung entgegen, wie die zahlreichen Briefe an ihn belegen. So auch der am 21. August 1866 in Berg verfasste Geburtstagswunsch für den Großvater:

»Theuerster Großvater! Empfangen Sie meinen wärmsten und herzlichsten Glück- und Segenswunsch zu Ihrem nahen Doppelfeste. Inniger als je steigen meine Gebete an diesem Ihrem achtzigsten Geburtstage zu Gottes Thron empor. Er möge Ihnen, geliebter Großvater, noch viele heitere Lebensjahre in ungebeugter Kraft wie bisher und steter Gesundheit schenken. Eines noch ist mein sehnlicher und aufrichtiger Wunsch, den ich für Sie im Herzen trage, nämlich: die kommenden Jahre möchten für Sie, vielgeliebter Großvater, besser und nicht so von Trauer und unglücklichen Ereignissen erfüllt sein, als das gegenwärtige für mich ist. Doch hoffentlich wird es noch gelingen, von Preußen [nach dem Krieg von 1866] bessere Bedingungen zu erreichen, als es anfänglich schien, da wir zwar nach der letzten Meldung Pfordtens mehr zahlen, doch wenig Land verlieren sollen. [...] Meine innigen Wünsche für Ihr Wohl aus Herzensgrund wiederholend, bleibe ich stets, theuerer Großvater, Ihnen die Hand küssend, Ihr dankbarer Enkel Ludwig.«[300]

Zwei Jahre später, am 29. Februar 1868, starb Ludwig I. in Nizza. Sein Enkel verlor mit ihm einen guten Freund und wichtigen Ratgeber.

Eine Unterwasserkanone im Starnberger See (1866)

Im Herbst 1865 schrieb Richard Wagner an Ludwig II.: »W. Bauer, der ›submarine Ingenieur‹, stellte sich mir vor und interessierte mich sehr. Wirklich erfreut war ich, zu erfahren, das Sie es endlich waren, der dem erfindungsreichen Manne zur Gerechtigkeit verholfen; sein Auftrag für die Bayerische Regierung ist wichtig und klug. Gelingt Bauer's Werk, so ist diess eine wichtige Waffe gegen die thörigen preussischen Zumutungen für eine unnütze Flotte. Sie sehen, trotzdem ich nur zusehen will, nehme ich doch an

[299] Böhm, Gottfried, S. 487.
[300] Ebd., S. 482.

Allem regen Antheil.«[301] Auch Cosima von Bülow wusste, dass W. Bauer »einzig und allein Schutz von Euerer Majestät gekommen«[302] war.

Wer war dieser Wilhelm Sebastian Bauer (1822–1875)?[303] Der »Submarine-Ingenieur« erfand 1850 das erste Tauchboot, den »Brandtaucher« und 1851 ein zweites, das er König Ludwig I. und seinem Sohn König Max II. vorführte. 1855 absolvierte dann sein U-Boot »Seeteufel« in St. Petersburg seine ersten Probefahrten, bevor es kurze Zeit später versank.

Mitte der 1860er-Jahre erteilte ihm König Ludwig II. höchstpersönlich nach der Entwicklung eines Unterwassergeschützes, das gepanzerte Schiffe zerstören konnte, die Erlaubnis zu einem Schießversuch im Starnberger See. Am 18. März 1866 wurde unter einer 6 Zentimeter starken Panzerplatte, die im See in 12 Fuß Tiefe angebracht wurde und den Boden eines zu versenkenden Schiffes darstellte, das Geschoss versenkt und elektrisch gezündet. »Ich ließ mein damals fünf Jahr elf Monate altes Söhnchen Wilhelm durch Schließung der Batterie den ersten Kanonenschuß unter einem deutschen Wasser entzünden«[304], erinnerte sich Bauer später. Die 12 Kilogramm schwere Granate durchschlug die Panzerplatte. Fast wäre es dabei zu einem Unglück gekommen. Das Geschoss schlug nämlich in der Nähe des Bahnhofs auf dem Wasserspiegel auf, als eben ein Personenzug einfuhr. Die Fahrgäste kamen mit dem Schrecken davon.

Am 30. April wurde Bauers Schießversuch mit Ludwigs II. Genehmigung vor der Artillerie-Prüfungskommission der bayerischen Armee wiederholt. Doch letztlich beauftragte weder Bayern noch ein anderes Land den Ingenieur mit dem Bau eines derartigen Unterwassergeschützes oder eines U-Bootes. Dazu kam, dass Bauer infolge einer Rückenmarkschwindsucht ab 1869 an den Rollstuhl gefesselt war. Sein sechsjähriger Sohn Wilhelm war bereits 1866 gestorben und am Starnberger See begraben worden. Als sich der Leibarzt der Königinmutter, Dr. Wolfsteiner, beim König für den leidgeprüften und kranken Erfinder verwendete, ließ ihm Ludwig II. aus seiner Privatschatulle eine jährliche Zuwendung von 400 Gulden als »Ehrensold« anweisen und linderte damit zumindest seine materielle Not.

1870 hatte Bauer unter dem Eindruck des Deutsch-Französischen Krieges wieder eine neue Idee. Er wollte den »Deutschen Adler«, ein Luftfahr-

301 Strobel, Wagner-Briefwechsel, Band 1, S. 225.

302 Ebd., S. 225.

303 Studtrucker, Herbert: Der Erfinder Wilhelm Bauer in Sembach / Hütsch, Industriedenkmäler des 19. Jahrhunderts im Königreich Bayern, München 1990, S. 18ff.

304 Ebd.

zeug für vier Mann, bauen lassen und »über Paris führen«, dann könne man über die dort gelegenen »Festungswerke lachen«. Da jedoch niemand bereit war, die Kosten für den »Adler« zu übernehmen, riet man ihm, sich doch an den König von Bayern zu wenden. »Unser friedlicher König Ludwig II.«, so Bauer, »liebt aber keine Kriegsmaschinen und so kann ich bezüglichen Antrag nicht wagen, da er schon so viel für mich thut.«[305] Hätte Bauer jedoch geahnt, dass Ludwig II. bereits seit 1869 selbst vom Fliegen träumte, hätte er es vielleicht doch gewagt, sich bezüglich des »Adler«-Projekts an den König zu wenden. Doch daraus wurde nichts und fünf Jahre später starb Bauer 1875 an den Folgen seiner Erkrankung. Sein Grab befindet sich auf dem Alten Nördlichen Friedhof in München.

Richard Wagner in der Villa Prestele (1867)

Vom 22. Mai bis 11. Juni 1867 kam Richard Wagner nochmals in die Starnberger Gegend. Diesmal nahm er in der Villa Prestele am Unteren Seeweg 4 Quartier, die der König für ihn gemietet hatte. Doch der Aufenthalt geriet diesmal nach anfänglicher Harmonie nicht besonders erfreulich. Wagner empfand seine Nähe zum König zunehmend »als eine Pein und wachsende Demütigung«.[306]

Ludwig besuchte den Komponisten während seiner dreiwöchigen Anwesenheit in der Villa Prestele nur ein einziges Mal. Am 6. Juni 1867 notierte der König in sein Tagebuch: »Fand Brief v. Richard Wagner, ritt [nachts] zu ihm nach Starnberg (Hugibert[307]), [Wagner] stand auf, hatte sich schon gelegt, erfreut, sprachen über die bevorstehenden Aufführungen v. ›Lohengrin‹, ›Tannhäuser‹, ›Meistersinger‹, spielte mir vor, sang, hehre Genüsse; war froh über mein Kommen, will hier noch bleiben (wie lieblich duftet doch der Flieder) – ½ 1 Uhr, gottvoller Beschluß der himmlischen Tage.«[308]

Wagner bestätigte in einem Brief an den König: »In den drei Wochen seit meinem Geburtstage hätten wir uns nicht einmal gesehen, wenn Ihr schöner Enthusiasmus Sie mir nicht bei Nacht und Sturm einmal zu meinem unvergeßlichen Entzücken an das einsame Gestade herübergeführt hätte.

305 Ebd.

306 Böhm, Gottfried, S. 159.

307 Gemeint ist Ludwigs II. Pferd Hugibert.

308 Evers, Hans Gerhard: Ludwig II. von Bayern. Theaterfürst – König – Bauherr. Gedanken zu Selbstverständnis, München 1986, S. 107 (künftig: Evers).

Ja, das war wohl schön! Da schwelgten wir in Vertrautheit, in liebevoller Zuneigung. Im Sturm besprachen wir da Vieles, fast Alles, es war uns so leicht, uns über Jedes schnell zu verständigen.«[309]

Am 11. Juni 1867 kam es allerdings zu einer erheblichen Verstimmung zwischen dem König und dem Komponisten, dessen Oper »Lohengrin« neu aufgeführt werden sollte. Wagner wollte für die Titelrolle den 63-jährigen, korpulenten Sänger Joseph Tichatscheck, den der König ablehnte. Er wünschte einen jugendlich-strahlenden »Lohengrin« und ließ die Titelrolle eigenmächtig mit dem jungen Tenor Heinrich Vogl besetzen. Wagner war beleidigt und drohte, sofort abzureisen, worauf der König erwiderte: »Nun so reisen Sie zu!'«[310] Und das tat Wagner auch. Er packte die Koffer und verschwand aus der Villa Prestele nach Tribschen. An seiner Stelle studierte Hans von Bülow die Lohengrin-Partien ein. Die Vorstellung, mit der Ludwig II. sehr zufrieden war, fand am 16. Juni 1867 statt.

Doch dann lenkte der König ein und schrieb am 21. Juni an Wagner: »[...] vollkommen ist es Ihnen gelungen, mich zu martern und zu peinigen«, und bat ihn, »nicht allzu lang fern bleiben zu wollen.«[311] Wagner schmollte noch ein wenig, doch der König versicherte ihm, dass ihre Beziehung »nichts entweihen« könne, und damit gelang es, Wagner zu versöhnen.

Ludwigs Bruder Otto in Berg und Ammerland (1868)

Auch Ludwigs Bruder Prinz Otto (1848–1916), bei dem sich bereits in der Kindheit und Jugend Anzeichen der späteren geistigen Erkrankung – einer paranoid-halluzinatorischen Psychose aus dem schizophrenen Formenkreis – bemerkbar machten, besuchte Ludwig ab 1864 gelegentlich in Schloss Berg. 1868 kaufte der 20-jährige Otto ganz in der Nähe von Schloss Berg bei Ammerland an der Südlichen Seestraße 13 sogar eine Villa, die der Zeichner und Kupferstecher Johann Poppel 1857 hatte erbauen lassen. Otto erwarb die Villa mit dem schmucken Turm aber nicht für sich, sondern für Emilie Schröder, die er sehr verehrte und der er das Haus schenkte. Kennengelernt hatte er die Operettensängerin bei ihren Auftritten im Volkstheater am Gärtnerplatz, wo sie in Jacques Offenbachs Burlesken »Die Groß-

[309] Böhm, Gottfried, S. 159.

[310] Ebd., S. 160.

[311] Hacker, Augenzeugenberichte, S. 150.

herzogin von Gerolstein« und »Die schöne Helena« das Publikum in den Titelrollen verzauberte. Ottos »Begeisterung für sie war so groß, dass er ihr immer wieder frische Blumen schickte und sie jedes Mal besuchte, wenn er auf Schloss Berg weilte. Dann plauderten die beiden unbeschwert im ›Blauen Salon‹, im ›Roten Boudoir‹ oder in lauen Nächten auch in der Laube auf einem kleinen Hügel neben dem Haus.«[312]

Ludwig war Ottos Verehrung für »die geschürzte Muse«, wie Operettensängerinnen und Balletttänzerinnen bezeichnet wurden, bekannt. Die »Schöne Helena«, wie sie in München genannt wurde, hatte natürlich auch noch auch andere Verehrer, die sie in ihrer Villa am Starnberger See aufsuchten wo »bis in die Nacht hinein bei Lampionbeleuchtung und Champagner gefeiert«[313] wurde.

Da sich die Symptome von Ottos Erkrankung seit 1869 fortwährend verstärkten, unterblieben seine Besuche bei der »Schönen Helena« schon nach einem Jahr. 1870 musste Prinz Otto in Vertretung seines Bruders als Oberstinhaber des 5. Chevaulegers-Regiments und Mitglied des Generalstabs am Deutsch-Französischen Krieg teilnehmen. Mit dem preußischen Kronprinzen Friedrich von Preußen, Oberbefehlshaber der süddeutschen Truppen, und mit Prinz Leopold fuhr er an die Front und hielt sich in Versailles im dortigen Hauptquartier des Königs von Preußen, des späteren Deutschen Kaisers Wilhelm I. auf. Ottos Umgebung bemerkte bald, dass sein psychischer Zustand höchst angegriffen war. Es fiel allgemein auf, dass es ihm beim Reden und im Handeln an Logik und geistiger Klarheit mangelte. Er wurde von peinigenden Depressionen heimgesucht und zeigte sich zunehmend menschenscheu.[314]

Seit 1871 zog sich Otto immer mehr aus der Öffentlichkeit zurück. Als Ludwig II. zu dieser Zeit abdanken und Otto den Thron übergeben wollte, sah sich dieser dazu nicht in der Lage und lehnte ab. Dennoch kam es noch zu gelegentlichen Besuchen Ottos bei seinem Bruder in Schloss Berg. So heißt es im »Füssener Blatt« vom 9. Juni 1875: »München, 3. Juni, S.K.H. Prinz Otto hat sich gestern abend auf Einladung seines kgl. Bruders zum Besuche S.M. nach Schloß Berg begeben.«

Nachdem Ottos Visiten bei Emilie Schröder unterblieben, verkaufte die

[312] Schober, Villen, S. 392; Schlim, Jean Louis: Im Schatten der Macht. König Otto I. von Bayern, München 2016, S. 78 (künftig: Schlim, Otto).

[313] Schober, Villen, S. 392.

[314] Schweiggert, Alfons: Bayerns unglücklichster König. Otto I. der Bruder Ludwigs II., München 2016, S. 71ff. (künftig: Schweiggert, Otto).

Sängerin ihre Villa am Starnberger See bereits 1872 an Baronin Luise von Sykowa. 1875 erwarb der Stuttgarter Industrielle Albert Stotz das Haus und ließ es 1890 umbauen.

Prunkfest für die russische Zarin Maria Alexandrowna (1868)

Am 26. und 27. September 1868 gab Ludwig II. für die von ihm hoch verehrte russische Zarin Maria Alexandrowna (1824–1880), seine Tante, ein rauschendes Seefest bei Schloss Berg. Ein auch nur annähernd vergleichbares Ereignis gab es im Leben des Königs nicht mehr.

Die Zarin – eine geborene Prinzessin von Hessen und bei Rhein – befand sich Ende September 1868 ihrer Gesundheit wegen auf dem Weg von Kissingen nach Como zu einer »Traubenkur«. Der König lud sie ein, in Schloss Berg Station zu machen. »Ich schreibe diese Zeilen in meinem lieben, stillen Berg am Ufer des herrlichen Sees, dessen Ende die wundervolle Kette der Alpen begrenzt, heilige Ruhe ist über die Natur ausgegossen, es herrscht tiefer Friede, der sich ebenso dem Innern des Menschen mittheilt«[315], hieß es in seinem Einladungsschreiben vom 11. August 1868. Und weiter: »Darf ich nun wagen, vertrauensvoll mit einer Bitte Ihnen zu nahen, einer Bitte, an deren Erfüllung mir so unendlich viel gelegen ist; o wüßten Sie, wie glücklich mich die Zusage machen würde, noch einmal, bevor ich die Bitte ausspreche, flehe ich zu Ihnen in kindlichem Vertrauen um Erhörung: nun zur Sache. – Der Aufenthalt hier im trauten Berg ist wie geschaffen zur Erholung nach einer anstrengenden Cur; von Schweinfurt nach Starnberg sind mit einem Extrazuge nur 8 Stunden nöthig; mit dem Dampfschiff hierher braucht man nicht länger als eine gute Viertelstunde.«[316] Am Ende des Briefes versicherte der König der Zarin seine »glühende Liebe«. Sie willigte ein und reiste mit einer Gefolgschaft von 28 Personen an.

Damit sich der hohe Gast wohl fühlte, ließ Ludwig die Gemächer in Schloss Berg wie in ihren russischen Lustschlössern einrichten. »Schloss Berg war mit neuen, eigens dazu gewebten Stoffen austapeziert worden, die – unter anderem in Anspielung auf Lohengrin – Schwäne, in Medaillons gefasst, zeigten. Aus der Münchner Residenz wurden die besten Möbel und Bilder nach Berg geholt, die Räume mit Statuetten und Porträts des Königs

[315] Brief Ludwigs II. vom 11. August 1868 an Zarin Maria Alexandrowna.
[316] Ebd.

als Großmeister des St.-Georg-Ritter-Ordens im himmelblauen Samtmantel geschmückt; und all dies war eingehüllt in einen Wald von Rosen und Kamelien. Alle erdenklichen Gegenstände im Salon, der für den Aufenthalt des hohen Gastes bestimmt war, waren aus Lapislazuli, dazu Gold über Gold. Ludwig zeigte sich der russischen Kaiserin Maria Alexandrowna von seiner liebenswürdigsten Seite.«[317] Er überließ ihr sozusagen das gesamte Schloss und zog sich selbst in ein Nebengebäude zurück.

Für das Starnberger Seefest am 26. und 27. September 1868 war folgender Ablauf geplant:

Samstag, 26. September

Empfang der Zarin auf dem Bahnhof in Pasing (nach 17.00 Uhr)
Gemeinsame Zugfahrt zum Bahnhof Starnberg
Weiterfahrt im Dampfer »Tristan« nach Schloss Berg
Souper mit Musik und Gesang in Schloss Berg (20.00 Uhr)
Spaziergang Ludwigs und der Zarin im Berger Schlosspark

Im seinem Tagebuch notierte der König über diesen 26. September: »[...] sehr aufgeregt [...] nach Pasing, nach 5 Uhr daselbst meine Kaiserin begrüßt, fuhren nach Starnberg, mit dem Dampfschiffe nach Berg, beglückender Tag, die geliebte Gegend geheiligt durch Sie; ja erst durch Sie empfing sie die wahre Weihe, durch die Wonnen mir wurden; die beseligenden Folgen, die daraus mir erblühen, werden noch lange, lange Zeit heilbringend, Kraft verleihend mir sein. – Um 8 Uhr Souper, Musik u. Gesang, darauf mit der Kaiserin im Parke mondbestrahlt gegangen, viel, traut gesprochen über die verschiedenen staatlichen Einrichtungen, das Wesen der Monarchie, Rußland, gottvoll, unvergeßliche Nacht; Heil dem Czaren, Anbetung dem Strahl der allmächtigen Krone.«[318]

Sonntag, 27. September

Am Morgen und am Vormittag:

[317] Hüttl, S. 118.
[318] Evers, S. 131.

Frühstück mit der Kaiserin
Besuch der Sonntagsmesse
Dampferfahrt bis St. Heinrich (ab 11.00 Uhr)

Am Nachmittag:
Fahrt auf der »Tristan« zur Roseninsel (15.45 Uhr)
Diner mit Serenade und Spaziergang
Fahrt nach Possenhofen und Besuch der Herzogsfamilie
Rundfahrt auf dem See bis Tutzing

Am Abend und in der Nacht:
Souper auf der magisch erleuchteten Roseninsel
Illumination der Schlösser und Landhäuser am See
Auf dem See kreuzende beleuchtete Boote
Lichtstraße von der Roseninsel nach Schloss Berg
Fahrt im Dampfer »Tristan« nach Schloss Berg
Fischerstechen im See vor dem Schloss
Empfang im illuminierten Schloss

Vorführungen, vom Schlossbalkon zu beobachten:
»Wunderfontäne«
Brillantfeuerwerk
Leuchtender Namenszug der Zarin
Russische Kaiserhymne

Über den 27. September notierte der König in seinem Tagebuch: »Frühstück mit der Kaiserin. Messe, um 11 Uhr Fahrt längs des Sees bis St. Heinrich [unleserliches Wort] herrliche Stunden, ½ 5 Frühstück, Gespräch über d. Heirathen, fatale Nachricht, gottvoll bei Ihr. Seliges Berg, verklärt durch Ihre Gegenwart, um ¾ 4 Uhr mit der angebeteten Kaiserin, begleitet von Herren, u. Damen auf [Ludwigs Dampfschiff] ›Tristan‹ nach d. Roseninsel, dort Oberon's Traum[319], Tafel, Musik, gehobene Stimmung, lustwandelt, strenge Urtheile, so überzeugend u. wahr gesprochen, Engel, Prinzip des Guten u. Reinen, Heil, Segen! auf Dein geliebtes Haupt! –

Fahrt nach Possenhofen, dann auf d. See bis gegen Tutzing, Souper auf der magisch, bunt erleuchteten Roseninsel, hehrer Abend, mit Musik zu-

[319] Eventuell aus Felix Mendelssohn Bartholdys »Ein Sommernachtstraum«.

rück nach Berg, zauberhaft feenartiger Anblick in strahlendem Glanze. Schloß, Park u. Gegend, Wasserstrahl, orientalischer Wundertraum!«[320] Bei dem »Wasserstrahl« handelte es sich um die zweite Fontaine vor Schloss Berg, die Hofgärtner Carl von Effner extra für den Besuch der Zarin eingerichtet hatte.

Montag, 28. September

Abreise der Zarin nach Innsbruck

Dazu vermerkt der König in seinem Tagebuch: »Um ½ 9 die Kaiserin leider schon fort, begleitete Sie fort, bis Innsbruck ... trauriger Abschied.«[321]

Besonders eindrucksvoll schildert Georg Jakob Wolf die Ereignisse dieses einzigartigen Festes in seiner frühen Ludwig-II.-Biografie[322], wodurch das unvergleichliche Spektakel hautnah erlebbar wird:

»Am 26. September [einem Samstag] 1868 holte Ludwig seinen kaiserlichen Gast in Pasing ab. Ein früher Abend brach an, aber der Park von Berg erstrahlte im Glanz von tausend Lichtern; Palmen waren überall, alle Gewächshäuser waren geplündert worden, die letzte farbige Pracht des Herbstes ergoß sich überall in den Räumen des Schlosses, dessen schönste Zimmer dem Gaste eingeräumt worden waren [...].«[323] Kurz vor 18.00 Uhr trafen der König und sein Gast in Starnberg ein, begrüßt von einer jubelnden Menschenmenge. Mit dem Dampfschiff »Tristan« ging es weiter nach Berg, wo alsbald Tafel war.

Am Sonntag, den 27. September unternahm die Zarin in Begleitung des Königs eine Dampferfahrt auf dem See bis St. Heinrich und dann zum Schloss Possenhofen. Ausgerechnet einen Tag vor der Hochzeit der Herzogin Sophie – Ludwigs ehemaliger Braut – mit dem Herzog von Alençon habe die Zarin den Wunsch geäußert, ihrer Cousine Herzogin Ludovica und deren Tochter Sophie einen Besuch abzustatten. Sie blieb gemeinsam mit Ludwig II. eine Stunde dort. Wie eine Hofdame berichtete, sei trotz der pikanten Situation keine Peinlichkeit aufgekommen. Das Treffen sei in ver-

320 Ebd.
321 Evers, S. 131.
322 Wolf, Georg Jakob: S. 95ff. Nach einer Mitteilung von Hans Steinberger.
323 Ebd.

wandtschaftlicher Freundlichkeit verlaufen. (Doch nach anderen Quellen soll dieser Besuch bereits einige Tage vor dem Polterabend stattgefunden haben.) Danach fuhr der König mit seinem Gast zur Roseninsel.

»Inmitten der entzückenden Märchenpracht der von balsamischem Blumenduft umworbenen Roseninsel nahmen die Majestäten ein festliches Diner mit Serenade ein, das die Kaiserin das poetischste ihres Lebens nannte. Zur Serenade am Abend waren die Kapelle des 1. Infanterieregiments und Sangeskräfte der Hofbühne befohlen. [...] In silberner Klarheit, manchmal von Wolken verhüllt, strahlte der Mond auf den See hernieder; bei Einbruch der Dunkelheit blitzten an den Ufern Lichter in allen Farben auf, die Beleuchtung der Landhäuser und Schlösser hatte begonnen. Flammensprühend zogen die von Künstlerhand verzierten Flottillen gegen Berg heran, die hin- und herkreuzend durch ihre stetige Bewegung mit ihren in allen Farben glühenden Ballons einen wahrhaft zauberischen Anblick boten. Die alte, hochgelegene Burg Starnberg gewährte mit dem Flammengürtel, der sich um ihre Mauern zog, ein überraschend schönes, von der leise bewegten Seeflut glitzernd zurückstrahlendes Bild.

Plötzlich flammte auf der Roseninsel elektrisches Licht auf und warf nach Berg hinüber eine breite Lichtstraße auf die wie flüssiges Silber schimmernde Flut, eine Rakete gab das Zeichen der erfolgten Abfahrt der Herrschaften nach Berg. Ein wunderbarer Anblick bot in diesem Augenblick Schloß Berg; ein Feenmärchen war wirkliches Leben geworden. Um die Konturen des stolzen Baues zog sich wie eine Blumengirlande ein Kranz buntfarbiger Lampions. Durch den Park liefen Feuerlinien, es waren die Wege, an denen überall Feuerblumen blühten. Am Ufer erhob sich eine Blumenlaube, hoch und kronenartig, von der lange Girlanden zeltartig nach allen Seiten herunterliefen. All die Lampions leuchteten in solch lebhaften, glühenden Farben, daß Schloß und Park wie von feurigen Rosen besät erschienen. Das Lichtermeer strahlte und zitterte tausendfältig in dem dunklen Seespiegel, auf welchem hunderte glanzvoll beleuchteter Schiffe durcheinander schwammen und wogten; wie aus den Wellen hervorgestiegen, leuchteten zahllose schwimmende Lampions am Ufer, die den Glanz und Reichtum des von künstlerischer Phantasie erdachten fesselnden Bildes noch vervollständigten. Von der Roseninsel herüber zog der große Dampfer mit der Regimentsmusik, dann der kleine Tristan mit den hohen Herrschaften.

Ein Kanonenschuß dröhnte in den Abendfrieden hinaus, und mit einem Schlage erhellte sich der Park in grünen bengalischen Flammen, daß die ganze Umgebung in zauberischem Wunderglanze erstrahlte. Tausendstimmiges Hochrufen begrüßte die Kaiserin und den König beim Verlassen des Schiffes, und gleich darauf sah man die hohe Gestalt des Königs, die Kaiserin am Arm führend, durch den leuchtenden Zauberhain wandeln.

Als der König und sein hoher Gast auf den Balkon des Schlosses heraustraten, verkündete Geschützdonner den Beginn des Feuerwerks. In glühendster Farbenpracht, in blitzender Flammenglut und leuchtendem Golde, knatternd, knallend, zischend, sausen Raketen und Leuchtkugeln, Goldregen streuende Feuerräder hoch hinauf zum verfinsterten Nachthimmel. Dann stieg im See ruhig und majestätisch eine hohe Wassergarbe auf, erst düster und unheimlich, dann wie von innen heraus zu hellem, gleißendem Lichte sich entwickelnd, daß die herabstäubenden Wasser in blendendem Blitze riesiger Edelsteine glühten; es war die Wunderfontäne, die, von bengalischem Lichte beleuchtet, sich aus dem See erhob und in allen Farben bis zum tiefsten, glühendsten Rot spielte. Dann entzündete sich mitten auf dem See ein Brillantfeuer: riesengroß, alles überstrahlend, den Namenszug der Kaiserin, begrüßt von den Klängen der russischen Kaiserhymne.

Moskowitischer Kreml-Prunk und ludovicianische Märchenphantasie schlugen in diesem Fest der Farben und der Wasser in schwerer Üppigkeit zusammen, etwas von der schwülstigen Prunksucht der Bourbonen geistert über der monumentalen nächtlichen Feier: das Unmögliche möglich zu machen, aus dem Märchen Wirklichkeit und aus der Wirklichkeit ein Märchen zu gestalten – hier war es getan. [...] Wie die Zarin wurde von Ludwig kein Gast mehr geehrt: der rauschenden Feste letztes war dies. [...]«[324]

Fischerstechen für den König und die russische Zarin (1868)

Am Fest für die Zarin durfte sich auch die Berger Bevölkerung mit dem Brauch des Fischerstechens beteiligen. Bei diesem Wettkampf treten zwei auf Ruderbooten fahrende Mannschaften gegeneinander an. Ziel ist es, die Mitglieder der jeweils gegenerischen Gruppe mithilfe einer Lanze aus ihrem Boot ins Wasser zu stoßen.

Oskar Maria Graf schildert nicht nur den Ablauf dieses bis heute gepflegten Brauchs, sondern verdeutlicht auch, wie sich die Berger vom König instrumentalisieren ließen, um dem Fest eine betont volksnahe Note zu geben:

»Das althergebrachte Fischerstechen vor dem Floß der Majestäten, an

[324] Ebd.

welchem sich alle Fischer beteiligten, gestaltete sich zu einem ungemein erregenden, phantastischen Turnier. Wilder Beifall bellte jedesmal auf, wenn ein Lanzenmann seinen Gegner von der Spitze des anderen Bootes stieß. Die dunkle Gestalt des Bezwungenen reckte sich, die lange Stange entglitt ihm, der Mensch taumelte und plumpste in das hoch aufzischende Wasser.

›Hurra! Hoch! Hurra, Franzl!‹, schrie es überall, und ein Klatschen begann, während der stolze Sieger sich gegen die Majestäten verneigte. Als das Fischerstechen endlich vorüber war und die besten Kämpfer reich beschenkt davonruderten, krachten die Salutschüsse, und gleich darauf zischten von den Flößen im Wasser dichte, prasselnde Feuergarben auf, die sich wie bunt glitzernde Fontänen zeltgleich im dunklen Himmel vereinten und schließlich als funkelndes Sternenmeer auf den See herunterregneten. Staunendes Beifallsjubeln, Musik, Krachen und Prasseln, Funkeln und Leuchten vermischten sich zu einem magisch belebten Zauberbild. Zeitweise schien es, als sei der ganze weite, festliche Landstrich von der schweren, dunklen Erde losgelöst und schwebe langsam als unwirklich strahlende Insel zum Himmel empor.«[325]

Noch Jahrzehnte später schwärmten die Berger von diesem einzigartigen Seefest, dass es Vergleichbares nie mehr wieder gegeben habe. Selbst zur Verabschiedung der Zarin wurden die Berger, wie Oskar Maria Graf bestätigt, ebenso herangezogen wie zu den Aufräumarbeiten. »Erst als der Morgen graute, wurde es allgemein stiller. Die Luft roch nach Pulver und verbranntem Papier. Der dämmernde See mit den abgetakelten Flößen sah aus wie eine halb abgebrochene, von Papierfetzen übersäte, staubige Theaterdekoration. Leer, verbraucht und reglos sonnte er [der König] sich in seinem länglichen Bett. Kurz vor dem Mittagessen mußten die Jungfrauen, die Kinder und Veteranen noch einmal in Unterberg Spalier bilden. Der Beifall der ermüdeten Menschen klang lange nicht mehr so erfrischt, als die vielen glänzenden Karossen aus dem Dorfe fuhren. Obgleich noch Fremde in Massen herumgingen und die Gasthäuser bevölkerten, wurde es in Berg schnell wieder werktaglich. Die Leute nahmen die Girlanden und Fahnen von den Hauswänden und brachen die Triumphbögen ab. Nur die Kinder, die schulfrei hatten, wichen nicht vom See-Ufer und schauten zu, wie die Fischer die Flöße mit Flachbooten nach Starnberg schleppten.«[326]

[325] Graf, Mutter, S. 208.
[326] Ebd., S. 209.

Am Montag, den 28. September 1868 verließ die Zarin Schloss Berg und setzte ihre Reise nach dem Süden, nach Como, fort. Ludwig begleitete sie bis Innsbruck. An diesem Tag gab Herzogin Sophie dem Herzog von Alençon in der Possenhofener Schlosskapelle das Ja-Wort. Es ist übrigens nicht ganz auszuschließen, dass der König mit dem Feuerwerk tags zuvor auch seiner ehemaligen Braut an ihrem Polterabend einen Gruß zukommen lassen wollte. Nachdem die Zarin abgereist war, zog sich der König wieder zurück, was die Berger irritierte, wie Oskar Maria Graf betont: »Hm, man kennt sich nicht aus mit unserem König! Jetzt ist er wieder grantig und sperrt sich ein [...] Er geht auch kaum mehr aus seinem Schlafzimmer, der König. Liegen bleibt er oft bis zum Mittagläuten und länger. Er mag die Helligkeit nicht mehr. Die ganze Zeit müssen die Vorhänge zugezogen sein.«[327]

Nach der Abreise der Zarin wurde der Hoffotograf Joseph Albert nach Berg bestellt, damit er die Räume im Bilde festhielt, wie sie für den hohen Gast hergerichtet worden waren. Anschließend wurden sie wieder in den alten schlichten Zustand zurückversetzt.

Ein Jahr später versicherte Ludwig der vergötterten Fürstin brieflich, »wie unbeschreiblich Du mich durch Deine erhabene Gegenwart in Berg und hier in München glücklich gemacht hast«. Und dann brach es aus ihm heraus: »Niemand kann Dich so verehren, lieben und anbeten wie ich. Niemand. Niemand auf der ganzen weiten Welt liebe ich auch nur annähernd so wie Dich. Niemand werde ich je wieder so lieben können. Niemand.«[328]

Souper mit Freiherrn von Varicourt im Maurischen Kiosk (Mai 1873)

In einer Tagebuchnotiz Ludwigs II. heißt es: »1873 – 8 Tage in Berg am 15ten [Mai] mit Frh. v. Varicourt im Kiosk soupiert, dann Fahrt im Mondenglanz längs des Sees von 10 Uhr bis ¾ 4 Uhr morgens beisammen. Der Gedanke an den durch die Vorsehung bestimmten Freund, der Aufblick nach dem erhabenen magischen Namen, den er führt. Varicourt wird stets mich stählen.«[329]

327 Ebd., S. 209.

328 Briefe Ludwigs II. an die Zarin Maria Alexandrowna, in: Münchener Neueste Nachrichten Nr. 274 vom 8. Oktober 1930.

329 Grein, Edir: Tagebuchaufzeichnungen Ludwigs II., König von Bayern, Schaan/Lichtenstein 1925, S. 55 (künftig: Grein).

Zwei Monate zuvor, am 23. März 1873, hatte der König den Kavallerieoffizier Lambert von Varicourt (1844–1885) zum neuen Flügeladjutanten ernannt, nachdem er ihn erst zwei Tage vorher kennengelernt hatte. Der ein Jahr ältere, gut aussehende Mann motivierte Ludwig zu schwärmerischen brieflichen Äußerungen: »Der schönste und begehrenswerteste Tod für mich wäre, für Sie zu sterben. Oh, könnte dies sich ereignen bald, bald! Dieser Tod wäre Mir erwünschter als alles, was die Erde zu bieten imstande ist.«[330]

Doch schon nach wenigen Wochen endete diese Freundschaft, die, wie so viele andere Beziehungen auch, nur ein Strohfeuer war. Der Grund war banal. Varicourt benahm sich nicht so, wie der König sich das vorstellte. Gottfried von Böhm berichtet, Ludwig habe ihm »eine lange Biographie über irgendeinen seiner Vorfahren vor[gelesen]. Aber Varicourt, der wahrscheinlich wenig literarische Neigungen hatte [...] gähnt und gähnt. Und plötzlich ist er sanft entschlummert. Als er wieder erwacht, steht der erzürnte König vor ihm. ›Varicourt! Du schläfst bei Deinem König?‹ – Obwohl einer altfranzösischen Familie entstammend, ist Varicourt damals in Ungnade gefallen.«[331]

Kaiser Franz Josephs Visite in Schloss Berg (20. August 1874)

1874 begab sich Ludwig II. vom 4. bis 12. August auf den Tegelberg, den Linderhof und in die Halbammer,[332] um anschließend am 20. August Kaiser Franz Joseph in Schloss Berg »mit Herzlichkeit«[333] zu begrüßen, der schließlich der Ehegemahl der von ihm hochverehrten Kaiserin Elisabeth war. Von Berg aus holte er mit seinem Dampfschiff »Tristan« das österreichische Kaiserpaar und den 16-jährigen Kronprinzen Rudolf in Starnberg ab und brachte sie nach Schloss Berg. Am Abend traf er dann zum Gegenbesuch in Possenhofen ein.

Die ausgeprägte Sympathie und tiefe Freundschaft zwischen Elisabeth und Ludwig, aber auch seine Zuneigung zu Kronprinz Rudolf blieben dem Kaiser sicher nicht verborgen und sollen ihn sogar ein wenig eifer-

330 Hacker, Augenzeugenberichte, S. 248: Ludwig an Varicourt, 13. April 1873.

331 Rummel, S. 59.

332 Im nördlichen Ammergebirge – im Tal der Halbammer beim »Wilden Jäger« – befand sich einst ein Königshaus Ludwigs II.

333 Weilheimer Tagblatt vom 23./24. August 1874.

süchtig gemacht haben. »Er [Ludwig] solle doch seiner Frau nicht so die Cour machen«,[334] worüber am Wiener Hof schon getuschelt würde. An eine wirkliche Liebesbeziehung zwischen den beiden glaubte aber weder der Kaiser noch sonst jemand.

Obwohl Franz Joseph seine Frau innig liebte, eine wirklich Nähe zu ihr entstand nicht. Dafür war er zu beschäftigt mit der Erfüllung seiner kaiserlichen Pflichten. Im Grunde stand er ihrer Wesensart ebenso fern wie dem Charakter Ludwigs II. So gesehen war sein Besuch in Berg nur ein offizieller Termin und auch Ludwig brachte dem Kaiser lediglich eine offizielle »Herzlichkeit« entgegen. Am 11. Juni 1886 wurde Ludwig II., dem die Entmündigung drohte, zur Flucht geraten. Dabei wurde auch Österreich als mögliches Exil in Erwägung gezogen, doch Kaiser Franz Joseph soll von einer Aufnahme des bayerischen Königs »unliebsame Komplikationen« befürchtet haben.

Besuch des königlichen Hofdichters Karl von Heigel (1876)

»Im Jahre 1876 las der König meinen Roman ›Benediktus‹, fand dramatische Begabung darin und wünschte mich mit Aufgaben für sein Hoftheater zu betrauen. [...] König Ludwig war mir ein edelmütiger Arbeitgeber, der den guten Willen anerkannte, wenn die Kraft nicht hinreichte; und ich war ihm ein fleißiger und gewissenhafter Arbeiter.«[335] Karl von Heigel (1835–1905) war neben August Frenius, Hermann von Schmid, Ludwig Schneegans und Paul Heyse der vorrangige Hofpoet, der für die Separatvorstellungen Ludwigs II. auf dessen Wunsch die meisten Dramen verfasste.

In seinen Erinnerungen, erschienen 1893, berichtet Heigel von einem Besuch in Schloss Berg. »Es ist lange her, daß ich Schloß Berg zum ersten- und letztenmal gesehen, doch ich erinnere mich, daß das Haus und seine Umgebung auf mich wie ein schwermütiges Lied oder ein Herbstbild wirkten. Und es war doch wolkenloser Sommertag. Die Fahne hing am Mast, also war der König anwesend, allein der Vorplatz lag verödet und das Haus still. Wahrscheinlich schliefen Herr und Diener. Man denke ja nicht, daß mich trübe Ahnung beschlichen hätte. Mir fehlten nur die Menschen in diesem

[334] Böhm, Gottfried, S. 414.

[335] Heigel, Karl von: König Ludwig II. von Bayern, Stuttgart 1893, S. 281f. (künftig: Heigel).

Architektur- und Parkbild. Und ein rauschender, weißschäumender, hoher Springbrunnen auf dem Vorplatz machte mir den Mangel doppelt fühlbar. Wie ein natürlicher Wasserfall die Landschaft belebt, verstimmt eine Fontäne, bei deren Schwall und Schaum und Farbenspiel ja Nötigung und Absicht zu Grunde liegt, in menschenöder Stille wie ein Prachtbau mit geschlossenen Läden. Dem König erging es bei den hundert Wassersträhnen auf Herrenwörth und Linderhof wie mir damals in Berg. Alle die Künste ließen ihn seine Einsamkeit doppelt fühlen. Allein er täuschte sich darüber und hielt sie für seinen Trost in der Einsamkeit.«[336] Bei diesem Besuch in Schloss Berg begegnete Heigel dem König nicht persönlich, sondern lediglich dem Kabinettsekretär Friedrich von Ziegler, der, wie Heigel schreibt, »der Vermittler zwischen dem Fürsten und mir« und »mir freundlich gesinnt war«.[337]

Ludwigs Besuch bei Sisi in Feldafing (Sommer 1877)

Marie Louise von Wallersee-Larisch, die Nichte der Kaiserin Elisabeth von Österreich, berichtet:

> »Es war im Sommer 1877. Wieder war ich in Feldafing am Starnberger See. [...] Schon nach den ersten Tagen kam König Ludwig II., die Kaiserin zu begrüßen. Der Besuch war vorher angesagt worden, und so wartete ich im oberen Stock in meinem Zimmer, um den König zu sehen, für den ich von Jugend auf eine Schwärmerei hatte. Ich hatte ihn persönlich kennengelernt, als ich mit vierzehn Jahren von meinen Eltern zu einer Privataudienz mitgenommen worden war. Damals hatte mir der große, stattliche Mann in seiner Uniform riesig imponiert und einen unauslöschlichen Eindruck gemacht. Der König hatte sich für meine musikalischen Studien ganz besonders interessiert und ein paar freundliche Worte an mich gerichtet, die ich in meiner Aufregung kaum verstanden hatte. Jetzt stand ich hinter dem Vorhang; als es hieß: ›Der König kommt.‹
> Zuerst sah man nur eine dichte Staubwolke, dann erschien der Vorreiter, gleich darauf der offene Wagen mit vier Pferden à la Daumont, für eine Visite auf dem Land etwas zeremoniell. Allein König Ludwig liebte es, sich mit Pracht zu umgeben. Er saß allein im Fond und war in Zivil. Rasch

[336] Heigel, S. 219f.
[337] Ebd.

und mit unmerklichem Kopfnicken für die Umstehenden entstieg er dem Wagen.
Der Besuch dauerte zwei Stunden. Nie werde ich vergessen, wie König Ludwig dann vom Wagen aus die auf dem Balkon stehende Kaiserin grüßte, indem er mit unnachahmlicher Grandezza den Hut zog.«[338]

Sisis Gegenbesuch in Schloss Berg (Sommer 1877)

Marie Louise von Wallersee-Larisch erzählt auch vom Gegenbesuch der Kaiserin in Berg, bei dem sie diese begleiten durfte. Die Freiin hält fest: »Zwei Stunden zu Pferd von Feldafing, an der gegenüberliegenden Seite des Starnberger Sees, lag eines von König Ludwigs Schlössern, in dem ihn die Kaiserin, die dem Vetter sehr zugetan war, oft besuchte.«[339]

»Zwei Tage nach des Königs Besuch erwiderte meine Tante diesen, zu meinem Entsetzen im Reitkleid, denn wir sollten nach Schloß Berg hinüberreiten und zwar am Vormittag, zu einer außergewöhnlichen Stunde für die Kaiserin. ›Du kannst im Park auf mich warten‹, hatte sie mir angekündigt. Ich hatte somit mein einfaches graues Reitkleid angezogen, während die Kaiserin ein schwarz-weißes trug, bei dessen Anblick Kaiser Franz Josef gesagt haben soll: ›Sissi, du siehst ja aus wie ein Zebra.‹

Schön war dieser Ausflug auf der staubigen Landstraße nach Schloß Berg gerade nicht. Die Kaiserin hielt den ganzen Weg ihren Lederfächer vorm Gesicht und ermahnte mich des öftern, das gleiche zu tun, denn auch ich hatte einen solchen Fächer bekommen. Das Futteral hierzu war am Sattel wie ein Pistolenhalfter angebracht. Ich war froh, als ich mich im Park in den Schatten setzen konnte. Doch es dauerte nicht lange, da wurde ich von einem Lakai geholt. Mein Schrecken war unbeschreiblich. Sollte ich vor dem König erscheinen, staubig, wie ich war und in meinem grauen Kleid? Verzagt folgte ich dem Mann, der mich schnurstracks zu dem Salon führte, in welchem Kaiserin Elisabeth mit dem König saß.«[340]

»Ludwig lag auf einer Chaiselongue, den Kopf in Binden und Bandagen. Den königlichen Dulder quälten Zahnschmerzen, die ihn periodisch als

338 Wallersee, Larisch, Marie Louise von: Kaiserin Elisabeth und ich, Leipzig 1935, S. 73–74 (künftig: Wallersee, Kaiserin Elisabeth).

339 Wallersee, Maria Freiin von: Meine Vergangenheit, Berlin 1913. S. 40 (künftig: Wallersee, Vergangenheit).

340 Wallersee, Kaiserin Elisabeth, S. 75.

Folge seines Übergenusses von Zucker heimsuchten. Neben ihm stand ein kleiner Tisch voller Flaschen in allen Größen.«[341]

»In dem kurzen, engen Reitkleid ein Hofkompliment zu machen war ein Kunststück, dessen ich mich mit zweifelhafter Grazie entledigte. Im Bewußtsein meiner Unbeholfenheit stand ich an der Türe. Meine Tante winkte mir mit ermutigendem Lächeln, heranzukommen. ›Der König möchte dich singen hören.‹ Hätte meine Tante gesagt, ich sollte jetzt vor Seiner Majestät einen Purzelbaum schlagen, wäre es mir nicht ungeheuerlicher erschienen. Indessen der König neigte freundlich das Haupt und streckte mir die Hand entgegen.

Als ich diese küssen wollte, erlaubte er es nicht, sagte aber etwas Freundliches, was ich nicht verstand. ›Du sollst etwas aus ›Lohengrin‹ singen‹, sagte meine Tante, als handele es sich darum, eine Spieldose aufzuziehen. Der König drückte auf eine kleine Tischglocke, und ein Lakai erschien, welcher auf seinen Befehl die nächste Flügeltüre öffnete. Es war ein großes Zimmer, in dem ein Klavier stand. Wie ein Gang zum Schafott erschien es mir, als ich dem Diener folgte. ›Die Noten sind hier‹, flüsterte der Mann und zeigte auf einen Glasschrank neben dem Flügel. Mir war die Kehle trocken nach dem Ritt und auch vor Angst. Ich bat ebenfalls flüsternd um ein Glas Wasser und ein Stückchen Zucker; während ich im Glasschrank suchte, brachte mir der Diener beides. Ich hatte einen Klavierauszug von ›Lohengrin‹ gleich oben gefunden, in blauem Einband, in Silber eingepreßt eine Krone und einen Schwan.

Mit Todesverachtung setzte ich mich ans Klavier und betete nur, daß es sich bewahrheiten möge, was ich immer gehört hatte, ›daß König Ludwig zwar ein begeisterter Musikenthusiast war, selbst jedoch völlig unmusikalisch, genau wie mein Tante.‹

Ich schlug ›Elsas Klage an die Lüfte‹ auf. So sehr ich Meister Wagner verehrte, in diesem Augenblick wünschte ich den großen Richard ins Pfefferland, ebenso seinen königlichen Mäzen. Aber es half nichts – ich mußte singen – und es ging.

Als ich geendet hatte, ›In Liebe!‹ stand mein Tante unter der Türe. Gott sei Dank war es höchste Zeit zur Heimkehr für uns. Der König war sichtlich befriedigt, sagte etwas sicherlich Schmeichelhaftes zu mir, aber er hatte eine Art, den Kopf hochzuhalten und quasi zum Himmel hinaufzusprechen, daß ich wieder nichts verstand. Ich war nun heilfroh, so glimpflich durchgekommen zu sein.«[342]

[341] Wallersee, Vergangenheit, S. 40–41.

[342] Wallersee, Kaiserin Elisabeth: S. 75–76.

Der König küsste meiner Tante die Hand. Ich konnte kaum mein Lachen bezwingen, denn Ludwig stand wirklich da wie ein Bild des Jammers. Er war der größtgewachsene Mann in Bayern, und da die Bandagen, mit denen sein Gesicht umwickelt war, weit herausstehende Enden hatten, sah sein Kopf aus wie der einer riesigen weißen Eule. Gnädig bot er mir die Hand zum Kusse, wobei mir ganz übel wurde von dem Schwall von Gerüchen, der ihr entströmte. Es roch lieblich durcheinander nach Laudanum, Chloroform, Nelken, Kampfer und andern Zahnheilmitteln.

Halbwegs nach Feldafing überraschte uns ein Gewitter; in wenigen Augenblicken waren wir von einem Wolkenbruch bis auf die Haut durchnäßt. Wir suchten Zuflucht in einer Strohhütte, in der eine alte Frau hauste, die, wie wir später erfuhren, eines Fischers Witwe war. Sie erkannte die Kaiserin nicht, die sie fragte, ob sie ganz allein hier wohne. ›Ja, ganz allein,‹ antwortete die Frau, ›aber ich erwarte immer die Rückkehr meines Sohnes.‹ ›Wo ist Euer Sohn?‹ fragte Elisabeth. ›Er liegt seit sieben Jahren im See.‹ Tante und ich wechselten Blicke, und mich überlief es kalt bei dieser unheimlichen Äußerung, die beim Flammen des Blitzes und dem Rollen des Donners noch grausiger wirkte. ›Er kehrt zurück,‹ fuhr die Frau fort. Während sie sprach, pochte der Wind und der Regen düster an das Fenster. – ›Er wird zurückkehren.‹ ›Wann?‹ fragte die Kaiserin. ›Wann es Gott gefällt,‹ seufzte die Alte, ›aber ein anderer wird seinen Platz einnehmen, und der ist nicht weit von dieser Hütte.‹

Elisabeth stellte keine weiteren Fragen, aber sie erklärte später immer, daß die Äußerung der Frau prophetisch auf Ludwigs Ende hingedeutet hatte, das, seltsam genug, einen Teil dieser Weissagung erfüllte. Die Kaiserin gebot mir, der Alten einen Taler zu geben, doch da sie den Wert des Geldes nicht zu kennen schien, ließ ich ihn ihr in die Tasche gleiten. Dann ritten wir davon, da das Gewitter sich verzog. Ein herrlicher Regenbogen schlug seine Farben über den See. ›Jetzt werden wir Glück haben, weil wir den Regenbogen sahen,‹ bemerkte meine abergläubische Tante.«[343]

»Auf dem Heimweg sagte mir die Kaiserin, der König habe den Wunsch geäußert, daß sie mich bei ihrem nächsten Besuch wieder mitbringe. Jetzt erst, als die Gefahr überstanden war, war ich stolz und freute mich. Ich nahm mir vor zu üben, in Valeries Zimmer stand ein etwas altersschwaches Pianino, aber es genügte.«[344]

[343] Wallersee, Vergangenheit, S. 43–44.
[344] Wallersee, Kaiserin Elisabeth, S. 76.

»Am nächsten Tage sandte Ludwig der Kaiserin einen wunderbaren Blumenkorb, für mich lag ein herrliches Jasminbukett bei; die begleitende Karte enthielt die vier Worte: ›Für die kleine Sängerin.‹ ›Weißt du, was Ludwig von dir gesagt hat?‹ fragte die Kaiserin. ›Er meinte, du erinnerst ihn fast schmerzlich an deine Tante Sophie. Ach – er kann sie nicht vergessen!‹ Der abwechslungsvolle Besuch in Feldafing mußte schließlich enden. Beim Abschied sagte mir Tante Sissi, daß ich ihr in jeder Weise gefiele und daß ich im September auf einige Monate zu ihr nach Gödöllö kommen müsse.«[345]

»Als wir dann nach einiger Zeit wieder Schoß Berg besuchten, war es zu Wagen, nicht zu Pferd. Es war gleichzeitig der Abschied Kaiserin Elisabeths. Dieses Mal hatte ich fast keine Angst mehr, als ich zum Singen aufgefordert wurde, und des Königs Dank machte mich überglücklich und stolz. Beim Abschied sagte der König, als er sich über die Hand der Kaiserin beugte: ›Lebe wohl, Elisabeth!‹ Es war das erste und einzige Mal, daß ich meine kaiserliche Tante mit ihrem vollen Namen nennen hörte.

Mit tiefer Wehmut denke ich heute an jenen Tag zurück, an die sagenhaft schöne kaiserliche Frau und an Bayerns Märchenkönig. Welch ein tragisches Geschick war beiden beschieden.«[346]

Begegnung des Königs mit einem Schweizer Studenten

Folgende Episode erfuhr ein französischer Journalist angeblich von einem Schweizer Studenten, der den Starnberger See umrundete. Der König befand sich, wie so oft, auf einem abendlichen Ausritt um den See, als ihm ein junger Mann über den Weg lief. Ludwig hielt an und fragte, woher er komme. Der Fremde, der den König nicht erkannte, sagte, er sei ein Student und käme aus der Schweiz, worauf Ludwig meinte, dass er dann ja bestimmt Friedrich Schillers Wilhelm Tell auswendig hersagen könne. »Einige Akte könnte ich Ihnen schon rezitieren«, entgegnete der junge Mann. Erfreut lud ihn der König ein, mit ins Schloss Berg zu kommen, wo er ihm unbedingt aus dem Tell vortragen müsse. »Entschuldigen Sie, mein Herr«, wandte der Student ein, »aber das Schloss gehört doch dem König.« – »Ich bin ein Freund des Königs«, schwindelte Ludwig, »Sie werden sehen, er lässt uns sicher herein.«

345 Wallersee, Vergangenheit, S. 44.
346 Wallersee, Kaiserin Elisabeth, S. 76–77.

Nun machten sich die beiden auf den Weg zum Schloss. Dabei erkundigte sich der König, ob ihm München gefalle. »Nein, die Stadt ist langweilig«, erwiderte der Student, »da der König doch nie anwesend ist.« – »Und was erzählt man sich so über den König«, wollte Ludwig wissen. »Man sagt, er sei ein netter Mensch«, sagte der Student. »Haben Sie den König denn schon einmal gesehen«, bohrte Ludwig weiter. Darauf der Student: »Nein, wissen Sie mein Herr, ich bin Republikaner ... Aber man hat mir versichert, daß er sehr schön sei und alle Weiber sollen verrückt nach ihm sein.« Lachend fragte Ludwig: »Wollen Sie einmal mit ihm speisen?« Darauf der Student: »Entschuldigen Sie, jetzt machen Sie sich aber über mich lustig.« – »Überhaupt nicht«, widersprach Ludwig, »ich lade Sie ja dazu ein ...« – »Sind sie vielleicht der König«, fragte der Student. »So ist es«, gestand Ludwig nun, »und Sie sind mein Gefangener.« Beide waren inzwischen am Schloss angekommen und salutierend ließen sie die Wachen eintreten.

Nach dem Abendessen setzte sich der König ans Klavier und spielte die Ouvertüre zu Wilhelm Tell und der Student rezitierte aus Schillers Tragödie. Auch der nächste Tag war Wilhelm Tell gewidmet. Diesmal spielte der Student mit dem König gemeinsam einige Szenen. Erst am dritten Tag wurde der Schweizer Gast entlassen und mit einer Hofkutsche nach München gebracht. In der Tasche hatte er als königliches Geschenk eine goldene Uhr, auf deren Deckel die Rütli-Szene eingraviert war.[347]

Der »Brillanten-Nazzi« in Berg (Oktober 1878)

Bekanntlich ließ Ludwig des Öfteren Schauspielerinnen und Schauspieler nach Berg oder auf die Roseninsel kommen, die ihm Texte deklamieren mussten, aber auch Sängerinnen und Sänger, von denen er sich etwas vortragen ließ.

»Im Jahre 1868 erhielt [der Tenor Franz Ignaz] Nachbaur eine Einladung, als Walther von Stolzing in den ›Meistersingern von Nürnberg‹ mitzuwirken. Er übertraf alle seine Kollegen durch sein glänzendes Äußeres und durch die Schönheit und Fülle seiner Stimme. Ludwig ernannte ihn zum Kammersänger und übersandt ihm nach jeder neuen Rolle Geschenke, unter anderem auch eine Lohengrin-Rüstung aus getriebenem Silber und eine Menge Diamantnadeln und Ringe, weshalb man Nachbaur, der diese mit kindlicher Freude allen zeigte, scherzweise den ›Brillanten-Nazzi‹ nannte.

347 Nach Schlim, Jean, S. 45.

Neben Wagners Musikwerken hörte der König gern die Opern Lortzings, Kreutzers, Verdis und Halévys. Einst, als er zum erstenmal Halévys Oper ›Guido und Ginerva‹ beigewohnt hatte, ließ er Nachbaur holen und sang, obwohl er niemals einen Blick auf die Noten geworfen hatte, dem überraschten Künstler die ganze große Arie daraus vor. Und als er zu Ende war, sagte er: ›Wollen Sie nun die Freundlichkeit haben, Mir die Arie vorzusingen; denn ich möchte gern wissen, ob ich sie richtig gesungen habe.‹

Als Nachbaur einmal krank war, schrieb ihm Ludwig: ›Schonen Sie sich! Tuen Sie es um Ihrer Familie willen und um sich Ihre göttliche Stimme zu erhalten. Tuen Sie es auch um meinetwillen! Ich bitte Sie darum, ich, der König, der sonst nicht zu bitten gewohnt ist!‹«[348]

Vom 1. bis zum 14. Oktober 1878 hielt sich der König in Schloss Berg auf. Wie Gottfried von Böhm am 7. Oktober 1878 notierte, war der von Ludwig hochgeschätzte »Kammersänger Nachbaur in der vergangenen Woche einmal von Nachts 10 Uhr bis Morgens 3 Uhr bei dem König. Sie soupierten in dem Pavillon und fuhren dann spazieren. Nachbaur erzählte dem König viel von seiner italienischen Reise und suchte in ihm die Sehnsucht zu wecken, das Land, wo die Zitronen blühen, mit eigenen Augen zu sehen. Ludwig äußerte Furcht vor den dortigen Räubern. Dann sprachen sie von anderen Dingen und Personen [...] Hierauf sang Nachbaur.«[349] Der König ließ dem Sänger »für den schönen, unvergesslichen Abend danken, den er in seiner Gesellschaft verbracht hatte«, und Nachbaur wurde »auf den nächsten Donnerstag« erneut nach Berg eingeladen. »Nachbaur äußerte im Hinblick darauf den Wunsch, es möge nur schöner Mondschein sein, da der König diesen bei dergleichen nächtlichen Spazierfahrten so sehr liebe. – Sein Eindruck vom König ging dahin, daß er zur Zeit sehr gut gelaunt, sehr blühend und sehr gesund sei. Von einer Geisteskrankheit hat er nichts bemerkt.«[350]

Am 10. Oktober 1878 notierte Gottfried von Böhm: »Der König sagte, mit Bezug auf sein jüngstes Zusammensein mit Nachbaur zu [Hofsekretär] Bürkel, Nachbaur sei der liebenswürdigste, amüsanteste Mensch, den er kenne. [...] Frau Albine Nachbaur bewahrt in einer schönen Kassette die Blumen, welche der König eigenhändig gepflückt und ihr durch ihren Gatten übersandte.«[351]

Bei einer anderen Gelegenheit versicherte Ludwig dem Kammersänger:

348 Tschudi, S. 182f.

349 Böhm, Gottfried, S. 502f.

350 Ebd.

351 Ebd., S. 503

»Wir sind beide Gegner alles dessen, was gemein und schlecht ist, und wir glühen in heiliger Begeisterung für alles, was erhaben und rein ist. Deshalb wollen wir auch unser ganzes Leben hindurch treue und aufrichtige Freunde bleiben.«[352]

Visite des »dicken Königs« bei Sisi und Marie Valérie (1881)

Im Sommer 1878 wollte Elisabeth Ludwig II. in Schloss Berg besuchen. Doch diesmal war der König nicht anwesend. Das Schloss war verwaist. Die Kaiserin »hinterläßt dort ein blühendes Jasminzweiglein als Visitkarte. König Ludwig ist entzückt über diese Aufmerksamkeit und schreibt einen so warmen Brief an Elisabeth, daß diese ihm wieder einen Kranz aus den gleichen Blüten schickt und eine Photographie der kleinen Marie Valérie (1868–1924) dazu, um sie ihm vorläufig wenigstens im Bilde vorzustellen. Die Kleine ist nun ein nicht allzu hübsches, aber ihrem Wesen und ihrer Anlage nach außerordentlich liebes, herzliches und tiefinnerliches Kind geworden. Sie leidet nur auch, und zwar sehr stark, an der Familienkrankheit, der schüchternen Verlegenheit. ›Genation‹ nennt sie das in ihrem schon seit dem Jahre 1877, also in ihrem neunten Lebensjahr, begonnenen Tagebuch.«[353]

Die Tatsache, dass Elisabeth dem König ein Foto ihrer Lieblingstochter zusandte, gab später zu der Vermutung Anlass, dass sie ihren Königsvetter womöglich als späteren Gemahl ihrer »Einzigen« in Betracht gezogen haben könnte. Marie Valérie liebte die Musik und die Künste, was dem König sicher gefiel.

1881 kam es dann zu einer ersten Begegnung zwischen der 13-Jährigen und dem 36-jährigen König, wovon das junge Mädchen in ihren Tagebuchaufzeichnungen berichtet. Am 18. Juni 1881 habe sich der König von Schloss Berg aus für einen abendlichen Besuch in Possenhofen angekündigt, um die Kaiserin zu besuchen. Marie Valérie wollte von einem Fenster aus seine Ankunft beobachten und ihm zur Begrüßung einen an der Mauer hochwachsenden Geisblattzweig zuwerfen. Doch ihre Mutter meinte, Jasmin würde den König mehr erfreuen. Sie pflückte ein Jasmin-Sträußchen, das Marie Valérie dem ankommenden König mit einem Kompliment in die Hand drückte, obwohl sie sich genierte, da ihr Kleid zerknittert und nicht

[352] Tschudi, S. 183.
[353] Corti, S. 318.

besonders sauber war und sie außerdem keine Handschuhe übergestreift hatte, wie sich das gehörte. Später beschrieb sie diese Situation recht humorvoll: »O! Dicker König [Ludwig II. war damals bereits korpulent] nun hast Du den Jasmin wirklich von mir!!! … Er wollte mir die Hand küssen o! Er fragte mich, ob Nazi [Marie Valéries Bruder Rudolf] in Prag sei und ich sagte: ›J…a!‹ Er fragte mich, ob Gisela [Marie Valéries ältere Schwester] hier sei, und ich sagte: ›Nein sie ist in München‹ […] Er spricht sehr schnell und undeutlich und genierte sich ebenso wie ich. Mama lud uns ein, uns Du zu sagen und er sagte ›aber dann gegenseitig, nicht wahr?‹ Und dann machte ich wieder ein Compliment und gieng.‹ [354]

Elf Tage später, am 27. Juni 1881, erschien Ludwig erneut in Possenhofen, um sich von Elisabeth zu verabschieden. Dabei unterhielt er sich auch freundlich mit Marie Valérie, bis ihre Mutter den König fragte, ob das Kind das Zimmer verlassen solle, worauf der König sagte: »Hm … ja eigentlich schon.« Marie Valéries Kommentar zu diesem Verhalten Ludwigs: »O! wie unartig!!!«

1884 im Alter von 16 Jahren wäre Marie Valérie, so wie andere Fürstentöchter auch, heiratsfähig gewesen und hätte die Frau des dann 39-jährigen Königs werden können. Der Altersunterschied von 23 Jahren wäre für Elisabeth sicher kein Hinderungsgrund gewesen. Immerhin wäre ihre »Einzige« auf diese Weise Königin von Bayern geworden. Ob aber Marie Valérie an einer Heirat mit dem »dicken König«, wie sie ihn einst wenig charmant bezeichnet hatte, interessiert gewesen wäre, ist doch sehr fraglich. Auch Ludwig schätzte es überhaupt nicht, wenn Elisabeth ihn immer wieder auf ihre Tochter hinwies: »Ich weiß gar, was die Kaiserin mir fortwährend von ihrer Valérie erzählt, die möchte mich gern sehen, ich aber sie nicht«, meinte er. Davon schien auch die Königinmutter Kenntnis gehabt zu haben. Einmal meinte sie lakonisch: »Also Sisi schickte Dir ein Bild von Valérie. Du willst aber doch nichts von ihr hören!! Das kann ich mir denken!«

354 Schad, Martha / Schad, Horst (Hg.): Marie Valérie. Das Tagebuch der Lieblingstochter von Kaiserin Elisabeth 1878–1898, München 2000, S. 128 – auch die folgenden Zitate.

Schweizreise mit dem Schauspieler Josef Kainz (1881)

In der Aufführung von Victor Hugos Drama »Marion de Lorme« am 30. April 1881 beeindruckte der Schauspieler Josef Kainz (1858–1910) Ludwig II. in der Rolle des jungen heimatlosen Didier aufs Höchste. Der König war so erschüttert, dass er am 4. und 10. Mai die Wiederholung des Stückes befahl und den jungen Schauspieler mit wertvollen Geschenken ehrte, darunter einen mit Safiren und Diamanten gefassten Ring, eine Goldkette mit Schwan und eine diamantenbesetzte Uhr. Darauf reagierte Kainz mit schwärmerischen Dankesbriefen.

Vom 11. bis zum 19. Mai hielt sich der König in Schloss Berg auf. Beherrschender Gast war in diesen Tagen Josef Kainz, auch wenn er nicht persönlich im Schloss anwesend war, sich aber in der Gedankenwelt Ludwigs tief eingenistet hatte, wie dessen Briefe aus Schloss Berg an den verehrten Schauspieler belegen.

»Die Abende des 30. April, des 4. und 10. Mai sind mit goldenen Lettern meinem Gedächtniß eingeprägt«[355], versicherte ihm der König am 11. Mai und am 17. Mai schwärmte er von Kainzens »hinreißendem Spiel« und »dem zu Herzen dringendem Klang Ihrer Stimme«[356]. Beim Betrachten von Bildern zur Sage von Wilhelm Tell und des Vierwaldstättersees, die überall an den Wänden der Schlossräume hingen, kam dem König wohl auch die erste Idee zu einer Reise mit Kainz in die Schweiz, um dort mit ihm die Stätte des Rütli-Schwures am Schweizer Vierwaldstättersee aufzusuchen.[357]

Doch Anfang Juni wurde Kainz zunächst nach Schloss Linderhof eingeladen, wo ihn der König in der »magisch erleuchteten Grotte mit bezaubernder Liebenswürdigkeit empfing.« In dieser Zeit errang der Schauspieler des Königs Freundschaft.

Vom 15. bis 27. Juni hielt sich der König erneut in Schloss Berg auf. Von dort erhielt Kainz am 22. Juni »eine briefliche Aufforderung vom König, ihn auf einem für den 27. Juni geplanten Ausflug ›an das Ufer des Vierwaldstättersees‹ zu begleiten, da er sich seelisch bewegt fühle, die Orte in den ›klassischen, wunderschönen‹ Urkantonen genauer zu besichtigen, in

[355] Böhm, Gottfried, S. 520.

[356] Hommel, S. 159f.

[357] Siehe dazu: Schulze, Dietmar: Ludwig II. und Wilhelm Tell. Die Reisen des Königs von Bayern in die Schweiz, Drebkau 2015 (künftig: Schulze, Schweizreisen).

denen sich die Handlung von ›Wilhelm Tell‹ abgespielt habe«.[358] Kainz sagte erfreut zu, worauf ihm der König am 25. Juni von Berg aus brieflich mitteilte: »Recht große Freude bereitete mir Ihr lieber Brief, aus welchem ich ersah, wie sehr Sie sich auf unsere Schweizerreise freuen. [...] Hoffentlich ist für uns ein wohnliches Privathaus an den Ufern des klassischen Sees zu bekommen. – Ich habe noch manches zu ordnen und muß daher zum Schluß eilen. Tausend herzliche Grüße, geliebter Bruder, teuerer Didier, von Ihrem freundlich gesinnten Ludwig (Saverny)«.[359]

Da die Reise kein Aufsehen erregen sollte, ordnete der König an, dass »am 27. Juni 1881 nachts 10 Uhr sein Extrazug auf der kleinen, abgelegenen Station Mühlthal bei Starnberg [nicht weit von Schloss Berg gelegen] ihn aufnehmen solle. Er wollte im tiefsten Inkognito als Marquis de Saverny reisen, und Kainz sollte ihn als sein Freund Didier begleiten.«[360]

Kainz traf, wie angeordnet von München aus am 27. Juni mit einer Kutsche gegen 21.30 Uhr am Bahnhof Mühlthal ein. »Es war fast dunkel. Der Stationsvorsteher trat an mich heran und erklärte mit Nachdruck, daß nach München keine Züge mehr gingen. [...] Seine Ordre lautete auf strenges Fernhalten jedes Fremden, – mir gebot die Rücksicht auf den König Schweigen. ›Es geht kein Zug mehr,‹ sagte der Beamte, dringlicher werdend, und ich erklärte ihm, daß ich das wüßte und auf einen ganz andern Zug warte; ›es kommt doch noch einer von Starenberg herauf?‹ — ›Von Starenberg!‹ Der Mann sah mich eine Sekunde lang verblüfft an – dann schien ihm plötzlich ein Gedanke aufzukommen. ›Jawohl,‹ stammelte er, ›aber das – das ist ein besonderer Zug, der – mit dem können Sie nicht fahren!‹ Ich erkannte, daß dieser Biedermann beruhigt werden mußte, und so trat ich ihm näher und meldete ihm vertraulich, daß ich auf diesen besonderen Zug gerade warte. Jetzt hatte er verstanden. Er nahm schweigend mein Handgepäck und trat grüßend zurück. Eine Viertelstunde etwa blieb ich in der Stille des kleinen Ortes allein, inmitten des einsam gelegenen Thales, das schweigend und dunkel im Schlaf zu liegen schien, und plötzlich drang von Starenberg herauf das Geräusch des heranrollenden Zuges. Um dreiviertel zehn Uhr fuhr der königliche Salonwagen ruhig und ohne jeden Aufwand in die Station ein. Aus dem Innern desselben sprang von allen Seiten die Dienerschaft. ›Der König folgt per Wagen‹, meldete man, indem man mir meinen Salonwagen anwies, und ich trat rasch

[358] Brief Ludwigs II. vom 22. Juni 1881 an den Schauspieler Josef Kainz.
[359] Beyer, S. 36f.
[360] Ebd., S. 38.

und leise, wie es die Anderen gethan, ein. Meinen Wagen theilte ich mit dem Eisenbahn-Direktor v. Schlamberger [sic][361]. Vom Fenster aus sah ich den König kommen. Hesselschwerdt begleitete ihn. Er stieg ohne zu sprechen in seinen Salonwagen ein, und ohne jeden Lärm, ohne Signal, ohne Klingelzeichen rollte der Zug lautlos davon, in die Nacht hinaus.« Der König ließ Kainz zu sich kommen. »In seinem Wagen standen ein großes, mit einer Plüschdecke belegtes Bett, ein Sopha mit Fauteuils und ein gedeckter Tisch. Er begrüßte mich warm, machte freudige Bemerkungen über die projektirte Reise und überreichte mir einen kleinen Fahrplan. ›Sie können sich da orientieren, wir sind erst morgen, zehn Uhr früh, in Luzern‹, sagte er, ›der Zug könnte viel schneller fahren, aber es ist mir nicht angenehm, ich fahre gerne sicher!‹«[362]

Die Schweizreise, die nahe Berg ihren Anfang genommen hatte, dauerte vom 27. Juni bis zum 14. Juli 1881, endete allerdings mit einer Verstimmung, wodurch die Freundschaft zwischen Ludwig II. und Josef Kainz empfindlich getrübt wurde. Der Schauspieler hatte sich übermüdet geweigert, einen Text zu rezitieren, wie dies der König gewünscht hatte, was Seine Majestät verstimmte. Auch wenn er auf der Heimreise den Schauspieler schon wieder in seinen Salonwagen bat, um sich von ihm aus dem Buch »Der Mann im Mond« vorlesen zu lassen, wofür Kainz dann auch königliches Lob erntete, der Riss in der Freundschaft ließ sich nicht mehr beheben.

Am Vormittag des 15. Juli fuhr der Zug im Bahnhof Mühlthal ein, wo die Reise vor 18 Tagen begonnen hatte. Beim Abschied umarmte der König Kainz und sah ihn lange an. Es war das letzte Mal, dass sich beide trafen, auch wenn der Schauspieler bei einigen Separatvorstellungen den König noch aus der Ferne zu Gesicht bekam. Während Kainz nach München zurückkehrte, fuhr der König sofort nach Schloss Berg. Von dort zog er sich am 18. Juli für drei Tage auf die 1300 Meter hoch gelegene Kenzenhütte in den Ammergauer Alpen und anschließend nach Hohenschwangau zurück.

Das geheimnisvolle Geschenk in Schloss Berg

Luise von Kobell berichtet in ihrer Abhandlung über Schloss Berg eine rätselhafte Geschichte:

361 Es handelte sich um den Generaldirektionsrat Adolf von Schamberger, der das Gefolge des Königs leitete.

362 Kainz, Josef: Erinnerungen an König Ludwig, in: »Der Zeitgeist«, Beiblatt zum Berliner Tageblatt, Jg. 1886, Ausg. Nr. 32, zitiert nach: Schulze, Schweizreisen, S. 178.

»Eine mysteriöse Zusendung beschäftigte eine Zeit lang lebhaft den König. Sie bestand aus einem Kistchen mit der Aufschrift: ›Eigenhändig zu öffnen.‹ Der König übergab dasselbe seinem Kammerdiener und fragte bald darauf nach dem Inhalte.

›Ein Bild, Majestät.‹

Als der König dieses betrachtete, sah er das Porträt eines vornehmen jungen Mannes in schwarzer Ordensrittertracht – die Totenblässe auf dem feingeschnittenen Gesicht, und die geschlossenen Augen verrieten, daß es die Züge eines Verstorbenen waren. Von der goldenen Halskette ging ein breites Band schräg über die Brust, auf dem sich Vergißmeinnicht an Vergißmeinnicht drängte. Die gemalten Blumen waren wie lebend, auch das Porträt zeigte, daß es von einer Meisterhand herstammte. Ein Bibelspruch und ein undeutliches Monogramm befanden sich am unteren Rande des Bildes.

Der König fühlte sich von diesem anonymen Geschenke sehr unangenehm berührt und konnte sich den Zusammenhang zwischen demselben und seiner Persönlichkeit nicht erklären.

Der Aufgabepoststempel deutete auf Österreich. Der König ließ alle möglichen Nachforschungen dahin und dorthin ergehen, selbst ich wurde wegen einer allenfallsigen Entzifferung des Monogramms gefragt, konnte aber zu keiner Lösung gelangen. – Das Bild ward, wie alles, was dem König unerwünscht war, aus seinen Augen verbannt, aber oftmals grübelte er über das seltsame Geschenk nach, und über die demselben zu Grunde liegende Absicht.«[363]

[363] Kobell, Kunst, S. 435ff.

Besucher auf der Roseninsel

Aus der Luft ist die Roseninsel als winziger Punkt im 21 Kilometer langen und 2 bis 5 Kilometer breiten Starnberger See zu entdecken. Nur 1,5 Meter ragt das 2,5 Hektar große Inselchen über den Wasserspiegel hinaus. Lediglich 164 Meter ist sie vom Westufer entfernt und dort fast mit Händen zu greifen.

Für König Ludwig II. bildeten Schloss Berg und die nahe Roseninsel eine Einheit, wobei ihm Aufenthalte auf der Insel, zu der er häufig mit seinem Raddampfer »Tristan« fuhr, eine noch intensivere Intimsphäre garantierten, als dies in Berg möglich war.

Kurze Geschichte der Roseninsel

In der Eiszeit, vor etwa 18000 bis 13000 Jahren, entstand in der Feldafinger Bucht eine natürliche Kiesaufschüttung. Erstmals besiedelt war diese in der Jungsteinzeit vor etwa 6000 Jahren, sie wurde im Lauf der Zeit als Siedlungsplatz, Fluchtort, Kultstätte, aber auch als Friedhof genutzt. Die 2400 bis 4000 Jahre alten prähistorischen Pfahlbauten an der Roseninsel liegen unter Wasser. Sie sind noch heute erhalten, bleiben den Augen gewöhnlicher Besucher aber verborgen. Würde man sie ausgraben, wären sie für immer zerstört.[364]

Bei Bauarbeiten im 19. Jahrhundert stieß man im Inselboden auch auf Spuren aus römischer Zeit, unter anderem auf Münzen, Schmuckstücke und Geräte. Angeblich habe sich auf der Insel ein »Götzentempel« befunden, was dem sagenumwobenen Ort einen unheimlichen Ruf eintrug. Auch ein »Begräbnisplatz der angrenzenden Ortschaften« soll hier gewesen sein. »Das ganze Eiland«, schreibt Heinrich Max um 1890, »ist ein Leichenfeld, so tief man gräbt, immer erscheinen wieder neue Schichten von Gräbern überfluthet vom Schlamm vieler Jahrtausende.«[365]

[364] Die prähistorische Pfahlbausiedlung wurde 2011 in die Liste des UNESCO-Weltkulturerbes aufgenommen.

[365] Max, Heinrich, S. 29.

Während des Mittelalters zwischen 500 bis 1500 war die Insel Wörth, wie sie damals hieß, ebenfalls besiedelt. Man gelangte zu ihr über zwei Holzbrücken, die wegen Untiefen aber nur halb bis ans Ufer reichten, die Reststrecke musste in Booten zurückgelegt werden. Um 1400 erstand eine dem Heiligen Michael und Heiligen Laurentius geweihte Inselkirche. 1545 wurde das Eiland Eigentum des Münchner Patriziers Jakob Rosenbusch. Nomen est Omen: So manche Rosenbüsche sollten drei Jahrhunderte später tatsächlich einen dort angelegten einzigartigen Rosengarten zieren.

Im Dreißigjährigen Krieg wurde die Kirche 1632 zerstört und die Insel verwüstet. 1678 bis 1849 bewohnte die Hoffischerfamilie Kugelmüller auf der Insel ein Fischerhaus, in dem 1821 eine Gastwirtschaft mit Kegelbahn eingerichtet wurde, wodurch für Münchner Studenten und Künstler ein beliebtes Ausflugsziel entstand.

Doch bereits 1850 kaufte König Max II. die Insel vom Fischer Peter Kugelmüller zum Spottpreis von 3000 Gulden. Er wollte sich fernab des lauten Getriebes der Stadt einen Erholungsort einrichten. Als Erstes ließ er die Insel durch Kiesaufschüttungen auf der Südwest- und Ostseite um etwa 0,5 Hektar vergrößern. Die Gestaltung sollte ein hervorragender Landschaftsgärtner übernehmen. Dabei kam ihm König Wilhelm IV. von Preußen (1795–1861) zu Hilfe. Der war nämlich mit Elisabeth Prinzessin von Bayern verheiratet und Maximilian II. von Bayern hatte seinerseits Marie Prinzessin von Preußen geehelicht. Beide Könige schätzten sich infolge der verwandtschaftlichen Beziehungen und liebten außerdem die Gartenkunst. Kein Wunder, dass der preußische Gartenarchitekt Peter Joseph Lenné (1789–1866), der in Friedrich Wilhelms Diensten stand, auch für Max II. arbeiten durfte.

1853 vergab Max II. zunächst für einen Park bei Feldafing den Planungsauftrag an Lenné, dessen Schüler Carl von Effner dann die Ausführung überwachte. 1857 war die etwa 60 Hektar große Parklandschaft über dem See im Wesentlichen angelegt. Es entstanden weiträumige Wiesenflächen, sanft geschwungene Wege mit majestätischen Baumriesen und Gruppen von Gehölzen.

Der königlich preußische Hofgartendirektor Lenné gestaltete, wie erwähnt, auch die nahe gelegene Roseninsel im Starnberger See mit ihrer grandiosen Alpenkulisse. Er legte in der Inselmitte ein unvergleichliches Blumenrondell aus 1500 bis 2000 Hochstamm- und Buschedelrosen an, die ihren betörenden Duft über den ganzen See verströmten.

Der Architekt Franz Jakob Kreuter (1813–1889) erhielt den Auftrag, ein kleines Casino zu errichten und die fünf Wohnräume mit klassizistischen Stilelementen und pompejanischen Wandmalereien zu schmücken. Im Erdgeschoss befand sich der große Salon mit Kamin, außerdem eine offene Veranda nach Osten, ein Damensalon mit Kabinett und ein Kavalierszimmer mit Separateingang. Unter dem im Dach verglasten Aussichtsturm führte eine Wendeltreppe nach oben in das Zimmer des Königs und den Speisesalon mit Loggia und Blick auf den Rosengarten. Vom Balkon im Turm bot sich bei Föhn ein fantastischer Blick auf das Panorama der Alpenkette im Süden. Aber nicht Kreuter, sondern der Architekt Eduard Riedel vollendete den Bau 1853, da es aufgrund zu hoher Kosten inzwischen zum Zerwürfnis mit dem Erbauer des Casinos gekommen war.

Die Glassäule: ein Geschenk des Preußenkönigs (1854)

Anlässlich eines Besuchs des preußischen Königs Friedrich Wilhelm IV. von Preußen auf der Roseninsel schenkte dieser seiner Cousine Königin Marie und ihrem Gatten Maximilian II. von Bayern eine 5,50 Meter hohe Glassäule, auf deren Spitze die vergoldete Statuette eines Mädchens thront, das einen Papagei mit Trauben füttert. Sie wurde nach dem Vorbild ihrer Schwester in Sanssouci nachgegossen und von König Max II. als ein Zeichen verwandtschaftlicher Verbundenheit im Mitteloval des Rosariums aufgestellt.

Die Säule besteht aus einem zentralen gusseisernen Kernstab, der von 30 weißen und blauen Glasröhren umschlossen ist. Dies ist eine Anspielung auf die weiß-blauen Wappenfarben Bayerns. Die Statuette selbst besteht aus Zinkguss mit Blattvergoldung. Die weißblaue Glassäule war seit 1854 – damals war Ludwig erst neun Jahre alt – viel bewunderter Mittelpunkt des Rosengartens vor dem Casino.

Mit diesem Geschenk Friedrich Wilhelms IV. grüßte seither das von Ludwig II. ungeliebte Preußen Bayern. Von Wilhelm I., dem späteren Deutschen Kaiser, dem er nicht wohlgesonnen war, hätte sich Ludwig eine solche Säule sicher nicht schenken lassen. Doch da sie vor seiner Zeit auf die Insel gekommen war, duldete er die poetische Glassäule nicht nur, sondern liebte sie sogar.

Drei-Königs-Treffen auf der Roseninsel (1863)

Max II. fuhr von Schloss Berg aus in seinem Privatdampfer »Maximilian« mehrfach mit seiner Familie zur Roseninsel. Auch andere Gäste lud er sich hierher ein, etwa die Mitglieder seiner gelehrten »Tafelrunde«, mit denen er sich im großen Salon zusammensetzte und Gespräche führte.

1863 kam es zum sogenannten Drei-Königs-Treffen zwischen dem amtierenden König Max II., seinem Vater König Ludwig I. und dessen Enkel, Kronprinz Ludwig, der zwar noch nicht König war, aber bereits im folgenden Jahr nach dem Tod seines Vaters König werden sollte. Ludwig I. besuchte also im Sommer 1863 in Begleitung seines Enkels gemeinsam König Max II. auf der Roseninsel. Es war schon eine Besonderheit, dass diese drei Wittelsbacher Herrscher gemeinsam auf dem blühenden Eiland weilten, das Max II. so fürsorglich pflegen ließ und das später von seinem Sohn Ludwig fast noch mehr geschätzt wurde. Ludwig I. nannte es »Inselbijou«, womit er zum Ausdruck bringen wollte, dass auch er dieses Inselchen für ein ganz besonderes Juwel hielt.

Die drei ließen sich anschließend nach dem nahen Possenhofen rudern, wo sie Herzogin Ludovika, die jüngste Schwester Ludwigs I., und deren noch unverheiratete Tochter Sophie im Schloss Possenhofen begrüßten. Der Frauenkenner Ludwig I. beobachtete dabei die Blicke seines Enkels Ludwig, die dieser auf Sophie warf, und notierte später: »Mir schien, daß sie auf meinen Enkel, den Kronprinzen, Eindruck gemacht hat.« Darin täuschte er sich nicht, denn drei Jahre später brachte die beiden ihre gemeinsame Verehrung für den Komponisten Richard Wagner zusammen. Der im Januar 1867 folgenden Verlobung zwischen Ludwig II. und Sophie sollte aber kein Glück beschieden sein. Sie zerbrach bereits nach einem Jahr.

Paradies der Einsamkeit: Ludwig II. und die Roseninsel (1864)

Am 16. Juni 1865 kaufte Ludwig die Roseninsel für 25 000 Gulden aus dem Nachlass seines Vaters. Das märchenhafte Inselparadies entsprach seinem Bedürfnis nach Rückzug in die poetische Einsamkeit und Natur. »Den die ganze Insel bedeckenden Garten schloß ringsum eine hohe Hecke von Bäumen und Gebüsch hermetisch gegen die Außenwelt ab; kein Blick Vorüberfahrender vermochte diese verhüllende Wand zu durchdringen, nicht einmal die Landungsstelle des königlichen Schiffes konnte man deutlich erkennen.«[366]

Der König »ließ den Garten in ein wahres Rosenparadies verwandeln, in welchem hunderterlei Arten auf mehr als 15 000 Rosenstöcken in allen Farben heimisch wurden.«[367] Der betörende Duft von Moos-, Tee-, Bibernell- und Zimtrosen, Pompon-, Monats-, Bourbon- und Bischofsrosen, von Moschus-, Burgunder-, Pfingst- und Dijonröschen und wie sie sonst noch alle hießen, drang bis ans Ufer von Feldafing und betäubte die Sinne. Unter die einheimischen Bäume und Blumen waren auch exotische Pflanzen gemischt, so exotische Tulpenbäume oder Sumpfzypressen.

Fast scheint es, als ob der Historiker Lorenz von Westenrieder bereits 1784 folgende Worte für Ludwig II. schrieb, dass nämlich die Insel »groß genug wäre, um darin irgend einen Kummer zu begraben, bey dem es nicht erlaubt ist, sich um Hilfe oder Mitleid an die Welt zu wenden; auch groß genug wäre sie, zwey Herzen aufzunehmen, die izt in der süßesten, und (wenn sie nur nicht abnähme) auch in der glücklichsten Schwärmerey ihrer Seele, nichts bedürfen, denn sich selbst, und (besäßen sie auch alle Schätze der Welt) nichts wünschen, ›als eine moosbedeckte Hütte, die einen Garten hätte, und ein kleines Feld, sich zu nähren, und Gebüsche, ihr Glück vor den Augen des Neids zu verbergen.‹«[368]

Wenn sich Ludwig in Schloss Berg aufhielt, ließ er sich in den ersten Jahren fast täglich mit dem Raddampfer »Tristan« auf die Roseninsel übersetzen. »Dann wandelte er häufig allein in diesem berauschenden Duft [der Rosen] und der Zaubergarten verfehlte dann seine beruhigende Wirkung nicht und aller Welt entrückt, baute er sich seine Pläne auf, vergaß, wenn auch nur auf wenige Stunden, allen Ärger; oder er griff zu seinen Lieblingsklassikern und ließ träumend sein Auge hinweggleiten über die Pracht seines Gartens und hinaus über spielende Wellen und Wogen.«[369]

Hierher lud er am liebsten nur Personen ein, die ihm besonders nahe standen, auch Bühnenkünstler, die ihm etwas vortragen oder vorsingen mussten. So wurde die Insel bald zum geheimen Treffpunkt für ihn und seine von ihm verehrte Cousine, Kaiserin Elisabeth. Ihr zu Ehren gab er zauberhafte Diners und lustwandelte mit ihr zwischen dem Meer von Ro-

[366] Lampert, S. 95.

[367] Memminger, S. 136.

[368] Westenrieder, Lorenz: Beschreibung des Wurm- oder Starenbergersees und der umliegenden Schlößer etc. samt einer Landkarte, München 1874, S. 56.

[369] Memminger, S. 136.

sen, deren betäubender Duft die beiden in ein Traumreich entrückte. Hier veranstaltete er auch für Maria Alexandrowna, Zarin von Russland, das bereits erwähnte unvergessliche Diner, das in ein spektakuläres Seefest bei Schloss Berg mündete.

Der Insel und dem Casino ließ der König regelmäßige Pflege zukommen. So wurden »im Frühjahr die durch Winterstürme und Hochwasser entstandenen Schäden behoben, das bewegliche Badehaus am Ostufer der Insel aufgestellt und das Casino auf Vordermann gebracht: alle 62 Fenster-Vorhänge gewaschen, Möbel aufgepolstert, Tapeten erneuert, Kamine und die vier Öfen vom Hafnermeister gekehrt, das große blau-weiße Sonnensegel auf dem Ostbalkon geflickt oder ersetzt. Selbst Blitzableiter und Fahnenstange unterlagen strenger Observanz der Hofverwaltung.« Und »während der Anwesenheit des Königs von Mai bis September wurde das Casino jeden zweiten Tag von zwei Putzfrauen gereinigt.«[370]

Das »unverschämte Bulyowsky-Luder« (1867)

Schon als Kronprinz war Ludwig II. von der ungarischen Schauspielerin Lila von Bulyowsky (1834– 1909) hellauf begeistert, vor allem, wenn sie in der Rolle der Maria Stuart auftrat. Einmal war er von ihrer Interpretation dieser Figur derart berührt, dass er »nach einer Vorstellung die Allerheiligenhofkirche in München aufsperren ließ, um dort für das Seelenheil der Schottenkönigin zu beten.«[371] Seinen Hofmaler F. Heigel beauftragte er, die Bulyowsky als Maria Stuart zu malen. Und auch auf die Roseninsel lud er die verehrte Künstlerin 1867 mehrmals ein, wovon Gottfried von Böhm Folgendes berichtet:

»Nichts kann für ihre Art charakteristischer sein, als folgende Erzählung, die sie [Lila von Bulyowsky] ihrer Freundin Frl. Sendelbeck kurz nach dem Vorfall machte. Sie war wieder einmal auf die Roseninsel eingeladen worden, wo der König sie sogar während der Zeit seiner Verlobung zuweilen sehen wollte. Nach dem Diner bot der galante Monarch seiner Gästin – um Theaterjargon zu reden – den Arm zu einem kleinen Spaziergang durch das blühende Eiland. Aber – o Schrecken! – es hatte geregnet, die Kieswege

[370] HypoVereinsbank (Hg.): Königliche Träume. Casino und Park auf der Roseninsel im Starnberger See, München 2001, S. 58f. (künftig: Königliche Träume).

[371] Böhm, Gottfried, S. 423.

waren naß, die feinen Schuhe kamen in Gefahr, beschmutzt zu werden und, was ihr noch unheilvoller erschien, sie durfte an der Seite des Königs der Etikette gemäß die Schleppe ihres Seidenkleides nicht hinaufnehmen. Dieser Gedanke verwirrte sie nach ihrer eigenen Aussage dermaßen, daß sie mit Mühe der Unterhaltung folgen konnte und fortwährend verkehrte Antworten gab. Ludwig hatte Blumen gepflückt und ihr überreicht. Besorgt, damit nun auch noch ihre Handschuhe zu ruinieren, wußte sie nicht, wie sie sie halten und tragen sollte. Der König bemerkte es und sagte: ›Geben Sie sie mir wieder; ich will sie Ihnen in anderer Form zurückerstatten.‹ – Kein Vorschlag konnte Frau v. Bulyowsky willkommener sein; sie träumte von Diamanten und Perlen. Frl. Sendelbeck war anwesend, als die Blumen ›in anderer Form‹ ankamen. Sie waren einfach gepreßt und in Samt eingerahmt. Der Zorn der Künstlerin war groß. ›Sehen Sie nur!‹ rief sie, ›dieser Dreck! Und,‹ setzte sie empört hinzu, ›kein Mensch hat mich gefragt, was mich die Fahrt gekostet hat.‹

Bei einer so erheblichen Verschiedenheit der Grundauffassungen, wie sie in dieser Einschätzung einer Liebesgabe zu Tage trat, war nicht zu erwarten, daß das Verhältnis den Stürmen der Leidenschaft trotzen und die Klippen der Zweifel umschiffen könne.«[372]

Und so war die Beziehung der beiden von einem ewigen Auf und Nieder bestimmt. Herzliche Einladungen des Königs an die Künstlerin und kurz darauf Befehle zu ihrer Ausweisung aus München wechselten sich in schöner Regelmäßigkeit ab. Einmal nannte er sie »geliebte Freundin«, dann wieder »unverschämtes Bulyowsky-Luder«. Und obwohl sie in ihrer Wohnung in der Münchner Maximilianstraße über ihrem Bett eine große Fotografie des jungen Königs im Georgiritterkostüm hängen hatte, zeigte sie ihm doch stets aufs Neue die kalte Schulter. Der Kontakt zur Bulyowsky endete 1871, vorrangig allerdings auf Wunsch der Königinmutter Marie, die das Gerede um die Schauspielerin und ihren Sohn schließlich nicht mehr hinnehmen wollte.

Für den »poetischen Hang« des Königs zur Bergwelt hatte die Bulyowsky stets großes Verständnis: »[…] wäre die Roseninsel in einem Alpensee – Schloß Berg aber 10000 Fuß über dem Meer gelegen, so würde vielleicht mein Herz höher schlagen […]«, äußerte sich einmal dem König gegenüber. Doch da Schloss Berg und die Roseninsel in den Niederungen der Welt lagen, konnte sich eine Leidenschaft zwischen den beiden wohl nie so recht entfalten.

[372] Böhm, Gottfried, S. 425f.

Herzogin Sophies Rosenallergie (1867)

Für die Öffentlichkeit unerwartet kam Ludwigs Verlobung mit seiner Cousine Sophie, Herzogin in Bayern, am 22. Januar 1867. Der Starnberger See wurde Mittelpunkt der Verlobungszeit, denn Sophies Familie gehörte Schloss Possenhofen, am See gegenüber von Schloss Berg gelegen.

Einige Treffen des Paares fanden auch auf der Roseninsel statt. Doch Sophie soll den schweren Duft der Rosen nicht ertragen haben. Sie bekam Kopfschmerzen davon und lehnte in der Folge, im Gegensatz zu ihrer Schwester Sisi, den Besuch der Roseninsel lieber ab.

Angeblich gab sie bei einem dieser Treffen auf der Roseninsel ihrem Verlobten spontan auch einen Kuss, ihren ersten und einzigen. Wie Eulenburg-Hertefeld, Sekretär der Preußischen Gesandtschaft, meinte, sei das für den prüden König die Veranlassung zur Trennung gewesen. Er löste die Verlobung am 7. Oktober 1867, nachdem er den Hochzeitstermin zweimal verschoben hatte. Das lag freilich nicht an Sophies Abneigung gegen Rosen oder an dem spontanen Kuss, sondern an Ludwigs Abneigung gegen das Heiraten und mit ziemlicher Wahrscheinlichkeit auch an Sophies Liebesbeziehung zu dem Fotografen Edgar Hanfstaengl, die sie während der Verlobungszeit pflegte. Sophie heiratete knapp ein Jahr später, am 28. September 1868, den Herzog von Alençon. Ihr Ja-Wort bei der Trauung soll wie ein »Meinetwegen« geklungen haben.

Richard Wagners 55. Geburtstag (22. Mai 1868)

Im April 1868 kam Wagner nach München. Der Anlass war eine Galavorstellung der Oper »Lohengrin« zu Ehren des Kronprinzen Friedrich von Preußen. Der König, der diesem Verwandten ablehnend gegenüberstand, gab vor, krank zu sein, und legte sich zu Bett. Wagners Wunsch, ihn besuchen zu dürfen, wurde ablehnend beschieden, da ein Zusammentreffen mit ihm den König zu der Zeit wohl noch zu sehr seelisch belastet hätte. Noch immer grämte er sich wegen der schweren Verstimmung, die seine Ablehnung des Sängers Joseph Tichatschek vor einem Jahr bei Wagner hervorgerufen hatte. Ludwig hatte Alter und äußeres Erscheinungsbild Tichatscheks für die Lohengrin-Rolle als unzumutbar erachtet, wodurch sich Wagner zutiefst verletzt fühlte. Erst nach längerem Schweigen schrieb der König an Wagner: »Ich will das Furchtbare vergessen und vergeben, das man mir antat, will mutig mich ins Leben stürzen, den ernsten Pflichten mich unterziehen.«[373]

Schließlich erhielt Wagner die Einladung Ludwigs, seinen 55. Geburtstag am 22. Mai 1868 zusammen mit ihm zu feiern. Der König fuhr mit ihm auf dem Dampfer »Tristan« zur Roseninsel, wo sie gemeinsam zu Mittag speisten. Gleich am Abend dankte der Komponist mit den Worten: »O mein herrlicher König! Welcher Tag! Welches Leben! Welche Erinnerung! …«[374]

Völlig entspannt schien die Atmosphäre bei dem Geburtstags-Diner jedoch noch immer nicht gewesen zu sein, da Wagner einige Tage später äußerte, es sei für alle wohl am besten, wenn er nun ganz in Ruhe an der Einstudierung der »Meistersinger« arbeiten könne.

Die Uraufführung der »Meistersinger« am 21. Juni 1868 wurde dann allerdings zu einem überwältigenden Erfolg für den Komponisten, den der König dafür aufs Höchste ehrte. Doch schon im Herbst 1868 kam es zu erneuten Spannungen zwischen beiden. Der Komponist hatte seinem Mäzen nur eine ideale Seelenfreundschaft mit Cosima von Bülow vorgetäuscht und ihm sein Liebesverhältnis mit ihr verschwiegen, ihn also regelrecht belogen, was ihm der König äußerst übel nahm.

»Adler« und »Taube« auf der Roseninsel (1874)

Mehrfach hielt sich Ludwigs berühmte Cousine Kaiserin Elisabeth von Österreich auf der Roseninsel auf. Sophies ältere Schwester lebte seit 1854 in Wien. Sie war acht Jahre älter als Ludwig und die Freundschaft zwischen beiden Monarchen entwickelte sich erst in späteren Jahren. Im Sommer kam Sisi regelmäßig in die Heimat, um ihre Familie in Possenhofen zu besuchen. Sie logierte mit Hofstaat im »Hotel Strauch« in Feldafing, dem heutigen »Hotel Kaiserin Elisabeth«.

Wenn vom »Isoldenturm« des Schlosses Berg die Königsflagge hoch im Winde flatterte, war dies ein Zeichen für die Anwesenheit des Königs. Kaiserin Elisabeth konnte sie vom anderen Ufer aus deutlich sehen. »Stach dann der Dampfer Tristan in See und hielt den Kurs zur Roseninsel, so stieg wohl auch Elisabeth in ihren Nachen und hatte in kurzer Zeit das dem

373 Blunt, S. 91.

374 Brief Wagners an Ludwig II. vom 22. Mai 1868, geschrieben unmittelbar nach der Rückkehr von der Roseninsel.

westlichen Ufer nahe Eiland erreicht. Auch sie hatte eine kaum merkbare Anlegestelle im dichten Buschwerk des Inselrandes. Auf der Terrasse trafen sich der König und die Kaiserin. Lange Gespräche führten sie, die sie in ferne Zeiten und Zonen entrückten.«[375]

Sisi gelang es auch, »wann immer ihre Ankunft in Possenhofen bekannt wurde, Ludwig aus den fernsten Bergen hervorzuscheuchen; der kranke Adler zog immer noch der kranken Taube nach. Im Sommer 1874 flieht Elisabeth ins elterliche Schloß, um ganz allein zu sein. Die Schwester ist fort, nach Paris verheiratet, also muß die Kaiserin keine Besuche befürchten, denn Ludwig ist auf einer Jagdhütte. Aber er erfährt von ihrer Anwesenheit, er eilt zurück und taucht plötzlich auf der Roseninsel auf. Wieder, wie einst, melden ihr flammende, die Nacht erhellende Feuerzeichen, daß er ihrer wartet. Sie muß mit ihm Mondscheinfahrten auf der Jacht ›Tristan‹ machen; er spricht ihr Schillers Verse vor; sie kreuzen auf dem Starnbergersee, bis die Morgennebel sie frösteln machen und die romantischen Schwärmer, die der Liebe entsagt haben, vor dem hellen Tag in ihre einsamen Zimmer flüchten. Wie einst die Braut Sophie, so erschreckt Ludwig jetzt Elisabeth mit den nächtlichen Grüßen riesiger Rosenbukette. Manchmal weckt sie Pferdegetrappel, er kommt mitten in der Nacht nach Possenhofen geritten. Wieder wird das ganze Schloß wach, alle Lichter entflammen, und in ihren Gemächern, nur von der treuen Gefährtin Elisabeths bewacht, weilen die einsamste Kaiserin und der einsamste König und schweigen sich an. Wenn Ludwig gegangen ist, sinkt Elisabeth weinend zusammen; in seinem Antlitz spiegelt sich ihr die eigene Seele, in seiner hilflosen Verzweiflung die eigene Hoffnungslosigkeit. Nach solcher Nacht schreibt sie ihrem Sohne Rudolf: ›Ich habe maßloses Mitleid mit dem armen König‹; aber der Kronprinz fühlt aus ihren Worten die verhaltene Beichte heraus: ›Und ich habe Mitleid mit mir selbst.‹

Der König aber, nachdem Elisabeth Bayern verlassen, schreibt unmittelbar an Rudolf (1875) ›Du Glücklicher, Beneidenswerter, dem es vergönnt ist, so viel bei der angebeteten Kaiserin weilen zu dürfen [...]‹. Die Taube weicht vor dem Adler zurück; und doch denkt sie immer wieder an ihn.«[376]

[375] Wolf, S. 94.
[376] Mayr, Ofen, S. 270f.

Kronprinz Rudolfs Besuch mit der Mutter (Juni 1878)

Am 27. Juni 1878 halten sich Kaiserin Elisabeth und ihr Sohn Kronprinz Rudolf als Gäste Ludwigs II. auf der Roseninsel auf. Wie der König den Besuch der beiden empfand, teilte er Richard Wagner mit: »Neulich war mir die Freude zuteil, die immer schöne und liebenswürdige Kaiserin von Österreich dort [auf der Roseninsel] zu begrüßen, sowie ihren Sohn, den Kronprinzen, der sehr begabt ist und mit welchem ich befreundet bin: er interessiert sich sehr für Sie und Ihr Schaffen.« Schon im November 1875 hatte der König, was ihm »innige Freude« bereitete, den österreichischen Kronprinzen in den Wintergarten in der Münchner Residenz eingeladen. Damals versicherte er seinem Gast: »Dein Bild will ich mir einrahmen lassen, damit ich es zugleich mit dem der Kaiserin [Elisabeth] beständig vor Augen habe. Denn niemand auf Erden ist mir so teuer als Du und Sie.«[377] Wie sehr Ludwig II. Rudolf schätzte, geht auch aus dem Schreiben vom Dezember 1875 hervor: »In Deinem Haupte wohnt Maria Theresias und Josephs des Zweiten Geist, dies ist die Wahrheit, und wer sie in Abrede stellen würde, den würde ich hassen, als wäre er mein persönlicher Feind.«[378] Die Zuneigung zu Rudolf ging so weit, dass ihm Ludwig im November 1877 – damals war sein Bruder Otto bereits schwer erkrankt – sogar die bayerische Krone in Aussicht stellte: »Ich hänge an niemandem so fest und treu wie an Dir, und so ist es mein Wunsch, daß Du nach meinem Tod dereinst Bayern erhältst.«[379] Freilich hätte sich dieser Wunsch verfassungsrechtlich niemals realisieren lassen.

Ludwig beneidete Rudolf auch um seine Erziehung, wie er ihm am 12. Dezember 1878 schrieb: »Du bist sehr zu beglückwünschen, eine so durch und durch ausgezeichnete, verständnisvolle Erziehung genossen zu haben, ein Glück ferner ist es auch, daß der Kaiser persönlich so lebhaft für Deine Ausbildung Sich interessiert, bei meinem Vater ist dies leider ganz anders gewesen, stets hat er mich de haut en bas [von oben herab] behandelt, höchstens en passant einiger gnädiger, kalter Worte gewürdigt. Diese eigentümliche Art und sonstige Erziehungsmethode wurde aus dem sonderbaren Grunde beliebt, weil es bei seinem Vater ebenso gehalten wurde.«[380] In Wahrheit wurde Rudolf auf Anordnung seines Vaters, des Kaisers Franz

377 Ludwig an Rudolf, 28. November 1875, zitiert nach Hüttl, S. 207, Anm. 30.
378 Ludwig an Rudolf, 12. Dezember 1878, zitiert nach Hüttl, S. 208, Anm. 33.
379 Ludwig II. an Rudolf, 19. November 1877, zitiert nach Hüttl, S. 208, Anm. 36.
380 Hacker, Augenzeugenberichte: S. 26, 135, 248.

Joseph, jedoch überstreng erzogen. Erst auf Einspruch seiner Mutter erhielt er einen verständnisvollen Erzieher.

Der Besuch Rudolfs mit seiner Mutter auf der Roseninsel war eines jener Ereignisse, das Ludwig II. besonders beglückte. Auch wenn sich seine Beziehung zu dem 13 Jahre jüngeren Kronprinzen in späteren Jahren etwas gelockert hatte, gab ihm dieser am 19. Juni 1886 im Trauerzug das letzte Geleit. Drei Jahre später fand Rudolf selbst ein tragisches Ende. Am 30. Januar 1889 nahm er auf Schloss Mayerling seiner 17-jährigen Geliebten Marie Freiin von Vetsera das Leben und tötete sich anschließend selbst durch einen Schuss in den Kopf.

Sisis Kahnpartie mit ihrem »Mohren« Rustimo (Juni 1881)

Vielleicht ließ Ludwig die Roseninsel deshalb so aufwendig pflegen, weil Sisi sich so gerne hier aufhielt, wo im Juni Tausende von Rosen blühten. Auch wenn Ludwig abwesend war, tauschten die beiden Botschaften aus, die sie im Geheimfach eines Sekretärs im Casino deponierten, für die nur sie beide je einen Schlüssel besaßen.

Im Juni 1881 hielten sich König und Kaiserin gleichzeitig am Starnberger See auf. Einmal unternahmen die beiden eine Kahnfahrt auf dem See. Die Kaiserin hatte ihren »Mohrenknaben« Rustimo dabei, der afrikanische Volkslieder sang und Gitarre spielte. Rustimo war ein Geschenk des Schahs von Persien. Ludwig erheiterte die Darbietung Rustimos derart, dass er ihm einen wertvollen Ring schenkte.

Noch nach Ludwigs Tod erinnerte sich die Kaiserin in einem Gedicht an diese romantische Kahnfahrt:

»Auf der spiegelglatten Fläche
Zogen wir im leichten Nachen;
Und ein Schwarzer sang so drollig.
Ach! wie herzlich klang Dein Lachen!

Von der kleinen Roseninsel
Kamen tausend süße Düfte
Des Jasmines Wohlgerüche
Würzten hold die Abendlüfte

Und am fernsten Seesrande
Deine Berge, Deine Wonne,
Wie sie rosenrot erglänzten
In der gold'nen Abendsonne.«

Rustimo wurde übrigens 1891, nachdem er die kaiserliche Gunst verspielt hatte, fernab des Hofes in ein Armenhaus in Ybbs abgeschoben, wo er 1892 starb.

Sisi allein auf der Roseninsel (März 1885)

Am 20. Juni 1885 begab sich die Kaiserin in Begleitung ihrer 17-jährigen Tochter Marie Valérie, deren 23-jährigen Schwester Gisela und ihrem Neffen Albert von Thurn und Taxis auf die Roseninsel im Starnberger See. Doch diesmal war Ludwig nicht anwesend. Nach anderen Berichten ließ sich Elisabeth damals angeblich ganz »allein auf die Roseninsel hinüberfahren. Der Wärter will sie nicht einlassen; sie gibt sich zu erkennen. Erstaunt, verschüchtert führt er sie zum Schloß hinauf. Langsam durchschreitet sie die menschenleeren Säle, aus denen der stickige Atem der Grüfte ihr entgegendringt. Es sind die Gewölbe der Einsamkeit, die sie umfangen. Des herrlichen Schlosses hohler Putz und glitzernder Tand mögen einem Fremden das ungefährdete Glücklichsein seines Besitzers vorgaukeln; ihr aber, Elisabeth, lügen die toten Dinge kein Leben vor.«[381] Sie verfasst ein Gedicht an den »Adler«, doch »der Adler ist zum Maulwurf geworden«[382], der sich in seinen Bergresidenzen vergräbt und sich immer weniger in Schloss Berg und auf der Roseninsel aufhält.

Ludwig fand das Gedicht daher erst im September 1885. »Seit Jahren«, so äußerte er, »erfolgte meinerseits kein Besuch der Roseninsel, erst vor ein paar Tagen erfuhr ich, welche Freude mir dort harrt. Auf diese Nachricht hin flog ich eilends nach dem idyllischen Eiland und fand dort den theuren Gruß der See-Möve! Tiefsten, innigsten Dank!« Sisis »Gruß von der Nordsee« befand sich in der geheimen Schreibtischschublade. Er lautete:

[381] Mayr, Ofen, S. 311.
[382] Ebd.

»Du Adler, dort hoch auf den Bergen,
Dir schickt die Möve der See
Einen Gruss von schäumenden Wogen
Hinauf zum ewigen Schnee.

Einst sind wir einander begegnet
Vor urgrauer Ewigkeit
Am Spiegel des lieblichsten Sees,
Zur blühenden Rosenzeit.

Stumm flogen wir nebeneinander
Versunken in tiefster Ruh ...
Ein Schwarzer nur sang seine Lieder
Im kleinsten Kahne dazu.«

Darauf verfasste der »Adler« Ludwig folgende »Antwort von den Alpen«:

»Der Möve Gruß vom fernen Strand
Zu Adlers Horst den Weg wohl fand,
Er trug auf leisen Fittig-Schwung
Der alten Zeit Erinnerung.

Da Rosenduft umwehte Buchten
Möve und Adler zugleich besuchten,
Und sich begegnend in stolzem Bogen
Grüßend aneinander vorüberzogen.

Zur Bergeshöh' zurückgewandt,
Denkt Aar der Möve am Dünenstrand,
Und rauschend entsenden seine Flügel
Fröhlichen Gruß zum Meeresspiegel.«

Persönliche Begegnungen zwischen Ludwig und Elisabeth gab es in den letzten Lebensjahren des Königs kaum noch. »Man ging sich aus dem Wege, vielleicht, weil einer vor dem Geistes- und Gemütszustand des anderen zurückschreckte und die Veränderungen, die das Alter mit sich brachte, nicht wahrhaben wollte. So wie Elisabeth Entsetzen empfand, wenn sie in das aufgedunsene Gesicht des Bayernkönigs schaute, aus dem die einstmals so faszinierenden Augen wie Irrlichter blitzten und im nächsten Moment den starren Ausdruck eines Toten annahmen, so erfasste Ludwig jedesmal aufs Neue eine große Traurigkeit, wenn er sehen musste, wie die einstmals so bezaubernd schöne Frau immer mehr abmagerte und ihr Gesicht zusehends von tiefen Falten zerfurcht wurde.«[383]

383 Grössing, Sigrid-Maria: Kaiserin Elisabeth und ihre Männer, München 2000, S. 107.

Erlebnisse des Hofpersonals in Schloss Berg

In Schloss Berg war natürlich stets auch Hofpersonal anwesend. So waren etwa am 11. Mai 1874 im Gefolge des Königs »der diensthuende Adjutant Freiherr von Stauffenberg, Obermedizinalrat von Schleiß, Ministerialrat von Eisenhart, Assessor von Ziegler und Geheimsekretär Stattner«.[384]

Der Schlossverwalter, der Stabskontrolleur sowie einige Lakaien, der Hofgärtner und Gendarmen waren in der Dienstwohnung im Erdgeschoss des Schlosses untergebracht, ebenso das Küchenpersonal: der Hofkoch mit seinen Gehilfen, der Kellermeister sowie einige Mägde. Der Stallmeister, der Kutscher und das übrige Stallpersonal wohnten im ersten Stock des Marstallgebäudes. Der Kabinettsekretär und sein Mitarbeiter, der Hofsekretär, der Flügeladjutant und der Leibarzt des Königs »waren in der sogenannten ›Kabinettsvilla‹ hart am See« einquartiert. Gemeint ist die einstige Villa Poschinger, die der König 1878 gekauft hatte und die unmittelbar hinter der Schlossmauer an der Berger Schiffanlegestelle lag. Später wurde dazu auch das vom König erworbene Elsholtz-Schlösschen in der Johannisgasse 1 genutzt.[385]

Minister und Diplomaten kamen nur zu Besuch, wenn ihnen der König eine Audienz erteilte. Einige Episoden, die sich mit dem Hofpersonal in Schloss Berg zutrugen, sind im Folgenden aufgeführt.

Hofkoch Theodor Hierneis

»Einem kleinen Tagebuch entnehme ich«, so berichtet der Hofkoch Theodor Hierneis, »daß – wie jedes Jahr im Mai – auch diesmal (es war das Jahr 1885), das Hoflager von der Münchener Residenz nach Schloß Berg am Starnberger See verlegt wurde. Zur Mitternacht war der prunkvolle Extrazug des Königs bestellt und fuhr pünktlich mit dem Herrscher ins bayeri-

384 Kobell, Könige, S. 192.
385 Ebd., S. 203.

sche Oberland. Während der Fahrt hatte ich die Aufgabe, das Diner servierfertig zu machen; der Zug mußte um diese Zeit langsamer fahren, um dem König Ruhe zur Einnahme der Mahlzeit zu lassen. Das Langsamfahren war eine große Ausnahme, denn bei allen Fahrten – wie mit dem Wagen und dem Schlitten, so auch mit dem Zug – konnte es dem König nie schnell genug gehen. Der Extrazug war, wie die ganze räumliche Umgebung des Königs, äußerst luxuriös ausgestattet. Das geliebte Blau und Gold war vorherrschend, Speise- und Salonwagen waren reich mit Seiden drapiert und mit eingelegten Tischchen, goldbestickten Sesselchen und goldumrahmten Spiegeln möbliert. Auch ein Gästewagen war vorhanden und natürlich ein eigener Küchenwagen. [...] In jenem Jahre 1885 blieb der König nur kurz am Starnberger See; am 11. Mai war er gekommen, am 13. fuhr er wieder nach München zurück, um einer seiner berühmten Separatvorstellungen im Hoftheater beizuwohnen, wo er sich als alleiniger Zuschauer die Aufführungen ansah. Diesmal wurde das indische Märchenstück ›Urvasi‹ gegeben. Während der Pause wurden Tartines (belegte Brötchen) gereicht, die ich zur Königsloge bringen mußte.« Nach der Vorstellung »fuhren wir nach Berg zurück, und ich hatte wieder den Auftrag, das Souper im Sonderzug fertig zu machen. So hatte ich keine Zeit, über meine Müdigkeit nachzudenken. Durch den fortwährenden Platzwechsel war ja auch tagsüber selten Gelegenheit, den versäumten Schlaf nachzuholen. Ich nutzte sowieso schon jede Gelegenheit, auch wenn es nur im Zug, im Wagen oder im Schlitten möglich war. Aber die langen wachen Nächte wurden oft, und besonders im Winter, zur Ewigkeit.«[386]

Der Diener, der im Bett des Königs schlief

Um 1868 ließ der König den in Berg ansässigen Johann Baur, den man nach dem Hausnamen »Schmalzer-Hans« nannte, ins Schloss kommen und ernannte ihn, für alle Berger überraschend, zu seinem Kammerdiener. Hans Baur war ein »mittelgroßer, schlanker und schmucker Bursch«[387], der von den Mädchen angehimmelt wurde, aber dennoch ledig blieb. »Sein strohblondes Haar war sorgfältig gekämmt. Das runde, faltenlose, viel jünger

386 Syberberg, Hans Jürgen (Hg.): Theodor Hierneis: Ein Mundkoch erinnert sich an Ludwig II., München 1972, S. 21ff.

387 Graf, Mutter, S. 173ff.

aussehende Gesicht mit den von dunklen Brauen beschatteten, großen blauen Augen machte besonders auf die Herrschaften Eindruck, und es hatte wahrscheinlich auch dem König gefallen«[388], schreibt Oskar Maria Graf in seinen Erinnerungen und berichtet folgende höchst ungewöhnliche Episode mit dem Schmalzer Hans, die zeigt, wie ungeniert sich Leute aus dem Volk gegenüber ihrem König bisweilen benahmen:

»Eines Tages [...], als sich die Dienerschaft im Berger Schloß langweilte, war der Hans auf den tollkühnen Gedanken gekommen, die Frage zu stellen, wie es sich wohl im Bett Seiner Majestät liegen würde.

›Da gibt's ein einfaches Mittel, Hans ... Leg dich hinein, dann weißt du es!‹ hatte der schon etwas berauschte Lakai Weber gesagt und – kurzerhand tat's der Hans. Er war auf einmal verschwunden und nicht mehr auffindbar. Das Unglück aber wollte es, daß in der Frühe die Ankunft des Königs gemeldet wurde, was das ganze Hofgesinde aus seiner Ruhe stöberte. Und was entdeckten sie? Den schnarchenden Schmalzer-Hans im königlichen Bett! Der Schrecken läßt sich denken. Meldung wurde keine gemacht, aber der Johann Baur, der Schmalzer-Hans, wurde auf der Stelle davongejagt. Er nahm es gar nicht weiter übel. Er schien sogar froh zu sein. Seither ging er im Dorf herum, trug immer noch seine Hoflivree, was ihm keiner verwehrte, und – wartete auf seine Pension, auf die er fest rechnete. Da er seit langem im sogenannten Außendienst tätig gewesen war und da man an der Vertuschung des Vorfalles das größte Interesse hatte, endete es für den Hans so, wie er's errechnet hatte. Erst nach und nach erfuhren die Berger von seiner ungewöhnlichen ›Heldentat‹ und lachten insgeheim darüber. Zum Maxl [einem Bekannten] dagegen sagte er es offen: ›Ich muß dir sagen, mein Bett beim Wiesmaier ist mir lieber! Lauter so weiches Flaumzeug und seidige Spitzen, rein zum Ersaufen drinnen. Nichts für unsereins! Aber –‹, und dabei zog er die Augenbrauen hoch und spitzte lustig den Zeigefinger in die Luft – ›aber außer mir hat noch keiner im König seinem Bett geschlafen, und der Schlaf hat sich rentiert. Respekt! ... Der Hans weiß, was er tut! Der Hans bleibt königstreu!‹ Er kicherte und verzog seinen breiten Mund.«[389]

[388] Ebd.

[389] Ebd., S. 293f.

Missgeschicke des Schlossverwalters Georg Schloter

Georg Schloter, der bis zum 1. Januar 1886 Schlossverwalter und Hofgärtner in Berg war, erzählte seinem Enkel G. J. Denkl folgende Begebenheiten, die von diesem so überliefert wurden:

»Der König kam mit seinem kleinen Dampfer (es wird wohl der ›Tristan‹ gewesen sein) in Berg an. Den Schiffhut unterm Arm, den Degen an der Seite hatte ihn der neue Verwalter zu erwarten. Es kam, wie das damals üblich war, bei der Begrüßung zum Handkuß. Dabei passierte meinem Großvater, der sich leuchtenden Auges herabgebeugt hatte, das Mißgeschick, daß er bei diesem Handkuß schmatzte. Die Umgebung des Königs war schockiert. Der König sagte betont: ›Der Schloter meint's ehrlich!‹«[390]

Schloters Frau, »in einem guten Institut erzogen und von gefälligen Umgangsformen, sorgte mit dafür, daß die Gemächer des Königs in Ordnung waren. Als eines Tages die Kaiserin von Rußland auf Besuch kam und ihr der König sein Schloß räumte, um selbst anderswo in der Nähe zu wohnen, bat er die Großmutter, ihn nochmals durch alle Räume zu führen, um auch selbst nach dem Rechten zu sehen. Wie oft erzählte die Großmutter, daß sie ihn, den Kerzenleuchter in der Hand, von Zimmer zu Zimmer führte.

Von einer seiner nächtlichen Wagenfahrten kam der König einmal besonders spät heim. Aufgabe meines Großvaters war es, ihn in der Schloßdurchfahrt zu erwarten, von wo aus die Treppe zu den Räumen des Königs hinaufging. Dem Großvater passierte wieder ein grausiges Mißgeschick: er schlief, quer auf einer Stufe sitzend, ein, ja er hörte den König nicht einmal kommen und aussteigen. Der Lakai wollte ihn schnell hochrütteln. Der König hielt ihn zurück, stieg über den Großvater hinüber und schickte dann den Lakai herunter: ›Der Schloter kann jetzt schlafen gehen.‹ Der Schloter aber hielt sein Schicksal für besiegelt, er sah sich entlassen, fortgeschickt und wagte nicht aufzusehen, als der König anderntags herunterkam. ›Es ist arg spät geworden heut Nacht, gelt Schloter?‹ Nichts weiter. Ja, ein freundliches Lächeln dazu. Von da an hatte er sich für seinen König in Stücke reißen lassen, der Schloter.

Wieder einmal war ›etwas Fürchterliches‹ passiert. Hatte der König im Freien zu speisen gewünscht, oder mußte das Essen jeweils von einem Haus ins andere getragen werden, ich weiß es nicht; jedenfalls – ausgerechnet in die offene Suppenterrine, die ein Küchenjunge zu tragen unterwegs war,

[390] Hausner, S. 65f.

fiel das, was ein Vogel fallen läßt. Was tun? Der Koch kam auf die Idee: ›Majestät, der Küchenjunge ist mit der Suppe gestürzt, es ist keine andere im Nu zur Hand, ich bitte tausendmal um Verzeihung.‹ Es war schon mehr ein Stottern. Der König nahm beides nicht tragisch, ihn interessierte nur eines: ›Hat sich der Junge auch nicht verletzt?‹ – Wahrscheinlich hat sich der König gewundert, daß der Koch einen hochroten Kopf bekam, als er versichern durfte: ›Nein, gewiß nicht, Majestät!‹«[391]

Sturz eines Lakaien

Walter von Rummel berichtet von einem anderen Missgeschick eines Lakaien: »Einmal war Kabinettsekretär Ziegler bei dem in Berg residierenden König zum Souper geladen. Ein servierender Lakai tat einen Fehltritt und stürzte kopfüber in den neben dem Eßtischchen befindlichen Springbrunnen, Platte und Gericht bei dem unfreiwilligen Fall weit von sich schleudernd, um dann so rasch wie möglich wieder aus dem eiskalten Quellwasser herauszuklettern – ein Anblick, wohl geeignet, unwillkürlich die Lachmuskeln spielen zu lassen. Aber, wie schon berichtet, durfte in der Umgebung des Monarchen sich nichts Lächerliches ereignen. Der königliche Gastgeber faßte, kaum daß der unglückliche Lakai in das Wasser hinabgetaucht war, sofort Ziegler scharf ins Auge. Doch dieser kannte seinen Herrn. Ganz regungslos blieben seine Züge, ruhig sprach er weiter, es schien, als habe er den Unfall überhaupt gar nicht bemerkt. Jetzt war auch der König zufriedengestellt und meinte nun selbst, dem triefenden und sich eilig davon machenden Diener mit ärgerlichem Kopfschütteln nachsehend: ›Sonderbarer Mensch das!‹«[392]

Der Maler Karl Schultheiß

In den Lebenserinnerungen des Münchner Malers Carl Schultheiß (1852–1944), der in den Schlössern Neuschwanstein und Herrenchiemsee arbeitete, findet sich folgende Episode, die sich nahe Berg zugetragen hat.

»Der König verkehrte nie mit den Künstlern persönlich. Er wich ihnen –

[391] Ebd.

[392] Rummel, S. 133f.

wie allem ihm Unbekannten – aus, und es ist nicht eine Ausnahme bekannt. Am nächsten stand ihm Hesselschwerdt, der mit ihm aufgewachsen war und ihn schon in früher Jugend im Reiten unterrichtet hatte. Wenn der König von seinem Schlosse Berg am Starnberger See nach Linderhof ritt, das damals gerade im Bau war, rastete er meist kurz vor Ammerland unter großen Föhren. Da sahen wir ihn oft. Ein Bediensteter holte dann Milch und Brot beim Schustermichl.

Einmal mußte der König vor einem heftigen Gewitter in ein Haus flüchten. Es war gerade beim Schmaunz die Türe offen, aber niemand zu Hause. Da sahen wir ihn mit Hesselschwerdt am Tisch der Bauernstube sitzen, welche so nieder war, daß er kaum stehen konnte. Wir wohnten dort zum Sommeraufenthalt und sahen neugierig zum Fenster hinein. Der Bauer war kurz vorher beim Sandfahren mit dem Schiff in der Nähe von Tutzing ertrunken, und die Bäuerin hatte vom König eine ansehnliche Zuwendung erhalten. Als nun bald darauf die Bäuerin heimkam und der König an ihrem Tische saß, stürzte sie auf ihn zu, wischte sich nur schnell ihre schmutzigen Hände an der Schürze ab und streckt die rechte dem König entgegen mit den Worten: ›Grüaß Gott, Herr Kini, i dank da halt recht schön für dös, was'd ma dan hast!‹ Doch der König blieb stumm und zog sich scheu zurück, um sich bald darauf zu entfernen.«[393]

Fischer Jakob Lidl, königlicher Leibfischer und Postbote

Ab etwa 1878 hatte der damals 14-jährige Jakob Lidl (1864–1922) Kontakt zum König. Sein Vater Josef Lidl (1814–1896) war Königlicher Leibfischer und Stegwart in Berg. Jakob übernahm von ihm in jungen Jahren dieses Amt. Dem Journalisten Rolf Brandt erzählte er, »er habe oft für den König Briefe ausgefahren über den See. Es seien Briefe an die Kaiserin von Österreich gewesen, die er überbracht habe. Als Bub sei er schon dabei gewesen, wie der Vater den Richard Wagner [1864] von der Villa in Niederpöcking zum Schloß Berg gerudert habe. Er selbst sollte bei den Pionieren in Ingolstadt einrücken – aber der Befehl des Königs rief ihn immer wieder zurück. Sechsmal.«[394] Als Pionier musste er dem König bei dessen Aufenthalten in Schloss Berg als Bote zur Verfügung stehen.

[393] Münchner Stadtanzeiger Nr. 68, Di, 15. August 1970, S. 4.
[394] Brandt, S. 19.

Wie es heißt, habe im Juni 1886 der damals 22-jährige Lidl auch zur Gruppe der Fluchthelfer des Königs gehört. Doch davon im Kapitel »Ludwigs II. Ende in Schloss Berg« mehr.

Kabinettsekretär August von Eisenhart (1870)

Am 5. Januar 1870 erfolgte die Ernennung des 44-jährigen August von Eisenhart (1826–1905) zum Ministerialrat und Kabinettsekretär des Königs. Wie alle Kabinettsekretäre hatte er sich stets in der Nähe Ludwigs II. aufzuhalten, so auch in Berg, wo er in der sogenannten Kabinettsvilla lebte, die nahe der Landungsstelle beim Schloss am Ufer lag. Der Kabinettsekretär war der Verbindungsmann zwischen dem Ministerium und dem König und dementsprechend war er von beiden Seiten mit Aufträgen oft maßlos überlastet. Häufig wurde er zum Rapport ins Schloss zitiert. Bei diesen Vorträgen, die oft Stunden in Anspruch nahmen, zeigte der König gelegentlich auch »Anwandlungen kleinlicher Quälsucht«[395], wie Luise von Kobell berichtet:

»Wie viel der König auf Gewohnheit und Zeremonie hielt beweist, daß er eines Tages seinem Sekretär die Bitte rundweg abschlug, sich während des Vortrages so stellen zu dürfen daß er durch den aus dem See strahlenden Sonnenreflex nicht geblendet wurde, mein Mann mußte das peinliche Glitzern und Flimmern aushalten.«[396]

Rosalie Braun-Artaria berichtet in ihren »Lebenserinnerungen« auch folgende Episode, die sich in Schloss Berg abspielte: »Es war am 7. August 1870. Der Wagen für die gewohnte Ausfahrt des Königs stand bereit, als die Hälfte eines langen Telegramms über die Schlacht von Wörth von der Station gebracht wurde. Eisenhart, hoch erregt eilte mit dieser Druckfahne zum König und sagte: ›Ein Telegramm von höchster Wichtigkeit über eine große, und wie es scheint, siegreiche Schlacht. Der Schluß mit der Entscheidung steht noch aus. Majestät müssen mit der Ausfahrt noch etwas warten.‹ – ›Ein König muß niemals etwas!‹ erwiderte Ludwig sehr ungnädig, gab Befehl zum Vorfahren, stieg ein und blieb eine Stunde länger aus, als gewöhnlich, um seinen Eisenhart zu ärgern.«[397]

395 Hacker, Augenzeugenberichte, S. 291.
396 Ebd.
397 Böhm, Gottfried, S. 575.

August von Eisenhart wurde nach 6-jähriger Dienstzeit am 11. Mai 1876, als er sich wie jedes Jahr nach Schloss Berg reisefertig machte, durch Hofrat Düfflipp auf Befehl des Königs Knall auf Fall entlassen, was er als äußerst kränkend empfand.

»Mein lieber Staatsrat von Eisenhart!
Ich habe Mich bewogen gefunden, Sie von Ihrer bisherigen Funktion als Mein Sekretär in Gnaden zu entheben und benutze diesen Anlaß gerne zum Ausdrucke meiner vollsten Anerkennung der von treuer Anhänglichkeit durchdrungenen ersprießlichen Dienste, die Sie mir in der Stellung Meines Sekretärs während einer Reihe von Jahren geleistet haben.
Ich hoffe, daß Ihr umsichtiges und eifriges Wirken noch lange der Krone und dem Lande erhalten bleiben wird. Mit bekannten Gesinnungen bin Ich

Ihr gnädiger König
Ludwig

Schloss Berg, den 11. Mai 1876«[398]

Am 13. Mai verlieh der König Eisenhart das Komthurkreuz des Verdenstordens vom Heiligen Michael. Zu seinem Hofrat Lorenz von Düfflipp äußerte er über Eisenhart jedoch: »Ich begreife nicht, wie ich das dumme Gesicht so lange um mich sehen konnte.«[399]

Kabinettsekretär Friedrich von Ziegler (1876)

Friedrich von Ziegler (1839–1897), seit 1876 Kabinettsekretär, wurde vom König anfänglich so sehr geschätzt, dass er ihn sogar duzte. Einer der Gründe war vielleicht, dass Ziegler »in seinen Mußestunden malte und dichtete« und »ein heiterer, liebenswürdiger Gesellschafter«[400] war. Doch in Äußerungen der Zuneigung mischte sich schon bald auch Misstrauen. So klagte der König in einem Brief an Ziegler: »Zweimal aber, es war in den allletzten

[398] Kobell, Könige, S. 248.
[399] Böhm, Gottfried, S. 576.
[400] Ebd., S. 577.

Tagen in Berg, waren Sie mir gegenüber im Vergleich zu sonst immer, wie verwandelt, so eigenthümlich, so verschieden zu früher, daß ich mir den Grund hievon absolut nicht erklären kann. Zufall kann es nicht gewesen sein, wie Sie vielleicht in der Nacherinnnerung glauben werden. Dies hat mich so bekümmert, daß, während Sie in Paris in den hehrsten Genüssen schwelgten, mein Aufenthalt in den Bergen wie von einer drückenden Wolke umdüstert ward.«[401]

Dazu kam auch schikanöse Behandlung und Ziegler erlebte Ähnliches wie sein Vorgänger August von Eisenhart, als er »in Schloß Berg dem Monarchen wiederum während einiger Tage nicht nach Wunsch und Gefallen gesprochen hatte. Dafür wurde er, als er das erstemal vorsprach, überhaupt nicht empfangen. Tags darauf wurde er zwar zum Vortrag vorgelassen, vom König aber so gestellt, daß er während des mehrstündigen Referates den in hellster Nachmittagssonne glitzernden Spiegel des Starnberger Sees beständig im Auge hatte. Die selbstverständliche Folge war, daß Ziegler stark zu blinzeln begann, ein Vorgang, der hinwiederum dem mißvergnügten Monarchen Anlaß gab, diese eigenartige Art des Schauens schärfstens zu rügen und zu bereden. Erst als ihm nachträglich und schriftlich durch längere Ausführungen der Grund dieses beständigen Blinzelns dargelegt ward, auch das Zeugnis des Chefarztes Dr. Schleiß angerufen und beigebracht wurde, daß es sich in diesem Falle lediglich um einen höchst natürlichen Vorgang und um keinerlei schlimme Absicht gehandelt habe, beruhigte sich der König allmählich wieder.«[402]

Ebenso wie diese Episode ist auch der folgende Vorfall, der sich in Schloss Berg abspielte, von Zieglers Schwiegersohn Walter von Rummel überliefert: »Ein andermal beobachtete der Kabinettchef während eines Vortrags, daß der seitwärts von ihm stehende König einen Revolver vom Tisch aufnahm und damit auf ihn, in der Richtung der Schläfe, anlegte. Einen Augenblick erschrak er, aber sein nächster blitzartiger Gedanke war: den Mut, loszudrücken, hat er nicht. Unbeirrt fuhr er in seinem Referate weiter. Der König wußte, daß so, wie Ziegler stand, er unbedingt alles bemerken mußte. Dennoch oder gerade deshalb wiederholte er noch einige Male seine Zielversuche. Er hätte nicht ungern den Mann, der so oft seinem königlichen Willen sich entgegengestemmt und ihn schließlich gebeugt hatte, klein und ängstlich gesehen. Erst als dieser sich gar nicht um König und Revolver kümmern

[401] Ebd., S. 580.
[402] Rummel, S. 134f.

wollte, immer ruhig und sachlich weiter sprach, legte Ludwig halb ärgerlich die Waffe auf den Tisch zurück. ›Es ist doch ganz merkwürdig‹, meinte er nach einiger Zeit, ›was für Dinge heutzutage fabriziert werden. Sehen Sie, wie täuschend hier ein Revolver nachgemacht ist, und es ist doch nur ein Thermometer!‹«[403]

Ziegler, der fast neun Monate des Jahres von seiner Familie getrennt war, fühlte sich durch die Anforderungen des Königs zunehmend zermürbt. An einem Hochzeitstag schrieb er seiner Frau: »Der Glücklichste auf dieser Welt / Bleibet nicht befreit von Plagen. / Uns beide hat ein Mißgeschick / Mit Herrendienst geschlagen.« Und seinem ältesten Kinde sandte er ein andermal ein Wiegenlied, dessen letzte Strohe lautete: »Schlaf mein lieber Schneck! / Dein Vater ist weit weg / In Berg am Starenbergersee, / Da sagen sich Has und Fuchs adjeh. / Schlaf, meine lieber Schneck.«[404]

Wie leicht sich der König über Belanglosigkeiten aufregen konnte, schildert Ziegler in der folgenden Episode: »Als im Mai 1877 oder 1878 das Hoflager nach Berg verlegt wurde, fuhren Seine Majestät noch sehr spät Abends gegen Ambach zu spaziren. Kurz vorher war auf diesem Ufer des Starnberger Sees theils im Interesse des Verkehres überhaupt, theils für besondere Zufälle des Dampfschiff-Verkehrs eine Telegraphenverbindung zwischen Starnberg u. Seeshaupt geschaffen worden. Einige Telegraphenstangen standen auch an der Seestraße, welche S. Majestät stets zu Spazirfahrten benutzt.

Da zur Herstellung derartiger kleiner Telegraphenverbindungen die Allerhöchste Genehmigung nicht erforderlich war, wußte ich nichts von der Sache. Auch konnte ich die Stangen noch nicht gesehen haben, da ich erst einige Stunden in Berg war und mein Arbeitszimmer noch nicht verlassen hatte.

Ungefähr um 2 Uhr Nachts wurde ich mit der Nachricht aus dem Schlafe geweckt, daß Seine Maj. wüthend über die Telegraphenstangen seien. Es wurde mir Nachlässigkeit vorgeworfen, als ich meldete, daß ich die Sache zwar bedauere, aber nichts von derselben gewusst habe. Die ganze übrige Nacht verging darüber, daß ich immer wieder etwas schriftlich melden mußte; dem Minister mußte ebenfalls ›der Kopf gewaschen‹ werden. Ich durfte einige Tage nicht zum Vortrag erscheinen, kurz ich war einige Zeit lang in vollster Ungnade. Stallmeister Hornig theilte mir mit, daß Seine Ma-

403 Ebd., S. 134.
404 Ebd., S. 136.

jestät Sich äußerten, Allerhöchstdieselben wüssten schon, daß ich schuldlos sei, aber Einer müsste herhalten und das sei diesmal eben der Ziegler.«[405]

Bald überlastete der König seinen Kabinettsekretär mit Aufträgen aller Art – und zwar Tag und Nacht – derart, dass er schon nach drei Jahren völlig erschöpft war und auf Anraten seines Arztes im November 1879 ein halbes Jahr Urlaub nehmen musste. Obwohl der König darüber sehr erbost war, fesselte er ihn von Mai 1880 bis 1883 erneut an sich. Am 13. Mai 1880 ließ er Ziegler zum Souper nach Berg kommen und forderte ihn am 19. Mai auf, erneut die Geschäfte des Kabinettsekretärs zu übernehmen. Ziegler ließ sich von den Schmeichelreden des Königs zunächst vereinnahmen, bemerkte aber bald, dass die Beziehung fortwährend kühler wurde. Ständig beschwerte sich der König über Lappalien und forderte danach, Ziegler müsse »zu Kreuze kriechen«. Schließlich war der Kabinettsekretär mit seinen Kräften endgültig am Ende und schied Anfang des Jahres 1883 aus dem Dienst.

Stallmeister Hornig widersetzt sich dem König (1883/84)

In seinen Erinnerungen erwähnt Fürst zu Eulenburg-Herfeld »eine Episode [in Schloss Berg] aus dem Jahre 1884. [...] Damals drang als Gerücht die Nachricht zu mir, der König habe auf seinen ehemaligen Vertrauten, den Hofstallmeister Hornig (einen höchst achtungswerten Mann), geschossen, und dieser sei nun definitiv aus dem Dienst in Ungnade entlassen. Ich konnte nicht den wahren Sachverhalt erfahren.

Jetzt erfuhr ich folgendes: Hornig, ein großer starker Mann, befand sich bei dem König in Schloß Berg. Der König ging im Zimmer auf und nieder, in unflätigster Weise seine Mutter beschimpfend. Hornig hörte in Ungeduld zu, bis ihm das Blut vor Zorn in den Kopf stieg. ›Ich kann das nicht länger hören!‹ rief er aus, – so darf ein Sohn nicht von seiner Mutter reden.

Der König richtete sich wie ein wildes Tier zum Sprung auf, stürzte Hornig entgegen und krallte ihn tief in die Augenhöhle und Backe. Da übermannte in rasendem Schmerz Hornig die Wut. Er faßte den König unter die Arme und warf ihn mit Hünenkraft in eine Ecke des Zimmers an den Boden. Zitternd und feig begann der König um sein Leben zu flehen: ›Ich gebe dir, was du willst – verlange, was du magst! Nur töte mich nicht!‹

[405] Zeitschrift für bayerische Landesgeschichte, Band 74, darin: Quellentexte II, S. 719f.

Hornig verließ den Unglücklichen und sah ihn nicht wieder. Der König wollte ihn erschießen, als er aus dem Schloß ging, fand aber keinen geladenen Revolver – dann ersann er die strengsten Strafen für ihn – bis in dem zunehmenden Wahnsinn andere Phantasien das Bild Hornigs verdrängten.«[406]

Während sich Eulenburgs Bericht nach einem der zahllosen schauerlichen Gerüchte anhört, die über Ludwig II. verbreitet wurden, kam es am 25. August 1883 nach Gottfried von Böhm in Herrenchiemsee tatsächlich zu einer Auseinandersetzung, bei der Ludwig mit dem Regenschirm Gipsverzierungen von den Wänden schlug, die Hornig in Marmor hätte ausführen lassen müssen.[407] Wilfried Blunt schreibt, dass »Hornig den König hindern wollte, eine Statue, die statt in Marmor in Gips ausgeführt worden war, mit seinem Schirm zu zertrümmern«.[408]

Wahr ist, dass es in der anfänglich sehr engen Freundschaft zwischen dem König und seinem Stallmeister immer wieder zu Konflikten kam. Am 6. November 1871 schrieb der König beispielsweise einem gewissen Z., dass sich der »Bereiter Hornig, den ich mit Gnadenbezeugungen überhäufte, wie Niemanden, dem ich volles Vertrauen und sogar meine Freundschaft schenkte, schändlich gegen mich benommen, so daß sein gleißnerischer, heuchlerischer Charakter in seiner ganzen Häßlichkeit sich enthüllt hat«.[409]

In späteren Jahren häuften sich die Zerwürfnisse. So gelang es Hornig nicht, die blaue Farbe der Grotte in Linderhof so herstellen zu lassen, wie sich das der König wünschte. Vor allem nahm ihm Ludwig übel, dass er nicht die Summen herbeischaffen konnte, die er zum Bau seiner Schlösser benötigte. 1885 wurde Hornig nach zwanzigjähriger Tätigkeit Knall auf Fall aus dem Hofdienst entlassen und an das Gestüt von Rohrenfeld bei Neuburg an der Donau versetzt. Sein Nachfolger wurde Karl Hesselschwerdt.

Die »Königsliesl« in Schloss Berg (1885)

Im Mai 1885 trat Lakai Thomas Osterauer seinen Dienst in Schloss Berg an. Zu dieser Zeit hielt sich auch die alte Magd Liesi in Schloss Berg auf, die Ludwig von klein auf liebte und verehrte. Diese wahrmherzige Magd, die man später die »Königsliesl« nannte, ließ ihm und seinem Bruder Ot-

[406] Eulenburg-Hertefeld, S. 49f.
[407] Böhm, Gottfried, S. 568.
[408] Blunt, S. 149.
[409] Böhm, Gottfried, S. 567.

to – beide erhielten aus erzieherischen Gründen nur wenig zu essen – in der Kindheit nämlich des Öfteren heimlich Reste ihrer eigenen Mahlzeit zukommen. Ludwig vergaß ihr diese Freundlichkeit nie und bewahrte ihr seine Zuneigung auch dann noch, als er den Thron bestiegen hatte. »Nun, Liesi«, versicherte er ihr, »sollst es auch Du besser bekommen. Du hast es an mir und meinem Bruder verdient.«[410]

Die alte Liesi durfte sich so ziemlich alles erlauben und sie war auch die Einzige, die in Gegenwart Ludwigs selbst königliche Chevaulegers herumkommandieren durfte, auch wenn ihr Gezeter dem lärmempfindlichen König rasch zu viel wurde. Der erste Befehl bei Osterauers Dienstantritt lautete, die schimpfende Liesi endlich zum Schweigen zu bringen, sonst müsste sie aus Schloss Berg entfernt werden.

Thomas Osterauer erklärte daraufhin der alten Liesi, der König halte ihr Gekeife nicht mehr länger aus. Doch da kam er der Magd gerade recht. Erbost schrie sie: »Gelt, weilst mi verkauft host beim König, du Judas, da schuftiger!« Und wutentbrannt ging sie auf ihn los. Sie versuchte, ihm einen schweren Silberteller auf den Kopf zu hauen, wovor sich der Diener gerade noch rechtzeitig in Sicherheit bringen konnte.

Als ihn der König später fragte, wie denn seine Beruhigungsversuche bei der alten Liesi verlaufen seien, schilderte Thomas Osterauer die Attacke in allen Einzelheiten, worüber sich der König köstlich amüsierte.

Des Königs nächtliches Kegelspiel (1885)

In späteren Jahren nahm Ludwig II. infolge seiner zunehmenden Leibesfülle von längeren Ausritten Abstand. Stattdessen bevorzugte er nun Ausfahrten in seinen prunkvollen Kutschen oder Schlitten, geschmückt mit allegorischen Figuren. Diese Ausflüge unternahm er besonders gerne in mondhellen Nächten und sie gingen von Hohenschwangau, aber auch von Schloss Berg aus oft recht weit.

Eine groteske Szene, von der Ludwigs Diener Thomas Osterauer berichtet, spielte sich vor einer nicht näher erwähnten Tiroler Ortschaft ab. Die Episode zeigt, welch burleske Abenteuer Ludwig II. bisweilen erlebte und welch unkomplizierten Umgang er mit seinen Bediensteten mitunter pflegte. Es war gegen 2 Uhr morgens, als der König in Begleitung Osterauers

[410] Memminger, S. 45f.

durch eine Ortschaft fuhr, in der größte Ruhe herrschte. Da erblickte der König vor einer Wirtschaft eine Kegelbahn.

»›Ich will einmal das Kegelspiel probieren‹, sagte er. Ich stellte die Kegeln auf«, so Thomas Osterauer, »rollte die Kugel hinein, er schob drei- bis viermal hinaus.« Die rollenden Kugeln verursachten einen Höllenlärm, von dem der Wirt erwachte. »Auf einmal hörte ich fluchen«, berichtet Thomas Osterauer, »der Wirt erschien in Unterhose mit einem großen Prügel und machte ein Mordsgeschrei. Der König war schon aus der Kegelbahn gesprungen und lief querfeldein. Ich sprang mit einem Kegel in der Hand vor, als mich der Wirt in vollem Glanze vor sich sah, ich war in Gala – sonn- und feiertags mußten wir in Gala sein –, riß er Mund und Augen auf, ließ den Prügel fallen, machte kehrt, rannte ins Haus und verschloß die Haustür. Ich lief dem König nach, der meinte, der Wirt sei hinter mir; erst durch längeres Zurufen beruhigte er sich und ließ sich von mir wieder einfangen.

›Ach Gott, ist das ein grober Mensch‹, seufzte er noch. Damit nun der Wagen und die Pferde rascher zu uns kämen, pfiff ich durch die Finger. Der König zuckte, hielt sich die Ohren zu und rief: ›Halt, halt, nicht mehr Pfeifen, das geht mir durch Mark und Bein, da ließ ich mich ja lieber noch von dem Bösen schlagen.‹ Am zweiten Tag kam eine Bittschrift um Verzeihung von dem Wirt.«[411]

Baurat von Brandl (August 1885)

Im August 1885 setzte der König seinen Kabinettsekretär Ziegler trotz der Finanzmisere unter Druck, dafür zu sorgen, dass seine Bauten beschleunigt würden. Er »befahl fünf Zimmer und die Gesandtentreppe im Schloß Herrenchiemsee [...] fertigzustellen, die Ruine Falkenstein auszubauen, in Hohenschwangau den Thronsaal und einen maurischen Saal einzurichten. Vier bis fünf Millionen lautete der Voranschlag für die zu erwartenden Kosten.«[412] Oberbaudirektor Dollmann erklärte Ziegler: »Die Unternehmer Brandl, Jörres, Perron, Schulze, Ehrengut hätten bereits ihr ganzes Vermögen und außerdem ihren Kredit eingesetzt, um die bisherigen Termine einhalten zu können. Die großen Summen, die eine

[411] Osterauer, Thomas: Persönliche Erinnerungen an König Ludwig II. in: Bayerische Heimat, Jg. 12, Heft 16, 1931, S. 124; Hacker, Augenzeugenberichte, S. 300.

[412] Hüttl, S. 345.

weitere Beschleunigung der Arbeiten erforderte, könnten sie nicht mehr leisten.«[413]

Baurat von Brandl, der an Ludwigs Bauprojekten gut verdient hatte, hatte dem König bereits über eine Million Mark als Vorschuss für die Vorfinanzierung des Rohbaus von Falkenstein zur Verfügung gestellt. Dennoch sollte Ziegler Brandl weiter bearbeiten. Er lud ihn am 18. August 1885 zu einem Gespräch nach Schloss Berg ein, wonach er dem König jedoch leider mitteilen musste: »Soeben verlässt der Baumeister Brandl Berg in sehr niedergeschlagener Stimmung, da es ihm, wie er wiederholt erklärte, nicht möglich ist, eine finanzielle Beihilfe zu der früheren Vollendung der fünf Säle in Herrenchiemsee zu leisten.«[414]

Nichtsdestotrotz ließ der König gleichzeitig an den Projekten Herrenchiemsee, Neuschwanstein und am Rohbau von Falkenstein weiterarbeiten. Da Brandl die in ihn gesetzten Erwartungen des Königs nicht mehr erfüllen konnte, als der Kostenvoranschlag allein für Falkenstein auf 3,5 Millionen Mark[415] anstieg, wurde einfach Julius Hoffmann mit der Durchführung des Projekts beauftragt.

[413] Rummel, S. 154.

[414] Ebd., S. 155.

[415] Baumgartner, Georg: Königliche Träume. Ludwig II. und seine Bauten, München 1981, S. 127.

Ludwig II. und die »Landleute«

Königsverehrung

Hätte Ludwig II. nicht eine Vorliebe für Aufenthalte in Schloss Berg und in den Berghütten im Gebirge entwickelt, hätte er wohl auch nicht die große Zuneigung der Landbevölkerung, der Bauern und Gebirgler errungen, die sich freuten, dass der König sich lieber bei ihnen aufhielt als in der verhassten, unseligen Stadt München, die »ein verfluchtes Nest« sei und die er am liebsten »an allen vier Ecken«[416] angezündet hätte. Zudem zeigte er sich der Landbevölkerung gegenüber meist auch sehr viel leutseliger als zur Stadtbevölkerung, wie dies auch der Schriftsteller Oskar Maria Graf in seinen Erinnerungen mehrfach bestätigt:

»Bei den Landleuten, denen ihre jeweiligen Herrscher bis jetzt fremd und gleichgültig geblieben waren, erfreute sich der kaum fünfundzwanzigjährige König einer ungemeinen Beliebtheit. Er war der erste Wittelsbacher, der sein Leben fast ausschließlich in ihren Gauen verbrachte und den Bauern viel von seiner Pracht und Größe sinnfällig zeigte. Sie hörten wohl hin und wieder allerhand dunkle Geschichten über ihn und redeten auch darüber, aber sie glaubten doch an nichts Abträgliches. Sie zweifelten schon deshalb daran, weil der sonst so leutscheue König sich offenbar zu ihnen hingezogen fühlte und oft wider alles Erwarten in einer jähen Anwandlung von spielerischer Volkstümlichkeit einen Bauern besuchte oder mit Holzknechten im Gebirge beisammen saß, sich freundlich mit ihnen unterhielt und dem einen oder anderen irgendein Geschenk machte.«[417]

Seit sich der König von Beginn seiner Regierungszeit alljährlich vom 11. Mai an in Schloss Berg aufhielt, nahm die Verehrung Bevölkerung in Berg und rund um den Starnberger See bis in die letzten Lebensjahre nicht ab. Erschien er irgendwo im Dorf, machte das sofort die Runde. Bisweilen tranken er und sein Kabinettsekretär »im schattigen Wiesmaiergarten an ei-

[416] Zeitschrift für bayerische Landesgeschichte, Band 74, darin: Quellentexte II, S. 707.
[417] Graf, Mutter, S. 42.

nem weißgedeckten Tisch [...] Kaffee«.[418] Und wenn er »in seiner prunkvollen, von sechs blanken Schimmeln bespannten Karosse in schnellem Trab durch die Dörfer fuhr«[419], dann blickten ihm die Leute entgeistert nach. »In Aufhausen ließ er meistens halten und sich ein Glas Wasser reichen. Beim Heimrath schlugen sich die Knechte um diese Ehre, allerdings schien ihnen mehr an der Belohnung zu liegen, denn jedesmal gab es dafür einen Silbertaler.«[420] Der hier erwähnte Heimrath-Hof, in dem Oskar Maria Grafs Mutter aufwuchs, steht noch heute im Berg-nahen Aufhausen an der Hauptstraße nach Wolfratshausen.

Auch wenn Ludwig II. zuletzt nicht mehr der schöne Märchenprinz war, hielt die Zuneigung der Landbevölkerung im Gegensatz zu den Stadtbewohnern zu ihrem Herrscher an, obwohl er, wie Oskar Maria Graf schildert, »jetzt dichtbärtig, fett und ungeschlacht geworden war [...] Alles Unfaßbare seiner Persönlichkeit zog sie geheimnisvoll an und steigerte ihre Ehrfurcht: sein rätselhaft zurückgezogenes, sprunghaftes Leben, die furchteinflößende Unberechenbarkeit seiner Majestät, seine riesige, imponierende Gestalt und nicht zuletzt die merkwürdig anziehenden Augen in dem krankhaft bleichen, schlaffen Gesicht. Es war meistens düster, dieses Gesicht, aber wenn es bei Begegnungen mit Bauern ungezwungen lachte, dann schien niemand diesem Zauber entgehen zu können. Ja, viel wurde geredet, allerhand Geschichten gingen um, und die Bauern sahen betroffen, wie der König bei einer Ausfahrt vor einer Eiche im Hof vom Huber anhalten ließ und den Baum feierlich grüßte. Scheu zogen auch sie den Hut. Manche bekreuzigten sich auch, wenn die Karosse weiterfuhr.«[421] Neben diesem »Heiligen Baum«, vor dem sich der König verneigte, gab es auch einen Zaun bei Ammerland, den Ludwig jedes Mal, wenn er daran vorüberfuhr, -ritt oder -ging, ebenfalls segnend begrüßte. Trotz dieser eigenartigen Verhaltensweisen war es für die Leute, wie Oskar Maria Graf urteilt, geradezu »unmöglich, sich vorzustellen, daß dieser gleichsam überirdische Mensch wegen einer Geringfügigkeit Tobsuchtsanfälle bekam und rohe Maulschellen oder Fußtritte unter der Dienerschaft verteilte. Das Volk liebt nur fleckenlose Wunder«.[422] Und dass »das Wunder Ludwig II.« fleckenlos blieb, dafür sorgten die Menschen auf dem Land und in den Bergen, die alle

[418] Ebd., S. 142.
[419] Ebd.
[420] Ebd., S. 22f.
[421] Ebd.
[422] Graf, Mutter, S. 175.

üblen Geschichten, die über den König verbreitet wurden, für eine böse Verunglimpfung Seiner Majestät hielten und den Verbreitern solcher Gerüchte deshalb äußerst feindselig begegneten.

Auch folgende Aussage des Kabinettsekretärs Friedrich von Ziegler wurde deshalb nicht von allen Bergern geglaubt: »Wenn Seine Majestät auf dem Weg zwischen Berg und Ambach Spaziergängern begegnete, so zeigten Allerhöchstdieselben manchmal einen solchen Unwillen und unterließen den Dank für die ehrfurchtsvollen Grüße in so auffallender Weise, daß die Leute sich offen darüber aufhielten, ja sogar lachten. Einmal im Jahre 1876 war es, wie ich mich erinnere, so arg, daß Stallmeister Hornig, welcher Seine Majestät auf dem Spazierritte begleitete, mich ersuchte, Seine Majestät in Allerh. Interesse eine Vorstellung zu machen. Ich that dies in geziemender Form und damals war die Wirkung meiner Vorstellung auch so groß, daß Seine Majestät beim nächsten Ausritte die Leute fast zuerst grüßten.«[423]

Besonders erboste es die Berger, als der König am 12. Juni 1886 in Schloss Berg arretiert wurde und die Leute von drohend dreinblickenden Gendarmerie-Patrouillen aufgefordert wurden, sich ruhig zu verhalten. Damals waren sie überzeugt, dass man den König beseitigen wollte. Als dann einen Tag später ganz unerwartet der Tod des Königs bekannt wurde, gab es keinen, der nicht gegen die Verbrecherbande in München wetterte und keinen, der nicht überzeugt war, dass man den König umgebracht habe. Die Wut der Berger Bevölkerung auf die Verantwortlichen für den Tod Ludwigs II. hielt jahrelang an.

Die Berger und die päpstliche Unfehlbarkeit (1869)

Der König zeigte sich in Berg auch als gläubiger Christ, besuchte inmitten der Dorfbevölkerung den Gottesdienst in der Kirche St. Johannes Baptist, die schräg gegenüber der Wittelbacher Straße auf einer kleinen Anhöhe stand. Er hatte nicht nur den Glockenturm finanziert, sondern dem Pfarrer auch ein reich besticktes Messgewand geschenkt. Das bewunderten die Berger als gottgläubiges Volk.

Weniger angetan waren die Leute aber vom Meinungsstreit zwischen katholischer Kirche und König, der dadurch hervorgerufen wurde, dass das seit dem Jahre 1869 tagende vatikanische Konzil in Rom[424] die Unfehlbar-

[423] Zeitschrift für Bayerische Landesgeschichte, Band 74, darin: Quellentexte II, S. 703.

[424] Beim »Ersten Vatikanischen Konzil (1869/70)« wurden die Themen »Kirche und

keit des Papstes zum Dogma erhoben hatte, wogegen Ludwig II. und der von ihm verehrte Theologe Ignaz von Döllinger (1799–1890) Einspruch erhoben. Obwohl darüber in Berg nicht sonderlich viel gesprochen wurde, so reichten doch dunkle Andeutungen des Pfarrers gegen das neumodische Ketzertum in seiner Predigt aus, dass religiöse Berger Kritik am König zu üben wagten. Sie konnten es nicht verstehen, dass er »die Hetzer gegen den Heiligen Vater nicht davon jagte. ›Jeden läßt er auf seinem Posten! Das bringt ihm kein Glück! Das geht noch recht schlecht aus!‹«[425] Insbesondere schimpften sie gegen den weltberühmten Theologen Ignaz Döllinger, den der König trotz des vatikanischen Widerspruchs auf seinem Münchner Lehrstuhl belassen hatte. »›Der ist ärger wie jeder Lutherische!‹«[426], so zitiert Oskar Maria Graf die Unmutsäußerungen der Berger, die vom Pfarrer höchstpersönlich gewarnt wurden, »wir sollten nur genau aufpassen, daß uns keiner was ins Haus bringt, was von dem Lumpen herkommt. ›Wo Döllinger draufsteht‹, sagt er, ›das sollen wir gleich verbrennen! Es kommt direkt von der Höll'‹. Der hochwürdige Herr Pfarrer sagt, ›wenn einer nicht an die Unfehlbarkeit unseres Heiligen Vaters glaubt, begeht er eine Todsünd‹ ... ›Wer das anzweifelt‹, sagt er, der hochwürdige Herr Pfarrer, ›der ist ein Gottesräuber. Er wird exkommuniziert.‹«[427]

Und nicht nur die Berger trugen es dem König zeitlebens nach, dass er an dem Dogma der päpstlichen Unfehlbarkeit zu rütteln wagte.

Kriegszeiten (1866 und 1870)

Der Postillion von Aufkirchen nahe bei Berg war es, der am 12. Mai 1866 einen königlichen Erlass nach Berg brachte. Der kam vom Ministerium und musste sofort im »Berger Gemeindekastl« ausgehängt werden. Es war eine Verordnung, welche die sofortige Mobilmachung im ganzen Lande verkündete, die König Ludwig II. am 11. Mai 1866 unterschreiben musste, obwohl er nicht in den Krieg mithineingezogen werden wollte. Damit war Bayern als Mitglied des Deutschen Bundes aufseiten Österreichs in den deutschen Krieg zwischen Österreich und Preußen verwickelt.

»Da Kaiser [von Österreich] und der König von Preißn hob'n si

Staat« sowie »Kirche und Moderne« thematisiert.

425 Graf, Mutter, S. 57f.

426 Ebd.

427 Ebd.

z'kriagt!«[428], hieß es im Dorf. »Da Preiß will nimmer pariern, drum geht's o gega die Hammin [....] Ois muaß eirucka, wos militärpflichti is ... [...] Wega Schleswig-Hoistein werd's hoit hergeh. [...] Und weil dö Saupreißn oiwei dös erst' Wort reden mächtn im Reich. [...) Dö Sauteifin, dö graislinga! ... Kriagn net gnua, ha? ... Fanga oiwei wieda o ...!«[429] So schimpften die Berger, wie Oskar Maria Graf schildert, der damit belegt, wie ungeniert die Leute auf dem Land ihrer Wut freien Lauf ließen. Vor allem die Bauern waren erbost, weil der Krieg gerade dann ausbrach, wenn wegen der Frühjahrs- und Sommerarbeiten auf dem Feld eigentlich kein Mann entbehrt werden konnte. Am liebsten hätten sie, wenn dies möglich gewesen wäre, die hohen Herren in München, die sie für den Krieg verantwortlich machten, vor ihre Heu- oder Mistwägen gespannt und sie angetrieben, dann würde ihnen die Kriegstreiberei schon vergehen.

Doch alles Lamentieren half nicht. Die jungen Burschen mussten alle einrücken. An den Sonntagen hockten dann die alten Bauern in der Dorfwirtschaft zusammen. Beim Bier »wurden Schlachten geschlagen. Man sah förmlich die Preußen vor den ungestümen Bayern und Österreichern wie Fasanengockel bei der Treibjagd herlaufen«.[430] Dem großmäuligen Bismarck und dem König von Preußen prophezeite man schon den Tod am Galgen. Immer wieder sah man die Preußen umzingelt und kurz vor der Vernichtung, doch die Nachrichten sagten anderes. Nach der verlorenen Schlacht bei Königgrätz am 3. Juli 1866 sprach keiner mehr vom Sieg. Vielmehr wetterten die Berger jetzt über die bayerische Kriegsführung, die nichts tauge. Die letzte Schlacht fand schließlich am 26. Juli 1866 bei Uettingen statt, in der Preußen über die Bayerische Armee siegte. Am 28. Juli 1866 war für Bayern nach etwas mehr als einem Monat Krieg wieder Frieden. Über den König schimpfte in Berg keiner, denn der hatte den Krieg ja von vornherein nicht gewollt. Vielmehr sei er von der Ministerriege in München gezwungen worden, die Mobilmachung zu unterschreiben. Und jetzt sähe man ja, wohin das geführt habe.

Vier Jahre später, im August 1870 zettelte dann schon wieder dieser Bismarck den Krieg gegen die Franzosen an. Die Berger, die gar nicht verstanden, gegen wen da schon wieder Krieg sein sollte, erfuhren es abermals, wie Oskar Maria Graf bestätigt, nicht von offizieller Seite, sondern ledig-

428 Graf, Flechting, S. 100f.

429 Ebd.

430 Ebd., S. 103f.

lich durch den Postillion von Aufkirchen, »der täglich in der Frühe nach Starnberg fuhr und tief am Vormittag wieder zurückkam«.[431] Er trieb »seine Pferde ungeduldig an, und gegen alle Gepflogenheit blies er heute kein Lied auf dem Posthorn. Als er aus dem Wald kam, schnellte er von seinem Bocksitz hoch und schrie laut in die Felder: ›Krieg ist! Krieg! Krieg!‹ Die Leute schauten nach ihm, als zweifelten sie an seinem Verstand. [...] Mitten am Vormittag fingen auf einmal die Glocken von Aufkirchen und von den umliegenden Kirchen zu läuten an. Jetzt erst horchten die Erntenden bang auf, schauten einander an, blickten fragend auf die Nachbarn in den anderen Feldern, ließen die Arbeit liegen und fragten von Feld zu Feld, was denn vorgefallen sein möge. ›Krieg ist! Krieg! Krieg ist!‹ schrie der Mesner, der eben aus dem Pfarrdorf kam und auf die abschüssigen Felder der Aufkirchener und Aufhauser trat. ›Krieg? Gegen wen denn?‹ wollten die zunächst Arbeitenden wissen. ›Gegen die Franzosen!‹ antwortete der Mesner und sah nichts als verständnislose Gesichter. ›Gegen die Franzosen? ... Ja, die haben uns doch nie was gemacht?‹ [...] ›Alles muß einrücken! Jedes Mannsbild muß fort! ... Es hilft nichts!‹ sagte der Mesner.«[432] Proteste wurden laut, jetzt mitten im Sommer, wo es die meiste Arbeit auf den Feldern gibt. Man schimpfte auf die Preußen. »›Unser armer König! Der hat das nicht wollen! Den haben die sauberen Herren bloß übertölpelt!‹«[433] Und »in Aufhausen wurde während der ganzen Kriegszeit über den ›armen König‹ gesprochen. Stets hieß es dabei, nur die schlechten Preußen und der Bismarck hätten ihn ins Unglück gebracht.«[434]

An Sonntagen wurde in der Kirche immer wieder für einen Gefallenen aus der Gegend ein Gebet gesprochen, der vor Kurzem jung und gesund in den Krieg ziehen musste. Allerlei Ängste machten sich im Dorf breit, so Oskar Maria Grafs Beobachtung, und niemand verstand, warum der Krieg so lang andauert: »So wenn's weitergeht, dann stirbt der ganze Bauernstand aus in dem Krieg! Und kein Mensch fragt danach, was aus all den Anwesen wird«[435], grollte die Landbevölkerung. Viele fragten, warum der Krieg nach der Gefangennahme des französischen Kaisers bei der Kapitulation von Sedan Anfang September immer noch fortdauere. »So was, dass unser König unsere bayerischen Feldsoldaten nicht heimkommen lasst. [...] Grad

[431] Ebd.
[432] Ebd.
[433] Graf, Mutter, S. 51ff.
[434] Ebd., S. 85.
[435] Ebd., S. 63.

ist's, als wenn der Bismarck unser Militär nicht mehr rausgeben will, dass er machen kann, was er will. Und unser König tut nichts dagegen!«[436], hieß es vorwurfsvoll.

Doch dieser Krieg dauerte länger als der 66er-Krieg, fast ein halbes Jahr von August 1870 bis Januar 1871, als Waffenstillstand geschlossen wurde. Fast 6000 bayerische Soldaten starben, davon über die Hälfte an Krankheiten.

Königlicher Besuch der Berger Dorfkirche (1872)

Wie Kabinettsekretär Friedrich von Ziegler berichtet, »hörten Seine Majestät während des Aufenthaltes in Berg jeden Sonntag Vormittag 11 Uhr die Messe in der dortigen kleinen Kirche und zwar die allgemeine Messe, welcher zugleich die Bewohner von Berg, Sommergäste, Beamte u. Bedienstete des Hofes p[ersönlich] anwohnten. Seine Majestät fuhren im offenen Wagen die Dorfstraße von Schloss Berg zum Kirchlein.«[437]

Dies geschah auch zum 27. Geburts- und Namenstag des Königs, dem 25. August 1872, als sich Ludwig in Berg aufhielt. Dabei kam es zu einer ungewöhnlichen, spontanen Begegnung Ludwigs II. inmitten seines Volkes. Ludwig erschien ohne Hofstaat und andere Prominenz, nur von einem Adjutanten in Zivil begleitet, im Berger Ortskirchlein und ließ sich auf seinem Betstuhl nieder. Es waren lediglich Einheimische und Touristen aus der Umgebung anwesend. Am 29. August 1872 schrieb der tief beeindruckte Redakteur des »Bayerischen Kurier«, der das miterlebt hatte: »Ich sah Paraden und feierliche Gottesdienste, glänzend durch die Zahl der Teilnehmer und durch die prachtvollen Uniformen weltlicher und geistlicher Würdenträger – schöner aber und erhebender als offizielles Gepränge war diese unvorbereitete, rein aus dem Bedürfnisse der Herzen entsprungene Feier des Königsfestes in dem Kirchlein von Berg, die ich nie vergessen werde.«[438]

In der folgenden Schilderung dieses Ereignisses von Ludwig Below kommt die schwärmerische Verehrung der Berger Bevölkerung für ihren König zum Ausdruck, in der bereits etliche Elemente der späteren posthumen Mystifizierung des Königs erkennbar sind:

[436] Ebd.
[437] Zeitschrift für Bayerische Landesgeschichte Band 74, darin: Quellentexte II, S. 703.
[438] Bayerischer Kurier vom 29. August 1872.

»Hell klangen die Glocken der kleinen Kapelle, die hinter dem Schlosse Berg lag und luden die Andächtigen zur Einkehr bei ihrem Gott. Von allen Seiten strömten die Bauern, die Männer und Frauen, dem kleinen Gotteshaus zu. Bald faßte sein kleiner Raum keinen Gläubigen mehr und die zu spät Gekommenen drängten sich vor der offenen Kirchentür zusammen. Mit abgezogenen Hüten, die Hände darüber gefaltet, harrten sie, die Blicke auf den erleuchteten Altar gerichtet, des Beginns der heiligen Handlung.

Der Priester trat an die Stufen, die zum Heiligtum führten. Da entstand Unruhe unter den Andächtigen vor und in der Kirche. Ihre dicht gedrängten Reihen öffneten sich. Und durch sie hindurch, die scheu zurücktraten und ihre Häupter neigten, schritt die hohe, schlanke Gestalt des Königs mit huldvollem Lächeln des Dankes. Dann verlangsamten sich seine Schritte und er neigte sein Haupt vor dem Altare. Zugleich atmete er tief auf, als wäre ihm ein Alp von der Brust genommen. In seine Augen, die tiefblauen, trat ein helles und klares, jeder Unruhe bares Leuchten.

Am Altar angelangt, kniete er auf dem einfachen Betschemel nieder und barg sein lockiges Haupt tief auf den im Gebet verschlungenen Händen. Tiefe Stille ringsum. Alle Blicke lagen auf ihm. Die heilige Handlung begann. Der König folgte ihr andächtig, wie jeder gute, gläubige Christ, denn vor Gott war er mit all denen um ihn herum nur einer seiner Knechte. Und als am Schlusse die Glocke zur heiligen Wandlung erklang und der Priester das Allerheiligste den in's Knie gesunkenen Gläubigen darbot, da hob der König langsam den gesenkten Blick. In seinen Augen trat ein fast überirdischer Glanz. Der irdischen Welt schienen sie verloren, entrückt in weite Fernen, dahin, wo alle Müh' und Pein des Lebens für immer endet, in das Asyl ewigen, unvergänglichen Friedens. So verharrte der König minutenlang, dann strich er sich mit der schlanken Rechte über Stirn und Augen und erhob sich, sich bekreuzigend.

Langsam wandte er sich um und schritt zum Ausgang, hin und wieder stehen bleibend, um einem sich tief Verneigenden die Hand zu bieten und mit ihm einige Worte zu wechseln, kannte er doch viele der Anwesenden. Auf der Schwelle der Kirchentür wandte er noch einmal das Haupt und grüßte mit der Hand zurück. Alle sahen ihm mit freudigen Blicken nach, wie er, jeder Zoll ein König, in's Freie trat und den Parkweg zum Schloss einschlug. Alle waren sich darüber einig, daß er ein gar lieber, frommer und guter Herr sei, so gar nicht herrisch und stolz. Die Frauen und Mädchen besonders, die in Gruppen zusammenstanden, sahen ihm mit verzückten Augen aufmerksam nach, bis seine hohe Gestalt verschwunden war. Was für ein schöner Mann und doch nicht glücklich – ganz allein lebte er dahin, wo er doch die schönste und reichste Frau jederzeit bekommen konnte. Das verstanden sie nicht, Jung und Alt, und darüber führten sie im Heimwärtsgehen endlose Gespräche.«[439]

Erst in den letzten Lebensjahren, als sich der König immer mehr zurückzog, wurden auch »die Besuche der Kirche in Berg immer seltener. Endlich ließen seine Majestät im abgeschlossenen Park zu Berg ein romanisches Kirchlein bauen und sich die Messe lesen, ohne daß derselben irgend Jemand beiwohnen durfte.«[440]

Weiches Brot für den König (1876)

Oskar Maria Graf berichtet in seinen Erinnerungen ein Erlebnis seines Vaters Max Graf, der sich 1875 in Berg eine Bäckerei aufgebaut hatte. Dies wagte er trotz des Unverständnisses der Dorfbewohner, die meinten, eine Bäckerei in Berg sei überflüssig, da alle Dörfler ihr Brot doch selbst backen würden. Max Graf sah seine Kunden jedoch mehr in den zunehmenden Villenbesitzern und den Hotelgästen im Umland, erhoffte sich vor allem aber auch Brotlieferungen an die königliche Hofhaltung in Berg.

Eines Tages erschien Kabinettsekretär Friedrich von Ziegler und lobte Max Graf: »›Ihr Brot ist ausgezeichnet, Herr Graf. Tüchtig! Tüchtig! Majestät hat Anordnung gegeben, daß Sie das Gebäck liefern dürfen. Ich gratuliere!‹ Der Maxl schaute den feinen, freundlichen Herrn ungewiß an. Er brachte kein Wort heraus. Ein leichter Taumel schien ihm in den Kopf gestiegen zu sein. Seine Backen wurden heiß und rot. ›Jaja, Herr Graf! Und wenn Sie sich bewähren, dürfen Sie den Hoflieferantentitel erhoffen. Recht bald sogar‹, half ihm der legere Kabinettssekretär, der wohl merken mußte, wie verwirrt der Maxl war. Förmlicher setzte er hinzu: ›Sie bekommen morgen Bescheid, was zu liefern ist. ‹– ›Besten Dank, Exzellenz, besten Dank!‹ brachte der Maxl gerade noch heraus und begleitete den hohen Herrn mit linkischen Komplimenten bis zur Haustüre.«[441]

Bäckermeister Graf war überglücklich, als tags darauf der Kabinettsekretär wieder erschien und ihn beauftragte, »täglich weiches Weißbrot und

439 Below, S. 100.
440 Zeitschrift für Bayerische Landesgeschichte, Band 74, darin: Quellentexte II, S. 704.
441 Graf, Mutter, S. 140.

dünne Wecken an den königlichen Hof zu liefern. ›Weich! Verstehen Sie! Weich, das ist das Wichtigste!‹ betonte der hohe Herr. ›Majestät legen darauf größten Wert! Bewähren Sie sich, Herr Bäckermeister! Es kann Ihr Glück sein! – Das andere erfahren Sie bei unserem Herrn Küchenchef, melden Sie sich heute noch dort.‹«

Das ließ sich Max Graf nicht zweimal sagen und meldete sich gleich nach dem Mittagessen beim Küchenchef in Schloß Berg. »Der dicke, asthmatische, etwas schlampige Mensch redete mit ihm wie mit seinesgleichen und [...] lächelte unverblüfft, als der Bäcker seine Bedenken schüchtern äußerte [›frischgebackenes Brot sei doch rösch und nicht weich!‹]« Der Küchenchef »brummte: ›Aber was, Herr Graf, wir verstehn uns doch! Weiches Brot? Naja, Sie liefern mir Semmeln vom Tag vorher! Ich stell' sie in die Kühlkammer, und die Sache hat sich gehoben ... Majestät haben, unter uns gesagt, miserable Zähne, davon kommt das!‹ Er redete allerhand und schien sich keinen Zwang aufzuerlegen. Ihn brauchte man, das war schnell zu erraten. Für den Maxl bedeutete er etwas wie ein Tor in eine ergiebige Zeit. Er war soviel wie der Fels, aus dem die Goldquelle sprudelte, wenn man nur einmal ein gehörig tiefes Loch hineingeschlagen hat.« Max Graf »wäre am liebsten auf dem Schloßhof stehengeblieben und hätte aufgejauchzt oder ein lautschmetterndes Hoch auf den König angestimmt. Er wußte nicht, sollte er laufen oder hüpfen, sollte er sich bezähmen oder was sonst. Er fühlte kaum, daß sich seine Beine bewegten. Er ging dahin wie ein Traumwandler, mitten am Tage.«[442]

Ab sofort durfte Max Graf täglich weiches Brot ins Schloss liefern – eine wichtige Stufe auf dem Weg zum Erfolg seiner Berger Bäckerei.

Das »Waldsanktuarium« bei Ammerland (um 1877)

Der 1877 in Ammerland am Starnberger See geborene Matthias Grünwald berichtet in seinen Erinnerungen an König Ludwig II. Folgendes:

»1884 kam ich zur Schule und in jene Zeit reicht auch meine erste Erinnerung an den König. Auf dem Weg von Seeshaupt nach Berg kam Ludwig II. oft an unserm Anwesen in Ammerland vorbei. Voran ritt der Vorreiter, nachdem ein Gendarm den Weg freigemacht hatte. In einer Kutsche oder zu Pferd folgte dann der König.

[442] Ebd., S. 144f.

Ich erinnere mich noch ganz genau, wie Ludwig zum ersten Mal in unser Haus kam. Ein starkes Gewitter überraschte den Monarchen bei einbrechender Dunkelheit auf seiner Fahrt von Berg nach Seeshaupt. So stieg er vor unserm Haus ab, befahl Pferde und Wagen in unserer Scheune unterzubringen und begab sich zu meinen Eltern. Groß, breitschultrig trat er in die Stube ein, bat, sich niedersetzen zu dürfen und unterhielt sich mit meiner Mutter. Als er mich und einige meiner Geschwister sah, erkundigte er sich nach den weiteren Kindern. Wir waren damals zu neunt. Lang betrachtete er jedes einzelne von uns, und als er sah, wie wir untergebracht waren, oft drei in einem Bett, da beschenkte er meine Mutter mit 20 Goldmark.

Später stieg Ludwig noch oft ab, und eines Tages kostete er von unserem Zwetschgenbaum, dessen Früchte ihm derart gut mundeten, daß er von da an selbst oder durch einen Bediensteten des öfteren nach diesen Früchten verlangte bzw. davon holen ließ. Da ihm unser einfacher, doch schön gelegener Garten so gut gefiel, ließ er einige Zeit später ein Lilienbeet anlegen und holte sich ab und zu Lilien auf sein Schloß Berg.

Als Ludwig tot war, wuchsen noch lange Zeit diese Blumen und sind noch lange eine Erinnerung an jenen geliebten Gast gewesen, der stets lächelte, wenn er an unserem Haus vorbeikam und uns Kinder vor der Türe stehen sah, der immer freundlichst grüßte und dessen Augen ich heute noch nicht vergessen kann, die voll Sorge, Güte und Glanz waren.«[443]

Eine hübsche Anekdote berichtet, wie der König angeblich auf den Vater von Matthias Grünwald aufmerksam wurde. »Auf einem Spaziergang in dem romantisch gelegenen Dörfchen Ammerland pflegte der König öfter am Häuschen eines biederen Schuhmachermeisters vorüber zu kommen, den er oft mit der Pflege seines kleinen Blumengärtchens beschäftigt fand. Doch schien der Erfolg seiner Mühen den Meister nicht recht zu befriedigen, denn häufig stand er mit kummervollen Mienen vor einem Strauch weißer Lilien, deren Kultur ihm besonders am Herzen lag. Eines Tages nun ließ der König, der die Ursache des Kummers des biederen Meisters zu erfahren wünschte, seinen Wagen am Eingang des Dörfchens halten, stieg aus und schritt die Dorfstraße hinunter. Vor dem kleinen Garten des Meister blieb er stehen und redete diesen an: ›Heda, Meister! Die Lilienzucht will wohl nicht recht vorwärts gehen?‹ ›Ach, mein Herr‹, antwortete dieser betrübt, ›seit fünf Jahren schon scheue ich weder Mühe noch Kosten, um meinen sehnlichsten Wunsch, eine vollkommene weiße Lilie zu erzielen,

[443] Hausner, S. 56f.

verwirklicht zu sehen; aber der grüne Schatten will nicht weichen. Könnte ich nur ein einziges Mal in den königlichen Park! Da sollen herrliche weiße Lilien stehen.‹ ›Das würde Ihnen doch wenig nützen, Meister‹, versetzte der König, ›denn einen Strauch zu entwenden dürften Sie doch wohl weder die Absicht noch die Gelegenheit haben.‹ ›Ach, bester Herr, wo denken Sie hin‹, rief der gute Meister ganz entrüstet: ›Wie könnte ich mich an meines teuren Königs Eigentum vergreifen wollen! Nein, nur ein einziges Mal sehen möchte ich die schönste der Blumen in ihrer ganzen Pracht und Vollkommenheit.‹ ›Nun dazu könnte Rat werden‹, sprach der König freundlich, ›der Hofgärtner ist ein guter Bekannter von mir. Ich werde für Sie ein gutes Wort bei ihm einlegen‹. ›Ach, liebster Herr‹, rief der Meister freudestrahlend, ›wenn Sie das tun wollen, wie gerne würde ich Ihnen ein Paar neue Stiefel umsonst machen!‹ ›Laßt es nur gut sein, Meister‹, versetzte der König lächelnd. ›Den kleinen Dienst erweise ich Ihnen gerne auch ohne Gratifikation‹. Und freundlich nickend entfernte sich der Monarch. Am nächsten Tag überbrachte ein königlicher Diener dem vor Staunen sprachlos Glücklichen einen prachtvollen blühenden Strauch weißer Lilien – ein Geschenk des Königs.«[444]

Wie der Schriftsteller Michael Georg Conrad schildert, habe der König gesagt: »›Hier ist mein Waldheiligtum. Ihm will ich meine Lilien anvertrauen.‹ Und er beschloss, diesen Grund anzukaufen und hier seinen Liliengarten zu bauen – sein Waldsanktuarium von Ammerland.«[445] Die Anlage des Gartens übernahm, so wird erzählt »die Frau des Schusters Grünwald in Ammerland [...] Einmal in einem kalten Winter, waren ihr alle Blumen erfroren. Der König der hier oft vorbeikam, hat der Frau neue Blumen gestiftet, auf dass der Ammerlander Liliengarten wieder blühen könne.«[446]

Ludwigs II. eigenartiges Interesse für den »Berger Zwerg«

In seinen Erinnerungen schildert Oskar Maria Graf auch eine schier unglaubliche Begegnung des Königs, in die ein Mitglied von Grafs Verwandtschaft mütterlicherseits verwickelt war. Dabei handelt es sich um »die Re-

[444] Kreuzer, Friedrich Rudolph: Unser Bayernland in Wort und Bild, ein Denkmal für König Ludwig II. Nach den besten Quellen und unter Mitwirkung hervorragender Künstler dargestellt. München 1900, S. 200.

[445] Conrad, Michael Georg. Majestät. Ein Königsroman. Berlin o.J. (1902). S. 195f.

[446] Nöhbauer, S. 198.

sei«, die wegen ihres Kleinwuchses und einer geistigen Behinderung in Berg überall nur »der Zwerg« genannt wurde. Sie erschreckte mit ihrem Aussehen und Verhalten des Öfteren Berger Kinder, die vor ihr die Flucht ergriffen. Manche fragen sich, ob diese von Graf im Folgenden geschilderte Episode tatsächlich so stattfand, war doch bekannt, dass der König die Nähe und den Anblick missgestalteter Menschen verabscheute.

»Eines Nachmittags begegnete dem Zwerg«, so berichtet Oskar Maria Graf, »auf halbem Weg zum See-Ufer die königliche Karosse, auf die er, stehenbleibend, schaute. Der König beugte sich aus den himmelblauen Sammetpolstern und blickte durch das Wagenfenster. Der Zwerg verzog seinen breiten, lefzigen Mund, lächelte teigig und plapperte irgendetwas. Da hielt die Karosse an, und etwas, das sich noch nie ereignet hatte, geschah. Der blasse, dunkelbärtige, hochgewachsene Monarch und sein ordenbesternter Begleiter stiegen aus und näherten sich dem seltsam verunstalteten Menschenkind, das die beiden Männer ohne Scheu mit trägen, leeren Blicken anglotzte.

›Wo bist du denn her? Wie heißt du denn?‹ fragte der König freundlich lächelnd, beugte sich nieder und griff nach dem Zwerg: ›Na, sag schon deinen Namen!‹ Der aber bekam ein ärgerliches Gesicht, schob seine lefzige Unterlippe schmollend vor und stieß mit dem Ellenbogen gegen den Arm des hohen Herrn.

›Na, na, ich tu' dir doch nichts! Sag schon deinen Namen, bitte!‹ wiederholte der sonst so reizbare Monarch zum Erstaunen seines Begleiters und der Kutscher und wandte sich an den ersteren: ›Fragen Sie! Vielleicht haben Sie mehr Glück!‹ Der Herr mit den vielen Orden erfasste einen Arm, des sich heftig sträubenden Zwergs und nahm das verkrüppelte Wesen auf den Schoß: ›Na, hörst du! Sag schon, wie du heißt! ... Kriegst ein schönes Talerstück! Sag schon!‹ Der König lächelte, die Kutscher wagten herabzuschauen und grinsten ebenfalls lautlos. Der Zwerg stieß und stemmte seine kurzen Arme gegen die Ordensbrust des fremden Menschen, der sie festhielt. Er schimpfte, fing zu jammern und schließlich zu weinen an, und von all dem, was er aus sich herausplapperte, war nur ›Lau'bua! Ruah lo'n!‹ zu verstehen. Einer von den Grafs, wenn er dabeigestanden hätte, wäre nicht wenig erschrocken, denn die Worte hießen: ›Lausbub! In Ruh' lassen!‹ Doch der König schien an alldem größten Gefallen zu finden. Er befragte die Kutscher über die Herkunft des Zwergs, streichelte der Kleinen über die Backen und fuhr wieder weiter.«[447]

[447] Graf, Mutter, S. 138f.

Am nächsten Tag besuchte der Kabinettsekretär den Vater des Zwergs, Max Graf, und lud dessen Mutter, die alte Stellmacherin, zusammen mit dem Zwerg, ihrer Enkelin, zu einem Besuch des Gasthofes »Wiesmaier« ein. Der König, den die gestrige Begegnung sehr amüsiert habe, wünsche dort ein Zusammentreffen mit dem Zwerg. Bald machte in ganz Berg die unglaublich klingende Nachricht die Runde, »daß der König und sein Kabinettssekretär im schattigen Wiesmaiergarten an einem weißgedeckten Tisch mit der Stellmacherin und dem Zwerg Kaffee tranken. Staunen und Mißgunst, Neid und Neugier erfaßte die Leute. [...] Sie faßten es nicht: der König höchstselbst beschäftigte sich eifrig mit dem plappernden, ungenierten Zwerg, reichte ihm Kuchen, lächelte erheitert und befragte ein um das andere Mal die sich offensichtlich recht unbehaglich fühlende Stellmacherin. Sah man genauer hin, so gewann man den merkwürdigen Eindruck, als behandle der Monarch den Zwerg ungefähr wie ein gutartiges, affenähnliches Tier, dessen linkische Bewegungen und unverständliche Laute ihn ungemein interessierten und belustigten.«[448] Die Großmutter musste die Äußerungen des Zwerges wie »Lau'bua« [Lausbub] und »Na-na, ia Of« [na-na, ihr Affen] übersetzen, was sie aber aus Scham nicht immer wahrheitsgemäß erledigte. Als Lohn erhielt der Zwerg nach Beendigung dieser eigenartigen Audienz ein Silberstück. Zu Hause beteuerte die Großmutter, »daß der König ein legerer Mensch sei, grundgut und natürlich wie selten einer, und ein überaus stattliches, bildsauberes Mannsbild«.[449]

Doch ob der König tatsächlich so »leger« war, dass er seine bekannte Aversion gegenüber missgestalteten Menschen in diesem Fall tatsächlich überwand, ist höchst fraglich. Was könnte ihn zu dieser Ausnahme womöglich bewogen haben? Vielleicht erinnerte er sich an die Begegnung mit dem etwa 15-jährigen, kleinwüchsigen und etwas verkrüppelten Mohren Rustimo, den Kaiserin Elisabeth 1876 am österreichischen Hof eingeführt hatte. Dieser Schwarze erregte überall Aufsehen und die Kaiserin amüsierte sich über die Wirkung ihrer Provokation. Ihre Hofdame Marie Festetics nannte ihn »ein Greuel [...] zu viel für einen Affen und zu wenig für einen Menschen«.[450]

Bei einer Kahnfahrt Ludwigs und Elisabeths 1881 von der Roseninsel war auch dieser Rustimo zugegen gewesen und hatte den König mit seinen

448 Ebd., S. 142f.

449 Graf, Mutter, S. 143.

450 Hamann, Brigitte: Elisabeth. Kaiserin wider Willen, Wien-München 1982, S. 351 (künftig: Hamann, Elisabeth).

drolligen Liedern zum Lachen gebracht. Ludwig belohnte ihn damals mit einem Ring.

»Es sei gar nicht ausgeschlossen«, so vermutete der Vater des Zwerges, »daß der König das Resei an seinen Hof nehme, denn früher hätten solche Herrscher stets Zwerge als Narren gehalten. Die alte Stellmacherin bekam dabei ein wehes, besorgtes Gesicht. Hoffentlich, äußerte sie sich, passiere so etwas nicht, das Resei sei zwar ein Zwerg, aber doch ihr Kind und kein Stück Vieh.«[451]

Naturschützer Ludwig II. (1881)

So wie Ludwig II. 1873 die Insel Herrenchiemsee durch Ankauf den Händen eines württembergischen Holzhändler-Konsortiums entriss, das die dort vorhandenen uralten Baumbestände abholzen wollte, so trat er 1881 auch in Starnberg als Retter des sich dort befindenden »Siebenquellen«-Anwesens auf. Diesmal war es ein Schweizer, der den Grund erwerben und der Öffentlichkeit unzugänglich machen wollte. Über den Vorgang berichtete das Münchner Morgenblatt »Der Gemäßigte« vom 17. September 1881:

> »Aus Starnberg, 15. September, erhalten wir folgende Mitteilung: Sicherm Vernehmen nach haben Seine Majestät der König die in unmittelbarer Nähe Starnbergs gelegenen sieben Quellen samt dem hiezu gehörigen Grunde aus der Cabinettskasse ankaufen lassen. Es war nahe daran, dass ein Schweizer den fraglichen Grunde erworben hätte, welcher beabsichtigte, denselben gegen das Publicum abzusperren. Seine Majestät, von diesem Vorhaben unterrichtet, befahlen den sofortigen Erwerb der Gesamtfläche, um dem Publikum einen der herrlichsten Spaziergänge ungeschmälert zu erhalten. Auch sollen die vorhandenen Forellenbäche dem bayerischen Fischereiverein zum Betrieb der Edelfischzucht, wenigstens teilweise, überlassen werden. Wer jemals in jenem anmutigen Tale nach des Tages Mühen und Geräusch in stiller Beschaulichkeit sich ergangen hat, wird es dem König Dank wissen durch diesen hochherzigen Entschluss auch den ferneren Genuss dieser Naturschönheit dem Gesamtpublicum möglich gemacht zu haben.«[452]

[451] Ebd., S. 143f.
[452] Merta, Alpinist, S. 263.

Tatsächlich konnte der Bayerische Fischerei-Verein mit König Ludwig II. einen Vertrag abschließen und das »Siebenquellen«-Anwesen vor Starnberg (am Sieben-Quellen-Weg) für den Bau einer Fischzuchtanstalt übernehmen. Und die Menschen konnten bei den »Sieben Quellen« weiterhin spazieren gehen. »Bei den sieben Quellen findet man viel Schatten«, schreibt G. A. Horst 1876. »Da ist alles recht klein und nett, kleine Wege, kleine Stege, kleine Quellen, denen mit künstlichen Aufstauungen nachgeholfen ist, aber viel Waldesduft und erfrischende Kühle.«[453]

Die Rettung des »Sieben Quellen«-Areals trug dem König in Starnberg und der Umgebung viel Sympathie ein.

[453] Horst, Gustav A.: Der Starnberger See. Eine Wanderung durch seine Uferorte, München 1876, S. 26.

Das Ende Ludwigs II. in Schloss Berg

Trauer des Königs um seinen genialen Freund (1883)

1883 hielt sich Ludwig II. vom 12. bis zum 14. Mai in Schloss Berg auf. In jedem Zimmer erinnerten ihn die zahlreichen Bilder mit Szenen aus den berühmten Wagner-Opern an den vor einem Vierteljahr, am 13. Februar, verstorbenen Meister dieser Werke. »Unmöglich ist es mir«, klagte der König Cosima Wagner, »Ihnen den tiefen Schmerz zu schildern, der meine Seele erfüllt über den furchbaren, unersetzlichen Verlust, den Wir erlitten haben. Welch entsetzlicher Schicksalsschlag [...]«[454] Im Geiste zogen fortwährend die 19 Jahre seiner Beziehung zu dem Komponisten an ihm vorüber. Es war eine Zeit, die von ständig wechselnden Höhen und Tiefen geprägt war und die sich Ludwig in Gedanken noch einmal in Erinnerung rief.

Alles hatte 1864 kurz nach der Thronbesteigung so verheißungsvoll begonnen. Damals führte seine leidenschaftliche Zuneigung Anfang Mai zum ersten Treffen mit dem vergötterten Genie. Hierauf folgten beglückende Begegnungen in Schloss Berg, wo sie auch Pläne für ein Festspielhaus auf dem Isarhochufer in München schmiedeten, die sich aber bald zerschlugen. Hierauf Niedergeschlagenheit wegen der zunehmenden Animositäten gegen Wagner aus Regierungskreisen und der Bevölkerung. Er beute den König finanziell aus, warf man ihm vor, und wolle den Monarchen auch politisch beeinflussen. Die Angriffe führten im Dezember 1865 zur erzwungenen Ausweisung des Komponisten aus der Residenzstadt. Wagner zog sich in die Schweiz nach Tribschen am Vierwaldstättersee zurück. Am 22. Mai 1866 trieb den König die Sehnsucht in die Schweiz, um dem geliebten Freund zu seinem 53. Geburtstag zu gratulieren. Angesichts des drohenden Bruderkriegs dachte er sogar daran, sein Königsamt aufzugeben, abzudanken und zu Wagner in die Schweiz zu ziehen. Doch der riet dem König davon ab.

[454] Schad, Martha: Cosima Wagner – Ludwig II. von Bayern. Briefe, eine erstaunliche Korrespondenz, München 2004, S. 538 (künftig: Schad, Cosima Wagner-Briefe).

1866 enthüllte die Presse die bestehende ehebrecherische und dem König verheimlichte Beziehung Wagners zu Cosima, die noch mit Hans von Bülow verheiratet war. Wagner schwindelte dem gutgläubigen König eine öffentliche Ehrenerklärung ab, dass dieser Vorwurf nicht wahr sei. Der ahnungslose König erfüllte den Wunsch und wurde unfreiwillig zum Lügner. Als er die Wahrheit endlich erfuhr, war er verbittert, dass ihn Wagner und Cosima so schamlos belogen hatten. 1867 kam es zum »Tichatschek-Konflikt«. Ludwig lehnte den betagten Sänger Joseph Tichatschek ab, was Wagner zutiefst kränkte.

Dann 1868 wieder ein gemeinsamer Triumph bei der Uraufführung der Oper »Die Meistersinger von Nürnberg« im Hoftheater in München. Beglückend für Ludwig zu seinem 23. Geburtstag 1868 Wagners Geschenk der Originalpartitur der »Meistersinger«. Doch schon im August 1869 erneut Aufregung nach der misslungenen Hauptprobe für die Uraufführung von »Rheingold«, nach der Wagner dem Dirigenten Hans Richter verbot, die Uraufführung zu dirigieren. Der König schäumte, nannte »das Gebaren« Wagners verärgert »wahrhaft verbrecherisch und schamlos«. Trotz seines Zorns kam er von der »Droge Wagner« nicht los, auch nicht, als sich der Komponist 1871 zu Lobpreisungen auf das eben erstandene preußisch-deutsche Reich hinreißen ließ, das der König verabscheute.

Am 22. Mai 1872 erfolgte die Grundsteinlegung von Wagners Bayreuther Festspielhaus, dessen Bau der König finanziell kräftig unterstützte. Der Einweihung im August 1876 blieb er allerdings fern, um nicht dem von ihm verachteten deutschen Heldenkaiser Wilhelm I. begegnen zu müssen. Zwei Wochen vorher durfte der König in Bayreuth allerdings ganz im Stillen die Generalproben zum Ring genießen.

1880 kam Wagner nochmals nach München und Ludwig erlebte in einer Separatvorstellung die Aufführung des »Lohengrin«. Danach sahen sich der Komponist und sein Mäzen nicht mehr. Zwar lud Wagner den König zur Uraufführung des »Parsifal« im Juli 1882 nach Bayreuth ein. Doch Ludwig kam nicht. Stattdessen wünschte er sich eine Separatvorstellung im Münchner Hoftheater. Wagner lehnte ab, aber Ludwig bestand auf der Aufführung im Frühjahr 1883. Dazu kam es aber nicht mehr, da Wagner am 13. Februar 1883 überraschend in Venedig starb. »Wagners Leiche gehört mir!«[455], rief der König verzweifelt.

Bereits am 29. Juli 1865 hatte er von Berg aus an Wagner geschrieben:

[455] Herre, S. 339.

»Solange Sie leben, will und werde ich es auch; Ihr Verscheiden mein Tod! – Von der Erde will ich nichts mehr wissen.«[456] Und 1867 äußerte er seiner damaligen Braut Sophie gegenüber eine düstere Prophezeiung: »Du weißt, daß ich nicht viele Jahre mehr zu leben habe, daß ich diese Erde verlasse, wenn das Entsetzliche eintritt, wenn mein Stern nicht mehr strahlt, wenn Er dahin ist, der treu geliebte Freund; ja, dann ist auch meine Zeit aus, denn dann, dann darf ich nicht länger mehr leben.«[457]

Der Stern Wagner war erloschen und der König ahnte, dass nunmehr auch sein Leben dem Verlöschen entgegenging.

Vorbildfunktion des Suizids von Graf Majláth im Starnberger See (Mai 1886)?

Wenige Wochen vor seinem Tod erhielt Ludwig II. von dem in München lebenden Schriftsteller Julius Waldemar Grosse dessen 1885 erschienenes Buch »Der getreue Eckhardt« zugesandt. »Im ersten Kapitel dieses Werkes ist das Schicksal des österreichischen Geschichtsschreibers Graf Johann Majláth geschildert, der sich aus Nahrungssorgen am 3. Januar 1855 mit seiner Tochter Sophie in dem Starnberger See ertränkt hat, und zwar soll das an derselben Stelle des Seeufers geschehen sein«[458], wo König Ludwig – 31 Jahre später – am 13. Juni 1886 den Tod fand. Majláths Tochter wurde, wie es heißt, »von dem nahezu siebenzigjährigen Vater in seinen düsteren Entschluß eingeweiht und war bereit mit ihm zu sterben. Sie begaben sich an dem bezeichneten Tage von München an den Starnberger See und stürzten sich hier, die Hände aneinandergebunden und die Taschen mit Steinen beschwert, in die winterliche Fluth. Bei Ammerland wurden Tags darauf die Leichen aufgefunden.«[459]

Julius Grosse erhielt »am 9. Juni [1886] vom Kabinettsekretär des Königs ein Schreiben, worin dieser ihm seinen Dank und seine allerhöchste Aner-

456 Strobel, Wagner-Briefwechsel, Band 1, S. 136; Brief Ludwigs II. an Richard Wagner vom 29. Juli 1865 aus Berg.

457 Hacker, Augenzeugenberichte, S. 138.

458 Memminger, S. 337f.

459 Krones, Franz von: Johann Graf von Majláth, in: Allgemeine Deutsche Biographie, herausgegeben von der Historischen Kommission bei der Bayerischen Akademie der Wissenschaften, Band 20 (1884), S. 101–105.

kennung über das Werk aussprechen ließ«.[460] Seither rätselt man, ob nicht der Doppelselbstmord Majláths und seiner Tochter Sophie auch den König auf den Gedanken gebracht haben könnte, im Starnberger See sein Leben zu beenden.

Des Königs Verzweiflungsschrei aus Schloss Berg (Mai 1886)

Einen Monat vor seinem Tod hielt sich der König wie jedes Jahr vom 11. bis 14. Mai 1886 – es war das letzte Mal als freier Mann – in Schloss Berg auf. Empört über die Sparvorschläge des »Ministerpacks« und deren Einmischung in seine Angelegenheiten, schrieb er am 11. Mai, einen Monat vor seinem Tod, aus Schloss Berg an seinen Vertrauten, den Marstallfourier Karl Hesselschwerdt, folgenden verzweifelten Brief:

»Passe recht auf und besorge es gut. – Sprich eingehend mit Ziegler [ehemaliger Kabinettsekretär]. Sage ihm, daß die jetzigen Minister weg müssen, sie haben sich bei Mir unmöglich gemacht. Er wird es also[461], wenn er alles besorgt, wie Ich will. Die Kollegen soll er Mir dann selbst vorschlagen. – Schneider [neuer Kabinettsekretär] gleich fort u. durch einen Tüchtigen ersetzen. – Sind die Kammern verstockt, dann auflösen, andere her u. das Volk sehr bearbeiten, schnell aber. – Sage ihm, außer den Rückständen (ohne daß die Kammern wissen, wofür, können glauben, es gehöre zu den Rückständen) ein paar Mill[ionen] dazu, die anderen schaffe Du herbei. – Sage ihm, daß die Bauten Mir die Hauptlebensfreude sind, daß Ich, seit Alles schändlich stockt, ganz unglücklich bin, an Abdanken, Selbsttödtung stets denke, daß der Zustand aufhören muß, daß die Bauten nicht mehr stocken dürfen, daß, wenn er Alles richtet, er Mir buchstäblich das Leben wieder gibt.

Führe ihm dieß sehr u. vor Allem dieß zu Gemüthe. Es geht ohnehin nach sofortiger Deckung, nicht Vorschießen, das ist unwürdig Mir gegenüber; dann ist die Civilliste wieder ganz in Meinem Besitz (eigen), dazu sind leicht einzureihen, rasch vorwärts mit dem Schlafzimmer in Linderhof, St. Hubertus-Pavillon u. mit dem Ausbau von der Burg, von Herrnwörth u. Falkenstein. Mein Lebensglück hängt davon ab. – Besorge es mit Eifer u. flöße diesen H. v. Ziegler bestimmt ein. Er soll es entschieden durchreißen,

[460] Memminger, S. 337f.

[461] Ludwig deutet damit an, seinem ehemaligen Kabinettsekretär Friedrich von Ziegler das Amt des Ministerratsvorsitzenden übertragen zu wollen, wenn er ihm zu Diensten ist.

alle Schwierigkeiten besiegen, d. Hindernisse niederwerfen u. baldigst ist die Hauptsache. […]

Berg, 11. Mai 86 Ludwig«[462]

In diesem Schreiben äußert der König seine sämtlichen Nöte, schreit sie förmlich heraus. Er fühlt sich von den Ministern und den Kammern bedroht, weshalb er sie schnellstens entfernen will. Sie mischen sich in seine Privatangelegenheiten, machen ihm Vorschriften, was er zu tun und lassen habe, und versuchen seine Bauleidenschaft zu unterbinden. Er fühlt sich von ihnen zur Abdankung, vielleicht sogar zum Suizid gedrängt. Verzweifelt sucht Ludwig nach Geldquellen, weniger um den Schuldenberg zu tilgen als vielmehr um neue Bauprojekte in Angriff nehmen zu können. Schloss Berg, neben Linderhof und Hohenschwangau sein besonders geliebter Rückzugsort, scheint ihm nun zu entgleiten. Fortwährende Unruhe peinigt ihn, wie dies Michel Georg Conrad in seinem Königsroman »Majestät« schildert:

»Der König raste von Schloß zu Schloß. Wieder nach Linderhof zuerst. Er erkannte es kaum wieder. Wie Götterdämmerung überall, im Park, im Palast in jedem Raum. Von Angst gepackt, von Frost geschüttelt, jagte er an den Starnberger See, in sein altgeliebtes Schlößchen Berg. Mit wie traurigen Augen empfing es ihn! Das Schlafgemach starrte ihm entgegen wie eine Totenkammer. –

Er trat auf den Balkon. Jenseits des Parks gewahrte er Gerüste zu einem Neubau.

›Wer baut da‹, fragte er barsch den alten Schloßverwalter.

Irgendein ein reicher Münchner, irgendein Goldschmied oder Juwelier, er wisse es nicht genau, er habe den Namen vergessen.

›Ich will nicht, daß diese Leute hier bauen, an meinem Park, an meinem See. Ich will von diesen Protzen meine Aussicht nicht verbaut haben. Sie sollen mir aus den Augen, ihr Anblick erstickt mich. Sie haben mich bestohlen, nun wollen sie mich erwürgen. Ich will nicht – hören Sie? Ich will nicht. Sorgen Sie dafür. Gehen Sie an die nächste Stelle, sagen Sie, der König verbietet's. Erwirken Sie ein amtliches Bauverbot – hören Sie?‹

Nach einem Boote zeigend: ›Was weht dort für eine Fahne?‹

›Soviel ich sehen kann, die deutsche Fahne, Majestät.‹

›Die Fahne muß herunter! Ich befehle es. Sorgen Sie, daß mein Befehl

[462] Zeitschrift für bayerische Landesgeschichte, Band 74, darin: Quellentexte I, S. 651.

respektiert wird. Man ehrt mich nur in meinen Landesfarben. Ich dulde hier keine anderen Farben – hören Sie!« Er trat ins Zimmer zurück: ›Hier rüsten Sie mein Nachtlager, das Schlafzimmer ist wie eine Gruft, da geh' ich nicht hinein. Ich hoffe, daß ich mich hier oben besser befinde. Da hab' ich schon als Kronprinz geschlafen. Ach‹ – sein Ton wurde wieder weich, fast weinerlich – ›ach wie gut habe ich als Kronprinz geschlafen. Damals war ich noch ein Mensch, mein lieber Schloßverwalter – erinnern Sie sich noch? Damals war ich noch ein Mensch, jetzt bin ich nur noch ein König – –‹

Er wollte allein sein. Man lasse ihm Ruhe. Alle seine Leute brauche er nicht. Nur der liebe alte Schloßverwalter möge sich in seiner Nähe halten. Und die liebe alte Frau Schloßverwalterin soll ihm eine Tasse Milch besorgen. Er habe Sehnsucht nach einer Tasse Milch - -

Die Lakaien, Stallknechte, Jäger und anderes dienstfreies Volk machten sich einen vergnügten Abend. Sie stiegen auf die Rottmannshöhe, da wußten sie ein lustiges Wirtshaus im Wald. Musik, Gesang, Tanz, Spiel, Champagner in Strömen. Die Goldstücke rollten. Alle hatten die Taschen voll davon. Der König hatte ihnen handvoll zugeworfen, was er bei sich und in seiner Kasse fand. Dem Obersten des Stallpersonals hatte er ein Landhaus am See geschenkt. ›Hoch! Majestät lebe!‹ Ein Bacchanal auf der Rottmannshöhe, im lustigen Wald – – –

Der König fand auch hier die Ruhe nicht. Träume folterten ihn, so oft er die Augen zu schließen versuchte. Er gab Befehl zum Aufbruch nach Herrenchiemsee! –«[463]

Letzter Aufenthalt des Königs in Schloss Berg als freier Mann

Nach Franz Mertas Itinerar (Aufenthaltsverzeichnis) war der 14. Mai 1886 der letzte Tag, an dem sich Ludwig II. in Schloss Berg noch frei bewegen konnte. Diesen letzten Aufenthalt schildert Georg L. Schauenberg in anrührender Weise. Der König habe sich frühmorgens gegen 2 Uhr ins Eckzimmer des ersten Stocks zurückgezogen »und läßt sich, nachdem er dem Kammerlakai befohlen, ihn allein zu lassen, im seidengeblümten Stuhl am Fenster des unbeleuchtet gebliebenen Zimmers nieder. Noch flackert es unruhig in seinen Augen, sein Antlitz ist bleich, erschreckend bleich. Die Orleanschen Gelder waren ausgeblieben – die Sache war hintertrieben, der

[463] Conrad, Michael Georg. Majestät. Ein Königsroman, Berlin o.J. (1902), S. 382f.

Ausbau von Linderhof, der Neubau von Schloß Falkenstein stockte, nirgends wurde weiter gearbeitet, das Betreten seiner Schlösser war ihm verleidet. So hatte er das stille Berg aufgesucht, das stille, prunklose kleine Schloß, das nach Bau und Einrichtung fast unverändert geblieben, wie er es von seiner Jugend her kannte.« Im Schloß findet er keine Ruhe und begibt sich deshalb in den Park. »Planlos irrt er unter den alten Bäumen dahin, den Blick zu Boden gesenkt. Als er dem Schloß wieder zu schreitet, gewahrt er dort einen Diener: ›Schnell den geschlossenen Wagen! Wir fahren nach Füssen!‹ herrscht er den Mann an, dem das Wort im Halse stecken bleibt, als er seinen König so verstört vor sich sieht.

Osterholzer, der langjährige Kutscher, steht dann bald darauf in Bereitschaft und wenige Minuten später erscheint der König im Mantel und Schlapphut. Es ist die letzte Fahrt von Berg nach Neuschwanstein, zu der Osterholzer sich anschickt!«[464]

Einen Monat später ist das psychiatrische Gutachten fertiggestellt, in welchem dem König eine Geisteskrankheit und Regierungsunfähigkeit bescheinigt wird. Man überlegt, an welchem Ort die ärztliche Betreuung des Kranken erfolgen kann.

Maßgebliche Gründe für Ludwigs II. Entmündigung

Bis heute verstummt nicht die Frage: »Wie um alles in der Welt konnte ein angesehener Psychiater wie Dr. Bernhard von Gudden, unterstützt von drei weiteren Psychiatern, ein psychiatrisches Gutachten erstellen, das den König für geisteskrank erklärte?«[465]

In der zweiten Hälfte des 19. Jahrhunderts, in der Gudden lebte, steckte die Psachiatrie noch in den Kinderschuhen. Damals galt als »geistig gesund«, wer sich normal verhielt, und als »geistig krank«, wer sich »anormal« verhielt. Je mehr man also von dem bürgerlichen Moralkodex abwich, desto mehr wurde man entweder als »geistig verwirrt« oder »geistig krank« beurteilt. Ludwigs II. »Verhalten war außerhalb jeglicher Konventionen, die für ein bürgerliches Leben in Bayern des 19. Jahrhunderts galten, auch außerhalb des Vorstellbaren für einen Arzt wie Bernhard von Gudden. Was nicht

[464] Schauenberg, S. 115ff.

[465] Schweiggert, Alfons: Der Mann, der mit Ludwig II. starb. Dr. Bernhard von Gudden, der Gutachter des bayerischen Königs. Husum 2014, S. 112–1219 und S. 169–180 (künftig: Schweiggert, Gudden).

den Konventionen entsprach, musste verrückt sein [...]«[466] Ludwigs ehemalige Braut Sophie wurde 1886 beispielsweise nur deshalb in die Irrenanstalt Mariagrün bei Graz eingeliefert, weil sie nach ihrer Heirat mit Herzog Ferdinand von Alençon ein Verhältnis mit Dr. Glaser, ihrem Arzt, begonnen hatte. Ehebruch galt 1886 nämlich noch als Zeichen geistiger Verwirrtheit.

Ludwig II. entsprach in den Augen seiner Zeitgenossen keinesfalls der »Normalität seiner Zeit«. »Gemessen an bürgerlichen Werten«, betont auch der Medizinhistoriker Felix Sommer, »war Ludwigs Verhalten sicher nicht normal, für einen übersensiblen, weltentrückten und exzentrischen Herrscher jedoch vermutlich nicht ganz ungewöhnlich.«[467] Er mied Kontakte zu seinem Ministerium und zum Landtag, hatte eigenartige Vorlieben, verkroch sich in den Bergen, verhielt sich zur Mitwelt mitunter sonderbar, war, anstatt dem Deutschtum zu huldigen, frankophil, also undeutsch, kam seinen Repräsentationsverpflichtungen und angeblich sogar seinen »beruflichen« Aufgaben als König nicht nach, verschwendete Geld für anachronistische Schlossbauten, negierte die vorgesehenen Rollenkonzepte betonter Männlichkeit und Weiblichkeit und entsprach damit auch in sexualmoralischer Hinsicht nicht den Vorstellungen und dem Geist seiner Zeit. Es war also nicht nur eine »Anormalität«, sondern ein ganzes Bündel von negativen Verhaltensweisen, die dem König vorgeworfen wurden und die damals als »anormal« galten, und das auch nach Guddens Ansicht. Dies führte auch zu folgender gegen Ende des Gutachtens formulierten heftigen Äußerung, die bis heute viele Verehrer Ludwigs II. höchst empört und in der es heißt:

»Eines Commentars bedarf die ganze gegenwärtige Stellung Seiner Majestät gegenüber dem Lande nicht. Die geistigen Kräfte Seiner Majestät sind bereits dermaßen zerrüttet, daß alle und jede Einsicht fehlt, das Denken mit der Wirklichkeit im vollen Widerspruche sich befindet, das Handeln ein unfreies ist und Allerhöchstdieselben im Wahne absoluter Machtfülle vereinsamt durch eigene Isolirung – wie ein Blinder ohne Führer am Rande des Abgrundes stehen.«[468]

Zu einem derartigen Urteil konnte Dr. Gudden nur kommen, da er sich selbst aus Überzeugung der sogenannten »Normalität seiner Zeit« unterordnete, also dem, was in seiner Zeit in der Gesellschaft als »normal« ange-

[466] Sommer, Felix: Psychiatrie und Macht. Leben und Krankheit König Ludwig II. von Bayern im Spiegel prominenter Zeitzeugen, Frankfurt am Main 2009, S. 291 (künftig: Sommer).

[467] Ebd., S. 233.

[468] Schweiggert, Gudden, S. 205.

sehen wurde. Nicht nur für ihn, der ein strebsamer Arzt, ein pflichtbewusster Beamter und ehrenhafter Bürger mit deutsch-nationaler Gesinnung war, der eine ordentliche Familie – mit neun Kindern! – hatte, der sich als Christ – Gudden war katholisch – hinsichtlich der Beurteilung von Sitte und Anstand für kompetent hielt, war der König eine Person, die all dem widersprach, was »normal« war, was sich tatsächlich »mit der Wirklichkeit in vollem Widerspruche« befand. Auch nach dem Urteil der Öffentlichkeit fiel Ludwig II. aus dem Rahmen der Normalität. Infolgedessen war Gudden der Ansicht, dass Ludwig II. nicht mehr das war, was man als »normal« bezeichnen konnte, weshalb er sich im Recht glaubte, seine Auffassung von »Normalität«, die der seiner Zeit entsprach, bei der Beurteilung des Königs zum Maßstab nehmen zu dürfen. Diese ließ er – was erst aus heutiger Sicht für problematisch erachtet wird – in seine psychiatrische Diagnose einfließen.

Die ihm im Juni 1886 zugetragenen Zeugenaussagen galten ihm letztlich also nur als ergänzendes Beiwerk zu den seit 1873, also seit zwölf Jahren gesammelten Beobachtungen, auf deren Grundlage er die Diagnose »Paranoia« oder »Verrücktheit« des Königs stellte.

Ja, Ludwig II. hatte sich aus der »Normalität« förmlich herausgerückt, hatte die Vorschriften des bürgerlichen Moralkodexes buchstäblich »verrückt« und wurde deshalb als »verrückt« bezeichnet. Vor allem seine Homosexualität – von Franz Carl Müller als »moral insanity« bezeichnet, galt als unverzeihlich. Man schämte sich so sehr, dass sie im Gutachten nicht einmal erwähnt, sehr wohl aber mitbedacht wurde. »Es sei besser für den König, für geisteskrank erklärt zu werden, da man ihn außerdem für einen der perversesten Menschen halten müsse.«[469] Dies habe Gudden zu Minister Crailsheim gesagt. Nur die sofortige Entmündigung könne den Monarchen vor der Verantwortlichkeit für seine »Ausschreitungen« freisprechen, die vom »ethischen Standpunkte schrecklicher nicht gedacht werden können«.[470] Damit meinte Gudden insbesondere die Homosexualität des Königs, die in der zweiten Hälfte des 19. Jahrhunderts nach dem Gesetz als strafbares Delikt geächtet und von der Kirche als Todsünde gebrandmarkt war, in den Augen eines jeden sogenannten anständigen und pflichtbewussten Bürgers als anormal galt und nach Guddens Überzeugung nur ein Zeichen geistiger

[469] Böhm, Gottfried, S. 643.
[470] Hacker, Königskrise, S. 410.

Zerrüttung sein konnte. Und mit dieser Ansicht stand er nicht allein, denn darin bestätigten ihn seit Jahren auch entsprechende Anschuldigungen in der Presse, vonseiten der Regierung und die öffentliche Meinung, die den König mit ähnlichen Vorwürfen überhäuften. Sogar Ludwig II. selbst zerfleischte sich in Selbstvorwürfen. Er unterdrückte, soweit ihm dies gelang, seine Triebe. Es war also die Verurteilung seiner Sexualität durch Kirche, Gesetz, Öffentlichkeit und durch sich selbst, die ihm zunehmend zu schaffen machte. Erst durch die Entmündigung und Internierung in Schloss Berg und noch mehr durch seinen tragischen Tod wurde Ludwig II. wieder in die Normalität zurückgeholt. Alle seine vorher oft heftig verurteilten Verhaltensauffälligkeiten wurden in der Folge in einem neuem Licht gesehen und mit den Jahren gleichsam von allen Schlacken gereinigt und sogar veredelt.

Wenn Gudden sein Urteil aufgrund der Ansicht, der König sei »anormal«, fällte – so unverständlich dies vielen aus heutiger Sicht erscheinen mag –, dann darf man ihm nicht vorwerfen, dass er aus niedrigen Beweggründen handelte. Er tat es aus Überzeugung, auch wenn diese nach heutigen Maßstäben kritisch gesehen wird und nicht immer einfach zu verstehen ist. Er sah für sich keine andere Möglichkeit, als Ludwig II. »Anormalität« und in der Folge »seelisch-geistige Krankheit«, ja »Verrücktheit« zu bescheinigen. Das Tragische dabei war, dass Gudden seine »zeitbedingte Auffassung von Normalität« mit seinem ärztlichen Auftrag vermischte, der von ihm forderte, ein objektives Gutachten zu erstellen, und daraus für den König die Diagnose »Paranoia« (primäre Verrücktheit) ableitete, womit er aber eigentlich das meinte, was man und was auch er zeitbedingt unter »Anormalität« verstand.

Als exponierter Staatsbürger sah sich Gudden zudem in der Pflicht, seinen Beitrag dazu zu leisten, dass Schaden vom Staat abgewendet wurde, der nicht nur ihm von Ludwig II. auszugehen schien. Beim König handelte es sich nämlich nicht um irgendeinen Bürger des Königreichs Bayern, sondern um den höchsten Repräsentanten des Staates, von dem mehr als von jedem anderen Vorbildcharakter gefordert wurde. Doch die dem König vorgeworfene Verschwendungs- und Bausucht, seine Weigerung, die von ihm geforderten Repräsentationspflichten wahrzunehmen, seine Ablehnung der Vorherrschaft Preußens, seine Affinität zu Frankreich und sein so bezeichneter amoralischer Lebenswandel, so die damalige weit verbreitete Ansicht, drohten dem Staat einen nicht wieder gutzumachenden Schaden zuzufügen. Ein König, der gegen die »Normalität« verstieß, förderte die Dekadenz und schädigte damit die Nation. Das konnte man einem Monarchen keinesfalls durchgehen lassen. Dagegen galt es einzuschreiten. Entweder war ein solcher Monarch ein Staatsfeind, oder aber er war »verrückt«. In jedem Fall musste er seines Amtes enthoben und entmündigt werden. Interniert werden sollte Ludwig II. in Schloss Berg.

Warum ausgerechnet Schloss Berg?[471]

War die Wahl von Schloss Berg als Aufenthaltsort für den entmündigten König nicht eine gedankenlose Fehlentscheidung, da dieses Schloss doch von Kindheit an ein Lieblingsaufenthalt Ludwigs II. war? Wie bitter musste es für ihn gewesen sein, dass man ihn nun ausgerechnet in dieser seiner privaten Fluchtburg internieren und das Haus seiner Kindheit zu einem Sanatorium umgestalten wollte? Diesen respektlosen Eingriff in seine intimste Privatsphäre konnte der König seelisch doch niemals verarbeiten.

Ursprünglich war ein Verbleiben des Königs in Neuschwanstein geplant. Doch dies wurde wegen der Schwierigkeit der Bewachung und der Entfernung von Dr. Guddens Wirkungsstätte in der Kreisirrenanstalt München als ungeeignet angesehen. Aus diesem Grund wurde ebenso Hohenschwangau verworfen. Auch Schloss Linderhof, als dritter bereits fest geplanter Aufenthaltsort, wurde nach dem Scheitern der ersten Fangkommission abgelehnt. Man befürchtete dort eventuell Befreiungsversuche durch die erregte Landbevölkerung. Das Königshaus auf dem Schachen galt als viel zu abgelegen. Und auch Schloss Fürstenried kam nicht infrage, da dort bereits des Königs geisteskranker Bruder, Prinz Otto, interniert war. So blieb nur Schloss Berg, das wegen der Nähe zu München zudem die fortwährende Beaufsichtigung durch Dr. Gudden ermöglichte.

Umbau des Schlosses zur Anstalt

Erste Umbaumaßnahmen in Schloss Berg ereigneten sich bereits vor Ankunft des Königs unter größter Verschwiegenheit. Beaufsichtigt von Professor Grashey wurden in den Räumen zunächst die allerdringlichsten

[471] Alle bekannten Fakten und sämtlicher Ereignisse der Monate und Tage vor und nach dem Tod König Ludwigs II. 1886 sind detailliert protokolliert in: Schweiggert, Alfons / Adami, Erich: Ludwig II. Die letzten Tage des Königs von Bayern, München 2014.

Sicherheitsvorkehrungen getroffen, durch die ein eventueller Flucht- oder Selbstmordversuch des Königs verhindert werden sollte. So mussten in den königlichen Gemächern alle Gefahrenstellen beseitigt werden. Insbesondere wurden alle zerbrechlichen Gegenstände, vor allem sämtliche Bilder unter Glas, aber auch Vasen, Alabasterbüsten und Statuetten entfernt. Da im Wohnzimmer die Fenster allein durch geschlossene Läden nicht zu sichern waren, sollten Gitter angebracht werden. Löcher in den Fensterstöcken, in die man die Gitterstäbe einsetzen kann, waren bereits gebohrt. Probleme bereiteten die Fensterscheiben. Mit den Scherben einer eingeschlagenen Scheibe hätte sich der König lebensgefährliche Verletzungen beibringen können. Deshalb mussten die Pfleger den König rund um die Uhr bewachen.

Im Schlafzimmer war die Verandatüre zunächst provisorisch mit einem Schrank verstellt. Geplant war, auch hier die Fenster zu vergittern und mit bruchsicherem Glas zu versehen. Über dem Bett befand sich ein Glockenzug, mit dem der König Diener rufen konnte. Die Gefahr des Erhängens bestehe jedoch nicht, so äußerte man, da der Glockenzug mit einem elektrischen Läutwerk verbunden sei. Ein derartiger Versuch würde deshalb sofort bemerkt und durch die Pfleger verhindert. Natürlich wurden auch alle Gegenstände – spitze Messer, Scheren etc. –, die eine Selbstverletzung oder einen Selbstmord ermöglichen, beseitigt.

Auch über die Sicherung des Schlossbereichs, der Seezone und des Parks wurde nachgedacht, die nach den Pfingstfeiertagen erfolgen sollte. Der Bereich um das Schloss sowie die Parkwege wurden von patrouillierenden Gendarmen gesichert. Bei der felsigen Stelle am Weg zum Kiosk und beim Kiosk selbst sollte ein hohes, festes Geländer angebracht werden.

Der See schien keine große Gefahr zu bergen, da er an den Ufern sehr seicht ist und nur langsam in die Tiefe geht. Für eine bedenkliche Stelle stand ein Bretterzaun, ungefähr 2 Meter vom Ufer entfernt, zur Debatte. Alternativ wurden leichte eiserne Stangen diskutiert, die in schiefer Richtung im See angebracht werden könnten, oder ein Stacheldraht, ein bis zwei Meter hoch, der ein Übersteigen von der Seeseite her nicht möglich macht und die Aussicht nicht verdirbt.

Bis alle Sicherheitsmaßnahmen und Umbauten fertiggestellt seien, wolle man den König »in dem Hause, näher dem Ufer zu, in dem sonst während des Hoflagers das Kabinettsekretariat sich befand, unterbringen. ›Da hab' ich ja einmal schon gewohnt‹, antwortete der König ruhig, als man ihm den

Vorschlag machte.«[472] Gemeint war die bereits oben erwähnte »Kabinettvilla«, in der auch Baron Washington und Hofsekretär Klug logierten.

Aber mit Sicherheit wäre aus Schloss Berg keine mittelalterliche Irrenanstalt mit brutalen Behandlungsmethoden geworden, wie bis heute noch immer behauptet wird. Während in der Münchner Kreisirrenanstalt für etwa 550 Patienten nur ein Oberarzt und vier Assistenzärzte zur Verfügung standen und ein Pfleger sieben und mehr Kranke zu versorgen hatte, standen für die aufwendige Sonderbetreuung Ludwigs II. in Schloss Berg mehrere Ärzte, Kuratoren, Pfleger und Bedienstete zur Verfügung. Da es sich beim König außerdem aller Voraussicht nach um einen ruhigen Patienten handelte, hätte er sicher »jede mit seinem Befinden nur irgendwie vereinbare Freiheit«[473] genießen können.

Es ist nicht auszuschließen, ja sogar sehr wahrscheinlich, dass nach einiger Zeit, wenn sich die öffentliche Aufregung gelegt hätte, doch noch ein Umzug in das erheblich geräumigere Schloss Linderhof mit seinen herrlichen Parkanlagen erfolgt wäre, das ursprünglich als Aufenthaltsort für den König vorgesehen war. Dort wäre dann sicher »ein komfortabler Ruhesitz«[474] für ihn entstanden. Dieser Gedanke ist auch deshalb naheliegend, da das räumlich extrem beengte Schloss Berg, in welchem dem König lediglich zwei Räume zur Verfügung standen, den »Ansprüchen des Komforts nicht mehr« entsprach und »es an allen sanitären und heiztechnischen Einrichtungen mangelte«[475], Aufenthalte darin also allenfalls in der Frühjahrs- und Sommerzeit vertretbar waren. Zum Zweiten war der Park »gegen die Seeseite [...] vollkommen offen, und ist da die Bewachung eine schwierige«[476], wie der österreichische Gesandte Bruck zu Recht bemängelte.

Aufregung in Berg (Juni 1886)

Anfang Juni 1886 tuschelten die Bewohner Bergs, dass es »der Monarchie an den Kragen geht. Dem König machen die eigenen Herrschaften [gemeint

472 Lampert, S. 94.

473 Schweiggert, Gudden, S. 73.

474 Ebd.

475 Konstantin von Bayern, S. 20.

476 Karl Ludwig von Bruck an Gustav von Kálnoky, 13. Juni 1886, Österreichisches Staatsarchiv Wien/Haus-, Hof- und Staatsarchiv P. A. IV.

sind das Königshaus und die Minister] den Garaus«.[477] Eindringlich beschreibt Oskar Maria Graf die düstere und gereizte Stimmung, die in den ersten Junitagen in Berg herrschte und fortwährend neue Gerüchte entstehen ließ. Man sprach von einer drohenden Revolution und dass eine königliche Kommission in Neuschwanstein von den Bauern der Umgegend totgeschlagen worden sei. »Es ist eine Schand«, wetterten die Berger, dass sie »unseren Ludwig einfach absetzen wollen. Aber das sei doch ganz unmöglich, einen König abzusetzen, das hatte es doch noch nie gegeben. Aber da verrechnen sich die Herren, da geht das ganze Bayernvolk los. Und haben sie denn auch schon einen neuen König?«[478], wollte man wissen.

Vor dem Schloss wurde es unruhig in diesen Tagen und dies auch, wie Oskar Maria Graf betont, weil allenthalben ungewohnte und verstörende Sicherheitsvorkehrungen getroffen wurden. »Eine Abteilung Chevaulegers ritt vorüber. Die Pferde griffen weit aus, der Dreck spritzte, die Reiter troffen vor Nässe. Schnell verschwanden sie, als sie den abfallenden Berg erreicht hatten, über welchen die Dorfstraße zum See-Ufer hinablief. Einige Berger standen staunend vor der Haustür. [...] Drunten im Schloßhof, dessen Tor rasch zugezogen wurde, hatten sich die eben angekommene Reiterei und verstärkte Gendarmerieabteilungen eingefunden. Fremde Wachen marschierten vor der Schloßmauer auf und ab, mit verschlossenen Mienen. Barsch trieben sie jeden stehenbleibenden Neugierigen weiter. Zum Müller, vor dessen Tür die ganze Familie stand, schrie einer hinüber: ›Ins Haus mit euch! Was gibt's da zu gaffen!‹ Erschrocken verschwanden die Angerufenen, aber sie lugten insgeheim fortwährend durch die trüben Fenster. Zwei- oder dreimal sausten dunkle Kutschen vorüber und rollten in den Schloßhof. Gegen Abend kam in jedes Berger-Haus ein höherer Polizeibeamter mit zwei Gendarmen. Sie verlangten nach dem Familien-Oberhaupt, und der hohe Herr sagte befehlsmäßig: ›Ab heute ist es verboten, nach Einbruch der Dunkelheit die Straße zu betreten, Besuche zu machen oder sich in Wirtshäusern aufzuhalten! Bei Tag darf niemand sich in der Nähe der Schloßmauern oder oben am Parkzaun sehen lassen. Das ist streng untersagt, verstehen Sie?!‹ Wortlos, staunend und betreten hörten es sich die Berger an.«[479]

[477] Graf, Mutter, S. 298–307.
[478] Ebd.
[479] Graf, Mutter, S. 300f.

Arretierung des Königs in Schoss Berg (Pfingstsamstag, 12. Juni 1886)

Nach der Inverwahrnahme des Königs in Schloss Neuschwanstein um Mitternacht vom 11. auf den 12. Juni begann gegen 4 Uhr morgens die Verbringung seiner Person nach Schloss Berg. Gegen 10.30 Uhr erreichten die drei Kutschen – in der mittleren saß der König – Seeshaupt. Zweimal waren die Pferde – in Steingaden und Peißenberg – schon gewechselt worden. In Seeshaupt stand nun der dritte Pferdewechsel bevor. Da winkte der König die Gastwirtin Anna Vogl zu sich heran und bat um ein Glas Wasser. Die Posthalterin brachte es ihm. Er sagte dreimal »Danke«. Später hieß es, dies sei ein geheimes Zeichen des Königs für Anna Vogl gewesen, dass er mit dem von Graf von Dürckheim-Montmartin ausgeheckten Fluchtplan einverstanden sei. Der Flügeladjutant des Königs habe beim Freiherrn Beck von Peccoz in Eurasburg vier Kutschen bestellt, die an vier Orten am See – in Leoni, in Ammerland, in Ambach und in Seeshaupt – warteten. Nach Ludwigs Flucht zu den im See wartenden Booten sollte er zu einer dieser vier Kutschen gerudert werden. Die Postwirtin habe nach Abfahrt des Konvois die Kaiserin Elisabeth in Feldafing, die angeblich auch eingeweiht gewesen sei, darüber informiert.

Später wollen Zeugen angeblich eine der Kutschen oder Wagenspuren vor dem Parktor von Schloss Berg gesehen haben. Auch Boote sollen am Todestag im See bei Schloss Berg hin- und hergefahren sein. Am Nachmittag des 13. Juni habe sich der König bei Stabskontrolleur Zanders erkundigt, wie viele Gendarmen sich im Schlosspark aufhielten, ob sie scharf geladen hätten und gegebenenfalls auf ihn schießen würden. Abends habe Ludwig dann mit einem Opernglas den See abgesucht. Dies alles deute doch auf einen Fluchtabsicht hin. Einen stichfesten Beweis dafür gibt es bis heute allerdings nicht.

Das »letzte Glas«, aus dem der König getrunken hatte, bewahrte Anna Vogl bis an ihr Lebensende im »Gasthof zur Post« auf. Ende des Zweiten Weltkrieges wurde diese »Reliquie« vermutlich von amerikanischen Soldaten, die sich im Gasthof einquartiert hatten, als Souvenir entwendet. Doch das um 1890 entstandene folgende Lied wurde zum Volkslied.

Das Letzte-Glas-Lied

Es kommt so mancher Gast zu mir
zur Post oft nach Seeshaupt,
und macht sich ein Vergnügen hier,
wie's Brauch ist überhaupt.
Doch einmal fuhr ein Wagen vor,
vergess' mein Leben nicht,
ein traurig Antlitz schaut hervor
voll Wehmut zu mir spricht:
»Bringt ein Glas Wasser mir heraus!«
Das letzte wohl – mein König tranks hier aus.

Das Glas hat für mich großen Wert,
ein Kleinod bleibt es mir:
Mein König hat nach ihm begehrt,
drum bleibt's des Hauses Zier.
Bevor in's Wellengrab er sank,
von Geistesnacht umhüllt,
nahm er daraus den letzten Trank,
sein Wunsch ward ihm erfüllt;
und seine Träne fiel hinein,
eine Perle soll dem Glas sie sein.

Drum schätz' ich dieses Glas so hoch,
als Kleinod für mein Haus,
ein Schatz bleibt es dem Enkel noch,
mein König trank daraus.
Ein Fürst, der von dem Volk geliebt,
wohl keiner so wie Er!
Drum bin ich heut so tief betrübt,
schon lange ist's nun her,
da kam zuletzt er vor mein Haus.
Das letzte Glas – mein König tranks hier aus.

Nach nahezu achtstündiger Fahrt erreichte der Konvoi am Pfingstsamstag gegen 12.30 Uhr das Ziel. Von diesem Zeitpunkt an betrug die Lebenszeit des Königs noch etwa 30 bis 36 Stunden. Über dem See hingen graue Regenwolken. Die drei Wagen kamen am oberen Tor von Schloss Berg an. Vor dem Eingangsportal öffnete Oberpfleger Barth die Kutsche. Ruhig und gefasst stieg Ludwig aus, ohne das angetretene Hofpersonal und die Ärzte zu beachten, die sich vor ihm verbeugten. Beim Anblick des Gendarmeriewachtmeisters Sauer hellte sich sein Gesicht auf: »Das ist schön, Sauer, dass sie wieder hier Dienst haben«[480], sagte er.

Nun betrat er das Schloss und schritt durch alle Räume, um sie in Augenschein zu nehmen. Dann wurde er in seine Zimmer im zweiten Stock geleitet. Vor einer Tür, die keinen Griff mehr hatte, blieb er stehen. Erstaunt blickte er Dr. Gudden an, als dieser mit einem Dreikantschlüssel die Türe öffnete. Ludwig sah, dass an den Türen die Türklinken abgeschraubt und an deren Stelle Vorrichtungen angebracht waren, die das Öffnen mit einem Dreikantschlüssel nur von außen erlaubten. Damit hatte man den Berger Schmied Leibfinger beauftragt, der diese Veränderungen schweren Herzens ausführte und darüber kein Sterbenswort verlieren durfte.

Bestürzt erkannte der König, dass ihm künftig nur das Wohn- und Schlafzimmer zur Verfügung stehen sollten, jeder Raum etwa 41 Quadratmeter groß. In dieser geschrumpften Wohnung fühlte er sich nicht mehr als Herr in seinem Schloss. Das kleine Kabinett dazwischen war für die wachhabenden Pfleger eingerichtet. In die beiden Türen dieses Raumes – die eine führte ins Schlaf-, die andere ins Wohnzimmer des Königs – waren kleine mit Messing eingelegte, verschließbare Gucklöcher gebohrt »von zehn Zentimeter Breite und fünfzehn Zentimeter Höhe. Sie sind später wieder ausgefüllt und überstrichen worden«.[481] Durch sie konnten die Pfleger einen großen Teil der beiden königlichen Wohnräume beobachten. »Es ist mir sehr unangenehm, wenn man da immer hereinschaut, man kann sich ja nicht einmal waschen«[482], sagte der König zu Pfleger Mauder. Der beruhigte ihn: »Die Pfleger werden nicht immer hereinschauen.«[483] Im Schlafzimmer wollte der König einen Kasten verrücken, der vor die Verandatür gerückt worden war. Er entdeckte, dass die Fenstergriffe entfernt und die Fensterläden im Schlafzimmer verschlossen waren. »Es ist doch sehr unangenehm,

480 Schweiggert, Adami, S. 136.
481 Brandt, S. 16.
482 Schweiggert-Adami, S. 137.
483 Ebd.

wenn die Fensterläden im Schlafzimmer immer geschlossen sind«[484], klagte er. Professor Grashey ließ sie daraufhin öffnen.

Für Dr. Müller, den Assistenzarzt Dr. Bernhard von Guddens, war der große Speisesaal als Aufenthaltsraum vorgesehen. Er stieß unmittelbar an das Wohnzimmer des Königs. Der Schlüssel in der Verbindungstüre steckte auf Dr. Müllers Seite, sodass er zum König gelangen konnte. Dr. Gudden und Dr. Grashey bewohnten im ersten Stockwerk die Zimmer der ehemaligen Wohnung der Königinmutter, während Baron Washington und Hofsekretär Klug im etwa 500 Meter nördlich vom Schloss entfernten Kavaliersbau untergebracht waren, der nördlich der Schiffsanlegestelle noch innerhalb der allgemeinen Umfriedung von Schloss und Park lag und durch den Laubengang, der zum See führt, zu erreichen war. Dabei handelte es sich um das ehemalige Landhaus des Kaufmanns Ludwig von Poschinger, das dieser 1864 erbauen ließ, da er sich am Starnberger See ansiedeln wollte. Zwölf Jahre später verkaufte er die Villa 1876 an König Ludwig II., der sich durch die Nähe der Villa zu seinem Hafen beeinträchtigt gefühlt hatte. Er nutzte sie dann als »Kabinettsvilla«, also für Aufenthalte seiner Kabinettsekretäre. Ludwig von Poschinger erwarb danach ein etwas weiter nördlich gelegenes Landhaus, das heute unter Denkmalschutz steht. In der »Kabinettsvilla« nahe bei Schloss Berg trafen sich die Ärzte und die Kavaliere des Königs zum Essen, zu Besprechungen aber auch im Gartenpavillon.

Empörung in Berg

Auch den Bergern blieb es an diesem Pfingstsamstag nicht verborgen, dass der König im Schloss eingetroffen war, aber nicht allein. »Schauderhaft! Schauderhaft! Sagen tut man, der König ist narret!«, hieß es. »Von der Stadt sind Doktoren da! Die Majestät ist eingesperrt wie ein gefangener Vogel! Ja, hm, kann's denn so was geben? So was! Unser armer, guter Ludwig!«[485] Oskar Maria Graf schildert, wie das Mitleid mit dem König, das Misstrauen und der Widerstand der Berger gegen die Obrigkeit von Stunde zu Stunde wuchsen, sodass in so manchem Hitzkopf sogar aufrührerische Gedanken aufflammten, die sich nur mühsam unterdrücken ließen. Ganz Berg stand unter Arrest, denn überall im Dorf tauchten »Gendarmerie-Patrouillen auf.

484 Ebd.

485 Graf, Mutter, S. 301.

Feindselig und drohend sahen sie aus mit ihren umgehängten Karabinern. Mit bösen Blicken verfolgten sie die Leute. Die Kinder liefen erschreckt vor ihnen davon. Eine seltsame Lautlosigkeit, ein stummer Druck durchzog Berg. Jeder Mensch war eingeschüchtert und empört, und in mancher Stube schimpfte einer: ›Ja, Herrgott, muß man sich das gefallen lassen? Das Maul soll jeder halten, und unsern König wollen sie wegräumen?! Ganz insgeheim wollen sie ihn umbringen wie einen Lumpen! Diese Sippschaft! Gift wollen sie ihm einfach geben, die Lumpen, die windigen!‹«[486]

Zum Rosenkranz-Gebet erschienen an diesem Samstag fast alle Bewohner Bergs in der Kirche. Doch Andacht kam keine auf. Danach ging es ins Wirtshaus, wo Gerüchte ausgetauscht wurden von rebellierenden Gebirglern aus dem Schwangau, wobei es Tote gegeben haben soll. Und Gebirgsbauern würden Richtung Berg ziehen, um den König zu befreien. »Herrgott, Männer!«, ließ sich der Daiser Hans aus Berg vernehmen. »Wir haben siebenzig und einundsiebzig mitgemacht und keine Kugel geforchten, und jetzt, wo's gegen unseren König geht …! – ›Psst, um Gottes willen!‹ rief der Klostermaier, und jäh schwiegen alle. Die Türe der verrauchten Stube ging auf. ›Auseinander gehen! Gehts heim! Schluß machen!‹ rief ein fremder Oberwachtmeister. […] Brummend und zähneknirschend gingen die Leute an den wartenden Gendarmen vorüber und stapften in den dunklen Regen hinein. […] Mürrisch ging man zu Bett, doch niemand fand einen Schlaf.«[487]

Auch der König schlief unruhig. Gleich nach dem Mittagessen hatte er sich gegen 14.30 Uhr zur Ruhe gelegt. Die Fahrt von Neuschwanstein nach Berg hatte in sehr angestrengt. Um Mitternacht erwachte er und stand er auf. Er ging unruhig hin und her. Es war kalt im Zimmer, weshalb er sich ankleiden wollte. Da man ihm die Kleidung verweigerte, legte er sich wieder ins Bett.

Die letzten Stunden (Pfingstsonntag, 13. Juni 1886)

Am Pfingstsonntag stand der König gegen 6 Uhr auf. Er hatte jetzt nur noch etwa 13 Stunden zu leben. Die Berger strömten am Morgen zum Pfingstgottesdienst. Sie wunderten sich, dass der Pfarrer nach seiner Predigt nicht, wie er das sonst zu tun pflegte, sagte: ›Lasset uns beten für unseren aller-

[486] Ebd.
[487] Ebd., S. 302.

gnädigsten, erlauchten Landesvater, Seine Majestät, unseren vielgeliebten König Ludwig‹, sondern einfach anhub: ›Und lasset uns beten für unser gnädiges, erlauchtes Königshaus.‹ [...] Viele in den Betstühlen wurden finster und beteten nicht mit.«[488] Oskar Maria Graf belegt damit, dass selbst die Kirche vonseiten der Regierung längst in die geplante Entmündigung Ludwigs II. eingeweiht und aufgefordert worden war, sich dementsprechend zu verhalten.

Nach dem Gottesdienst wollten die Männer in die Wirtshäuser, die aber alle von Gendarmen besetzt waren. Wütend kehrten die Bauern heim, hockten in ihren Stuben »und lauschten gespannt, als wollten sie feststellen, ob denn die Haufen der Gebirgler schon anmarschiert kämen. So verrann dieser düstere, verregnete Pfingsttag.«[489]

»Der 13. Juni, ein Sonntag, brachte verstärkten Sturm und Regen«, bestätigt auch Philipp Fürst zu Eulenburg-Hertefeld in seinen Erinnerungen. »Bisweilen lag so viel Nebel auf dem See, daß das Ufer bei Berg unsichtbar wurde. Der See warf hohe Wellen, und die Schiffer hatten ihre Schiffshütten abgeschlossen, weil kein Mensch von München zu erwarten war, um als Sonntagsvergnügen eine Bootsfahrt zu unternehmen. Bei gutem Wetter hätten zahllose Boote das Ufer bei Berg besucht, um den königlichen Gefangenen zu erspähen. Die Einsamkeit auf dem See aber hatte wohl auch dazu beigetragen«, so Fürst Eulenburg-Hertefeld weiter, »den Todesplan, den der König für sich entworfen hatte, schon so bald zur Ausführung zu bringen.«[490]

Nachdem Ludwig gegen 9.30 Uhr gefrühstückt hatte, erfolgte am Vormittag ein Spaziergang in Begleitung Dr. Guddens. Kurz nach 12 Uhr gab es das Mittagessen, anschließend Gespräche mit den Ärzten und dem Aufsichtspersonal. Am Nachmittag, ab 16.30 Uhr Abendessen und gegen 18.30 dann Beginn des letzten Spaziergangs im Schlosspark.

»Das Wetter war gegen Abend heller geworden«, notierte Fürst Eulenburg-Hertefeld. »Ich machte etwa um acht Uhr mit meiner Frau einen Spaziergang am Seeufer. Wir blickten hinüber zum Park von Berg und stellten unsere Betrachtungen über das Schicksal des Königs an. Zu derselben Zeit hatte er, gleichfalls das bessere Wetter benutzend, mit Dr. Gudden das Schloß verlassen, um noch vor dem Abendessen, das nach acht Uhr stattfin-

488 Ebd., S. 302f.
489 Ebd., S. 303.
490 Eulenburg-Hertefeld, S. 112.

den sollte, einen Spaziergang im Park zu machen. Vor dem Schloß führt ein Weg, auf dem drei Personen bequem nebeneinandergehen können, hinunter zum Seeufer und läuft in einer Entfernung von einigen Metern vom Wasser, bald näher herantretend, bald zurückweichend, durch den ganzen Park bis zum hohen Gartentor an der Seite von Leoni. Dieses Tor ist in etwa 20 bis 25 Minuten zu erreichen. Der Weg zieht sich meist unter schattigen Buchen bin. Hie und da steht eine Bank am Wege. Auf diesem Wege schritten der König und Dr. Gudden hin, während ein Gendarm in einiger Entfernung folgte. Das war von Dr. Gudden, dem volle Gewalt in seinem schweren Amte gegeben worden war, angeordnet worden.«[491]

Nach anderen Berichten wurden die Spaziergänger jedoch weder von einem Pfleger noch von einem Gendarmen begleitet. Doch Fürst Eulenburg-Hertefeld erwähnt ausdrücklich den Gendarmen und schreibt: »Der Gendarm erzählte mir später, daß der König, der rechts von Dr. Gudden an der Seeseite ging, sich einige Male umgesehen und dann, etwa hundert Schritte vom Schloß entfernt, etwas zu Gudden gesagt und auf ihn, den Gendarm, gewiesen habe. Hierauf sei Gudden stehengeblieben und habe ihm energische Zeichen gemacht, zurückzubleiben. Er sei darauf stillgestanden und habe den Spaziergängern nachgeblickt, bis sie im Schatten der Bäume verschwunden waren.«[492]

Auch die dann folgenden Ereignisse liegen bis heute im Schatten.

Aufregung in der Villa Poschinger

In der oben erwähnten Poschinger-Villa oder Kabinettsvilla hielt sich am Todestag Ludwigs II. auch Dr. Müller, der Assistenzarzt von Dr. Gudden auf. Nachdem sich der König und Dr. Gudden am Abend des 13. Juni 1886 gegen 18.30 Uhr auf den letzten Spaziergang begeben hatten, unternahm Dr. Müller Folgendes: »Ich selbst verfügte mich um 7 1/4 Uhr zu Baron Washington in der Poschinger Villa, wo selbst um 8 Uhr gespeist werden sollte und wo sich um diese Zeit auch Dr. Gudden einfinden sollte. Als es 8 Uhr wurde und Gudden nicht erschien, wurde ich ängstlich, ging ins Schloss zurück und als ich Dr. Gudden dort selbst ebenfalls nicht traf, es war bereits 8 ¼ Uhr, beorderte ich einen Gendarmen und bald darauf

491 Eulenburg-Hertefeld, S. 112f.
492 Ebd., S. 113.

noch einen zweiten und dritten Gendarmen und einen Pfleger, um im Park Nachschau zu halten.« Dr. Müllers Ängste bewahrheiteten sich, als man die Leichen des Königs und Dr. Guddens entdeckte, allerdings erst drei Stunden später gegen 23.10 Uhr.

Bemerkenswert ist, dass Oskar Maria Graf in seinen Erinnerungen einen um zwei Stunden früheren Zeitpunkt erwähnt: »Nach neun Uhr – auf einmal, ganz schwer, bang und fast flehend – fingen die Berger Zinnglocken zu läuten an, und alle schreckten auf. Ungeachtet aller behördlichen Verbote rannten die Leute auf die stockdunkle Straße und fingen laut und erregt zu fragen an. Da rief der Kommandant einer Gendarmerie-Abteilung frostig in die schwarze, triefende Nacht: ›Seine Majestät, unser allergnädigster Herr und König, ist verschieden!‹ Eine stockende Sekunde lang blieb es totenstill. Es schien ungewiß, was sich ereignen würde. Da brachen etliche Weiber ins Knie und fingen tonlos zu beten an: ›Der Herr gebe ihm die ewige Ruhe!‹ Und alle knieten zuletzt und beteten schaurig weiter: ›Und das ewige Licht leuchte ihm!‹ Starr blieben die Gendarmen stehen und nahmen ihre Helme ab. Ihre Köpfe senkten sich. Man hörte leises Schluchzen und lautes Weinen. Jeder Berger vergoß Tränen. Es war ein zerstoßenes, erschüttertes Flehen.«[493] Als sich die erste Verzweiflung etwas gelegt hatte, wurden Stimmen laut: »Ich wett', sie haben ihn umgebracht! [...] Auf einmal soll er so schwer krank gewesen sein? Das macht mir keiner vor! Weggeräumt haben sie ihn einfach! So eine Verbrecherbande! Solche Gauner! Und da soll sich das Volk nicht rühren!«[494]

Ob die Berger Glocken wirklich schon kurz nach 21 Uhr den Tod des Königs verkündeten, ist höchst fraglich, denn offiziell fand man die Leichen erst gegen 23.10 Uhr. Später wurden die eventuellen Todeszeitpunkte nach dem Stehenbleiben der Uhren Ludwigs II. und Dr. Guddens diskutiert. Des Königs Uhr blieb um 18.54 Uhr stehen, Dr. Guddens Uhr aber erst um 20.06 Uhr. Ans Ufer gebracht wurden die Toten gegen 23.35 Uhr und nach ausgiebigen Wiederbelebungsversuchen offiziell um 24 Uhr für tot erklärt.

Nachdem die Toten ins Schloss gebracht worden waren, wurden sie aufgebahrt. Und schon begannen Gerüchte herumzuschwirren. Nach einem dieser Gerüchte habe man die Leiche des Königs noch in der Todesnacht am Ufer des Starnberger See bei Schloss Berg verscharrt, um auf diese Weise eine Untersuchung des Leichnams und damit eine eventuelle Aufklärung

493 Graf, Mutter, S. 303.
494 Ebd.

der Todesumstände zu verhindern. In der Fürstengruft von St. Michael in München, so hieß es lange Zeit, habe man lediglich eine dem König ähnlich sehende Wachspuppe bestattet.

Fluchtpläne für den König?

Gerüchte entstanden auch über mögliche Fluchtabsichten des Königs. Ein Fluchtplan sei ganz nahe bei Schloss Berg gefasst worden, im Schloss Allmannshausen, im Volksmund das »Gelbe Schloß genannt«. Dieses Schloss – 1250 urkundlich erstmals erwähnt – gehörte Anfang des 17. Jahrhunderts Hans-Georg von Hörwarth zu Hohenburg. Späterer Eigentümer war der Chemieunternehmer Christoph Heinrich Boehringer. Dessen Tochter Mathilde war mit Karl Graf von Rambaldi liiert, den sie später heiratete. Graf Rambaldi muss Ludwig II. sehr verehrt haben, da er sich am 13. Juni 1886 angeblich als Fluchthelfer engagierte.

Beim Vormittagsspaziergang am 13. Juni 1868, den Dr. Gudden gemeinsam mit dem König zwischen 11.00 Uhr und 12.15 Uhr unternahm, habe der Arzt auf dem See mehrere Kähne bemerkt, die nahe am Ufer hin und her ruderten. Wie sich später herausstellte, saßen in einem dieser Kähne Graf Karl von Rambaldi, sein Schwager Major Edward Hornig und dessen zwei Jahre älterer Bruder Richard Hornig, der ehemalige Stallmeister und Privatsekretär des Königs. Sie kreuzten den ganzen Vor- und Nachmittag im Ruderkahn zwischen Leoni und Berg hin und her, ohne auf die dauernden Regengüsse zu achten. »Gleich nach dem Mittagessen aber hätten die drei Herren wiederum den Kahn losgemacht, um den ganzen Nachmittag über unablässig zwischen dem Dampfersteg Leoni und Berg hin und her zu rudern.«[495]

Nach Auskunft der Gräfin Mathilde Rambaldi habe sich nach Einbruch der Dunkelheit dann Folgendes ereignet: Gegen 20.15 Uhr – als Ludwig II. und sein Arzt bereits tot waren – entschwand der Kahn mit Graf Rambaldi und den beiden Hornig-Brüder unbemerkt. Rambaldi begab sich in das südlich von Berg gelegene Schloss Allmannshausen nahe Leoni und Hornig mit seinem Bruder in die Villa in Unterallmannshausen in Seeleiten. Rambaldis Gattin bemerkte, dass ihr Mann auffallend verstört war und wie unter Zwang statt eines Grußes nur hervorstieß: »Wir haben einen Hut ge-

[495] Hacker, Augenzeugenberichte, S. 421f.

funden. Die Sache ist aus.«[496] Mehr war trotz drängender Bitten seiner Frau nicht aus dem Grafen herauszubringen. Auch nach dem Tod des Königs habe sich Graf Rambaldi zu diesem Vorfall nicht mehr geäußert.

Die ersten, die den Hut des Königs entdeckten, waren also nicht das suchende Schlosspersonal, von dem der Hut erst gegen 22.30 Uhr gefunden wurde, sondern Graf Rambaldi und seine Helfer, die den Hut bereits gegen 20.15 Uhr entdeckten. Wurden die Toten vielleicht dann doch schon kurze Zeit später entdeckt, sodass Oskar Maria Grafs Aussage, die Glocken hätten bereits um 21.00 Uhr den Tod des Königs verkündet, doch der Wahrheit entsprach?

Da auch Wagenspuren vor dem südlichen Parktor in Berg gefunden wurden, waren die Berger von der Fluchtabsicht des Königs überzeugt. Gerüchten zufolge seien in den Fluchtplan neben Kaiserin Elisabeth an die 30 Personen eingeweiht gewesen:

Ludwigs II. Adjutant, Graf von Dürckheim-Montmartin, soll noch vor seiner Inhaftierung am 11. Juni gemeinsam mit Kaiserin Elisabeth den Fluchtplan geschmiedet haben. Anna Vogl, die Wirtin von Seeshaupt, sollte des Königs Durchfahrt in Seeshaupt an Elisabeth melden. Einem anderen Gerücht zufolge gehörten auch die beiden Söhne von Prinz Adalbert von Bayern, Prinz Ludwig Ferdinand (1859–1949) – ein Lieblingsvetter Ludwigs II. – und dessen jüngerer Bruder Prinz Alfons (1862–1933) mit Graf Bothmer zu den Fluchthelfern. Beide Prinzen waren gegen Prinz Luitpold eingestellt. Im Wasser kreuzten in Booten Graf Karl von Rambaldi, sein Schwager Major Edward Hornig und dessen Bruder Richard, außerdem der Fischer Jakob Lidl. Am Parktor stand angeblich eine Kutsche bereit, in der Kaiserin Elisabeths Bruder Herzog Ludwig in Bayern und dessen Adjutant Baron Brück auf den König warteten. 20 bewaffnete Gebirgler in etwa sechs großen Kähnen weiter draußen im See sollten den König in Empfang nehmen, sobald Fischer Lidl mit dem König zu ihnen gestoßen sei. Sie sollten Ludwig II. zu einer der Kutschen bringen, die Eugen Freiherr von Beck-Peccoz aus dem ca. 14 Kilometer entfernten Eurasburg für alle Fälle am Parktor von Schloss Berg sowie an vier Orten – in Leoni, Ammerland, Ambach und Seeshaupt – zur weiteren Flucht bereitstellen ließ.

Bis heute wird vielfach bestritten, dass es einen Fluchtplan für den König gegeben habe. Doch 1920 lüftete die absolut vertrauenswürdige Prinzessin Therese von Bayern (1850–1925), die Tochter des Prinzregenten Luitpold in

[496] Schweiggert, Adami, S. 165.

ihren biografischen Aufzeichnungen ein 33 Jahre lang gehütetes Geheimnis zum Tod König Ludwigs II. Es war ihr »nach dem unseligen Ereigniß [...] unter dem Siegel der strengsten Verschwiegenheit« mitgeteilt worden. Ihre Gewährsperson war »eine mir sehr anhängliche Persönlichkeit, welche mir seit unserer Kindheit freundschaftlich nahe stand, sich in unmittelbarer Nähe des Königlichen Kreises befand u. zweifelsohne in diese Angelegenheit mit verwickelt war. [...] Aber jetzt, da sämtliche dabei Betheiligten nicht mehr am Leben, u. zwar z. Th. seit langem nicht mehr am Leben sind u. ich selber alt bin, nicht weiß, ob mir noch weitere Jahre beschieden u. diese, das Andenken des Königs vom Selbstmord reinigende Aussage nicht mit in's Grab nehmen möchte, halte ich mich sogar verpflichtet zu sprechen:

Eine gerade am Starnbergersee befindliche hohe Dame hatte, es läßt sich errathen wer, sie war eigenartig veranlagt wie der König, u. ein herbes Geschick wollte, daß sie geraume Zeit später durch Mörderhand fiel, also, diese hohe Dame [gemeint ist Kaiserin Elisabeth von Österreich] hatte im Geheimen einen Befreiungsplan in's Werk gesetzt u. hievon den König verständigen lassen.

Ein Kahn wartete den 13ten Juni Abends nicht weit vom Gartengitter von Berg, seeaufwärts, den Fliehenden aufzunehmen. Der König hatte nur beim Gitter in das Wasser zu treten, das Gitter im Wasser zu umgehen, jenseits desselben das Ufer wieder zu gewinnen oder im seichten See mit der Zeit den Kahn zu erwaten. Die weitere Flucht, dem Gebirge zu, sollte zu Wagen erfolgen. Augenscheinlich drängte der König auf seinem Spaziergang deshalb zum Gitter, augenscheinlich wollte er daselbst nicht die Begleitung der Wärter, weil er richtig dachte, beim Fluchtversuch mit dem Arzt allein leichter fertig zu werden. Und so kam das Unglück. Sei es, daß der Arzt dachte, der König wolle in den Wellen den Tod suchen, sei es, daß er gewahr wurde, sein Schützling wolle fliehen, es kam zum zeugenlosen Kampf, in welchem Beide das ungewollte Ende fanden. Der Kahn wartete u. wartete ... Als der angesagte hohe Flüchtling nicht erschien, suchte endlich der Kahn das Weite; die Schiffer glaubten, der Plan habe sich zerschlagen. Ja, er hatte sich zerschlagen, aber nicht in dem Sinn, den sie meinten. So endete ein einfacher Befreiungsversuch, von dem man zwar zur damaligen Zeit bald da, bald dort etwas munkelte, über den aber nie etwas Sicheres zu erfahren war. Dieser Versuch, statt die Freiheit zu bringen, brachte unbeabsichtigt, aber nach einigem Rathschluß, den Tod.«[497]

497 Bußmann, Hadumod: Ich habe mich vor nichts im Leben gefürchtet. Die ungewöhnliche Geschichte der Therese Prinzessin von Bayern, München 2011, S. 127.

Diese Äußerung Prinzessin Thereses ist höchst glaubwürdig, da sie zu einer Falschaussage nie fähig gewesen wäre. Sie war eine bemerkenswerte, geistig hochstehende Frau, beherrschte elf Fremdsprachen und unternahm als Naturforscherin Expeditionen in aller Herren Länder, so in den Balkan, nach Russland, an den Polarkreis sowie nach Nord- und Südamerika. Darüber publizierte sie mehrere Bücher. 1892 wurde sie als erste Frau Ehrenmitglied der Bayerischen Akademie der Wissenschaften. 1897 wurde sie mit der Ehrendoktorwürde der Universität München ausgezeichnet.

Besondere Liebe brachte sie Ludwigs II. krankem Bruder Otto bis zu dessen Tod entgegen. Königin Marie, Ludwigs Mutter, sah in ihr eine Tochter, »ihr drittes Kind«, wie sie sagte. Therese war es, die der Königinmutter auch die traurige Nachricht vom Tod Ludwigs überbrachte und sie tröstete.

Die Prinzessin protestierte gegen den Ersten Weltkrieg und hielt ihn für »hellen Wahnsinn«. Ihre »kriegshypnotisch eingestellten Bekannten« verurteilten ihre Auffassung als Verrat am Vaterland und waren der Ansicht, sie gehöre dafür eingesperrt. In einem von ihr eingerichteten Lazarett nahm sie unmittelbar Anteil an der Not der »armen Leute«. Das Ende der Monarchie 1918 empfand sie als Erlösung und verübelte »niemandem seine republikanische Gesinnung«. [498]

Der König ist tot

Ein Blick zurück, etwa 200 Jahre, als die Wittelsbacher Fürsten Max Emanuel und Karl Albrecht auf Schloss Berg zum Halali bliesen. Grandioses Finale der fürstlichen Hirschhatz war jeweils der Hirschtod im Starnberger See unterhalb von Schloss Berg. In drei Linien erwarteten die fürstlichen Schiffe das Spektakel, allen voran die im Stil venezianischer Dogenschiffe mit Gold und Malereien geschmückte Prunkbarke, der Bucentaur. Es war ein höfisches Vergnügen der besonderen Art. Sobald Kanonenschüsse die Ankunft der Prinzessinnen zu Schiff verkündeten, traten die Jäger in Aktion. Sie trieben den Hirsch durch den Waldgrund hinein in den Park bis zu einem Auslass, der sich zum Seeufer hinab öffnete, und zwangen so den Hirsch, sich in den See zu stürzen, wo er um sein Leben schwamm. An Deck amüsierten sich die Damen beim munteren Plätschern eines Springbrunnens über den nun folgenden Kampf des Hirsches gegen Wasser, Hun-

[498] Ebd., S. 254.

de und Flinten. »Die Hunde setzten dem Hirsch schwimmend nach und umringten ihn. Sogleich tauchte er unter und verlor sich aus dem Gesicht, aber bald erschien er wieder auf dem Wasser und wurde aufs Neue von den Hunden verfolgt. Je mehr er sich vertheidigte, umso mehr wurde er angegriffen, dieser Kampf dauerte beinahe eine Stunde [...] Der Hirsch kämpfte endlich seinen Todeskampf und die Jäger bliesen seinen Tod; vier Gondoliere bemächtigten sich hierauf des Hirsches am Geweih und brachten ihn an Bord, wo er sogleich verendete.«[499]

200 Jahre später dann das grandiose Finale der Hatz gegen Ludwig II. Auch sie endete mit seinem Tod im See unterhalb von Schloss Berg. Sein Leben eine fortwährende Engführung. Geblasen zum Halali wurde früh. Die Minister als Meute stets hinter ihm her. Erst aus der Stadt vertrieben und in die Berge gescheucht, dann durch den Park bei Schloss Berg, durch den Auslass zum See, der nur mehr eine Flucht ins Wasser offen ließ. Verzweifelt des Königs Kampf bis zuletzt. Hoch oben im Norden die Preußen, stille Beobachter. Wie der Hirschtod auch der Tod des Königs. Er taucht unter, als ihn die Kräfte verlassen. Sobald er auftaucht, wird er aufs Neue verfolgt von der Meute. Je mehr er sich verteidigt, umso mehr wird er angegriffen und gehetzt. 20 Jahre dauert die Hatz, dann sein Todeskampf. Es gibt kein Entrinnen. Der König ist tot. Fischer ziehen den Leichnam aus dem See.

Die Seejagd in früherer Zeit war ein fürstliches Vergnügen. 200 Jahre später dann die Treibjagd auf den König, auch sie erfolgreich, am 13. Juni 1886.

Rätsel um die Aufbewahrung der Toten (Pfingstmontag, 14. Juni 1886)

Nachdem König Ludwig II. und Dr. Bernhard von Gudden um Mitternacht offiziell für tot erklärt worden waren, sollten sie ins Schloss transportiert werden. Es existieren allerdings zwei unterschiedliche Aussagen darüber, wohin die Toten zunächst gebracht wurden.

Wie es heißt seien die Leichen am Morgen des 14. Juni zwischen 0.15 und 1.00 Uhr im Bootshaus des Fischers Lidl aufbewahrt worden. Andere erwähnen allerdings auch die Boots- und Badehütte bei Schloss Berg als Aufbewahrungsort.[500]

[499] Kobell, Franz von: Wildanger. Skizzen aus dem Gebiet der Jagd und ihrer Geschichte mit besonderer Berücksichtigung auf Bayern, München 1898, S. 67ff.

[500] Christlieb, Wolfgang: Die psychiatrische Frage und die Königstragödie von 1886, Sonderdruck aus Münchner Stadtanzeiger, München 1986, S. 1–11 (künftig: Christlieb).

Wolfgang Christlieb schildert in seiner Publikation »Die psychiatrische Frage und die Königstragödie von 1886«: »Fest steht nur das eine, dass die beiden Leichen mehrere Stunden in der Hütte [des damals 22-jährigen Fischers] Jakob Lidl gelegen haben, bevor sie (gegen ein Uhr morgens) in das Schloss gebracht wurden.«[501] Dies bestätigt übrigens auch Lidl selbst in einem Interview mit Rolf Brandt, wenn er sagt: »Wir haben beide [Leichen] hierher in die Halle [Bootshalle] gebracht.«[502] Und damit meinte er seine Bootshütte, die bei seinem Berger Wohnhaus an der Seestraße 11 (früher Nummer 2 ½), also nördlich von Schloss Berg, lag.

Bei Lidls Bootshütte handelte es sich um »eine Doppel-Bootshütte, deren linke Hälfte erst um die Jahrhundertwende abgerissen wurde. Zwischen beiden war eine schmale Einfahrt, und diese meinte der Assistenzarzt Franz Carl Müller, wenn er in seinen Erinnerungen schreibt: ›Wir fuhren nun zurück in den kleinen Hafen an der Fischerhütte, von wo wir abgefahren waren.‹ (Fassung von 1888)«[503] Danach wurden die Toten also nicht sofort ins Schloss gebracht, sondern Lidl musste sie in sein Bootshaus rudern. Angeblich etwa bis 1 Uhr früh seien sie dort geblieben und dann erst ins Schloss gebracht worden.

Christlieb gibt trotz seiner Behauptung, »dass die beiden Leichen mehrere Stunden [???] in der Hütte von Jakob Lidl gelegen haben« zu bedenken: »Ob es allerdings stimmt, dass die Leichen des Königs und des Doktor Gudden wirklich in dieser Nacht (vom 13. auf 14. Juni 1886) mit dem Kahn von der Auffindungsstelle über eine Entfernung von doch immerhin 900 Metern [also fast einen Kilometer] bis zur Bootshütte von Lidl gebracht wurden, ist ungewiss und äußerst zweifelhaft.«[504] Warum sollte man die Leichen, die aus dem Boot bereits ans Ufer gebracht worden waren, wieder in Lidls Boot zurücktragen, damit sie zu dessen Bootshütte gefahren werden konnten, bevor man sie dann wieder zum Schloss zurückfuhr, um sie ins Schloss zu bringen? Ein bis heute nicht nachvollziehbarer Vorgang.

Es existiert noch eine zweite Version. Unmittelbar bei Schloss Berg gab es einen Badesteg, der in eine Boots- und Badehütte mündete. Interessant ist, dass einen Tag nach der Katastrophe in Berg auf Befehl der Regierung nicht Lidls Bootshaus abgerissen wurde, in der angeblich die Leichen gelagert worden waren, sondern das Badehäuschen und die Bootshütte bei Schloss

501 Christlieb, S. 10.
502 Brandt. S. 20.
503 Christlieb, S. 10.
504 Ebd.

Berg. Dieser Vorgang gab zu der Vermutung Anlass, Ludwig und Dr. Gudden seien erschossen worden, worauf man sie in der Bade- und Bootshütte bei Schloss Berg auf den Bretterboden gelegt und vom Blut gereinigt habe. Nach dem notdürftigen Verwischen der Spuren seien sie danach als »Ertrunkene« ins Schloss gebracht worden. Die Bade- und Bootshütte sei deshalb abgerissen worden, damit bei allen folgenden Nachforschungen keine Blutspuren mehr zu entdecken wären.

Die Frage ist also, wohin die Toten wirklich transportiert wurden: in Lidls 900 Meter entfernte Bootshütte oder in die beim Schloss gelegene Bade-/Bootshütte? Oder doch gleich ins Schloss? Vielleicht wurden Lidls Bootshütte aber auch nur deshalb angesteuert, um dort, wie es an andere Stelle heißt »Tragbahren für die Toten zu holen«, auf denen sie ins Schloss transportiert werden konnten. Die Frage ist allerdings, ob Lidl in seinem Haus wirklich zwei Tragbahren vorrätig hatte.[505]

Aufbahrung der Toten in Schloss Berg

Nachdem die Leichen ins Schloss gebracht worden waren, wurden sie in den ersten Stock hinaufgetragen, der König ins blaue Schlafzimmer seiner Mutter, auch »Goldlilienzimmer« genannt, Dr. Guddens Leiche ins übernächste Gemach, ins Wohnzimmer oder »Blumenzimmer« der Königinmutter. Dr. Müller ließ die Leichen entkleiden. Während die Hose leicht auszuziehen war, mussten Stiefel, Hemd und Unterkleider aufgeschnitten werden. Dann deckte man die Leichen mit blauseidenen Atlasdecken bis zum Hals zu. Um die beiden Betten wurden Blumen und Kerzen aufgestellt. Dann wartete man, bis die herbeigerufene Gerichtskommission aus Starnberg ankam.

Die Totenwache in der Nacht hielt stundenlang Pfarrer Martin Beck von Aufkirchen, der auch für Berg zuständig war. Er war beim Anblick des königlichen Leichnams überzeugt, dass der König nicht ertrunken war. Als Pfarrer am Starnberger See hatte er des Öfteren mit Wasserleichen zu tun gehabt. Doch der König habe nicht wie ein Ertrunkener ausgesehen.

Am Nachmittag sandte Kaiserin Elisabeth einen Strauß Jasmin nach Berg, der dem aufgebahrten König auf die Brust gelegt wurde.

Auch Fürst Eulenburg-Hertefeld kam ins Schloss Berg und berichtet von

[505] Schweiggert, Adami, S. 179.

einer seltsamen Beobachtung: »In seinem Wohnzimmer zu Berg sah ich am Tage seines Todes eine kleine Marmorsäule stehen, auf deren Sockel auf drei Seiten in Bronze die Worte stehen: Desormais jamais! [›Von nun an niemals!‹] Auf der vierten: Souvenez vous Sire! [›Denken Sie daran, Sire!‹] In seinen Tagebüchern aber, in dem traurigsten Denkmal seines Wahnsinns, verkleckst und verschmiert, in riesigen Buchstaben, steht allenthalben immer von neuem jamais, jamais, jamais – und drei große königliche Siegel sind darunter gedrückt.« Mit diesen warnenden Worten versuchte der König immer wieder sich gegen sittliche Verfehlungen zu wappnen. »Seine Schwäche«, so Eulenburg-Hertefeld weiter, »empfand er als entsetzliches Elend und als Verbrechen gegenüber seiner ›Majestät‹ – seiner Krone. In seinen häufigen, plötzlichen Ausrufen: ›Niemals, niemals!‹, spiegelten sich Gedanken wider, die ihn quälten.«[506]

Prinz Ludwig Ferdinand, Kaiserin Elisabeth und Herzogin Sophie trauern

Am Pfingstmontagmorgen, den 14. Juni, überbrachte ein Offizier dem Prinzen Ludwig Ferdinand und seiner Frau Maria de La Paz in Schloss Nymphenburg die Nachricht vom Tod des Königs. Beide können nicht fassen, dass ihr königlicher Freund, mit dem sie noch bis vor Kurzem in Verbindung standen, nicht mehr am Leben sein soll. Vor drei Tagen, am 10. Juni, hatte Ludwig einen verzweifelten Brief – seinen letzten! – an seinen Lieblingsvetter Ludwig Ferdinand geschrieben:

> »Theuerster Vetter!
> Vergib die schlechte Schrift, ich schreibe dieß in höchster Eile. Denke was Unerhörtes heute geschehen ist!! – Diese Nacht kam eilends einer vom Stallgebäude herauf u. meldete, es wären mehrere Menschen (darunter horribile dictu) ein Minister u. eine meiner Hofchargen in aller Stille angekommen, befahlen meinen Wagen u. Pferde hier (von der oberen Burg) wegzunehmen hinter meinem Rücken u. wollten mich zwingen nach Linderhof zu fahren, offenbar u. mich dort gefangen zu halten, u. Gott weiß was wohl zu thun, Abdankung zu ertrotzen kurz eine schändliche Verschwörung! Wer kann nur hinter einem solchen Verbrechen stecken, Prz. Luitpold vermuthlich.

[506] Eulenburg-Hertefeld, S. 58.

Durch Gensdarme u. Feuerwehr, die sich tapfer entgegenstemmen ward dieß vorläufig vereitelt. Die Schand-Rebellen wurden arretirt. Behalte dieß Alles bitte vorläufig für Dich. Wie kann aber eine solche Infamität nur möglich sein!! Bitte forsche selbst u. durch Andere Verläßige darauf! Hättest Du so etwas für möglich! gehalten. Schon früher schrieb ich Dir daß ich über absichtlich mit Geld herumgestreute Gerüchte über mich (angebliche Krankheit) an der nicht eine Sylbe wahr ist, gehört habe. Es ist zu arg. Es muß Licht in diesen Abgrund von Bosheit kommen! In felsenfestem Vertrauen u. inniger Liebe

Dein getreuer Vetter Ludwig
Hohenschw. 10. Juni 86«

Ergänzung mit Bleistift: »Dieser Abschaum von Bosheit mich nächtlich überfallen u. gefangen nehmen zu wollen!!!«[507]

Ludwig Ferdinand aber konnte zu diesem Zeitpunkt dem König nicht mehr helfen.

In Feldafing begaben sich an diesem Pfingstmontagmorgen, den 14. Juni, Kaiserin Elisabeth in Feldafing und ihre Tochter Valérie im »Hotel Strauch« soeben zum Frühstück, als Prinzessin Gisela verstört ins Zimmer kam, ihre Mutter beiseite zog und ihr mitteilte, dass der König von Bayern sich in den See gestürzt habe und tot sei. Elisabeth brach in Tränen aus. Sie kann nicht glauben, dass Ludwig Selbstmord begangen haben soll. Sie ist sich sicher, dass die Regierung an seinem Tod schuld ist. Die Hauptschuld gibt sie aber dem Prinzregenten Luitpold, den sie regelrecht zu hassen beginnt, was sie in einem ein Gedicht über ihn verdeutlichte, in dem es heißt:

»Seht den heuchlerischen Alten! / Drückt ihn sein Gewissen nicht? / Thut so fromm die Hände falten, / Sauersüß ist sein Gesicht. // Wie sein langer Bocksbart wackelt! / Falsch're Augen sah man nie; / Ist sein Hirn auch ganz vernagelt, / Steckt es doch voll Perfidie. // Seinen Neffen, seinen König / Stieß er tückisch von dem Thron; / Doch dies ist ihm noch zu wenig, / Sah' sich dort gern selber schon. // Könnt ihr auch noch dies ertragen, / Bayerns Volk, dann seid ihr's werth, / Daß, am Pranger angeschlagen, / Ihr in Ewigkeit entehrt! // Eh' sie ihn zum König salben, / Stürzt mit donnerndem Gekrach / Wenigstens ihr, stolze Alpen, / Tötend über Bayerns Schmach!«[508]

507 Brief Ludwigs II. vom 10. Juni 1886 an seinen Vetter Prinz Ludwig Ferdinand.

508 Hamann, Brigitte (Hg.): Kaiserin Elisabeth. Das poetische Tagebuch, Wien 1984, S. 208 (künftig: Elisabeth, Poetisches Tagebuch).

Und lauthals bekannte sie: »Der König war kein Narr, nur ein in Ideenwelten lebender Sonderling. Man hätte ihn mit mehr Schonung behandeln können und dadurch vielleicht ein so gräßliches Ende verhütet.«[509] In tiefer Trauer versunken schickte sie einen Jasminzweig nach Berg und bat, ihn dem Toten auf die Brust zu legen.

Zwei Wochen nach Ludwigs Tod kam seine ehemalige Braut Sophie am 27. Juni 1886 nach Bayern. Nach Aussage Marie Valéries sah ihre Tante Sophie »elend« aus. Sie schien »von den schrecklichen Ereignissen mehr erschüttert« zu sein, »als sie zeigen mag«.[510] Sie habe in aller Stille Abschied von ihrem ehemaligen Verlobten genommen. Dabei wurde sie von ihrer 28-jährigen Nichte Marie Louise Gräfin Wallersee-Larisch, der Tochter ihres ältesten Bruders Louis, begleitet, die Folgendes überliefert. Sophie habe am Sarg einen wundervollen Kranz mit purpurner Schleife niedergelegt, sei dann auf die Knie gefallen und habe »herzbrechend« geweint. Dann habe sie ihre Nichte angeblickt und mit einem »unbeschreiblichen Weh in der Stimme« gefragt: »Marie, glaubst du, daß er mir vergeben hat?«[511] Wenn diese Äußerung Sophies der Wahrheit entspricht, stellt sich die Frage, wofür sie Vergebung erhoffte? Etwa für ihre verbotene Beziehung zu Edgar Hanfstaengl? Die Larisch-Biografin Brigitte Sokop bezweifelt diese Szene und Äußerung der Gräfin Larisch allerdings, da zwischen ihr und Sophie kein besonders enges Verhältnis bestanden habe.[512]

Unruhen im Dorf Berg

Am Pfingstmontag wurde auch unter der Berger Bevölkerung die offizielle Version der Katastrophe verbreitet, nach der der König mit Dr. von Gudden am Pfingstsonntagabend zu einem Spaziergang in den Park aufgebrochen sei. Da es keinen Anlass zur Besorgnis gab, seien den beiden keine Pfleger oder Wachen gefolgt. Plötzlich sei der König in den See geeilt, um schwimmend das andere Ufer zu erreichen und zu entfliehen. Der Irrenarzt wollte ihn daran hindern. Der König wehrte sich so heftig, dass Gudden dabei ums Leben kam. Darauf habe der König einen Herzschlag erlitten – oder wo-

509 Corti, S. 367.
510 Sepp, S. 149.
511 Wallersee, Marie Freiin von: Meine Vergangenheit, Berlin 1913, S. 126f.
512 Sepp, S. 149f.

möglich auch nicht mehr weiterleben wollte, also seinem Leben absichtlich ein Ende gesetzt.

Geglaubt wurde diese Version von den Bergern nicht. Vor allem wollten sie jetzt eines, dem Leichnam ihres Königs möglichst umgehend die letzte Ehre erweisen. Deshalb strömten sie schon am Vormittag in dichten Scharen zum Schloss, wurden zunächst aber abgewiesen. Wüste Verwünschungen wurden ausgestoßen und die Herandrängenden »wichen erst, als das Tor aufging und eine berittene Abteilung ausgeschwärmt gegen sie heranrückte«.[513] Bald ist alles in geordnete Bahnen gelenkt. Die Besucher dürfen in Gruppen von 20 bis 30 Personen am toten König vorbeidefilieren. Einige weinen, andere ballen die Hände zu Fäusten. Zu beiden Seiten des königlichen Leichnams steht als Wache je ein Gendarm. Ein Hoflakai in Livree hält die Ordnung aufrecht. »Manchmal drängen die Leute so stürmisch ins Zimmer, daß das Personal sich bedroht fühlt und in die Ecke flüchtet. Die Leute wollen gar nicht mehr fort. Die Aufregung kann nur mühsam beschwichtigt werden. Manche drohen: ›Ist der König wirklich tot, dann verläßt auch von euch keiner lebend das Haus!‹« Der Pfleger Bruno Mauder relativiert die Anzahl der morgendlichen Besucher: »Vormittags war Kgl. Rat Klug da und wurde auf dessen Befehl den Leuten Zugang erlaubt, war aber nie groß, da es schlechtes Wetter war. Nachmittags kamen mehr, auch feinere Herrn und Damen, hierauf wurde nachmittags der Zugang untersagt, da die Kommission von München komme.«[514]

Beim Rückzug aus dem Schloss wollen einige gesehen haben, dass die geschlossene Kutsche der Kaiserin Elisabeth in den Schlosshof fuhr. Wie es hieß, sei sie über eine Stunde bei der aufgebahrten Leiche des Königs geblieben. »Sie soll mit dem Toten wie mit einem Lebenden geredet, soll schließlich getobt und geweint und zerknirscht gebetet haben, und sie mied seit diesem Tage Bayern.«[515]

Nach anderen Aussagen wurden die Berger erst am übernächsten Tage, also am 15. Juni, ins Schloss eingelassen. Einige seien auch zurückgewiesen worden. Angeblich habe keiner die Leiche von Angesicht zu Angesicht gesehen, weshalb das Gerücht entstand, es habe überhaupt keine königliche Leiche gegeben. »Ludwig sei vielmehr schwimmend über den See gekommen und entflohen, er lebe immer noch und werde eines Tages aus der frei-

513 Graf, Mutter, S. 305.
514 Schweiggert, Adami, S. 214.
515 Graf, Mutter, S. 305.

willigen Verschollenheit auftauchen, um ein verdientes, zerschmetterndes Strafgericht gegen seine hinterlistigen Widersacher abzuhalten.«[516]

Exkurs: Theorien über den Tod des Königs

Unter den zahlreichem Theorien und Mutmaßungen, die sich um den Tod Ludwigs II. ranken, stehen bis heute die Flucht- und Mord- beziehungsweise Totschlag-Theorie im Mittelpunkt.[517]

Ludwig II. habe fliehen wollen und sich nach Abwehr Dr. Guddens, wobei dieser ums Leben gekommen sei, entweder selbst getötet oder habe einen Herzschlag erlitten. Eventuell sei der König bei diesem Fluchtversuch aber auch von einem der wachhabenden Gendarmen, der den König nicht erkannte, versehentlich erschossen worden. Die Ermordung Ludwigs II. durch politische Gegner wird heute meist infrage gestellt. Dafür, dass der König erschossen worden sei, werden höchst widersprüchliche Zeugenaussagen angeführt, darunter etwa von Gräfin Wrbna-Kaunitz. Sie habe den Mantel Ludwigs mit eindeutigen Schusslöchern besessen, der bei einem Zimmerbrand, bei dem die Gräfin selbst ums Leben kam, allerdings vernichtet worden sei.

Bei der Erschießungstheorie wird immer wieder auf Ludwigs eigenartige Frage hingewiesen, die er während eines Gesprächs mit dem Stabskontrolleur Friedrich Zanders am Todestag nachmittags gegen 14.30 Uhr, also wenige Stunden vor seinem Tod, an diesen gestellt habe. Des Königs Frage lautete:

> »Wieviele Gendarmen sind wohl im Park, um mich zu bewachen?«
> Zanders: »Sechs bis acht, Majestät.«
> Ludwig: »Würden sie gegebenen Falles auf mich schießen?«
> Zanders: »Wie können Majestät das denken?«
> Ludwig: »Haben sie scharf geladen?«
> Zanders: »Sie haben gar nicht geladen, Majestät!«[518]

516 Ebd., S. 306.

517 Siehe dazu: Die 26 Theorien zu Ludwigs und Guddens Tod im Einzelnen, in: Schweiggert, Adami, S. 322–336.

518 Schweiggert, Adami, S. 154.

Wollte der König mit dieser Frage sicherstellen, dass bei seiner Flucht die wachhabenden Gendarmen nicht auf ihn schießen könnten, weshalb ihn Zanders Auskunft, ihre Gewehre seien gar nicht geladen, sicher beruhigt haben dürfte. In Wahrheit waren die Gewehre jedoch schon geladen.

Auf eine Fluchtabsicht des Königs deute des Weiteren auch das folgende Ereignis hin, das drei Stunden nach dem Gespräch mit Zanders stattfand. Um 17.30 Uhr erschien bei Dr. Gudden und Baron Washington der Reporter einer amerikanischen Zeitung. Der Mann erkundigte sich nach dem Verlauf der Fahrt von Neuschwanstein nach Berg und nach dem gegenwärtigen Befinden des Königs. Gudden erklärte: »Seine Majestät hat die Fahrt von Schwanstein hierher gut überstanden und die erste Nacht über gut geschlafen. Das allgemeine Befinden Seiner Majestät ist sehr befriedigend.« Dann fragte der Reporter: »Ist es wahr, daß der König morgen früh, also am Pfingstmontag, in München erscheinen wird?« Dr. Gudden und Washington sehen sich verwundert an, und Gudden sagt: »Dummes Zeug!« Washington fragt: »Wo haben Sie den diesen Unsinn gehört?« Der Reporter: »Im Wirtshaus in Leoni haben es die Bauern erzählt.« Washington und Gudden versichern dem Reporter, dass an eine Reise des Königs nach München nicht zu denken sei.[519] Die Frage des Reporters, so die Annahme, weise darauf hin, dass in der Bevölkerung die Flucht des Königs und sein Erscheinen in München am Pfingstmontag Gesprächsthema waren.

Die widersprüchlichen Aussagen des Fischers Jakob Lidl

Als wichtiger Zeuge des Unglücks wird immer wieder der königliche Leibfischer Jakob Lidl genannt, der am 13. Juni 1886 als 22-Jähriger mit seinem Boot bei der Bergung der Leichen des Königs und Dr. Guddens mitgeholfen hatte. Vom ihm existieren drei widersprüchliche Versionen, obwohl er nach eigenen Aussagen einen Schwur zu leisten hatte, er würde sich über die Vorgänge in der Unglücksnacht zeitlebens mit keinem Wort äußern. Mit Geldzuwendungen und Drohungen – man würde ihn in eine psychiatrische Anstalt einliefern – sei er daran gehindert worden, den Schwur zu brechen. Obwohl er als Fischer nicht reich war, konnte er sich nach dem Tode des Königs ein Häuschen direkt am See in Unterberg leisten. Außerdem wurde er mit dem Amt des Bürgermeisters von Berg betraut.

519 Ebd., S. 158f.

Von Jakob Lidl sind folgende drei Aussagen überliefert und damit brach er seinen Schwur, über die Vorgänge in der Unglücksnacht Stillschweigen zu bewahren:

1. Ludwig II. sei erschossen worden (mündliche Aussage gegenüber seinem Freund, dem Fischer Martin Mertl, und gegenüber dem Ludwigforscher Albert Widemann sowie angebliche Aufzeichnung in einem schwarzen Schulheft, das allerdings verschwunden ist).

2. Der König sei durch Chloroform betäubt worden und in der Folge ertrunken (schriftliche Aufzeichnung auf einem separaten Blatt Papier, das überliefert ist.)

3. Der König habe einen Herzschlag erlitten, an dem er gestorben sei (schriftliche Aufzeichnung auf einem separaten Blatt Papier, das überliefert ist, und in Interviews).[520]

1. Nach Lidls mündlichem Bericht sei er beauftragt gewesen, am 13. Juni 1886 ab etwa 18.30 Uhr mit seinem Kahn in Ufernähe auf den König zu warten, der zu seinem Boot schwimmen würde. Lidl sollte dann den König ins Boot holen und mit ihm in die Mitte des Sees rudern, wo »bewaffnete Gebirgler« den Flüchtenden in Empfang nehmen würden, um ihn zu einem der vier vereinbarten Landungspunkte zu bringen. Dort könne der König mit bereitgestellten Kutschen seine Flucht fortsetzen. Doch dazu sei es nicht gekommen. Der König habe Lidls Kahn zwar erreicht, sei aber beim Einsteigen von zwei Schlüssen tödlich getroffen worden, worauf Lidl den Leichnam aus Angst, als Fluchthelfer zur Rechenschaft gezogen zu werden, in den See geschoben habe. In Panik sei er zu seinem Haus am See gerudert und habe sich ängstlich in sein Bett verkrochen. Später wurde er geweckt und aufgefordert, sich bei der Suche nach dem vermissten König und Dr. Gudden zu beteiligen und mit seinem Kahn das Ufer abzusuchen.

2. Auf einem Blatt notierte Jakob Lidl hingegen: »[…] entweder wurde König d. Klorivorm [sic!] o. anders betäubt o. Herzschlag […][521] Davon, dass der König erschossen worden und in seinen Kahn gefallen sei, ist hier nicht die Rede. Nach der Betäubung durch Chloroform sei der König wohl ertrunken. Dazu zitiert der Schrifsteller Oskar Maria Graf die Aussagen der beiden Berger Fischer, Jakob Lidl und des Kramer-Jakl, von denen die

[520] Ausführlich sind die Todestheorien diskutiert in: Schweiggert, Adami, S. 321–337.

[521] Keller, Hans K. E. L. (Hg.): Der König. Beiträge zur Ludwigforschung, München 1967, S. 134f.

königliche Leiche entdeckt und geborgen worden war. Die beiden äußerten später: »Sie [die Leiche des Königs] ist vollgepumpt und aufgebläht gewesen wie ein Luftballon. Am Ufer, wie die Doktoren und Sanitäter Wiederbelebungsversuche gemacht haben, ist dem Toten nichts wie Seewasser wie ein Springbrunnen aus dem Maul gelaufen, fort und fort. Aber zum Leben ist unser Ludwig nicht mehr gekommen. Aus war's für ewig mit ihm.«[522]

3. In einem Interview mit der »Süddeutschen Sonntagspost« 1926 erwähnt der 62-jährige Lidl die Betäubung mit Chloroform nicht, sondern lediglich, dass der König vor Aufregung einem Herzschlag erlegen sei und er nur bei der Bergung der Leichen des Königs und Dr. Guddens geholfen habe. Danach »sollte Lidl erst mit dem Kahn, in dem die Leichen lagen, am Ufer bleiben, er weigerte sich aber und bat wegen des hohen Seeganges – um Balance zu halten – Dr. Müller und Schloßverwalter Huber ihn zu begleiten. So fuhr er die beiden Toten das Seeufer hinab zu seinem Anwesen – und schob den Kahn in seine Fischerhütte. Dort blieb er fast eine Stunde [!!!] mit den Leichen und hielt die Totenwache. Dann brachte man eine Bahre aus dem Schloss und trug den König hinauf in sein Schlafzimmer. Dr. Gudden wurde etwa eine Stunde später geholt.«

1929 befragte der Journalist Rolf Brandt den damals bereits 65-jährigen Fischer Lidl. Hier ein Auszug aus dem höchst interessanten Interview:

> »Vor seiner Bootshalle in der späten Nachmittagssonne am runden Tisch, der so alt ist, wie die Halle selbst, sitzt mir Jacob Lidl gegenüber. […] Die Jahre rauschen zurück. Wir erleben das Drama von Schloß Berg. Da sei nicht viel zu sagen, meint er, dazumal sei er zweiundzwanzig Jahre gewesen, und er habe oft für den König Briefe ausgefahren über den See. Als Bub sei er schon dabei gewesen, wie der Vater den Richard Wagner von der Villa in Nieder-Pöcking zum Schloß Berg gerudert habe. ›Der Vater hat gemeint, er spinnt, er hat immer mit sich selber redt, wie die spinnerten Menschen.‹[…]
> In der Todesnacht, als man die Schirme an der Bank und die Kleider im Park gefunden hatte, und das große Suchen begann, holte der Schloßverwalter den jungen Fischer zu nächtlicher und schauerlicher Fahrt. Der Jacob Lidl sah den König zuerst im flachen Wasser liegen ... Die Augen des Fischers werden ganz starr, als er nun weiter erzählt, und die Worte tropfen langsam, wie aus der Tiefe eines Brunnens, der Erinnerung heißt.

[522] Graf, Mutter, S. 305.

›Der König hat noch die Augen aufgehabt. Ich habe fünfzig Menschen aus dem Wasser geholt; so hat keiner ausgesehen, der ertrunken ist. [Lidl leugnet hier also den Ertrinkungstod.] Das Wasser war ja auch viel zu flach für einen so guten Schwimmer. Sie haben ja die Stelle heute am Nachmittag gesehen. Sie liegt ein wenig näher zum Ort als das Holzkreuz, das man errichtet hat. Das Wasser wird kaum mehr als einen Meter gezeigt haben. Der König hat einen Herzschlag gehabt. Als wir den schweren Körper im Boot hatten, sagte ich zu dem Verwalter Huber, da schwimmt was Schwarzes, das ist dem König sein Frack. Es war aber Dr. Gudden, der lag im tieferen Wasser. Wir haben ihn dann auch in das Boot gezogen, und dann haben wir beide hierher in die Halle gebracht. Wir haben stundenlang Wiederbelebungsversuche gemacht. Aber ich wußte, daß sie nichts helfen konnten. Ich habe die beiden Uhren gesehen. Die Uhr des Königs ist sechs Minuten vor sieben stehengeblieben, als das Wasser eindrang. Die von Dr. Gudden aber zehn Minuten nach acht.‹

›Sie schließen daraus, Herr Lidl?‹ [fragt Rolf Brandt weiter.]

Der alte Jacob Lidl spricht jetzt womöglich noch langsamer, und er hat eine fast hochdeutsche Aussprache plötzlich, wie man sie gebraucht, wenn man mit dem Pfarrer spricht, oder bei ernsten Anlässen, da man die Worte schriftdeutsch hinsetzen will.

›Der König hat fliehen wollen, das weiß ich, er hat Rock und Weste ausgezogen, denn wir haben ihn ja im Hemd gefunden. Das tut keiner, der im Wasser den Tod sucht. Das tut einer, der über eine kleine Bucht schwimmen will, um dort einen sicheren Kahn zu finden. Er lief ja auch in Richtung auf das Dorf. Der Dr. Gudden ist ihm nachgesprungen, der König hat ihn vielleicht mit einem Faustschlag abgewehrt. Würgemale an seinem Hals sind eine dreckete Erfindung. Ich hab' sie nit gesehen, der Bezirksamtmann aus Starnberg hat sie nit gesehen, und der Arzt aus Starnberg auch nit. Niemand hat sie gesehen, als nachher die Kommission aus München. Als dann der König, nachdem er den Gudden leicht abgeschüttelt hat, weitergelaufen ist, da hat ihn in seiner Aufregung, da hat den schweren, großen Mann ein Herzschlag getroffen. Er ist nach vornüber gestürzt, und so hab' ich ihn ja denn auch gefunden. Als wir im Boot fuhren, sagte ich dem Huber, da ist was Weißes, und das war der König. Als der Dr. Gudden gesehen hat, daß der König hin war, hat er sich selber das Leben durch Ertrinken genommen. Beinah eine Stunde später. Die Uhren lügen ja nicht, mein Herr.‹

›Wer sollte das Boot führen, das den König gerettet hätte?‹ [fragt Rolf Brandt weiter.]

Der Alte sieht mich sehr ruhig und fest an. ›Was ich gesagt habe, glaube ich mit meinem Gewissen verantworten zu können, mehr nicht. Ich habe drei Jahre nach dem Tod des Königs einen Eid schwören müssen, daß ich verschiedene Dinge nicht sagen würde. Nicht meiner Frau, und nicht auf dem Sterbebette und auch nicht dem Priester. Ich habe um acht Tage Bedenkzeit gebeten, und dann habe ich den Eid vor dem Bezirksamtmann Hartlieb geschworen. Der Staat hat sich dabei verpflichtet, danach für meine Familie zu sorgen, wenn mir im Krieg oder Frieden etwas Menschliches passieren sollte. Ich werde den Eid halten. Es sind ja in letzter Zeit viele zu mir gekommen, weil ja doch schließlich die Politik hineinspielt. Es haben auch viele gelogen, sie hätten mit mir gesprochen. Aber ... ‹ Er macht eine vage Bewegung mit der Hand, und seine Augen sind wie ganz rückwärts gerichtet. ›So wie ich's Ihnen gesagt habe, ist's gewesen.‹ Pause. ›Wir haben hier alle sehr um den König getrauert.‹«[523]

Das »Geheimnis von Berg«, wie Ludwig II. und Dr. Bernhard von Gudden tatsächlich ums Leben kamen, ist bis heute noch immer nicht geklärt. Jakob Lidls unterschiedliche Aussagen helfen diesbezüglich nicht weiter. Zum einen musste Lidl schwören, nichts auszusagen, brach aber den Schwur. Seine Aussagen sind mehrdeutig:

Erschießung des Königs (mündlich und in einem verschwundenen schwarzen Schulheft)? Oder Ertrinken nach Betäubung mit Chloroform (schriftliche Aufzeichnung auf einem separaten Blatt Papier, das überliefert ist)? Oder Herzschlag (schriftliche Aufzeichnung ebenfalls auf demseparaten Blatt Papier, das überliefert ist, und in Interviews)? Seither kann jeder glauben, was er will und sich dabei auf den Fischer Jakob Lidl berufen.

Abnahme der Totenmasken und des Handabdrucks

Am Abend des Pfingstmontags, 14. Juni 1886, wurden in Schloss Berg gegen 18 Uhr die Totenmasken des Königs und Dr. Guddens sowie ein Handabdruck des Königs abgenommen. In der »Münchner Allgemeinen Zeitung« vom 15. Juni 1886 findet sich dazu folgende Notiz:

[523] Brandt, S. 11–23.

»Wie uns mitgeteilt wird, wurden gestern Abend [14. Juni 1886] in Schloss Berg durch die HH. Bildhauer [Johann Nepomuk] Hautmann und Hofgipsformer Adolf Mahr die Gipsmaske des Gesichts weiland König Ludwigs II. abgenommen, sowie dessen rechte Hand abgeformt. Des Weiteren ist auch die Totenmaske des Obermedizinalrats Dr. von Gudden durch die Genannten abgenommen worden. – Herr Bildhauer Hautmann wird, wie wir hören mit Hilfe der Totenmasken die Herstellung einer Büste weiland König Ludwigs II. sofort und eine solche des Obermedizinalrats Dr. von Gudden in der Folge in Angriff nehmen.« [524]

Die Totenmaske des Königs war seit seinem Tod bekannt und wurde immer wieder ausgestellt. Guddens Totenmaske wurde erst im Oktober 1999 im Städtischen Museum Rosenheim entdeckt und erstmals im Frühjahr 2014 (vom 15. Mai bis 17. Juli) in der allerersten Ausstellung über »Dr. Bernhard von Gudden, der Gutachter König Ludwigs II.«[525] im Kloster Benediktbeuern gezeigt.

Ludwig II. verlässt Schloss Berg für immer

Am 14. Juni gegen 21 Uhr begann die Überführung des königlichen Leichnams nach München. »Rechts und links von der Dorfstraße knieten die Leute mit entblößten Köpfen und gefalteten Händen. Sie erhoben sich, nachdem Reiter und Wagen vorüber waren, und folgten laut betend. Niemand verwehrte es ihnen. Bis zum Anfang des Waldes außerhalb der Berger Feldgemarken gaben sie dem Toten das Geleit. Seltsam aber, trotz alledem konnte sich keiner von ihnen des bedruckenden Eindrucks erwehren, als hätten sie dem düsteren Zug eines Hingerichteten das Geleit gegeben. Als sie auseinandergingen, war jeder von ihnen benommen, und keiner sagte ein Wort ...«[526] Mancher erinnerte sich wohl daran, dass 22 Jahre vergangen waren, seit der König Schloss Berg im Mai 1864 als jugendlich strahlender Monarch das erste Mal betreten hatte.

Als der königliche Leichenwagen abgefahren war, begaben sich die Pfleger Mauder und Braun zurück ins Schloss. Sie sollten bis zum Eintreffen des Leichenwagens für Dr. Gudden bei dem Toten bleiben und dann mit dem Lei-

[524] »Münchner Allgemeine Zeitung« vom 15. Juni 1886.

[525] Schweiggert, Gudden, S. 149–156; Kurator der Ausstellung: Alfons Schweiggert.

[526] Graf, Mutter, S. 306.

chentransport nach München zurückkehren. Der Leichenwagen für Dr. Gudden traf erst gegen Mitternacht in Schloss Berg ein. Die beiden Pfleger trugen den Sarg in den Hof und hoben ihn in den Wagen, der in Richtung München abfuhr. Aus Platzgründen konnten sie nicht, wie geplant, mit dem Leichenwagen mitfahren. Sie suchten in Berg ein Fuhrwerk für die Rückfahrt zu organisieren, was aber nicht gelang. Sie mussten bis zum Morgen des 15. Juni in Schloss Berg ausharren. Dann kehrten auch sie nach München zurück.

Nach den Pfingsttagen lag der Ort der Königstragödie verlassen da und Schloss Berg war verwaist.

Abriss der Badehütte und der Ruhebank

Unmittelbar nach der Katastrophe am 13. Juni wurde – wohl auf Befehl der Regierung – nicht Lidls Bootshaus, sondern, wie bereits erwähnt, die Bade-/Bootshütte nahe Schloss Berg abgerissen. Auf das Verschwinden weisen zwei Zeichnungen hin. Auf der einen von Robert Aßmus, gefertigt am 13. Juni 1886 und erschienen in der »Leipziger Illustrierten«, ist der Steg samt Badehütte noch zu sehen. Auf einer wenige Tage später gefertigten Abbildung, die einen Bericht des Korrespondenten de Haenens illustriert, ist nur noch der Steg, jedoch keine Badehütte mehr sichtbar. Dieser Vorgang gab zu der Vermutung Anlass, dass man im Badehaus bei Schloss Berg von den Leichen stammende Blutspuren durch den Abriss beseitigen wollte.

Die Holzbank nahe der Unglücksstelle, auf welcher der König und Dr. Gudden beim Vormittagsspaziergang am 13. Juni 1886 ausruhten, war nach einem Bericht der Starnberger Nachrichten vom 4. Juli 1886 einen Monat nach dem Tod des Königs nicht mehr vorhanden: »Heute brachte uns jeder Eisenbahnzug massenhaft Gäste von München, die Schloß Berg und die Unglücksstätte besichtigten. Alles suchte die denkwürdige Bank am See, auf der der König und Gudden zuletzt saßen; sie war aber nicht mehr zu finden. Auf eingezogene Erkundigung wurde uns mitgetheilt, daß diese Bank entfernt werden mußte, weil sie ganz zerschnitten wurde, da fast jeder Besucher sich ein Stückchen Holz davon abschnitt, um es als Reliquie aufzubewahren. Vorgestern soll ein Bauer aus Tirol dagewesen sein, der sich von der Unglücksstatte eine Flasche Wasser mitgenommen hat, um es als ›Wunder wirkend‹ zu gebrauchen.«[527]

[527] König, Hannes: Ludwig II. Das Märchen vom Märchenkönig, München 1969, S. 133.

Schloss Berg und die Roseninsel nach dem Tod Ludwigs II.

»Seitdem am 13. Juni 1886 König Ludwig II. einen tragischen Tod in den Fluten des Starnberger Sees fand, ruht ein wehmutsvoller Zauber über Schloß Berg. [...] Neben den traurigen Erinnerungen bewahrt Schloß Berg aber auch die Reminiszenzen an König Ludwigs II. glückliche Tage«[528], so schreibt Max Koch von Berneck in seinem frühen Schlossführer.

Neuer Besitzer von Schloss Berg wurde nun sein Bruder König Otto I. Doch der geistig Kranke war in Schloss Fürstenried interniert und nutzte daher das Schlösschen am Starnberger See nicht. Auch wenn 1913 Ludwig III. König wurde, so blieb König Otto I., dem sein Titel nicht aberkannt wurde, bis zu seinem Tod 1916 weiterhin Eigentümer von Schloss Berg. In den Jahren 1917 und 1918, in denen das Schloss an Ludwig III. fiel, wurde es von diesem nicht genutzt, da er auf seinem Gut in Leutstetten lebte, das er bereits 1875 gekauft hatte. Ende 1918 endete die Monarchie in Bayern. Die Besitzverhältnisse von Schloss Berg wurden aber erst fünf Jahre später, 1823, vom Freistaat Bayern neu geregelt.

Die Nachbesitzer von Schloss Berg seit 1886 sind:

1886 bis 1918:
König Otto I., der Bruder Ludwigs II. (1886 bis 1913 / 1916)
König Ludwig III. (1913 / 1916 bis 1918)

1918 bis 1945:
Wittelsbacher Ausgleichsfonds (1923 bis 1933)
NSDAP (1933 bis 1945)

ab 1945:
Kronprinz Rupprecht von Bayern (1945 bis 1955)
Herzog Albrecht von Bayern (1955 bis 1996)
Herzog Franz von Bayern (seit 1996)

[528] Koch von Berneck, S. 3 und S. 18.

Über das, was nach dem bis heute rätselhaftem Tod Ludwigs II. geschah, meldete der »Bayerische Kurier« am 3. Juli 1886: »Am Freitag, den 2. Juli, war in Schloß Berg durch das Marschallamt, den Oberstaatsanwalt und den Oberamtsrichter Jehle die Inventuraufnahme. Dabei fand sich [...] in den verschiedenen Schubläden und Fächern eine erstaunliche Menge von Brillanten und anderen Edelsteinen, Ringen, Busennadeln, Uhren, Ketten und werthvollen Pretiosen, welche einen sehr beträchtlichen Werth haben. Die Kommission glaubt, daß sich in Linderhof, Schwanstein und den anderen Schlössern ebenfalls Mengen solch werthvoller Gegenstände vorfinden werden.«[529]

Zahlreiche Kunstgegenstände, Mobiliar aus den Schlössern und Kleinodien aus Ludwigs Besitz wurden nun verkauft, etliche davon weit unter Wert. So wurde etwa ein auf 850 000 Francs geschätzter französischer Sekretär für nur 15 000 Francs verscherbelt.[530] Auch das Inventar der Berghäuser räumte man aus und im Sommer 1886 wurden des Königs geliebte Reit- und Wagenpferde öffentlich versteigert.

Von diesem Ausverkauf hatte auch Oskar Maria Graf Kenntnis, der die Reaktion der Berger schildert, die ihrer Empörung über die Geschehnisse im Schloss lauthals Luft machten: »Die Berger Hofhaltung wurde aufgehoben, sang- und klanglos verschwand die Dienerschaft nach und nach. Nur die Gärtnerei blieb. Alle wertvollen Möbelstücke, darunter ein goldener Betstuhl des Königs, wurden auf höheren Befehl weggeführt. Das machte böses Blut im Dorf und in der Pfarrei. ›Umbringen und ausrauben auch noch! Pfui Teufel!‹ schimpften die Leute ganz offen. Vom neu ernannten ›Landverweser‹, dem Prinzregenten Luitpold, der [...] die Regierung übernommen hatte, wollte kein Mensch etwas wissen, am allerwenigsten die Berger. Die waren froh, daß er sich nie bei ihnen sehen ließ. ›Windiger Erbschleicher‹ war das mildeste Schimpfwort, mit dem sie ihn belegten.«[531]

In dem zur Seeseite gelegenen Erkerzimmer sah der Ludwig-Biograf Friedrich Lampert »eine Bücherstellage«, die ebenfalls geleert worden war. Lampert schreibt: »Ich sah noch hier einen Teil der Bibliothek des Königs, zwar nur einen verschwindend kleinen, aber doch recht charakteristischen,

[529] Schweiggert, Adami, S. 295; Füssener Blatt Nr. 77 vom 6. Juli 1886.

[530] Ebd., S. 314.

[531] Graf, Mutter, S. 306f.

eine Reihe nur französische Dinge behandelnder französischer Bücher, von der ›heiligen Dreizahl der Lilien Frankreichs‹, wie sich Ludwig einmal ausgedrückt, von Louis XIV., XV., XVI.; von Marie Antoinette, aber auch der Ninon de l'Enclos, der Montespan, Pompadour, Valiere und andere. Dazu auch ein paar ganz neue deutsche Bücher, die Erzählungen Maximilian Schmidts, lagen dort.«[532]

Alles schien aber vorerst dann doch nicht aus Schloss Berg entfernt worden zu sein, denn bald wurde das Lieblingsdomizil des Königs als Erinnerungsstätte der Öffentlichkeit zugänglich gemacht und Museum. Deshalb musste auch die Einrichtung – zumindest großenteils – erhalten bleiben. Bewohnt war das Schloss allerdings nicht mehr – außer vom Schlossverwalter in einigen Räumen des Erdgeschosses. 1898 wurde der Maler Anton Georg Zwengauer (1850–1928), der 1869 von Ludwig II. zu seinem Hofmaler berufen worden war, auf ausdrücklichen Wunsch von Prinzregent Luitpold mit der Verwaltung von Schloss Berg beauftragt. Die Tätigkeit des Schlossverwalters, die wohl mehr symbolisch war, sicherte Zwengauer ein bescheidenes Einkommen und die Möglichkeit, seiner künstlerischen Arbeit nachzugehen. Von ihm gibt es zwei reizvolle Gemälde von Schloss Berg – eine Ansicht im Sommer und ein stimmungsvolles Winterbild mit zwei Rehen, außerdem auch ein Gemälde von der Votivkapelle.

Das »Museum Schloss Berg« war täglich von 8 Uhr morgens an zu besichtigen, samstags war es geschlossen. Der Eintritt kostete 50 Pfennige. Problematisch war, dass Museumsbesucher mehrfach in ungestümer Weise ins Schloss eindrangen und bisweilen auch Andenken entwendeten, darunter Quasten vom Meublement und Splitter von Möbelstücken. Daraufhin wurde das Schloss am 7. Juli 1886 sogar kurzzeitig geschlossen, bald aber unter strengerer Aufsicht wieder geöffnet.

Elisabeths Trauergottesdienst für Ludwig II. in Feldafing

Am 21. Juni 1886 um 10 Uhr ließ Kaiserin Elisabeth von Österreich in der Dorfkirche von Feldafing zum Gedenken an den König ein feierliches Requiem lesen. Prinzessin Valerie, Elisabeths Tochter, notierte in ihr Tagebuch: »Über dem schwarz verhangenen Altar war das Wittelsbacher Wap-

[532] Lampert, Friedrich: Ludwig II. König von Bayern. Ein Lebensbild, München 1890, S. 93.

pen mit der Inschrift ›Ludwig II. König von Bayern, Pfalzgraf bei Rhein, Herzog von Bayern, Franken und Schwaben, geb. 25.8.1845, gest. 13.6.1886‹. Und vor dem Altar stand ein großer Katafalk mit Eichenlaub und Kränzen von Jasmin und Rosen bedeckt, das darauf befindliche Wappen war mit Alpenrosen bekränzt [...]«[533]

Anschließend besuchte die Kaiserin die Kirche St. Michael in München. In der Fürstengruft legte sie an Ludwigs Sarg einen Kranz aus Rosenblüten nieder und sprach Gebete für den Toten. »Der Besuch«, so notierte Prinzessin Valerie, »hat Mama sehr gut getan. [...] Sie sagte, besser sei es dem König dort bei seinen Vätern zu ruhen, als so fortzuleben, wie er es unter dem Luitpoldschen Regiment gemußt hätte.«[534] In einem Gedicht schreibt die Kaiserin: »Dort habe ich Abschied genommen, / Und drückte noch leise zum Schluß, / Mein unvergeßlicher König, / Auf Deinen Sarg einen Kuß.«

Die Ortschaft Berg wird weltberühmt

Schloss Berg, die Ortschaft Berg und der Starnberger See wurden nach dem Tod des König Jahr für Jahr berühmter und dessen waren sich die Berger auch bewusst, wie Oskar Maria Graf in seiner »Chronik von Flechting« – gemeint ist damit der Ort Berg – schrieb, wobei er treffend die massiven Veränderungen skizziert, die nicht nur Berg, sondern auch viele andere Orte am Starnberger See betrafen:

»Wer den Wandel der Menschen auf diesem Landstrich mit eigenen Augen erlebt hat, der muß füglich sagen, wie mein seliger Vater zu sagen pflegte: ›Nix Besseres hätt' überhaaps net passiern kinna, ois dass der König an ünsern See rauskemma is ... Noch rächtn is's mit iahm erscht o'ganga mit'n Aufschwung ... Ehvor is's der lebendi König gwen, der wo d'Leut herzogn hot, und nach is's der tod' König gwen, der wo dö Fremdn brocht hot ... I sog amoi sovui, a so a See wia da ünser is Gold wert und gor wenn a so a hocher Herr mitn eigna Kärpa drin dersuffa is ...‹ [Schriftsprachliche Übertragung: »Nichts Besseres hätte überhaupt nicht passieren können, als dass der König an unseren See heraus gekommen ist ... Wenn man es

[533] Schweiggert, Adami, S. 279.
[534] Ebd.

recht bedenkt, hat erst mit ihm der Aufschwung begonnen ... Zuvor ist es der lebendige König gewesen, der die Leute angezogen hat, und danach ist es der tote König gewesen, der die Fremden hergebracht hat ... Ich sage nur so viel, so ein See wie der unsere ist Gold wert und gar wenn ein so ein hoher Herr mit dem eigenen Körper darin ertrunken ist ...«]

Man mag diese vielleicht nicht sehr zarte Erklärung hinnehmen wie man will, sie trifft das Richtige. Sie sagt derb, unversteckt und mit eigentümlicher Sachlichkeit, wie der kleine Mann die großen Ereignisse betrachtet und was für Nutzanwendungen er daraus zieht. Jemand, der sozusagen sorglos in ein sorgloses Leben hineingeboren wird, der kann sich leicht ein Ideal gestatten, derjenige aber, der mit der Not des Tages schwer kämpfen muß, kennt schlechterdings nichts als sein Interesse. Er wird stets das als ›gut‹ anerkennen, was ihm nützt, alles Schädliche aber ›schlecht‹ heißen. [...]

Und es ist wirklich wahr, dieser rätselhafte Monarch hat indirekt – wenn man's so sagen will – aus den ruhigen Bauerndörfern und Uferflecken um den See herum die belebtesten, teuersten Fremdenorte gemacht. Sein dortiges Leben und besonders sein ›Ins-Wasser-Gehen‹, sind zu einer Ursache geworden, die ihm selber sicher unerwünscht gewesen sein würde, deren Wirkung aber nicht nur das Gesicht jener stillen Gegend völlig und äußerst rasch veränderte, sondern auch die Menschen dort anders, ganz anders machte. Die Idylle schwand, die Bäuerlichkeit wich. Es wurde laut, mit der Zeit entstanden neue Villen, die das Seeufer verstellen, komfortable Hotels. Und der Fremdenverkehr regiert sozusagen. Warum auch nicht, man lebt davon! [...]

Wer die Dörfer besucht, sieht geleckte Häuser. Es ist alles zurechtgemacht, wie auf einem Präsentierteller. Die Wichtigkeit, mit der die sogenannten Verschönerungsvereine agieren, geben [sic!] ein oft drastisches Bild von der instinktiven Profitgier einstmals bäuerlicher Leute. Es ist schön zu leben im Sommer über dem See — aber man muß Geld haben. Es ist so gar nicht mehr bauernmäßig in den Häusern, wo man Vieh hat und Äcker bearbeitet, es riecht alles ein wenig nach ›Pension‹. In vielen der größeren Seeorte bewegt sich heute die eleganteste Welt. Die Großzügigkeit lässt also nichts zu wünschen übrig und jedermann, der dort seßhaft ist, hat sich gewiegt hineingefunden. [...]

Eine knappe Stunde Bahnfahrt von München aus und man ist an jenem vielbesuchten See, der heute nichts mehr ist — als berühmt, komfortabel und elegant.«[535]

[535] Graf, Flechting, S. 173ff.

In den Jahren nach dem Tod des Königs »besuchten im Sommer eine Unmasse Fremder und romantischer König-Ludwig-Verehrer Berg. Das Dorf profitierte davon und blühte jetzt noch zu einem weit zahlreicher besuchten Fremdenort heran. Die Erinnerung an den König blieb zwar wach in den Bergern, aber langsam fanden sie, daß dessen Tod doch einen großen Segen gebracht hatte. Ihre guten Kammern waren jeden Sommer vermietet. Die Wiesenflächen am Seeufer stiegen beträchtlich im Wert. Herrschaften, die sich Villen bauen ließen, bezahlten für solche Grundstücke nie geahnte Preise. Mancher Berger wurde dadurch auf leichte Weise mehr als wohlhäbig. An den sonnigen Sonn- und Feiertagen brachten die Dampfschiffe Hunderte von Sommerfrischlern und Touristen an die Ostufer des Sees, und jedes Wirtshaus, alle Hotels waren dicht besetzt mit Gästen.«[536]

Und das ist bis heute auch so geblieben. Alle Grundstücke rund um den Starnberger See sind sündteuer, weshalb sich hier gerne Millionäre ansiedeln, darunter Großindustrielle und Politiker, berühmte Künstler, Fußballprofis, Schauspieler und Ärzte.

Das Schicksal der Roseninsel nach 1886

Nach dem Tod Ludwigs II. erlosch das Interesse des Hauses Wittelsbach auch an der Roseninsel und am Casino und im Rosengarten wurde es still. Prinzregent Luitpold hielt sich meist in der Münchner Residenz auf, wenn er nicht gerade in den Bergen seiner Jagdleidenschaft frönte. Die Roseninsel bot ihm jedenfalls nicht das Wild wie Hirsche oder Gamsböcke, das er erlegen wollte, und so blieb er sowohl Schloss Berg als auch der Roseninsel fern, die nun immer mehr in Vergessenheit geriet.

Auch sein Sohn und Nachfolger, König Ludwig III., interessierte sich weder für Schloss Berg noch für die Roseninsel. Er lebte mit seiner Familie im Schloss Leutstetten, wo er seinem Interesse für die Landwirtschaft nachging. Die Roseninsel verfiel dadurch immer mehr und der bauliche Zustand des Casinos verschlechterte sich zusehends. Thomas Mann, der 1919 in Feldafing Urlaub machte, fand die Insel bereits nicht mehr der Rede wert.

Erst 1970 erwarb der Freistaat Bayern das Eiland. Nach intensiven Planungen wurde mit der Wiederherstellung begonnen. 1997 führten umfangreiche Baumaßnahmen durch die Bayerische Verwaltung der staatlichen

[536] Graf, Mutter, S. 312.

Schlösser, Gärten und Seen dazu, dass 2003 – zum 150-jährigen Bestehen des Casinos mit Garten – die Roseninsel zu neuem Leben erwachte und seither für Besucher wieder öffentlich zugänglich wurde.

Der 1999 gegründete »Förderkreis Roseninsel Starnberger See e. V.« unterstützt die Bayerische Verwaltung der staatlichen Schlösser, Gärten und Seen bei der Erhaltung von Casino und Park. Er organisiert Vorträge, Führungen und Exkursionen und fördert die Publikation wissenschaftlicher Aufsätze. Er engagierte sich auch bei der Wiederherstellung des Rosengartens, der Efeulaube, der historischen Bänke und Vasen und des im Südosteck der Insel gelegenen Pavillons sowie bei der Restaurierung der Glassäule. Heute lockt die unter Denkmal- und Landschaftsschutz stehende Roseninsel vom Frühjahr bis in der Herbst hinein zahlreiche Touristen an, das Casino und den Rosengarten zu besichtigen und auf der Insel wie zu Ludwigs II. Zeiten zu lustwandeln.

Ludwig II. schickt den Berger Kindern das Christkind

Wie sehr sich die Gestalt Ludwigs II. in die Köpfe und Herzen der Bewohner von Berg und ganz besonders bei den Berger Kindern förmlich einbrannte, beschreibt Oskar Maria Graf in seinem Buch »Dorfbanditen. Erlebnisse aus meinen Schul- und Lehrlingsjahren«, in dem er ein vorweihnachtliches Brauchtum beschreibt, in dem die posthume Zuneigung der Berger Familien zu ihrem Ludwig zum Ausdruck kommt.

Eine unbekannte höhergestellte Dame richtete gleich nach dem Tod des Königs 1886 eine Stiftung ein, »demzufolge wir Berger Kinder alle Jahre bei einer eigenen Gedenk-Christbaumfeier beschenkt wurden. Es läßt sich also denken, daß eine so mildtätige Sache auf unsere Ludwigs-Anhänglichkeit am meisten gewirkt hat. Erstens haben wir als einzige Bäckerei und Konditorei am Orte [Grafs Vater war Bäcker] eine Unmasse Gebäck liefern müssen, zweitens hat der Metzger von Aufkirchen für die Feier korbweise Würste und Fleisch angebracht, drittens hat der Gärtner für die Ausschmückung des Saales seine Einnahme gehabt, viertens ist bei dem Wirt, wo alles stattfand, ein Geschäft gegangen, das wo sich verschiedene gewünscht hätten, und endlich fünftens hat jedes Kind zwei Paar Dünngeselchte gratis gekriegt, hernach einen vollbehangenen Christbaumzweig, außerdem ein Kleidl, ein Paar Strümpfe, Spielsachen, schöne Rosenkränze oder ein Gebetbuch, und wenn eines davon ein Gedicht aufgesagt hat, sind ihm bare 50 Pfennig stiftsgemäß ausbezahlt worden.

Sowas kann man doch gewiß einen reellen Segen heißen, und wenn – was selbstredend dazugehörte – der hochwürdige Herr Pfarrer und der Bürgermeister ihre Reden, die wo alle Jahre gleich waren, mit den schönen, erhebenden Worten beendet haben: ›Und so thronet seit anno 86 Seine Majestät, unser unvergessener Bayernkönig Ludwig der Zweite, im Himmel droben an der Seite Gottes und schaut heute mit besonderer Liebe auf uns Berger und auf euch Kinder herab, denen er das Christkind geschickt hat, auf daß wir einstimmen – Seine Majestät, König Ludwig der Zweite, er lebe hoch! Hoch! Hoch!‹, da war natürlicherweise kein Auge nicht trocken, und jeder hat ›Hoch‹ geschrien, daß der ganze Saal gezittert hat.«

Ludwigs II. Gedenkstätten und Denkmäler am Starnberger See

Schon kurz nach dem Tod Ludwigs II. entstand in ganz Bayern das Bedürfnis, mit Gedenkstätten, Erinnerungszeichen und Denkmälern an den »Märchenkönig« und sein Wirken zu erinnern. Gerade auch am Starnberger See gab es diesbezüglich immer wieder Überlegungen und Pläne.

Gedenktafel, Holzrad und Kreuz im Starnberger See (1886)

Als Ludwig im Starnberger See ums Leben gekommen war, waren es zunächst treue Bedienstete aus Schloss Berg, die an der Unglücksstelle spontan einen Ast in den Seeboden steckten, wo die Leichen gefunden wurden. Zwei in den Boden gespießte Hölzchen markierten den Platz, wo Röcke und Hut des Königs gefunden worden waren. Der Ast wurde tags darauf durch eine Stange ersetzt, an der ein weiß-blaues Fähnchen flatterte. Dann brachte man im See einen Pfahl mit einer provisorischen Gedenktafel an, auf der in schlichter Schrift das Todesdatum des Königs festgehalten war: »13. Juni 1886 König Ludwig II. ertrunken«.

Zu seinem Geburts- und Namenstag am 25. August 1886 legten heimliche Verehrer ein Holzrad ins Wasser, das sie mit Ketten, an denen Steine befestigt waren, an der Fundstellstelle der Leichen im See verankerten. Das Rad war stets mit Ludwigs Lieblingsblumen – Jasmin, Rosen und Lilien – geschmückt. Gedenktafel und Holzrad blieben einige Jahre unbehelligt im Wasser, bis sie durch den Seegang und im Winter durch Eis zerstört worden waren.

Zwischen 1887 und 1890 errichtete man an dieser Stelle ein erstes schlichtes Holzkreuz. Wie es heißt, markiert das Kreuz lediglich die Auffindungsstelle der Leichen. Der Tod habe sich jedoch etwa 50 Meter weiter südlich ereignet, andere meinen wiederum, dies sei 300 Meter weiter nördlich geschehen. Weitere Kreuze – zunächst aus Eisen, dann aus Holz, folgten 1913, 1918, 1925, 1961 und 1986, nachdem die jeweiligen Vorgänger jeweils nach oft nur wenigen Jahren durch Seegang, Wind und Eis, später auch durch Randalierer zerstört worden waren.[537]

[537] Ausführliche Beschreibung in: Schulze, Dietmar: Ludwig II. Denkmäler eines Märchenkönigs, München 2011, S. 79–85 (künftig: Schulze, Denkmäler).

Eine Mutter trauert: die Totenleuchte (1887)

Ludwigs Mutter, Königin Marie, war vom Tod ihres Sohnes zutiefst erschüttert. Ein Nervenzusammenbruch fesselte sie vier Wochen ans Krankenlager, weshalb sie ihren toten Sohn nicht mehr sah. Als es ihr wieder besser ging, gab sie eine Totenleuchte in Auftrag, die zum Gedächtnis an ihren Sohn an der Todesstelle im Starnberger See zur Aufstellung kommen sollte. Konzipiert wurde eine Gedenksäule in neugotischem Stil. Die Kosten für die fast 7 Meter hohe Leuchte übernahm Prinzregent Luitpold aus seiner Kabinettskasse. Die Einweihung erfolgte am 25. August 1887, an Ludwigs II. Geburts- und Namenstag.

Die Totenleuchte erhebt sich heute zwischen der Votivkapelle und dem Kreuz im See auf einer dreistufigen Estrade und trägt am Sockel die Unterschrift »13. Juni 1886«. Über der Säule ist ein Lichthäuschen mit roten Fenstern angebracht. Darin brannte ein ewiges Licht für »die arme Seele ihres Sohnes«. Gekrönt wird die Säule von einem Kreuz.

Seit 1887 findet alljährlich am 13. Juni, nach dem Gedenkgottesdienst in der erst 1896 errichteten Votivkapelle, eine Gedenkfeier unter dieser Totenleuchte statt, bei der ein Redner der »Vereinigung Ludwig II. Deine Treuen« an Leben und Wirken des Königs erinnert. Im Anschluss daran wird am Fuß der Säule ein Kranz niedergelegt.[538]

»Schloss Neuschwanstein« am Starnberger See (1892)

1892, sechs Jahre nach dem Tod Ludwigs II., ließ der reiche Münchner Bauunternehmer und Realitätenbesitzer Heinrich Höck am mittleren Ostufer des Starnberger Sees unweit von Schloss Berg Schloss Seeburg errichten, dessen Grundstück sich an das südliche Ufergrundstück von Schloss Allmannshausen anschließt. Als glühender Verehrer Ludwigs II. und Bewunderer von dessen Schlössern engagierte Höck 1889 den besten Raumgestalter des Historismus, Oberbaurat Julius Hofmann (1840–1896), der schon den Innenausbau der Schlösser Neuschwanstein und Herrenchiemsee geleitet hatte. Hofmann orientierte sich an den Ritterburgen romanischer Kaiserpfalzen. Die Anlehnung von Schloss Seeburg an Schloss Neuschwanstein ist unverkennbar. Es verfügte über Erker und Türmchen, einen Torbau, ei-

[538] Ebd., S. 86ff.

nen mächtigen Bergfried und einen Palas mit über 100 Wohn- und Repräsentationsräumen sowie angebauten Nebengebäuden. Hätte Ludwig II. den Bau noch erlebt, wäre er sicher nicht besonders erfreut gewesen, hätte er die Burganlage doch als Konkurrenzbau zu seinem Schlösschen Berg empfunden.

Bereits zehn Jahre später, 1902, musste Höck infolge Geldmangels seinen Traum von einem Schloss Neuschwanstein am Starnberger See jedoch wieder begraben. Er verkaufte seine Burganlage an Major Peter Göring, einen Gutsbesitzer aus Kochel, der den Bau sofort umgestalten und erweitern ließ. Nicht einmal der von Höck gewünschte Name »Schloss Biberkor« blieb erhalten. Da der Volksmund das mittelalterliche Gemäuer von Anfang an »Seeburg« nannte, behielt Göring diesen Namen bei. Der Schriftsteller W. E. Süßkind nannte die Burg hingegen »in historischem Erschrecken immer nur ›Kriemhilds Rache‹«.[539] Göring ließ einen Ostflügel anbauen, außerdem eine Kapelle sowie eine Hafenanlage mit Mole, Leuchtturm und Schiffshütte errichten. Die Brücke aus Stahlbeton, die vom Ufer zur Seeburg hochführte, musste 1984 weggesprengt werden, weil sie baufällig war. Durch die Wucht der Detonation wurde die oberste Etage des Turms so schwer beschädigt, dass man ihn ein Stück kappen musste.

Ab 1921 residierte Prinz Karl von Ysenburg (1924–1929) in Schloss Seeburg, der den Bau erneut umgestalten ließ. Von 1942 bis Kriegsende war die Nationalsozialistische Volkswohlfahrt (NSV) in der Seeburg untergebracht und ließ dort Kindergärtnerinnen ausbilden. Nach Ende des Zweiten Weltkriegs fiel der Besitz an den Freistaat Bayern, der ihn an das christliche Kinder- und Jugendwerk »Wort des Lebens e. V.« verpachtete, der diese eigenwillige Gedenkstätte an Ludwig II. noch heute nutzt, nachdem der Besitzer, das bayerische Finanzministerium, 2012 seine Pläne aufgab, die Seeburg zu verkaufen.

Das erste Ludwig-II.-Denkmal in Berg (1893)

Das wohl allererste Ludwig-II.-Denkmal nach dem Tod des Königs wurde am 20. August 1893 an einer unbekannten Stelle – möglicherweise beim

[539] Süßkind, W. E.: Willkommen am Starnberger See, in: Merian, 17. Jg., Heft 7, Hamburg 1961, S. 22 (künftig: Süßkind).

Schloss-Berg-nahen »Oskar-Maria-Graf-Platz« – vom Alpenverein »Die lustigen Wendlstoana« enthüllt, aber kaum beachtet. Das geschah erst 83 Jahre später, als 1976 im Bauschutt des abgerissenen Knabeninstituts Kamber dieses Denkmal, völlig ramponiert, gefunden wurde. Als Schöpfer der lebensgroßen Steinbüste des Königs wurden die Bildhauer Johann Nepomuk Hautmann – er fertigte 1886 die Totenmaske Ludwigs II. – oder Michael Wagmüller vermutet.

Das südlich und unweit von Schloss Berg gelegene Knabeninstitut Kamber war ehemals das Schlösschen Elsholtz. Um 1875 nutzte König Ludwig II. das Gebäude mit Erlaubnis des damaligen Besitzers, des Bankdirektors Gustav Knote, als gelegentliche Kavaliersunterkunft. Benannt war das Schlösschen nach dem herzoglich-sächsischen Legationsrat und königlich-preußischen Rittmeister Franz von Elsholtz (1791–1872). Er hatte 1848 den Platz, auf dem ursprünglich ein Bauernhaus der Familie Huber stand, gekauft und darauf die schlossähnliche Villa errichtet, in der er mit seiner Familie etwa 20 Jahre lebte. Um 1870 erwarb dann Gustav Knote das Schloss.

Nach langwierigen Verhandlungen mit dem Bankdirektor Knote gelang es König Ludwig II., der sich angeblich durch das Geschrei der im Garten umhertollenden Kinder gestört fühlte, am 16. Februar 1882 Schloss Elsholtz in der Johannisgasse 1 zu erwerben. Bevor er es allerdings als Dependance für Schloss Berg umbauen konnte, starb er 1886. Daraufhin stand das Schlösschen einige Jahre leer. Nach mehrfachem Besitzerwechsel wurde es bis 1922 in ein Schloss umgebaut, das stilistisch einer mittelalterlichen Burg ähnelte.

Nach dem Zweiten Weltkrieg zog 1953 das elitäre Knabeninstitut Kamber in das Gebäude, das 1973 wieder geschlossen wurde, worauf der Bau nach und nach verfiel und im März 1976 abgerissen wurde. Danach wurde der Grund privat bebaut.[540]

Die Gedächtnis- oder Votivkapelle in Berg (1896/1900)

Erst zehn Jahre nach dem Tod König Ludwigs II. ließ Prinzregent Luitpold oberhalb der Todesstelle eine frühromanische Kapelle errichten. Angeblich, so eine Vermutung, habe es deshalb so lange gedauert, da im ersten Jahrzehnt nach dem Tod des Königs Prinzregent Luitpold und das Ministerium

[540] Schulze, Denkmäler, S. 95ff.

in weiten Kreisen der Bevölkerung für den Tod Ludwigs II. verantwortlich gemacht wurden und erst Ruhe einkehren sollte.

Die Grundsteinlegung für die Gedächtniskapelle erfolgte am 13. Juni 1896, die Einweihung des Gotteshauses vier Jahre später, am 13. Juni 1900. Das Gotteshaus wurde nach Plänen von Hofoberbaurat Julius Hoffmann im frühromanischen Stil als achteckiger Kuppelbau entworfen und nach dessen Tod, am 5. August 1896, von seinem Sohn Rudolf Hofmann erbaut. Für manche »roch diese klobige Entgleisung nach schlechtem Gewissen«[541], als wollte man damit die Geschehnisse des 13. Juni 1886 für immer zudecken.

»Während der Prinzregent und die offiziellen, d. h. Regierungsstellen stets von einer Gedächtniskapelle sprachen, die dort im öffentlich zugänglichen Teil des Berger Schlossparks errichtet wurde, sprach der Volksmund sehr früh von einer Votivkapelle. Das Volk verstand demnach den Sakralbau als Ausdruck eines Gelübdes oder als Zeichen der Sühne seitens der Verantwortlichen für die Absetzung Ludwigs II. und damit für seinen Tod. Bis heute spricht die Verwaltung des Herzogs von Bayern, die für das Schloss und den Park zuständig ist, offiziell ausschließlich von der Gedächtniskapelle.«[542]

Die Gedächtnis- oder Votivkapelle ist dem Heiligen Ludwig geweiht. Die Kapellenkuppel dekorierte August Spieß in Freskomalerei mit sternengeschmücktem dunkelblauem Himmel. Über dem Triumphbogen sind das Wappen der Bayern und die Inschrift »Ludovicus II. Rex Bavariae« – »Ludwig II. König von Bayern« zu sehen.

In der Kuppelwölbung thront die Gottesmutter Maria als »Patrona Bavariae«, unter ihr im Kreis die Patrone der acht Diözesen Bayerns, die Heiligen Korbinian (München–Freising), Ulrich (Augsburg), Heinrich II. (Bamberg), Willibald (Eichstätt), Valentin (Passau), Wolfgang (Regensburg), Stephan (Speyer) und Kilian (Würzburg).

Unter der Kuppel sind die vier bayerischen Hof-, Ordens- und Schutzpatrone dargestellt: an der Ostwand der Heilige Ludwig von Frankreich, der Namenspatron Ludwigs II., ihm gegenüber an der Westwand der Heilige Hubertus, in gleicher Höhe an der Nordwand das Bild des Erzengels Michael und an der Südwand das Bild des Heiligen Ritters Georg, das daran erinnert, dass der König Georgi-Ritter war.

541 Fortenbach, Helena von: Wahn und Wahrheit. Ein Roman um König Ludwig II. von Bayern, Berlin-Wannsee 1961, S. 388 (künftig: Fortenbach).

542 Lübbers, Bernhard / Spangenberg, Marcus (Hg.): Ludwig II. Tod und Memoria, Regensburg 2011, S. 90.

Im Gewölbe der Hauptapsis über dem Altar thront Christus, angebetet von zwei Engeln. Auch die Göttliche Dreifaltigkeit ist dargestellt: Gott Vater mit der Weltkugel in Händen, Gott Sohn in Gestalt des Opferlammes und der Heilige Geist in Gestalt der Taube.

An den Seitenwänden in der Vorhalle erinnern zwei Tafeln daran, wem die Kapelle gewidmet ist. Auf ihnen steht in lateinischer Schrift zu lesen:

Dem Gedächtnisse Seiner Majestät Ludwig II., Königs von Bayern, geweiht,
der nach 22 jähriger Regierung zur Trauer des Vaterlandes
an dieser Stelle am 13. Juni 1886 aus dem Leben schied.

Gegenüber steht:

Unter den Auspizien seiner Königlichen Hoheit des Prinzregenten
Luitpold von Bayern,
ist diese Kapelle, nachdem am 13. Juni 1896 der Grundstein gelegt war,
erbaut und am 13. Juni 1900 eingeweiht worden.

Die Gedächtnis- oder Votivkapelle ist heute für Besucher von April bis Oktober, täglich von 9 bis 17 Uhr geöffnet. Jedes Jahr am 13. Juni findet in ihr in Anwesenheit von Mitgliedern des Hauses Wittelsbach und zahlreicher Ludwig-II.-Vereine zu Ehren Ludwigs II. ein Gedächtnisgottesdienst statt und danach vor der Totenleuchte eine Gedenkfeier.[543]

Exkurs: Der Bismarckturm – ein Affront gegen Ludwig II. (1899)

Nach dem Tod Ludwigs II. war in der Bevölkerung bald das »König-Ludwig-Lied« zu vernehmen: »In den Bergen wohnt die Freiheit, in den Bergen ist es schön, wo des Königs Ludwigs II. alle seine Schlösser stehn«. In einer damals verbotenen Fassung war in zwei Strophen auch von Dr. Gudden und dem Reichskanzler Otto von Bismarck die Rede:

»Doktor Gudden und der Bismarck,
den man den ›Falschen Kanzler‹ nennt,
hab'n ihn in'n See 'neingstessen,

[543] Schulze, Denkmäler, S. 127ff.

indem s' von hint' ihn angerennt.
Feiger Kanzler, deine Schande
bringt dir g'wiß kein Ehrenpreis,
standest nicht im offnem Kampfe,
wie der Stoß von hint' beweist.«[544]

Längst steht fest, dass Bismarck zum Todeszeitpunkt Ludwigs II. nicht in Berg weilte und dem König auch keinen Stoß in den Rücken versetzte. Vielmehr gab er Ludwig II., als er noch in Schloss Neuschwanstein weilte, im Juni 1886 den einzigen richtigen Rat, um den ihn der König gebeten hatte. Ludwig solle schnellstens nach München fahren und vor dem Landtag seine Rechte als König wahrnehmen. Leider folgte Ludwig dem Rat Bismarcks nicht und die Königskatastrophe nahm ihren Lauf. Sein Wohlwollen zeigte der Reichskanzler dem bayerischen Monarchen trotz der strikten Durchsetzung preußischer Interessen übrigens zeitlebens. Doch das ignorierte das bayerische Volk großenteils.

Als zu Bismarcks Geburtstag am 1. April 1895 auf Betreiben der preußenfreundlichen bayerischen Regierung, des Münchner »Malerfürsten« und Bismarck-Porträtisten Franz von Lenbach sowie der »Gesellschaft zur Ehrung seiner Durchlaucht des Fürsten von Bismarck« ausgerechnet oberhalb der Todesstätte Ludwigs II. auf der »Rottmannshöhe« ein Denkmal für den eisernen Kanzler errichtet werden sollte, brandete der Volkszorn auf. Vor allem das Zentrum und die Ultramontanen standen dem Urheber des Kulturkampfes feindselig gegenüber, weshalb das Vorhaben vorerst unterblieb. In der katholischen »Neuen freien Volks-Zeitung« erschien eine Karikatur, die Bismarck als Reichstyrannen zeigt, der nicht nur am Deutschen Krieg 1866 und am Kulturkampf schuld ist, sondern auch am »seelischen Leid« und »tragischen Tod« Ludwigs II. Gebeugt und angekettet an die Reservatrechte hockt Bavaria mit ihrem Löwen unter der preußischen Pickelhaube.

Doch 1899 wurde in Assenhausen/Leoni dann doch ein Bismarckturm fertiggestellt. Die Bevölkerung war verärgert und ignorierte dieses Ehrenmal. Damalige Hinweise, König Ludwig sei doch ein halber Hohenzoller gewesen und habe Bismarck viel zu verdanken gehabt, wurden entrüstet beiseitegeschoben, obwohl sie der Wahrheit entsprachen.

Ludwigs Mutter Marie stammte nämlich aus dem Haus Hohenzollern,

544 Sailer, Anton: Münchner Spectaculum. Feldafing 1955, S. 157f.

war eine preußische Prinzessin und hatte einen Teil ihres Lebens in Berlin und Schlesien verbracht. Bei genauerer Betrachtung verstanden sich Ludwig II. und Bismarck, die angeblichen Erzfeinde, gar nicht so schlecht. Bismarck achtete den bayerischen König und bescheinigte ihm, dass er besser regiere als alle seine Minister zusammen. Von Anfang war sich Bismarck bewusst, dass er Ludwig brauchen würde, da Bayern im Deutschen Bund nach Preußen das wichtigste Mitglied darstellte. 1866, beim preußisch-österreichischen Krieg, in dem sich Bayern als Bündnispartner Österreichs dem Machtanspruch Bismarcks entgegenstellte und mit Österreich den Krieg verlor, kam es relativ glimpflich davon, auch wenn es ein folgenreiches Militärbündnis mit Berlin schließen musste. Danach hatte Bayern als Bündnispartner Preußens 1870 am deutsch-französischen Krieg teilzunehmen. Ludwig hasste den Feldzug. Schon im Dezmeber 1867 schrieb er an seine frühere Erzieherin Sybilla von Leonrod: »Vor Preussens Krallen wolle Uns Gott bewahren!«[545] Doch dieser Wunsch ging nicht in Erfüllung, denn Preußens Krallen entkam Bayern nicht mehr.

Im September 1870 siegten Preußen und seine Bündnispartner, darunter auch Bayern, bei Sedan. Bismarck konnte die süddeutschen Staaten nun ins »Deutsche Reich« zwingen. Ludwig II. blieb nichts anderes übrig, als den von Bismarck entworfenen »Kaiserbrief« zu schreiben, in dem er im Namen der deutschen Fürsten Preußens Regenten Wilhelm I. den Titel des Kaisers antrug. Ludwig schien es nur recht und billig, dass er für diese erzwungene Tat, der er sich nicht entziehen konnte, von Bismarck wenigstens fünf Millionen Mark als Entschädigung bekam, die er für seine Schlossprojekte verwenden konnte. Bismarck zahlte die Summe diskret in Raten. Das Geld entnahm er dem sogenannten Welfenfonds, einer schwarzen Kasse. Doch dass er Bayerns Eigenständigkeit dem klammen König quasi abgekauft habe, glaubt heute niemand mehr, denn nicht die Zusage der Gelder erwirkte den Kaiserbrief, sondern Ludwig II. hatte politisch gesehen gar keine andere Wahl. Er hätte den Kaiserbrief auch ohne diese Geldzuwendungen schreiben müssen. Hätte er sich geweigert, hätte das ein anderer deutscher Fürst an seiner Statt erledigt. Bayern aber wäre dennoch in die Einheit gezwungen worden oder zwischen dem geeinten Deutschland und Österreich-Ungarn eine isolierte Mittelmacht mit all den üblen Folgen geblieben. Ludwig II. bekam als Gegengabe für den Brief nicht nur Geld, sondern erwirkte von Bismarck auch sehr weitreichende Autonomierechte

[545] Hacker, Augenzeugenberichte, S. 171.

für Bayern. Er betrieb also eine vernünftige Realpolitik, auch wenn böse Zungen anderes behaupten.

Von Anfang spürte der bayerische Monarch, dass Bismarck stets Sympathie für ihn empfand, auch wenn sie mit politischem Kalkül verbunden war. Ludwig unterschied sehr wohl: Den Staat Preußen hasste er, den Menschen Bismarck respektierte er jedoch. Und deshalb wandte er sich auch an den Reichskanzler, als er 1886 entmündigt werden sollte.

So gesehen hat der Bismarckturm bei Assenhausen am Starnberger See durchaus seine Berechtigung. Wie ein warnender Zeigefinger sticht er 27 Meter hoch in die Luft: »Ihr Bayern, nehmt euch vor Preußen in acht. Aber verurteilt deshalb nicht alles pauschal, was aus dem hohen Norden kommt, denn manches ist gar nicht so unvernünftig, wie es bisweilen den Anschein hat!«, so das mehrfach vernommene Urteil von Besuchern des Denkmals.

In Oberbayern ist das Bismarck-Denkmal auf der »Rottmannshöhe« das einzige Denkmal für den Reichskanzler. 13 Bismarcktürme existieren in ganz Bayern. Am 25. August 1896 erteilte Prinzregent Luitpold die Baugenehmigung. Fertiggestellt wurde der Bismarckturm im Juni 1899 und eingeweiht am 1. Juli 1899. Die Kosten beliefen sich auf 190 000 Mark – heute entspricht dies etwa 1,9 Millionen Euro. 5000 Mark bezahlte der Prinzregent, den Rest andere Spender. Bismarck selbst erlebte die Übergabe seines Denkmals an die Öffentlichkeit nicht mehr. Er starb am 30. Juli 1898.

Der Turm aus Kalk- und Tuffstein, gestaltet von dem Architekten Theodor Fischer, steht auf einem quadratischen Unterbau mit Wandelhalle. Auf eine bildliche Darstellung des Kanzlers wurde verzichtet. Der bronzene Reichsadler auf der Spitze, der die Reichsgründung symbolisiert, zeigt nach Norden. Stand der Turm einst frei auf dem unbewaldeten Hügel mit Aussicht in alle Richtungen, so wuchsen mit der Zeit rundum Bäume hoch, sodass heute nur noch dem Ufer zu ein freier Blick gewährleistet ist.

Beim nördlichen Aufgang hängt eine bronzene Tafel. Den Rahmen bilden als Vorgänger der Reichsidee Häupter der deutschen Geschichte. Der Text auf der bronzenen Tafel lautet:

Nord und Sued auf ewig eins
Ausgeloescht die Grenze des Mains
Heilloser Zwiespalt fuer immer begraben
Bayern und Pfaelzer Franken u. Schwaben
Wie sie mit Preussen u. Hessen u. Sachsen
Alle aus einem Stamme gewachsen

Also mit Allen und Allen gleich
Machtvoll geeinigt zum Deutschen Reich
Wer hat dies gewaltig Werk vollbracht
Und alle Feinde zu Schanden gemacht
Wem hat unser HERRGOTT die Kraft geschenkt
Und die Weisheit die alles zum Ziele gelenkt
Otto von BISMARCK heisst der Mann
Der uns Deutschen das Reich gewann
Das deutsche Reich vom Fels zum Meer
Darum rage zu seiner Ehr
Auch an dieser Stelle das Mal
Kuende den Bergen u. kuende dem Thal
Was er geschaffen in grosser Zeit
Gott erhalt es in Ewigkeit.

Doch in Bayern fragt man sich bis heute, wieso ein Bismarck-Denkmal ausgerechnet nahe der Todesstelle Ludwigs II. errichtet werden musste. Das sei doch ein Affront gegen Ludwig II. Der König hätte so ein Denkmal, dessen sind sich alle sicher, trotz seiner Sympathie für Bismarck jedenfalls niemals genehmigt. Für die bayerische Bevölkerung stellt der Bismarckturm bis heute deshalb ein Mahnmal dar, das schmerzlich an die verlorene Eigenständigkeit Bayerns erinnert, die der Märchenkönig zeitlebens zu verhindern suchte.

Die Ludwig-II.-Statue im »Roten Haus« in Starnberg (1903)

Zwischen 1890 und 1895 wurde auf dem höchsten Punkt der sogenannten Ludwigshöhe in Starnberg, einer Anhöhe südwestlich des Schlosshügels, ein imposantes Hotel mit Saalanbau errichtet, das wegen seiner Fassadenfarbe auch »Rotes Haus« oder »Rote Burg« genannt wurde.

1903 stellte der Wirt dort in dem großen Veranstaltungssaal dieses beliebten Ausfluglokals eine überlebensgroße Gipsstatue Ludwigs II., gestaltet von einem unbekannten Künstler, vor einer 3 Meter hohen Panoramadarstellung von Schloss Neuschwanstein zur Schau, um mit diesem Ensemble seine Gäste zu erfreuen. Dadurch, dass der König auf einer Felsformation platziert war, wurde eine dreidimensionale Wirkung erzielt. Nach der berühmten Statue Elisabeth Neys war dies nach dem Tod Ludwigs II. die erste Ganzkörperskulptur des Königs. Sie präsentierte den etwa 30-jährigen Monarchen in bürgerlicher Kleidung. Seine linke Hand steckte in Brusthöhe im Mantel und erinnerte an die berühmte Pose Kaiser Napoleons I.

Nach dem Abriss des Saalgebäudes stand die Statue wohl längere Zeit im Freien, bis sie witterungsbedingt schließlich zerfiel und auf dem Müll landete. Im ehemaligen Restaurant sind heute Eigentumswohnungen untergebracht. Weder das »Hotel Ludwigshöhe«, das übrigens nichts mit dem heutigen »Gasthaus Ludwigshöhe« am Ende der Ottostraße zu tun hat, noch die erste Ludwig-II.-Statue sind heute noch erhalten.[546] Lediglich Abbildungen auf zwei damals veröffentlichte Postkarten vermitteln einen Eindruck, wie diese Ludwig-II.–Statue aussah.

Der Seeshaupter Gedenkstein (1904)

Die Ortschaft Seeshaupt am Südende des Starnberger Sees hatte für Ludwig II. besondere Bedeutung. Mehrfach logierte er im »Gasthof zur Post«, da Seeshaupt direkt an der Strecke lag, wenn er von Berg nach Hohenschwangau, Linderhof oder in die Berge ritt. Deshalb war im Gasthof für ihn auch ein eigenes »Königszimmer« eingerichtet. Zu den Wirtsleuten Vogl hatte Ludwig freundlichen Kontakt. 1857 durfte der Wirt Rasso Vogl am Gasthof eine »königliche Poststallung und Postexpedition« einrichten. Wenn Ludwig II. Seeshaupt passierte, erfolgte hier der königliche Pferdewechsel.

Besonders wurde der »Gasthof zur Post«, wie schon erwähnt, durch das Ereignis am 12. Juni 1886 bekannt. An diesem Tag wurde Ludwig II. nach seiner Inverwahrnahme von Schloss Neuschwanstein nach Schloss Berg verbracht. Nach achtstündiger Fahrt traf der Konvoi kurz nach 10 Uhr in Seeshaupt ein, wo an der Posthalterei die Pferde gewechselt wurden. Der König grüßte aus seinem Wagen die Ortseinwohner und Sommerfrischler. Dann ließ er die Posthalterin Anna Vogl zu sich kommen und bat um ein Glas Wasser. Als sie ihm das Gewünschte brachte, dankte ihr der König, bevor die Kutschen in Richtung Schloss Berg weiterfuhren, wo Ludwig wegen seiner angeblichen geistigen Erkrankung arretiert wurde. Einen Tag später war er tot.

In Erinnerung an dieses Ereignis wollte Posthalter Rasso Vogl dem Kö-

[546] Schulze, Denkmäler, S. 131ff.

nig ein Denkmal errichten. Am 24. Januar 1904 zog angeblich ein Gespann mit zwölf Ochsen – in Wahrheit waren es zwölf Pferde – einen 900 Zentner schweren Steinblock aus der Eiszeit aus der Seeshaupter Kiesgrube zum »Hotel Post«. Wenn auch aus dem geplanten Denkmal nie etwas wurde, der Findling liegt noch heute auf dem Gelände des Hotels und erinnert an König Ludwig II.

Nach dem Zweiten Weltkrieg eröffnete Familie Vogl 1949 wieder das »Hotel Post«. Da man versäumte, das Haus an die Bedürfnisse des modernen Tourismus anzupassen, ging es mit dem Hotel aber bald bergab. Heute ist die »Seeresidenz Alte Post« im Zentrum von Seeshaupt (Alter Postplatz 1) oberhalb des Seeufers am Starnberger See eine vornehme Seniorenresidenz. Der unter Denkmalschutz stehende »Post«-Saal des historischen Gebäudes ist noch erhalten.[547]

Der »König-Ludwig-Weg« (1977)

Während des Ersten Weltkriegs, der Weimarer Republik, des Dritten Reiches mit dem Zweiten Weltkrieg und der Wiederaufbauphase Deutschlands dachte – zumindest in Berg und am Starnberger See – niemand an Gedenkstätten, Erinnerungszeichen und Denkmäler für den König. Erst in den 1980er-Jahren lebten Gedanken daran wieder auf.

Am 1. Oktober 1977 wurde, ausgehend von Schloss Berg, ein sogenanntes »Natürliches Denkmal« für Ludwig II. eröffnet, das aus einem 95 bis 127 Kilometer langen »König-Ludwig-Wanderweg« besteht, der durch jene Landschaft führt, die der König besonders liebte.

Der Wanderer kann dabei zwischen drei Routen wählen: einer Seeroute, die als Hauptroute gilt, einer südlichen Landroute um den See und einer Landroute nördlich um den See. Alle drei Routen beginnen jeweils an der Todesstelle im Park von Schloss Berg.

Die Seeroute setzt sich von dort nach Leoni fort – weiter mit dem Dampfer vorbei an der Roseninsel nach Possenhofen. Weitere Stationen sind: Kloster Andechs – Herrsching am Ammersee – Dießen – Wessobrunn – St. Leonhard – Hohenpeißenberg – Peiting – Trauchgau – Rottenbuch – Schwangau bis nach Füssen mit den Königsschlössern.

Die Südliche Landroute geht von der Todesstelle Berg nach Leoni – All-

[547] Ebd., S. 177f.

mannshausen – Ammerland – Ambach – St. Heinrich – Seeshaupt – Seeseiten – Tutzing und ab Wessobrunn wie die Hauptroute.

Die Nördliche Landroute führt von der Todesstelle in Richtung Schloss Berg – Oberberg – Starnberg – Aschering und ab Wessobrunn weiter wie die Hauptroute.[548]

Seit einigen Jahren werden außerdem auch nächtliche Wanderungen auf König Ludwigs II. Spuren um den Starnberger See angeboten. Die rund 50 Kilometer sind mit guten Wanderschuhen, genügend Proviant und Getränken in einer etwa 7- bis 12-stündigen Tour gut zu bewältigen. Wenn man nachts um 22 Uhr in Starnberg am Bahnhof startet, kommt man dort am nächsten Morgen beziehungsweise Vormittag wieder an. Eingebaut in die Wanderung ist eine Pause gegen 1 Uhr nachts im Midgardhaus in Tutzing und um 6.30 Uhr morgens gibt es ein Frühstück im Schlossgut Oberambach oder eine Vormittagsbrotzeit gegen 10 Uhr.

Das Ludwig-II.-Brunnendenkmal in Starnberg (1984)

1984 stiftete die alteingesessene Starnberger Familie Hirt ein Ludwig-II.-Brunnendenkmal, das auf der Nordseite des Starnberger Bahnhofs zur Aufstellung kommen sollte. Damit beauftragt wurde der Bildhauer Claus Nageler (*1943). Das Denkmal besteht aus dem Kopf Ludwigs II. aus Bronze, der nahtlos in eine 2 Meter hohe Säule übergeht, die in einem achteckigen Brunnenbecken steht. Am Fuß ist die Säule von acht kleinen Fontänen umgeben. Interessante Details finden sich auf der Rückseite des Postaments. Auf ihr bildete der Künstler den König-Ludwig-Weg mit zahlreichen bekannten Plätzen nach, an denen sich Ludwig II. während seines Lebens aufgehalten hatte. Leider wird diese Rückseite von Betrachtern des Denkmals häufig übersehen. Das Brunnendenkmal wurde am 25. August 1984 bei Dauerregen enthüllt. Kritische Stimmen bemängelten, dass der König nicht so ohne Weiteres zu erkennen sei.[549]

[548] Ebd., S. 267ff.
[549] Ebd., S. 279ff.

Das Ludwig-II.-Brunnendenkmal in Berg (1986)

Zum 100. Todestag Ludwigs II. am 13. Juni 1986 wollte die Gemeinde Berg dem König endlich ein würdiges Denkmal errichten. Das allererste Denkmal von 1893 war längst zerstört und verschwunden (siehe das Kapitel »Das erste Ludwig-II.-Denkmal in Berg«). Nun sollte auch Berg endlich ein angemessenes Ludwig-II.-Denkmal erhalten.

Wieder wurde damit zunächst der Bildhauer Claus Nageler beauftragt, der 1985 eine etwa 40 Zentimeter große Bronzestatue entwarf, aus der ein lebensgroßes Bronzestandbild entstehen sollte. Als Aufstellungsort war der Eingang zum Berger Schlosspark in der Wittelsbacher Straße vorgesehen. Doch zum Erstaunen vieler lehnte die Gemeinde Berg Nagelers Entwurf aus Kostengründen ab.

Da nun die Zeit drängte, wurde Anfang 1986 rasch ein Wettbewerb ausgeschrieben, an dem sich acht Künstler beteiligten. Kurzerhand entschied man sich für den Entwurf von Steinmetz Karl Dirnberger aus Wolfratshausen. Doch statt eines Ludwigs-Denkmals sollte nun – wohl aus Kostengründen – plötzlich nur eine 2 Meter hohe steinerne Gedenkstele errichtet werden, die hinter einem Brunnenbecken aufragt. Und noch enttäuschender war für viele, dass auf dieser Stele unter dem bayerischen Wappen nicht nur der Name Ludwigs II., sondern die Namen von gleich drei Königen aufgeführt werden sollten: König Ludwig I., König Max II. und Ludwig II. Und von Letzterem war bedauerlicherweise nicht einmal ein Bild zu sehen.

Das sei »ein Friedhofsbrunnen«, spöttelten nicht nur die Berger, als am 14. Juni 1986 das Brunnendenkmal in der Aufkirchner Straße eingeweiht wurde. In der Presse hieß es lakonisch, dieses Denkmal zeige, »dass sich ›bayerisch‹ und ›billig‹ durchaus reimen können«.[550]

Vergeblich hofften daraufhin viele Berger und König-Ludwig-Verehrer, dass wenigstens 2011 zum 125. Todestag Ludwigs II. in Berg doch noch ein würdiges Denkmal für den Märchenkönig errichtet würde. Als das nicht geschah, wurde die Hoffnung auf das Jahr 2036 vertagt, wenn an den 150. Todestag Ludwigs II. erinnert werden wird.

[550] Ebd., S. 293ff.

Die große Ludwig-II.-Glocke in Berg (2000)

Von Ludwig II. ist bekannt, dass er melodisches Geläute besonders schätzte. Bereits als Kind habe er verzückt dem Klang ferner Kirchenglocken gelauscht, bis der letzte Ton verklungen war. Als König ließ er das Schellengeklingel an seinem Prunkschlitten harmonisch abstimmen. Der auf der Maxhöhe in Berg am Starnberger See lebende Großindustrielle Siegfried Genz fasste 1999 deshalb den Entschluss, eine große König-Ludwig-II.-Glocke in Berg bei der Votivkapelle aufstellen zu lassen. Nach seinem Wunsch sollte diese erste Ludwig-II.-Glocke mit einer Höhe von 2,38 Metern zu den größten deutschen Glocken gehören.

Beauftragt wurde damit die angesehene Glockengießerfamilie Albert Bachert in Heilbronn. Auf den Mantel der Glocke wurde mittels 12 000 Bronzelettern die Lebensgeschichte des bayerischen Märchenkönigs aufgebracht sowie ein Porträt Ludwigs II. Den Text verfasste der Ludwig II.-Biograf Alfons Schweiggert, das Porträt gestaltete Franz Ignaz Eder.[551] Die Glocke sollte mit dem tiefen Ton g-Moll – in der Fachsprache e° – erklingen. Am 11. Dezember 1999 kam es zum Glockenguss. Am 29. Dezember traf die Glocke auf der Maxhöhe in Berg ein, wo sie zu Silvester 1999 / 2000 erstmals ertönte.

Wo aber sollte nun der künftige Standort sein? Sollte die Glocke auf der Maxhöhe in Berg verbleiben oder würde sie – so der Wunsch des König-Ludwig-Denkmalsvereins – an der Votivkapelle am Starnberger See ihren Standort erhalten? Man wandte sich an die Bayerische Verwaltung der staatlichen Schlösser, Gärten und Seen und die Verantwortlichen des Wittelsbacher Ausgleichfonds, in deren Besitz sich das Ufergrundstück befindet. Nachdem der Standort bei der Votivkapelle in Berg nicht genehmigt wurde, fragte man bei Stephan Barbarino an, den Intendanten des neu errichteten »Musical Theaters Neuschwanstein« am Ufer des Forggensees in Füssen, der dem Angebot erfreut zustimmte und die Bronzeglocke unmittelbar dort mit Blick auf Schloss Neuschwanstein aufstellen wollte.

Am 16. März 2001 erfolgte der Transport der Glocke zum »Musical Theater Neuschwanstein«, wo nördlich des Theaterbaus ein auf vier Betonsäulen ruhender Glockenstuhl den Koloss aufnahm. Zum ersten Jahrestag des

[551] Zur Geschichte der Ludwig-II.-Glocke: Schweiggert, Alfons: Die große König Ludwig II.-Glocke auf der Maxhöhe in Berg am Starnberger See, Berg 2001. Siehe auch: Schulze, Denkmäler, S. 326ff.

Musicals »Ludwig II. – Sehnsucht nach dem Paradies« wurde am 7. April 2001 die erste König-Ludwig-II.-Glocke der Welt in feierlicher Zeremonie von ihrem Stifter dem Intendanten des Theaters als Dauerleihgabe übergeben und ertönte von da an zweimal täglich – um 12 Uhr und abends um 18 Uhr – auf dem Festspielgelände.

Doch nach sieben Jahren ereilte die Ludwig-II.-Glocke ein trauriges Schicksal. Nachdem das Ludwig-II.-Musical Ende 2003 abgesetzt werden musste und auch die Wiederaufnahme des Musicals 2005 schon zwei Jahre später ebenfalls vor dem Ende stand, schien 2007 die Musical-Ära in Füssen vorüber zu sein. Daraufhin entschied der Leihgeber, dass die große König-Ludwig-II.-Glocke dort nicht mehr gebraucht würde. Am 12. Dezember 2008 wurde sie samt Glockenstuhl zu ihrem Eigentümer zurück auf die Maxhöhe in Berg transportiert. Über das weitere Schicksal der Glocke ist bislang noch nichts bekannt.

Schloss Berg 1914 bis heute

Schloss Berg verwaist im Ersten Weltkrieg (1914)

Ab dem Sommer 1914 brachte der Erste Weltkrieg nicht nur in Bayern Not und Entbehrungen für die Bevölkerung mit sich. Bald mangelte es besonders in den Städten empfindlich an Nahrung, Kleidung und Heizmaterial. Mangels Mehl wurde Brot mit Kartoffeln, Stärkesirup oder Mais gestreckt. Aus Eicheln wurde Kaffee gebrüht, aus Fallobst Kriegsmus zubereitet. Vieles war unbekömmlich. Schiebertum und Schwarzhandel blühten. Die Säuglings- und Kindersterblichkeit nahm zu und in den Wintermonaten wurden durch Grippewellen viele Menschen hinweggerafft.

Das Interesse an Ausflügen zum Starnberger See oder gar zur Besichtigung von Schloss Berg nahm unter diesen Bedingungen rapide ab. Mit dem Einzug aller wehrtüchtigen Männer zur Armee fehlten in den landwirtschaftlichen Betrieben Arbeitskräfte, die zur Erntezeit so nötig gebraucht wurden. Vor allem Frauen, Kinder und Alte waren zurückgeblieben. Dazu kamen Kontrollen durch die Gendarmerie und steigende Zwangsabgaben sowie hamsternde Großstädter, die der Hunger aufs Land trieb, um ein paar Eier, Schmalz oder Fleisch zu ergattern. Rasch war die anfängliche Kriegseuphorie verflogen.

Doch der Krieg dauerte sechs Jahre. Erst im September 1918 erklärte ihn die Oberste Heeresleitung für verloren und verlangte von der Regierung überstürzt Friedenverhandlungen. Im Oktober kam es zu einer Meuterei der Matrosen in Kiel, und von dort breitete sich die Revolution bald in alle größeren Städte Deutschland aus. Es wurden Arbeiter- und Soldatenräte gebildet und überall begannen die Monarchien zu stürzen.

Einbruch in die Schlosskapelle (1919)

In München schlug am 7. November 1918 eine Friedenskundgebung auf der Theresienwiese in einen offenen Aufstand um. Am 8. November 1918 wurde der 73-jährige bayerische König Ludwig III. von der Münchner November-Revolution völlig überrascht. Er konnte das Ende der Monarchie gar nicht begreifen. Kurt Eisner rief die »demokratische und soziale Republik Bayern« aus. Damit war Bayern »fortan ein Freistaat« im Sinne einer parlamentarischen Demokratie mit politischer und persönlicher Freiheit für alle Staatsbürger. Nach 738 Jahren war die wittelsbachische Herrschaft über Bayern beendet. König Ludwig III. musste fliehen. Er zog sich mit seiner Familie aus München auf Schloss Anif bei Salzburg ins Exil zurück – ohne allerdings offiziell abzudanken.

Der politische Umschwung brachte erhebliche Unruhen mit sich, die auch Besitzungen der Wittelsbacher betrafen. Auch wenn Schloss Berg von der Revolutionsregierung nicht beschlagnahmt wurde, so war es die folgenden fünf Jahre doch herrenlos. Das nutzten auch kriminelle Elemente. So suchten »1919 [...] Einbrecher die Schloßkapelle in Berg heim, brachen das Sakramentshäuschen auf und beschädigten die von Wilhelm Hauschild auf Leinwand gemalten Bilder«.[552]

Schloss Berg bleibt Eigentum der Wittelsbacher (1923)

Trotz des Endes der Monarchie in Bayern 1918 erfolgte weder eine offizielle Abdankung durch König Ludwig III. noch ein Verzicht des Hauses Wittelsbach auf sein Vermögen, das der Freistaat Bayern deshalb auch nicht so ohne Weiteres beschlagnahmen und als bayerisches Staatsvermögen betrachten durfte, was die Revolutionsregierung aber tat, die sich automatisch als Eigentümerin fühlte. Dabei handelte es sich jedoch um eine unrechtmäßige Enteignung, wie dies 1921 auch der Münchner Rechtshistoriker Konrad Beyerle konstatierte. Er empfahl dem Freistaat Bayern deshalb würdig Abschied zu nehmen »von einem Führungsgeschlecht, das an Alter, Ruhm und Leistungen für Volk und Land von keinem übertroffen worden sei«.[553]

Doch erst fünf Jahre später, 1923, erließ der Freistaat ein Gesetz, in dem die Vermögensaufteilung zwischen Staat und Krone geregelt wurde. Am 24. Januar 1923 wurde im »Übereinkommen zwischen dem Bayerischen Staate und dem Bayerischen Königshaus über die vermögensrechtliche Auseinandersetzung« eine öffentlich-rechtliche Stiftung eingerichtet, der soge-

[552] Hummel, S. 182.
[553] Wiede, S. 164.

nannte Wittelsbacher Ausgleichsfonds (WAF). Die Bilanzsumme des Fonds betrug 2014 rund 348 Millionen Euro. Dazu kommen noch Immobilien- und Forstbesitz sowie wertvolle Kunstwerke. Zwar fielen seinerzeit etliche Residenzen, Lust- und Jagdschlösser sowie Grundstücke, Parks und Gärten an den Freistaat Bayern, eine beachtliche Anzahl der Schlösser und Ländereien blieb aber im Besitz des ehemaligen Königshauses, darunter Schloss Berg mit dem dazugehörigen Schlosspark und einigen Grundstücken sowie die Roseninsel und der Park bei Feldafing. »Aus der bis November 1918 bestehenden königlichen Hofverwaltung und dem für Schlösser, Residenzen, Burgen, Parks und Seen verantwortlichen Obersthofmeisterstab ging zunächst die ›Verwaltung des ehemaligen Kronguts‹ (Zivilliste mit Ausnahme der Hoftheater) hervor, die seit 1932 bis heute als ›Bayerische Verwaltung der staatlichen Schlösser, Gärten und Seen‹ die alten Schätze betreut und verwaltet.«[554]

1923 gab die Bayerische Staatsregierung per Gesetz den abgedankten Wittelsbachern also einen Großteil dessen zurück, was ihnen 1918 von Staats wegen genommen worden war. Die Gewinne, die der Wittelsbacher Ausgleichsfonds alljährlich ausschüttet, gehen bis heute an die Erben. Gegenwärtig sind dies etwa zwei bis drei Dutzend Personen, die sich die jährlich durchschnittlich 13,7 Millionen Euro Ausschüttung aus dem Fonds teilen. Erst nach dem Tod des letzten Wittelsbacher Erben fällt das Fondsvermögen an den Freistaat zurück.

Die Nationalsozialisten am Starnberger See (1925 bis 1945)

Auch in Starnberg schaffte es der Nationalsozialismus, in kürzester Zeit an die Macht zu gelangen und alle öffentlichen Institutionen in seine Gewalt zu bringen. »Das System funktionierte. Von unten nach oben! Wie unten in den Vereinen und Innungen, so oben in den Verbänden, Kammern, Ausschüssen, Räten«,[555] urteilte Otto Knab, der damals Redakteur beim »Starnberger Land- und Seeboten« war. Bereits 1925 war in Starnberg die allererste Ortsgruppe der NSDAP gegründet worden. Bekanntlich schätzte Hitler selbst den Starnberger See. Privat hielt er sich hier mehrfach zu

[554] Ebd., S. 167.
[555] Knab, Otto: Kleinstadt unterm Hakenkreuz. Groteske Erinnerungen aus Bayern, Luzern 1934.

Bootsfahrten mit seiner Nichte »Geli« Raubal auf. Etliche Nazi-Größen ließen sich am Seeufer nieder, so auch der Präsident der Reichsschrifttumskammer, Hanns Johst, der am Zieglerweg in Allmannshausen eine Villa besaß und hier Heinrich Himmler und andere braune Berühmtheiten empfing. In seinem Größenwahn wollte er Almannshausen in »Johsthausen« umbenennen. Einen besonderen Platz suchte sich die NSDAP 1933 für ihre »Nationalsozialistische Deutsche Oberschule« am westlichen Ufer des Starnberger Sees in Feldafing aus. In dieser Einrichtung am südlichen Teil des Lenné-Parks sollte die künftige NS-Elite herangezogen werden. Zu Kriegsbeginn wurden die Arbeiten allerdings eingestellt und im April 1945 wurde die Schule aufgelöst.

1933 sahen die Nationalsozialisten insbesondere in den Wittelsbachern ihre Widersacher und eine Gefahr für sich. Später wurden etliche ihrer Schlösser beschlagnahmt, unter anderem Schloss Nymphenburg, und bei Kriegsbeginn Schloss Kaltenberg, Schloss Leutstetten und auch Schloss Berg, in dem später eine Verwaltungsstelle der Gestapo eingerichtet wurde. Am 2. Februar 1934 wurden dann alle monarchistischen Vereinigungen verboten. Sie gingen in den Untergrund und wurden seither verfolgt. Wenige Tage nach dem Attentat auf Hitler am 20. Juli 1944 wurden auch etliche Wittelsbacher verhaftet. Kronprinz Rupprecht konnte sich dem drohenden Zugriff der Gestapo entziehen und in Florenz untertauchen. Kronprinzessin Antonia mit ihren vier Töchtern wurden ebenso wie Erbprinz Albrecht mit seiner Familie verhaftet und ins Konzentrationslager Oranienburg-Sachsenhausen, dann nach Flossenbürg und schließlich nach Dachau verbracht. Dort wurden sie am 30. April 1945 mehr tot als lebendig von den Amerikanern befreit. Erst jetzt konnte auch Kronprinz Rupprecht aus seinem Exil nach Bayern zurückkehren.

Schloss Berg unter Denkmalschutz (1939)

Kurz nach Beginn des Zweiten Weltkriegs wurde am 8. November 1939 vom Landesamt für Denkmalpflege in München unter Nummer 6128 ein Gutachten erstellt, in dem das Schloss zum Denkmal erklärt wurde: »Den Hauptwert des Schlosses«, so der Wortlaut des Gutachtens, »macht aus, daß es seit dem Tod Ludwigs II. (1886) nicht mehr verändert worden ist, so daß die Einrichtungen einer Kulturperiode, die im ganzen heute wenig geschützt ist, in sehr guten Beispielen bis in alle Einzelheiten aber auch in ihrer Gesamtwirkung (Deckenbemalung, Tapeten, Porzellane, Waschgefäße etc.) erhalten geblieben sind. Wenn auch die Einzelkunstwerke keinen hervorragenden Wert besitzen, so sind es doch charakteristische Beispiele in einer in sich geschlossenen Zeit. Dazu kommt die rein historische Bedeutung des Schlosses als Stätte des tragischen Todes König Ludwigs II. Auch hier sind alle Einzelheiten in seinem Schlafzimmer unverändert. [...] Der dreigeschossige Bau, von niemandem mehr bewohnt, auch nicht vorübergehend [...] ist den heutigen Ansprüchen des Komforts nicht mehr entsprechend, da es an allen sanitären und heiztechnischen Einrichtungen mangelt. [...] An der Erhaltung des Schlosses besteht öffentliches Interesse.«[556] Bis zum Ende des Zweiten Weltkriegs wurden in Schloss Berg daher keine baulichen Veränderungen vorgenommen.

Schloss Berg unter Wasser (1945)

In Schloss Berg residierte während des Dritten Reich eine Verwaltungsstelle der Gestapo. Der in der Nachbarschaft wohnende Stefan März, Jahrgang 1932, erinnerte sich, was 1945 im Schlosspark geschah: »Kurz vor dem Einmarsch [der Amerikaner] haben sie [die Nazis] wochenlang Akten im Garten verbrannt und schubkarrenweise Waffen im See versenkt. Die haben wir Buben dann wieder herausgefischt.«[557]

Gegen Ende des Zweiten Weltkriegs, am 26. April 1945, ereignete sich am Starnberger See der sogenannte Todesmarsch, bei dem SS-Männer 6887 Häftlinge des KZ Dachau in Richtung Süden trieben, um ihre Gräueltaten in den Vernichtungslagern zu vertuschen. Dabei kam jeder zweite Häftling durch Entkräftung oder Ermordung zu Tode. Der Marsch bewegte sich auch durch die Gemeinde Berg. Zum Gedenken an die Opfer wurde im Ortsteil Aufkirchen an der Straße nach Wolfratshausen eine Bronzeskulptur errichtet.

Im Mai 1945, dem Monat, in dem Ludwig II. regelmäßig in Schloss Berg eintraf, drangen amerikanische Besatzungssoldaten ins Schloss ein. Aus weggeworfenen Uniformstücken und zurückgelassenen Akten schlossen sie, dass hier zuletzt eine Polizeieinheit auf ihrer Flucht untergekommen war. Schloss Berg galt zusammen mit vielen verlassenen Villen deshalb als

[556] Konstantin von Bayern, S. 20.
[557] Hummel, S. 182f.

»Nazi-Areal« und wurde von den Amerikanern beschlagnahmt. Während ihres Aufenthalts im Schloss durchkämmtem sie den Park mit Minensuchgeräten auf der Suche nach einer ominösen goldenen Adlerfibel, die angeblich kurz vor Kriegsende von SS-Leuten in einer Schatulle im Park vergraben worden war. 1937 war dieses 12,5 Zentimeter langes Schmuckstück, wie es hieß, in der Gegend des mährischen Königsberg ausgegraben und als Relikt aus der Zeit der Völkerwanderung beurteilt worden. Auch wenn sich der Gold-Adler rasch als Fälschung entpuppte, schätzten ihn die Nationalsozialisten in ihrem deutschen Rassen- und Volkstumswahn weiterhin als kostbares und herrliches Werk altgermanischer Goldschmiedekunst, weshalb sie den Schatz bei Kriegsende im Schlosspark vergruben. Die Suche der amerikanischen Soldaten verlief jedoch ergebnislos und das NS-Schmuckstück tauchte bis heute nicht mehr auf.[558]

Da sich das Schloss als unbewohnbar herausstellte, verließen es die amerikanischen Besatzer bald wieder. Ihre Enttäuschung quittierten »die Gäste aus Übersee vor ihrem Auszug damit«, so Konstantin von Bayern, »daß sie die Wasserhähne für die einzig vorhanden gewesene Badewanne im zweiten Stock auf- und nicht mehr zudrehen. Aus dem Messing-Schlund stilisierter Schwäne beginnt es rostrot zu gurgeln. Vor dem Schloß sorgt eine Wache – ›off limits!‹ – dafür, daß es so lange weiter gurgelt und stöhnt, bis der zweite Stock auf den ersten Stock durchgebrochen ist und bis die aufgestauten Massen sich in das Erdgeschoß ergießen. Dabei wird das Porträt des jungen Königs, dem der gefangene König zuletzt gegenübergestanden hat, mit von der Wand gespült.«[559]

Dem Schloss wurde so fast der Todesstoß versetzt. »Es ist ertrunken wie der König«, so sagte man. Der Bau war nunmehr derart gründlich zerstört, dass er vom Abriss bedroht war.

Entzauberung von Schloss Berg (1949 bis 1951)

Der Abriss von Schloss Berg unterblieb zum Glück, denn noch stand es unter Denkmalschutz. Daher dachte man über eine Renovierung und einen Umbau nach. Am 5. Juni 1946 äußerte der Landrat des Kreises Starnberg

558 Rieth, Adolf: Vorzeit gefälscht. Tübingen 1967; »Erbe im Sumpf, Fälschungen-NS-Kunst« in: SPIEGEL vom 6. Mai 1968.

559 Konstantin von Bayern, S. 20.

»Betreff: Umbauabsichten in Schloß Berg« gegenüber dem Landesamt für Denkmalpflege in München: ›Das Schloß Berg steht […] nicht mehr unter Denkmalpflege.‹[560] Da nunmehr ein Umbau möglich war, konstatierte der Landrat angesichts der Pläne: »Ich möchte jedoch persönlich feststellen, daß der beabsichtigte Umbau mit größtem Takt und künstlerischem Verständnis durchgeführt erscheint.«[561]

Der Umbau erfolgte dann 1949 bis 1951. Doch wurde er in Wahrheit zu einem Abbau des Schlosses, da der »Isoldenturm« und die vier kleineren Türme mit Zinnen abgerissen wurden. Angeblich hatten diese Bauteile wegen erheblichen Setzungen einen Teil der Schäden verursacht. Auch die von Ludwig II. eingebaute zweite Treppe wurde herausgenommen. Man führte das Gebäude auf die schlichte barocke Urform eines dreigeschossigen Würfels mit Zeltdach zurück. Das Lieblingsschloss Ludwigs II. wurde auf diese Weise entzaubert und zerstört. Übrig blieb ein einfaches Haus, das kaum noch als Schloss bezeichnet werden kann.

»Heute steht man einer Revision des ›Historismus‹, wie sie in Berg 1949 bis 1951 durchgeführt wurde, kritisch gegenüber«, betont auch der renommierte Denkmalpfleger Claus-Peter Echter. »Die amtliche Denkmalspflege würde sicher eine solch gravierende Restauration wie 1950 zu verhindern versuchen, umso mehr als Schloß Berg wie das am Westufer gelegene Schloß Possenhofen besonders charakteristische und gelungene Beispiele der Historisierung in der Mitte des 19. Jahrhunderts darstellen. Possenhofen wurde etwa 10 Jahre später als Berg mit Merkmalen einer mittelalterlichen Burg (Zinnenbekrönung, gotische Haut) versehen und weist diese Merkmale im Gegensatz zu Berg heute noch auf. In der heutigen Zeit würde man anders als 1949 den Zustand des vergangenen Jahrhunderts belassen.«[562]

Dies empfand wohl auch jener alte Herr, mit dem die Schriftstellerin Helene Fortenbach um 1955, also kurz nach der ersten Renovierung des Schlosses Berg in Starnberg ins Gespräch kam und der ihr verdeutlichte, was er von dem zurückgebauten Schloss Berg hielt: »Jetzt steht da ein abscheulicher kalkweißer Kasten, verschandelt die Gegend. Drum herum zerfallen die Gebäude, der Rest der Parkmauer, der kleine Hafen. Der herrliche alte Baumbestand ist abgeholzt, das Gelände zerschnitten, eine zertrampelte, kahle Wüstenei. Zunächst tut der Anblick nur weh, bitter weh,

560 Ebd.
561 Ebd.
562 Echter, S. 250f.

aber dann spüren sie etwas auf sich zukommen, etwas Grausiges, Seelenloses. Ein ausgedörrtes, bleiches Gerippe grinst Sie an. Ein schizophrenes Gerippe. Was sich dort manifestiert, ist derselbe sterile Rationalismus, der den König zur Strecke gebracht hat. [...] Das Gelände von Berg demonstriert den absoluten Gegensatz dessen, was Ludwig vertreten hat, bis in die kleinsten Einzelheiten. Und deshalb, sehen Sie, war die Vernichtung nicht sinnlos, sie mußte stattfinden um des Königs willen,[...] mit Ludwig kam noch einmal, ein letztes Mal, ein Vertreter des Gottesgnadentums in die technisierte, aufgeklärte Welt, die bloß noch Staatsbeamte kennt, gekrönte und ungekrönte. Die Monarchie von heute unterscheidet sich von der Republik doch lediglich dadurch, daß der oberste Beamtenposten erblich ist, während sie ursprünglich das Spiegelbild der göttlichen Ordnung darstellte. Aber die Gottverbundenheit ist längst zerrissen, und damit hat das Spiegelbild seine Existenzberechtigung verloren. Die Throne sind weiter nichts mehr als morsche Sessel, kein Wunder, daß sie stürzen. Ludwig – er war eine Endzeiterscheinung, einer jener Prüfsteine, an denen sich die Geister scheiden. Daher die unerklärliche Liebe der einen und der unbezähmbare Drang der anderen, ihn zu beseitigen. Daher auch seine Abseitigkeit, sein Unvermögen, in herkömmlichen Bahnen zu wandeln, eine Familie zu gründen. Mit seinem eigenen Dasein war seine Aufgabe erfüllt – mit seinem Dasein und mit seinem Tod, durch den er sich ins Gedächtnis der Nachwelt einbrannte.«[563]

Das Schicksal der Einrichtungsgegenstände aus Schloss Berg und seinem Park

»Alle wertvollen Einrichtungsgegenstände aus Schloss Berg wurden auf höheren Befehl weggeführt«[564], wie Oskar Maria Graf schreibt, darunter wertvolle Möbelstücke, Statuen und Bilder. Das geschah nicht unmittelbar nach dem Tod des Königs, sondern erst bei den erforderlichen Umbauten von 1949 bis 1951. So wurde unter anderem etwa die Reiterstatuette König Ludwigs II., die sich in Berg befand, später ins »König Ludwig II. Museum von Herrenchiemsee« überführt, ebenso Franz Xaver Thallmaiers »Tafel mit bayerischen Herrschern aus dem Haus Wittelsbach«, ein Gemälde auf Por-

[563] Fortenbach, S. 386f.
[564] Graf, Mutter, S. 306f.

zellan. Auch die 16 Bühnenbildmodelle von Angelo Quaglio, Heinrich Döll und Christian Jank, die einst im südöstlichen Erkerzimmer von Schloss Berg aufgestellt waren, befinden sich heute im Museum von Herrenchiemsee.

Im »Museum der Bayerischen Könige« in Hohenschwangau sind derzeit die Marmorstatuetten »Lohengrin«, »Tristan« und »Walther von Stolzing« zu sehen, gefertigt von Caspar Clemens Zumbusch, die ehemals im Wohn- und Arbeitszimmer des Königs im 2. Stock von Schloss Berg auf hohen Sockeln aufgestellt waren.

Mehrfach wurde auch Mobiliar aus Schloss Berg verkauft. So bot das Münchner Auktionshaus Hampel 2003 einen »Sofatisch, schwarz, mit vergoldeten Bronzen garniert, auf vier gebogenen Füßen, weiße Marmorplatte«, der sich einst im Wohn- und Arbeitszimmer des Königs in Schloss Berg befand, für 20000 Euro an.

Auch im Schlosspark verschwand nach und nach alles, was an den König erinnerte. Nur die neugotische Schlosskapelle, in der Ludwig II. gelegentlich Gottesdienste besuchte, ist heute noch erhalten und steht unter Denkmalschutz.

Das ehemalige Marstallgebäude nahe beim Schloss wurde nach dem Tod Ludwigs II. zunächst weiterhin bewohnt. Die neuen Mieter nutzten die Stallungen als Lagerraum. Während des Zweiten Weltkrieges wurde dann eine gewerbliche Produktionsstätte eingerichtet. Danach drohte das Gebäude zu verfallen. Doch zu Beginn der 1990er-Jahre kümmerte sich der Kulturverein Berg um das Gebäude, worauf ein paar Jahre später die Gemeinde den Marstall in Zusammenarbeit mit einem privaten Investor originalgetreu sanierte und restaurierte. Seither sind in den Obergeschossen Wohnungen untergebracht, während die einstigen Stallungen der Öffentlichkeit als Veranstaltungssaal zur Verfügung stehen.

1887, ein Jahr nach dem Tod des Königs, wurde der Glaspavillon entfernt und der Maurische Kiosk bei Schloss Berg, wie schon erwähnt, an das Straßburger Kunstgewerbemuseum verkauft. Wegen seiner Größe stellte man ihn nicht im Museum, sondern in der Orangerie auf, wo er fast 40 Jahre verblieb und langsam verrottete. 1925 war der Zustand schließlich so schlecht, dass er für 800 Francs an eine Privatfirma verkauft wurde. Auf deren Gelände soll zumindest die Kuppe noch um 1950 existiert haben.[565]

[565] Nöhbauer, Hans F.: Auf den Spuren König Ludwigs II. Ein Führer zu Schlössern und Museen, Lebens- und Erinnerungsstätten des Märchenkönigs, München 1986, S. 56.

Ein zweiter maurischer Kiosk landete nach Abriss des Wintergartens in den sogenannten »Fürstenhöfen« in der Münchner Schellingstraße[566], wo er bei einem Bombenangriff im Zweiten Weltkrieg zerstört wurde. 1948 wurde der Laubengang vom Schloss zur Schiffsanlegestelle im See, die nicht mehr genutzt wurde, abgebrochen, da Ludwigs II. Raddampfer »Tristan« schon seit 1887 nicht mehr vorhanden war.

Zweifellos hätte es Ludwigs Lieblingsschiff »Tristan« verdient, erhalten zu werden. Doch dessen Ende war ebenso traurig wie das des Königs. 1887, ein Jahr nach seinem Tod, kaufte Hugo von Maffei den »Tristan«, da weder der kranke Bruder Ludwigs II., König Otto I., noch Prinzregent Luitpold Verwendung dafür hatten. Auf einem von acht Pferden gezogenen Spezialfuhrwerk wurde das Schiff zum Ammersee geschleppt und erhielt den Namen »Ludwig«. Die einst königliche Privatyacht wurde zum Schleppschiff umgerüstet und zog auf der Amper nunmehr Personen- und Lastkähne vom Bahnhof Grafrath zur Dampfschiffstation Stegen am Ammersee. 1898 wurde aus dem Schleppkahn »Ludwig« selbst ein Lastenkahn der Stegener Werft. Die nächsten 45 Jahre verfiel das Schiff immer mehr. Gegen Ende des Zweiten Weltkriegs wurde der Rumpf dann im Hafen von Stegen versenkt. Da die amerikanischen Besatzer vermuteten, es könnten geheime U-Boot-Teile bei dem Wrack auf dem Grund liegen, wurden »Tristans« klägliche Überreste 1951 geborgen und beschlagnahmt. Eine Schrottfirma zerstückelte den Rumpf des einstigen Königsschiffs. Wie Ludwig II., so blieb auch seine Privatyacht »Tristan« von Gerüchten nicht verschont. »Taucher holen König Ludwigs Lustschiff aus dem Ammersee«, meldete 1971 die BILD. Und 1977/78 setzte sich Albert Widemann, Vorstand des »König Ludwig II. Denkmalvereins« dafür ein, dass von der Wasserwacht und Bundeswehr nochmals Tauchgänge unternommen wurden, um eventueller Reste der Tristan zu bergen. Doch auch diese letzten Nachforschungen blieben erfolglos.

Zweite Umgestaltung von Schloss Berg (1985)

Obwohl 1951 Schloss Berg umgestaltet und damit wieder bewohnbar war, verbrachte Kronprinz Rupprecht von Bayern (1869–1955) nach der Rückkehr aus dem italienischen Exil seine letzten Lebensjahre nicht dort, son-

[566] Koch von Berneck, S. 26; Holighaus/Reis, S. 88.

dern vorwiegend in den Schlössern Leutstetten (Landkreis Starnberg) und Nymphenburg (München) sowie auf Reisen ins europäische Ausland. Nach seinem Tod am 2. August 1955 in Leutstetten wurde Herzog Albrecht von Bayern (1905–1996) Nachfolger und damit Chef des ehemaligen Wittelsbacher Königshauses. Er nahm sein Wohnrecht in Schloss Nymphenburg in München nur selten wahr. Er wählte stattdessen Schloss Berg als Wohnsitz und ordnete 1885 eine zweite Renovierung dieses Schlosses an, bei der man der Empfehlung Claus-Peter Echters von 1982 folgte: »Nachdem die durch König Max II. und Ludwig II. veranlaßten Umbauten des 19. Jahrhunderts beseitigt wurden, wäre es widersinnig bei einer künftigen Fassadenumgestaltung zur baulichen Situation der 2. Hälfte des 19. Jahrhunderts zurückzukehren und die Fassade aus dieser Zeit wiederherzustellen. Vielmehr bietet es sich für Schloß Berg an, einen Bauzustand anzustreben, der dem der Erbauungszeit bzw. der barocken Gestalt des Schlosses – also kurze Zeit später – unter den bayerischen Kurfürsten am nächsten kommt. Denn im letzten Drittel des 17. Jahrhunderts und in der ersten Hälfte des 18. Jahrhunderts war die Glanzzeit des Schlosses, sieht man einmal von Max II. und Ludwig II. ab. Ferdinand Maria, Max Emanuel und Karl Albrecht hielten [...] alle oft Hof in Berg und schufen dort den passenden Rahmen für ihre Feste.«[567] Bei der zweiten Umgestaltung gelang es nun, durch eine überlieferte Fassadendekoration und eine wärmere Farbgebung der Fassade das ursprünglich frühbarocke Erscheinungsbild wiederherzustellen. Außerdem wurde bei diesen Renovierungsmaßnahmen auch im Inneren den Ansprüchen einer modernen Bewohnbarkeit Rechnung getragen: Dazu versetzte man teilweise Wände, die Fenster wurden verkleinert und dabei deren neugotische Umrahmungen beseitigt. An der Ostseite schuf man einen neuen Eingang und die drei Fenster über dem Eingang wurden nach oben versetzt. Die alte Treppe vom Erdgeschoss zum ersten Obergeschoss wurde abgebrochen und eine neue Treppe im mittleren östlichen Teil des Gebäudes eingebaut, wo sie vorher schon vom ersten in das zweite Obergeschoss verlief. Außerdem baute man auch einen Aufzug ein. Die veralteten und unzureichenden sanitären und heiztechnischen Einrichtungen, die das Schloss in der kalten Jahreszeit unbewohnbar machten, wurden durch eine moderne technische Ausstattung ersetzt, die Bäder saniert und eine neue Heizung eingebaut.[568]

[567] Echter, S. 251.
[568] Ebd., S. 242.

Herzog Albrecht von Bayern hielt sich gerne in Schloss Berg auf. Auch wenn er nie förmlich auf seinen Thronanspruch verzichtet hatte, so scheute er doch jeglichen royalistischen Rummel und stand auch dem Kult um seinen legendären Großonkel Ludwig II. kritisch gegenüber. Zeitlebens war er wie dieser sehr öffentlichkeitsscheu. Nach Rückkehr von einem Anglerurlaub in der Steiermark ereilte den 91-Jährigen am 8. Juli 1996 auf Schloss Berg, seinem Lieblingsschloss, beim Mittagsschlaf der Tod durch Herzstillstand.

Sein Nachfolger wurde Herzog Franz von Bayern, der seinerseits Schloss Nymphenburg als Hauptwohnsitz nutzt. Schloss Berg befindet sich auch gegenwärtig im Besitz der Wittelsbacher.

Braucht die Gemeinde Berg ein »Schloss-Berg-Museum«?

Wer heute um die Erlaubnis zur Besichtigung von Schloss Berg nachsucht, erhält eine freundliche, aber unmissverständliche Absage mit der zutreffenden Begründung, es sei nichts mehr von dem vorhanden, was an König Ludwig II. erinnere. Lediglich vom Starnberger See aus kann man das Schloss bei einer Dampfer- oder Bootsfahrt sehen. Ansatzweise ist auch noch der kleine Hafen erkennbar, den der König einst für seine Fahrten mit dem Dampfboot »Tristan« nutzte.

Eine Möglichkeit, Schloss Berg wieder lebendig werden zu lassen, bestünde eventuell darin, in der Gemeinde Berg ein »Schloss Berg-Museum« einzurichten. Darin müsste die fast 400 Jahre alte Geschichte von Schloss Berg aufgeblättert werden, beginnend, als auf diesem Platz noch ein schlichtes Herrenhaus stand, aus dem sich dann ein Lust- und Jagdschloss der Wittelsbacher Herzöge und Kurfürsten entwickelte.

In weiteren Abteilungen könnte Schloss Bergs Glanzzeit und Niedergang sowie das Wiedererwachen von Schloss Berg im 19. Jahrhundert mit König Max II. und Ludwig II. thematisiert werden. Wie nutzte der Märchenkönig dieses Sommerschloss und welche seiner Aktivitäten lassen sich hier und am Starnberger See nachweisen? In einem solchen Museum ließe sich auch eine Wanderung durch die Schlossräume und durch den Schlosspark gestalten. Welche Besucher empfing der König in Schloss Berg und auf der dazu gehörenden Roseninsel? Welche politischen Ereignisse sind in den Jahren 1864 bis 1886 eng mit dem Schloss verbunden? Und welches Verhältnis hatte der König zur Berger Bevölkerung? Fehlen darf natürlich auch nicht das tragische Ende Ludwigs II. und was aus Schloss Berg nach dem Tod des Königs wurde.

Diese Stichworte stellen lediglich eine kleine Auswahl jener Themen dar, die in einem »Schloss-Berg-Museum« aufbereitet werden könnten. Ein solches Haus wäre wie die Schlösser Ludwigs II., das »Ludwig II.-Museum in Schloss Herrenchiemsee« und das »Museum der Bayerischen Könige« in Hohenschwangau sicher ein weiterer Besucher-Magnet.

Magie von Schloss Berg und des Starnberger Sees

Schloss Berg, ein mythischer Ort

Der Mythos Ludwig II. begann sich bereits zu Lebzeiten des Königs zu entwickeln. »Ein ewiges Räthsel will ich bleiben mir und anderen [...]«[569], hatte der Monarch am 25. April 1876 der Schauspielerin Marie Dahn-Hausmann geschrieben. Doch erst zehn Jahre später, nach seinem Tod entfaltete sich dieser Mythos vollständig. Wie Phönix aus der Asche erhob sich der König in seiner ganzen Strahlkraft. Er wurde zum Märchenkönig, der die Banalität des Lebens nicht ertragen und der sich mit den Schlössern Neuschwanstein, Herrenchiemsee und Linderhof ein verzaubertes Reich nach seinem Ideal erschaffen hatte, der sich von den Menschen missverstanden in die Einsamkeit zurückzog und seine Welt mit Bildern aus mittelalterlichen Heldensagen illustrierte und mit Versatzstücken aus Wagner-Opern inszenierte. In den Köpfen seiner Feinde bildete sich hingegen der Mythos vom unfähigen Herrscher, der Bayern angeblich an Preußen verkaufte, der Mythos des lasterhaften Homosexuellen, der seine Diener misshandelte, und der des verrückt gewordenen Königs, der am Ende seinen Widersachern zum Opfer fiel.

Seit Ludwigs Tod empfanden viele Menschen, insbesondere fanatische Verehrer seiner Person, auch das Areal um die Todesstelle als einen mythischen Ort und das ist bis heute so. Schon das rätselhafte Ende galt vielen als mythisches Ereignis. So sei etwa das Todesdatum mit dem Schwanenmythos verbunden. In der Mythologie gilt der Schwan als heiliges Tier des Apoll und als Symbol der Reinheit und des Lichts. Der Schwan war auch Ludwigs Lieblingsvogel, und der König kannte sicher auch den Mythos, wonach der Schwan im Tode verwandelt wiedergeboren werden kann. »Vielleicht sah sich auch Ludwig von der ›Schwanenwerdung‹ durchdrungen, jener ›Meerfahrt‹ genannten ›Verwandlung‹ und Wiedergeburt, die mit

[569] Böhm, Gottfried, S. 438.

dem Wasser und dem Tod in besonderer Beziehung steht.«[570] Dann wäre es kein Zufall, dass Ludwigs Todestag ausgerechnet auf den Pfingstsonntag fiel, das Fest des Heiligen Geistes, das für die mythische Verwandlung als besonders günstig gilt. »Sah Ludwig, der stets in solchen mythischen Zusammenhängen dachte, an diesem Tag und in diesem Tod die Möglichkeit, seinem ausweglosen Leben eine letzte Erfüllung zu geben?« In diesem Fall sei Ludwig II. am 13. Juni 1886 gar nicht gestorben, sondern wie einst König Artus über die Fluten nach Avalon entschwunden, um fortan ewig zu leben.

Mythische Orte zeichnen sich durch äußere und innere Merkmale aus. Bezogen auf die Person Ludwigs II. sind äußere Merkmale am Starnberger See das Schloss Berg mit Park und die Roseninsel, also jene verborgenen Plätze, an denen sich der König gerne aufhielt. Vor allem aber zählen dazu die Unglückstelle im Park von Berg mit der Gedächtniskapelle, der Totenleuchte und dem Kreuz im See, wo das Leben Ludwigs II. auf tragische Weise endete.

Mit inneren Merkmalen ist die diesen Orten innewohnende Ausstrahlung gemeint. Sie entsteht erst durch die Bereitschaft eines Menschen, eine derartige Wirkkraft ernstzunehmen und sie in sich einzulassen, wie dies glühenden Verehrern Ludwigs II. gelingt. Für sie wurde das Areal Schloss Berg mit der Todesstelle in der Folge zu einem mythischen Ort, von dem eine Magie ausgeht, die sie zu spüren behaupten. Dabei kann es sich sowohl um eine positive als auch um eine negative Kraft handeln, die auf dafür empfängliche Personen einwirkt.

Eine positive Ausstrahlung regt in den davon betroffenen Menschen positive Wesenszüge an, über die auch Ludwig II. verfügte, also etwa seine Liebe zur Natur und zur Musik, zur Bildenden Kunst und Architektur, zugleich aber seine Offenheit gegenüber moderner Technik, seine Freigebigkeit, seine überschäumende Fantasie und Kreativität, seine Tatkraft, die ihn zum Bau der Märchenschlösser motivierte, und vieles andere mehr.

Eine negative Ausstrahlung erzeugt hingegen negative Gedanken. Auch solche lassen sich in Ludwigs Leben finden, so etwa seine Menschenscheu und zum Teil sogar Verachtung für Menschen, seine geradezu krankhafte Bausucht mit einem dadurch bedingten unmäßigen Ausgabeverhalten, diverse befremdliche, von manchen sogar als krankhaft bezeichnete Verhaltensweisen, die zunehmende Entfremdung von seinem Land und dessen Regie-

570 Reichold, Klaus: König Ludwig II. von Bayern – Stationen eines schlaflosen Lebens. München, 1996. S. 66 (künftig: Reichold 1996).

rung, sein mangelndes Verständnis der umwälzenden Entwicklungen des 19. Jahrhunderts, das keinen Platz mehr bot für das von ihm idealisierte absolutistische Königtum. Und nicht zuletzt die gegen Ende seines Lebens zunehmenden Depressionen und die mehrfach geäußerten Suizidabsichten. Gerade eine negative Ausstrahlung kann auf sensible Menschen unheilvolle Auswirkungen erzeugen. Manche von ihnen kapseln sich von ihrer Mitwelt immer mehr ab, irritieren die Mitmenschen durch ein sonderbares Verhalten, entwickeln Depressionen und verspüren bisweilen sogar eine Todessehnsucht. Besonders auf jene, die mit ihrem Leben nicht mehr zurechtkommen, übt die Todesstelle bei Schloss Berg eine verlockende Anziehungskraft aus. Manche wollen mit dem Märchenkönig sogar im nassen Tod vereint sein.

Schloss Berg, ein Ort der Tragik

Auch wenn der Geist des Königs im ganzen Starnberger Seegebiet präsent ist, so wird doch der Stelle in der Nähe des legendären Gedenkkreuzes eine mitunter unheilvolle Wirkung nachgesagt. Immer wieder berichtet die Presse von Suiziden im See. Bleiben die Ertrunkenen unauffindbar, erhöht dies die Rätselhaftigkeit eines solchen Unglücks. Dass Ertrunkene oft nicht mehr auftauchen, hängt mit der Tiefe zusammen, in der sie sich befinden. Eine Wasserleiche, die in 15 bis 20 Metern Tiefe schwimmt, kommt infolge der entstehenden Verwesungsgase zunächst zwar wieder an die Oberfläche, sinkt nach Entweichen der Gase jedoch erneut. Mit zunehmender Tiefe verhindert dann der hohe Wasserdruck ein erneutes Auftauchen.

Die enorme Tiefe von bis zu 128 Metern an einigen Stellen im See macht eine Bergung meist unmöglich, da die Taucher dabei selbst in Gefahr kämen. Insbesondere an der 100 Meter unter Wasser abfallenden Steilwand vor der Seeburg in Allmannshausen lauert erhebliche Gefahr. Dort überschätzen sich sogar erfahrene Taucher und merken zu spät, dass bereits ab 40 bis 60 Metern der Tiefenrausch droht, der für Euphorie, aber auch Umnachtung sorgt. Wie es heißt, treiben in der Tiefe des Starnberger Sees heute noch 28 Wasserleichen, die trotz modernster Technik bislang nicht geborgen werden konnten.[571] Ist die Lage eines Ertrunkenen auf dem See-

[571] 28 Leichen liegen im Starnberger See. in: Münchner Merkur vom 13. April 2009; Hummel, Manfred: Stilles Wasser. Im Starnberger See liegen mindestens 28 Wasserleichen, in: Süddeutsche Zeitung vom 17. Mai 2010.

grund bekannt, wird von der Wasserwacht eine Digitalkamera mit starkem Scheinwerfer an einem Seil in die Tiefe hinabgesenkt, damit der Tote wenigstens identifiziert werden kann. Unter anderem ist dies für die Auszahlung von Lebensversicherungen an Hinterbliebene von Bedeutung. Im Sommer pilgern bis zu 25 000 Münchner an jedem Wochenende an den beliebten Badesee. Ein Gesundheitsrisiko stellen die Toten im See aber nicht dar. Bei der enormen Größe des Starnberger Sees ändern 28 nicht geborgene Wasserleichen nämlich nichts an der Trinkwasserqualität dieses selbstreinigenden Gewässers, das mit allen biologischen Stoffen, etwa mit im See treibendem Gehölz oder toten Tieren und Menschen durchaus fertig wird. Bis das Wasser einmal gänzlich umgewälzt ist, dauert es allerdings an die 21 Jahre, da der Starnberger See außer Schmelz- und Regenwasser keinen nennenswerten Zulauf hat.

Wie es heißt, sei die Todesstelle Ludwigs II. für Depressive vor allem im Herbst anziehend. Eine Touristin aus dem Ausland, die man noch rechtzeitig retten konnte, wurde gefragt, weshalb sie sich diesen See ausgesucht habe. Sie erklärte: »Ich war früher schon einmal im Urlaub hier. Dieser See ist so weit, so ruhig, so weich. In ihm kann man zur Ruhe kommen. Der See ist zum Sterben schön. Am Seeufer hat man das Gefühl, als ob einem das Wasser immer näher kommt, als ob es einen in die Tiefe ziehen möchte.« 1984 hatte ein 15-jähriges Mädchen aus Norddeutschland ihren Eltern in einem Abschiedsbrief angekündigt, sie wolle wie Bayerns Märchenkönig sterben. Polizei und Wasserwacht standen in höchster Alarmbereitschaft. Zum Glück führte die Jugendliche ihr Vorhaben nicht aus. Im Oktober 2002 folgte ein 47-jähriger Anhänger des Märchenkönigs aus dem thüringischen Gotha seinem Idol in den Tod. Der Mann wurde zwar noch lebend aus dem Wasser gezogen, starb aber kurz darauf an den Folgen einer Medikamentenvergiftung und an Unterkühlung. Er hatte reichlich Tabletten und Alkohol zu sich genommen. In seiner Tasche wurden neben einem Abschiedsbrief Gedichte und Briefe Ludwigs II. gefunden, außerdem mehrere Bilder von Schloss Neuschwanstein. Im Sommer 2003 stieß ein Sporttaucher in der Tiefe auf eine knapp 20 Jahre alte Wasserleiche und im Sommer 2009 wurde in der Tiefe bei Niederpöcking eine 17 Jahre alte Wasserleiche entdeckt, bei der es sich um einen Weinhändler aus dem Fränkischen handelte, der schon 1992 seinen Freitod angekündigt hatte.

Viele Geschichten berichten, dass schon in alter Zeit Menschen im Starnberger See ertrunken sind. So sei in grauer Vorzeit ein Trupp Panduren, den ein Fischerbub aufs brüchige Eis hinaus gelockt hatte, in den Fluten versunken. Auf dem Grund der Seeshaupter Bucht soll sogar ein Pferdefuhrwerk mit Bierfässern liegen, das ins Eis einbrach. Entdeckt wurde es bislang allerdings nicht. Während des Zweiten Weltkriegs sollen mehrere Flugzeuge in den See gestürzt sein. Ein Doppeldecker, dessen Wrack heute im Deutschen Museum ausgestellt ist, wurde in den 80er-Jahren in einer aufwändigen Aktion geborgen, ebenso die Besatzung und die Trümmer eines amerikanischen Helikopters, der zu Beginn der 90er-Jahre in den See gestürzt war.

Die erste und wohl bekannteste Frau, die – zumindest in einigen Gedichten – äußerte, Ludwig in den Tod folgen zu wollen, war Kaiserin Elisabeth von Österreich. Der Starnberger See besaß auch für sie eine magische Anziehungskraft. Etwa ab Mitte der 1880er-Jahre äußerte sie mehrfach Selbstmordabsichten, wie im folgenden Gedicht:

»Ich saß und sah zu lange am Gestad, / Berückend klang der grünen Wasser Rauschen, / Zu lockend hat Versuchung sich genaht, / Und zwang der Nyxen Worte mich zu lauschen. / Und jede Welle flüstert leis mir zu: / Vergönne doch in uns'rem grünen Grunde / Dem müden Körper endlich Rast und Ruh; / Der Seele Freiheit bringt dann diese Stunde. / Mir dünkt, daß selbst die Sonne schmeichelnd spricht: / Und steigst hinab du jetzo ohne Zagen, / Bedeckt dein grünes Grab mein goldnes Licht / Dem Geiste aber wird ein hell'res tagen. / Die Stunde der Versuchung ist gewichen, / Ein feiger Hund, bin ich nach Haus geschlichen.«

Und in einem anderen Gedicht sieht sie sich nach erfolgter Tat im See liegen:

»Nun liegt mein Körper unten / Im tiefsten Meeresgrund, / Die Riffe dort, die bunten, / Die rissen ihn noch wund. // In meinen Zöpfen betten / Die Seespinnen sich ein; / Ein schleimig Heer Maneten / Besetzt mir schon die Bein'. // Auf meinem Herzen kriechet / Ein Tier, halb Wurm, halb Aal; / Die Fersen mir beriechet / Ein Lobster-Kardinal. // Es haben mir umschlungen / Medusen Hals und Arm; / Und Fische, alte, junge, / Die nähern sich im Schwarm. // An meinem Finger saugen / Blutegel, lang und grau, / In die verglasten Augen / Stiert mir der Kabeljau. // Und zwischen meine Zähne / klemmt sich ein Muscheltier. – / Kommt wohl die letzte Träne / Als Perle einst zu dir?«

Aufgrund dieser Gedichte mutmaßten manche, dass Elisabeth, wäre sie 1898 nicht von einem Attentäter erdolcht worden, ihre Selbstmordabsichten womöglich doch noch wahr gemacht hätte und ihrem Königsvetter Ludwig in den Starnberger See gefolgt wäre.

Schloss Berg, ein Ort des Gedenkens und des Heiligenkults

Jedes Jahr am 13. Juni, sofern er auf einen Sonntag fällt, sonst am darauffolgenden Sonntag, pilgern Hunderte von Königstreuen und Royalisten aus aller Welt zur Votivkapelle im Schlosspark Berg, um dort an der traditionellen Gedenkfeier für Ludwig II. teilzunehmen.[572] Die Einladung dazu erfolgt durch die Vereinigung »König Ludwig II. – Deine Treuen«, von der die Feier auch organisiert wird, bei der stets Vertreter des Hauses Wittelsbach zugegen sind. Da die Votivkapelle für den Andrang zu klein ist, wird die Messe mit Lautsprechern nach draußen übertragen, wo sich die Besucher auf den Treppenstufen und bis zu den Bänken vor dem Gedenkkreuz im See drängen. Ein farbenfrohes, festliches Bild bilden die in Tracht gekleideten Fahnenabordnungen der verschiedenen Ludwig-II.-Vereine, die Touristen und Ludwig-II.-Fans.

Die Feier beginnt um 10.30 Uhr mit einer Gedenkmesse in der Votivkapelle, musikalisch umrahmt von einer Bläsergruppe. In seiner Predigt geht der zelebrierende Pfarrer auf die ungebrochene Beliebtheit des Königs ein. Nach dem Gottesdienst versammeln sich alle an der Totengedenksäule. Die Vorsitzende der Vereinigung »König Ludwig II. – Deine Treuen« begrüßt die anwesenden Vereine. In seiner Ansprache weist der Landesvorsitzende der Königstreuen in Bayern auf die vielen Verdienste des Königs hin, der von Millionen Menschen aus aller Welt dafür bis heute bewundert wird. Gelegentlich führt der Berger Trachtenverein »König Ludwig Schloss Berg« zu Ehren des Königs den sogenannten »Seerosentanz« auf. Dabei wird mittels Kurbeldrehung eine Rose aufgeblättert, die auf einer hohen Stange montiert ist. Aus ihrer Mitte erhebt sich dann die Büste Ludwigs II. Abschließend wird an der Mariensäule nahe dem Gedenkkreuz ein Kranz aus weißen Lilien, Rosen und blauem Rittersporn niedergelegt. Es ertönen drei

[572] Schweiggert, Alfons: König Ludwig II. – Deine Treuen. Bayerns König Ludwig II.-Vereine und -Verehrer. St. Ottilien 2011 (künftig: Schweiggert, Ludwig-II.-Vereine)

Salutschüsse, abgefeuert vom »Münchner Traditionsverein des ehemaligen königlichen bayerischen 4. Chevaulegers-Regiment ›König‹«. Danach endet die Gedenkfeier mit dem gemeinsamen Absingen der Bayernhymne.

Seit mehr als 130 Jahren entfaltet gerade bei dieser festlichen Veranstaltung im Park von Schloss Berg der Mythos Ludwigs II. alljährlich aufs Neue seine magische Wirkung auf die Teilnehmer. Friedrich Prinz spricht in diesem Zusammenhang vom »Aufstieg Ludwigs II. zum Objekt einer ›säkularisierten Hagiographie‹«. So wie in religiösen Heiligenkulten Menschen aufgrund ihres Lebenswandels – selbst wenn dieser gar nicht so untadelig war, wie behauptet wird – nach ihrem Tod zu heiligen Legenden stilisiert werden, so scheint dies auch mit Ludwig II. geschehen zu sein. Nach seinem Tod wurde er »in den Glorienschein von Wallfahrt und Wunder« entrückt. Die kultische Verwandlung seiner Person überstrahlt »seine reale Biographie so stark und nachhaltig [...], dass die Individualität des Heiligen, sein konkretes Menschsein in seiner Zeit, oft völlig in den Hintergrund tritt oder beinahe bis zur verklärten Unkenntlichkeit verändert wird. Der Kult [...] prägt ein neues und zumeist sehr dauerhaftes Bild, hinter dessen säkularisierten Zügen manchmal nur noch der Geschichtsforscher die bislang recht schütteren Rückbezüge zur biographisch fassbaren Person des Heiligen zu erkennen vermag.«[573]

Es verwundert nicht, dass 2008 zum 122. Todestag des Königs der »Geheimbund der Guglmänner« die Aufbahrung des toten Monarchen in einem Glassarkophag forderte. Dabei verwiesen sie auf die Begeisterung, die in Italien die Aufbahrung von Pater Pio ausgelöst habe. Bereits Hunderttausende seien an dem »Fenstersarkophag« mit den sterblichen Überresten des Heiligen vorbeigezogen. »Wäre es nicht angemessen«, so fragte der Geheimbund in einer Mitteilung, »die größte Identifikationsfigur des bayerischen Volkes 122 Jahre nach ihrem Tod endlich in gleicher Weise zur würdigen Verehrung zugänglich zu machen?«[574]

573 Prinz, Friedrich: König Ludwig II. – Entstehung einer Kultfigur. in: Gregor-Dellin, Martin, et al.: Ludwig II. Die Tragik des »Märchenkönigs«, Regensburg 1986, S. 131f.

574 »Ein Fenstersarkophag für König Ludwig«, Mitteilung des »Geheimbundes der Guglmänner«: www.guglmann.de [zuletzt geöffnet am 3.5.2017].

Anhang

Literaturvereichnis

Barton, Irmgard von, gen. von Stedmann: Die preußische Gesandtschaft in München als Instrument der Reichspolitik in Bayern von den Anfängen der Reichsgründung bis zu Bismarcks Entlassung, Schriftenreihe des Stadtarchivs München, München 1967

Bayern, Konstantin Prinz von: Ludwig II. und Schloß Berg, in: Merian, 14. Jg., Heft 7, Hamburg 1961, S. 16–20

Ders.: Schloß Berg und sein Los, in: Ludwig II. von Bayern. Berichte der letzten Augenzeugen. Gedenkschrift zum 75. Todestag König Ludwigs II. von Bayern am 13. Juni 1961, herausgegeben von Hermann M. Hausner, München/Salzburg 1962, S. 41–43

Below, Ludwig: Dem Toten die Ehre. Entsigelte Dokumente. Treue Bayernherzen ihrem Liebling als Denkmal. Roman eines Königstraumes nach ganz neu erschlossenen Quellen, München 1926

Beyer, C.: Ludwig II. König von Bayern. Ein Charakterbild, Leipzig 1897

Binzer, Carl von: Die Schlösser König Ludwig II. von Bayern. Ein Begleiter auf der Reise, Berg 1888

Blunt, Wilfried: Ludwig II. König von Bayern, München 1970

Böhm, Christiane: Dein treuer Freund Ludwig oder Warum auch ein König keinen Elefanten bekam. Eine Biographie König Ludwigs II. für Jung und Alt, München 2011

Böhm, Gottfried von: Ludwig II. König von Bayern. Sein Leben und seine Zeit, Berlin 1924

Botzenhart, Christof: »Ein Schattenkönig ohne Macht will ich nicht sein.« Die Regierungstätigkeit König Ludwigs II. von Bayern, München 2004

Brandt, Rolf: Am Schicksalsort Ludwigs II. von Bayern (Schloß Berg), in: Brandt, Rolf: Stätten der Tragik. Menschen, Schicksale und Landschaften, Hamburg/Berlin/Leipzig, 1929. S. 9–23

Bußmann, Hadumod: Ich habe mich vor nichts im Leben gefürchtet. Die ungewöhnliche Geschichte der Therese Prinzessin von Bayern, München 2011

Conrad, Michael Georg: Majestät. Ein Königsroman, Berlin o.J. [1902]

Corti, Egon Caesar Conte: Elisabeth. Die seltsame Frau, Salzburg/Leipzig 1936

Craemer, Josef Ludwig: Die Bayerischen Königsschlösser in Wort und Bild. Eine interessante Geschichte der Schlösser [auch Schloß Berg] mit vorzüglichem Führer durch dieselben, München 1898

Crailsheim, Hans-Jürgen Frhr. v.: König Ludwig II und sein Schweizerhaus am Starnberger See, in: Schermann, Karl: Starnberger See G'schichten, Percha 1986

Christlieb, Wolfgang: Die psychiatrische Frage und die Königstragödie von 1886. Sonderdruck aus Münchner Stadtanzeiger, München 1986

Echter, Claus-Peter: Zur Baugeschichte von Schloß Berg, in: Oberbayerisches Archiv, herausgegeben vom Historischen Verein von Oberbayern, Band 106, München 1982, S. 229–257

Eisert, Beatrice: Ludwig II. Leben. Wirken. Sterben, München 1979

Ettmayr, Corbinian: Die Gedächtniskapelle für König Ludwig II. und die Königskapelle im Park des Schlosses Berg, München 1901

Eulenburg-Hertefeld, Philipp Fürst zu: Das Ende König Ludwigs II., Frankfurt am Main/Leipzig 2001

Feulner, Manfred: Berchtesgaden und seine Könige, Berchtesgaden 1980

Föhringer, H. K.: Der Würmsee und seine Uferorte. Eine historisch topographische Skizze, München 1845

Fortenbach, Helena von: Wahn und Wahrheit. Ein Roman um König Ludwig II. von Bayern, Berlin-Wannsee 1961

Fröbel, Julius: Ein Lebenslauf, Band 2, Stuttgart 1890

Gebhardt, Heinz: König Ludwig II. hatte einen Vogel … Unglaubliche, aber wahre Geschichten über den Märchenkönig, München 2011

Goldner, Johannes: Bayerische Herzöge. Kurfürsten und Könige, Freilassing 1980

Graf, Oskar Maria: Das Leben meiner Mutter, München 1982

Ders.: Die Chronik von Flechting. Ein Dorfroman (EA München 1929), München 2009

Ders.: Notizbuch des Provinzschriftstellers Oskar Maria Graf 1932. Erlebnisse, Intimitäten, Meinungen, München 2011

Gregor-Dellin, Martin et al.: Ludwig II. Die Tragik des »Märchenkönigs«, Regensburg 1986

Grein, Edir: Tagebuchaufzeichnungen Ludwigs II., König von Bayern, Schaan/Lichtenstein 1925

Grössing, Sigrid-Maria: Kaiserin Elisabeth und ihre Männer, München 2000

Hacker, Rupert (Hg.): Ludwig II. von Bayern in Augenzeugenberichten, Düsseldorf 1966

Hamann, Brigitte: Elisabeth. Kaiserin wider Willen, Wien/München 1982

Dies. (Hg.): Kaiserin Elisabeth. Das poetische Tagebuch, Wien 1984

Dies.: Elisabeth. Kaiserin zwischen Dynastie und Emanzipation, Wien/München/Berlin 1997

Hausner, M. Hermann: Ludwig II. von Bayern. Berichte der letzten Augenzeugen, München 1961

Heigel, Karl von: König Ludwig II. von Bayern, Stuttgart 1893

Heimeran, Ernst: Büchermachen, München 1947

Heindl, Karin / Heindl, Hannes: Ludwigs heimliche Residenzen am Walchensee, Hochkopf, Herzogstand, Vorderriss, Miesbach 1986

Heindl, Hannes : Majestät und Ritter, König Ludwig II. Großmeister des Bayerischen Haus-Ritter-Ordens vom hl. Georg, München 1966

Heißerer, Dirk: Wellen, Wind und Dorfbanditen. Literarische Erkundungen am Starnberger See, München 1995

Ders.: Die Maxhöhe. Vom Dampfschiff zum Windrad, Berg am Starnberger See 2002

Hilmes, Oliver: Ludwig II. Der unzeitgemäße König, München 2013

Holighaus, Kirstin / Reis, Barbara: »Das verfluchte Nest!« König Ludwig II. und München, München 2011

Hommel, Kurt: Der Theaterkönig Ludwig II. von Bayern. Eine Würdigung, München 1980

Hopfgartner, Sunhild: Vergib Ihnen nicht so schnell, Ludwig. Ludwig II. und seine Biographen. Eine etwas andere Sicht – ein Versuch, Weilerswist-Metternich 2016

Hornung, Norbert: Die Rosen-Insel im Starnberger See. Aufzeichnungen mit Bildern über die viertausendjährige Geschichte der Insel, München 1975

Horst, Gustav A.: Der Starnberger See. Eine Wanderung durch seine Uferorte, München 1876

Hüttl, Ludwig: Ludwig II. König von Bayern, München 1986

Hummel, Manfred: Wege zum Märchenkönig. Der etwas andere Wanderführer zu seinen Bergresidenzen und Schlössern, München 2011

HypoVereinsbank (Hg.): Königliche Träume. Casino und Park auf der Roseninsel im Starnberger See, München 2001

Kainz, Josef: Erinnerungen an König Ludwig, in: »Der Zeitgeist«, Beiblatt zum Berliner Tageblatt, Nr. 32, Jg. 1886

Kalender für katholische Christen: Berg. Königliches Lustschloß am Würmsee, 1858

Keller, Hans K. E. L. (Hg.): Der König. Beiträge zur Ludwigforschung, München 1967

Knab, Otto: Kleinstadt unterm Hakenkreuz. Groteske Erinnerungen aus Bayern, Luzern 1934

Kobell, Franz von: Wildanger. Skizzen aus dem Gebiet der Jagd und ihrer Geschichte mit besonderer Berücksichtigung auf Bayern, München 1898

Kobell, Louise von: König Ludwig II. und die Kunst, München 1898

Dies.: Das Königlich Bayerische Schloß Berg, Separatdruck aus dem Werke: König Ludwig II. und die Kunst, München 1898

Koch von Berneck, Max: König Ludwig II. und Schloß Berg am Starnberger See. Eine Erinnerung an Schloß Berg, Berlin / Leipzig / Wien 1905

König, Hannes: Ludwig II. Das Märchen vom Märchenkönig, München 1969

Kommission für bayerische Landesgeschichte: Zeitschrift für bayerische Landesgeschichte 2011, Band 74 [Heft 2], München 2011. Darin der Beitrag Rupert Hacker: Ludwig II. von Bayern. Die Königskrise von 1885 / 86 und der Weg zur Regentschaft (347) – König Ludwig II. von Bayern. Krankheit, Krise und Entmachtung – Quellentexte I und II (481)

Kreuzer, Friedrich Rudolph: Unser Bayernland in Wort und Bild, ein Denkmal für König Ludwig II. Nach den besten Quellen und unter Mitwirkung hervorragender Künstler dargestellt, München 1900

Krones, Franz von: Johann Graf von Majláth, in: Allgemeine Deutsche Biographie, herausgegeben von der Historischen Kommission bei der Bayerischen Akademie der Wissenschaften, Band 20, München 1884

Lampert, Friedrich: Ludwig II. König von Bayern. Ein Lebensbild, München 1890

Ders.: Der Würm-See, München 1883

Leoprechting, Karl Freiherr von: Stammbuch von Possenhofen, der Insel Wörth und Garatshausen am Würmsee, München 1854

Link, Andreas: Der Würm-See in Oberbayern, München 1857

Lübbers, Bernhard / Spangenberg, Marcus (Hg.): Ludwig II. Tod und Memoria, Regensburg 2011

Max, Heinrich: Der Starnberger See, München o. J. (um 1890)

Mayr-Ofen, Ferdinand (= Zarek, Otto): Ludwig II. von Bayern. Das Leben eines tragischen Schwärmers, Leipzig / Wien 1937

Memminger, Anton: Der Bayernkönig Ludwig II., Würzburg 1919

Merkt, Nikolaus: Ludwig II. König von Bayern. Protokolle aus dem besonderen Ausschuss der bayerischen Kammer der Abgeordneten, München 1987

Merta, Franz: Übersicht über die Aufenthalte des Königs in den Residenzen, Schlössern und Berghäusern, in: Rall, Hans / Petzet, Michael: König Ludwig II. Wirklichkeit und Rätsel, München / Zürich 1986, S. 141–178

Ders.: »Auf Bergeshöhen schreibe ich Ihnen … Auf den Bergen ist Freiheit«. König Ludwig II. von Bayern als Alpinist und Naturfreund, in: Berg 91 – Alpenvereinsjahrbuch, Band 115, herausgegeben vom Deutschen und Österreichischen Alpenverein und Alpenverein Südtirol, München / Innsbruck / Bozen 1991

Müller-Wendlandt, Stephan: Starnberger Seegeschichten, Band 2, Percha 1986

Muser, Heribert: Das »Wagner-Haus« in Kempfenhausen, in: Müller-Wendlandt, Stephan: Starnberger See G'schichten, Band 7, Starnberg-Percha 1992

Noé, Heinrich: Der Starnberger See und seine Ufer, München 1864

Nöhbauer, Hans F.: Auf den Spuren König Ludwigs II. Ein Führer zu Schlössern und Museen, Lebens- und Erinnerungsstätten des Märchenkönigs, München 1986

Pallhausen, Vinzenz Pall von: Garibald, erster König Bojariens und seine Tochter Theodolinde, erste Königin in Italien oder Die Urgeschichte der Baiern, München 1811

Paulus, Richard: Starnberger See und Würmtal, Heft 6 der Bayerischen Wanderbücher, München 1926

Petzet, Michael / Rall, Hans: König Ludwig II. Wirklichkeit und Rätsel, München / Zürich 1986

Prinz, Friedrich: König Ludwig II. – Entstehung einer Kultfigur. in: Gregor-Dellin, Martin, et al.: Ludwig II. Die Tragik des »Märchenkönigs«, Regensburg 1986

Reichold, Klaus: Keinen Kuß mehr! Reinheit! Königtum. Ludwig II. von Bayern (1845–1886) und die Homosexualität, Splitter 9, Materialien zur Geschichte der Homosexuellen in München und Bayern, München 2003

Ders: König Ludwig II. von Bayern – Stationen eines schlaflosen Lebens, München 1996

Reichold, Klaus / Endl, Thomas: Ludwig forever. Die phantastische Welt des Märchenkönigs, Hamburg 2011

Reindl, Josef: Der Starnberger See. Illustrierter Führer des Starnberger See-Gebietes, München 1920

Reiser, Rudolf: König Ludwig II. Mensch und Mythos zwischen Genialität und Götterdämmerung, Regensburg 2010

Rummel, Walter von: Ludwig II. Der König und sein Kabinettchef, München 1930

Rumschöttel, Hermann: Ludwig II. von Bayern, München 2011

Sailer, Anton: Münchner Spectaculum, Feldafing 1955

Sailer, Josef Ludwig: Die Bau- und Kunstdenkmäler weiland Sr. Majestät König Ludwig II. von Bayern. Ein Begleiter und Andenken für die Besucher der königlichen Schlösser [auch Schloß Berg], München 1888

Schad, Martha: Elisabeth von Österreich, München 1998

Dies.: Cosima Wagner – Ludwig II. von Bayern. Briefe, eine erstaunliche Korrespondenz, München 2004

Dies.: Zu Gast bei Kaiserin Elisabeth und König Ludwig II., München 2004

Dies.: Romanzen auf der Roseninsel, Rosenheim 2005

Schauenberg, Georg L.: Im Banne der Rosen. König Ludwig II. in Tagebuchblättern, Dießen vor München 1924

Schermann, Karl: Starnberger Seegeschichten, Percha 1986

Schlim, Jean Louis: Ludwig II. am Starnberger See, München 2011

Ders.: Im Schatten der Macht – König Otto I. von Bayern, München 2016

Schmid, Elmar D.: Friedrich Wilhelm Pfeiffer. Maler der Reitpferde König Ludwigs II., Dachau 1988

Schober, Gerhard: Bilder aus dem Fünf-Seen-Land, Starnberg 1979

Ders.: Frühe Villen und Landhäuser am Starnberger See, Waakirchen-Schaftlach 1999

Ders.: Schlösser im Fünfseenland. Bayerische Adelssitze rund um den Starnberger See und den Ammersee, Waakirchen 2005

Schulze, Dietmar: Ludwig II. Denkmäler eines Märchenkönigs, München 2011

Ders.: Ludwig II. und Wilhelm Tell. Die Reisen des Königs von Bayern in die Schweiz, Drebkau 2015

Schweiggert, Alfons / Adami, Erich: Ludwig II. Die letzten Tage des Königs von Bayern, München 2014

Schweiggert, Alfons: Die große König-Ludwig-II.-Glocke auf der Maxhöhe in Berg am Starnberger See, Berg 2001

Ders.: Die letzten Tage im Leben König Ludwig II., St. Ottilien 2003

Ders.: Edgar Allan Poe und König Ludwig II. Anatomie einer Geistesfreundschaft, St. Ottilien 2008

Ders.: König Ludwig II. – Deine Treuen. Bayerns König Ludwig II.-Vereine und -verehrer, St. Ottilien 2011

Ders.: Der Mann, der mit Ludwig II. starb. Dr. Bernhard von Gudden, der Gutachter des bayerischen Königs, Husum 2014

Ders.: Bayerns unglücklichster König. Otto I. der Bruder Ludwigs II., München 2016

Ders.: Ludwig II. und die Frauen, München 2016

Ders.: Herzog Max in Bayern. Sisis wilder Vater, München 2016

Sepp, Christian: Sophie Charlotte. Sisis leidenschaftliche Schwester, München 2014

Sommer, Felix: Psychiatrie und Macht. Leben und Krankheit König Ludwigs II. von Bayern im Spiegel prominenter Zeitzeugen, Frankfurt am Main 2009

Spangenberg, Marcus: Ludwig II. Der andere König, Regensburg 2011

Steinberger, Hans: Die bayerischen Königsschlösser, Teil 5: Illustrierter Führer durch das königliche Schloß Berg am Starnbergersee, Prien am Chiemsee 1903

Ders.: Ludwig II. von Bayern. Der Romantiker auf dem Königsthron, Kaufbeuern 1906

Streißler, Fr.: König Ludwig II. von Bayern. Ein deutsches Fürstenleben biographisch und charakterlich dargestellt, Leipzig-Reudnitz 1886

Studtrucker, Herbert: Der Erfinder Wilhelm Bauer in Sembach / Hütsch, Industriedenkmäler des 19. Jahrhunderts im Königreich Bayern, München 1990

Süßkind, W. E.: Willkommen am Starnberger See, in: Merian, 17.Jg., Heft 7, Hamburg 1961,

Syberberg, Hans Jürgen: Theodor Hierneis. Ein Hofkoch erinnert sich, München 1972

Tschudi, Clara: König Ludwig II. von Bayern, Leipzig 1910

Wallersee-Larisch, Marie Louise von: Kaiserin Elisabeth und ich, Leipzig 1935

Wallersee, Maria Freiin von: Meine Vergangenheit, Berlin 1913

Westenrieder, Lorenz: Beschreibung des Wurm- oder Starenbergersees und der umliegenden Schlößer etc. samt einer Landkarte, München 1874

Wiede, Peter: Von Fürsten, Fischern und Festen. Leben am Starnberger See, Tutzing 1999

Wittelsbacher Ausgleichsfonds / Wagner, Winifred / Strobel, Otto: König Ludwig II. und Richard Wagner. Briefwechsel, Band 1, Karlsruhe 1936

Woerl, Leo (Hg.): Illustrierter Führer durch die bayerischen Königsschlösser Berg am Starnberger See, Linderhof, Hohenschwangau und Neuschwanstein nebst einem Führer durch Füssen und Umgebung, Leipzig 1910 (EA Würzburg / Wien 1890)

Wolf, Georg Jacob: König Ludwig II. und seine Welt, München 1925

Archive, Bibliotheken, Sammlungen

Bayrische Staatsbibliothek Handschriftenabteilung, München

Bayrisches Hauptstaatsarchiv: Abteilung III: Geheimes Hausarchiv, München

Monacensia im Hildebrandhaus, München

Staatliche Graphische Sammlung, München

Abbildungsverzeichnis

Besonderer Dank für die Abdruckgenehmigung von Bildmaterial gilt Erich Adami, Jean Louis Schlim und Gerhard Schober.

Dank

Für Hinweise und vielfältige Unterstützung bei der Abfassung der vorliegenden Monografie bedanke ich mich bei:

Dietlind Pedarnig, der engagierten Lektorin des Allitera Verlags, für ihre gewissenhafte Lektoratsarbeit und die freundliche und hilfreiche Kooperation bei der Textredaktion.

Alexander Strathern, dem Leiter des Allitera Verlags, für seine Bereitschaft, dieses Buchprojekt in sein Verlagsprogramm aufzunehmen und damit die erste Monografie zum Thema »Ludwig II. am Starnberger See« zu veröffentlichen.

Dr. Elisabeth Tworek, der Leiterin der Monacensia im Hildebrandhaus, die diese Veröffentlichung in der Reihe »edition monacensia« erscheinen ließ.

Zu danken habe ich außerdem allen im Bildnachweis aufgeführten öffentlichen Bibliotheken, Archiven und Sammlungen sowie den Eigentümern privater Archive und Sammlungen, die mir freundlicherweise Informations- und Bildmaterial zur Verfügung stellten.